壹卷
YE BOOK

洞 见 人 和 时 代

论世衡史
- 丛书 -

经典秩序的重构

廖平的世界观与经学之路

魏綵莹 著

四川人民出版社

图书在版编目（ＣＩＰ）数据

　　经典秩序的重构：廖平的世界观与经学之路／魏綵莹著.－－成都：四川人民出版社，2025.3.－－（论世衡史丛书／谭徐锋）.－－ISBN 978-7-220-13694-8

　　Ⅰ.Z126

　　中国国家版本馆CIP数据核字第2024AJ1640号

四川省版权局
著作权合同登记号
图进字：21-24-099

版權所有 © 魏綵瑩
本書版權經由聯經出版事業公司授權四川人民出版社簡體中文版
委任安伯文化事業有限公司代理授權
非經書面同意，不得以任何形式任意重制、轉載。

本中文简体版权归属于四川人民出版社有限公司。

JINDIAN ZHIXU DE CHONGGOU：LIAOPING DE SHIJIEGUAN YU JINGXUEZHILU
经典秩序的重构：廖平的世界观与经学之路

魏綵莹 著

出 品 人	黄立新
策划统筹	封　龙
责任编辑	封　龙　苏　玲
版式设计	张迪茗
装帧设计	周伟伟
责任印制	周　奇
出版发行	四川人民出版社（成都三色路238号）
网　　址	http://www.scpph.com
E-mail	scrmcbs@sina.com
新浪微博	@四川人民出版社
微信公众号	四川人民出版社
发行部业务电话	（028）86361653　86361656
防盗版举报电话	（028）86361653
照　　排	四川胜翔数码印务设计有限公司
印　　刷	成都东江印务有限公司
成品尺寸	145mm×210mm
印　　张	16.5
字　　数	390千
版　　次	2025年3月第1版
印　　次	2025年3月第1次印刷
书　　号	ISBN 978-7-220-13694-8
定　　价	89.00元

■版权所有·侵权必究
本书若出现印装质量问题，请与我社发行部联系调换
电话：（028）86361656

序
黄克武

过去十多年我在台湾师范大学教授"中国思想史""中国近代思想史"等课程,每年都有将近十位学生选此课程,遇到不少优秀的学生,魏綵莹正是其中的一位。她从硕士班开始就对近代经学史、思想史感兴趣,持续地参与由学生自行组织的"经学读书会",用数年的时间读毕《春秋》三传、《尚书》等儒家经典,奠定了经学研究的扎实基础。她在文化大学的硕士论文由我的好友李朝津博士指导,撰写《王闿运春秋学思想研究》(2003)。该论文研究王闿运《春秋》学与当时政治及社会秩序的关系,新意迭出、深获好评。

2010—2011年她获选为台北"中研院"博士候选人培育计划学员。在这一段期间,她常常参加本院的各种演讲与学术讨论会,隔一阵子就会来我办公室,跟我分享她在学术上的心得与感想。2013年6月她在朱鸿、李纪祥教授的指导下,取得台师大的博士学位,我(和王汎森、蒋秋华教授)也参加了她的博士论文的口试。她顺利获得博士学位之后,申请到"中研院"文哲所博士后的职位,继续从事中国近代思想、经学史方面的研究课题。同时她又多次旁听我在台大博士班所开设的"二十世纪中国史专题研究"的课程。最近几年，她参与我在科技事务主管机关有关近代知识分子与政治、天演与宗教等研究计划，并协助我编辑《思想史》杂志。在多年的共事之后，我发现她学术兴趣广泛，对于做学问有一种惊人的执着，而且读书与做事都十分细心。这些人格特质，是成为一位杰出学者的先决条件。

本书是由她的博士论文改写而成。在口试时，该论文获得老师们的一致好评，被誉为在质与量方面都是多年来少有的一篇佳作。但是她仍然感到不满意，又经过多次修改、字句琢磨，才完成这一部著作。这一本书以四川的一位近代思想家廖平为例，探讨经学的现代转型。她所关怀的核心议题是在传统到现代学术的建立过程之中，特别是根植于经学思维的中国传统学术思想，在受到西学（特别是天文、地理等自然科学知识）碰撞之后，所产生的新旧知识的交涉过程。一生大多数时间都在四川的廖平如何来响应时代的挑战呢？在处理手法上，她既从事思想内涵的细致分析，又处理时代背景与思想家之间的比较工作，从而来凸显廖平思想的特点。

她指出廖平与康有为虽有思想的继承关系，但也有根本的歧异。康有为的思想中，对于文野、夷夏的界定已发生转变，属于"文明"的"诸夏"已转为欧美诸国，中国则落入"夷狄"的范畴，对康氏而言，政体的改变正是扭转中国在世界中的位置的关键，可使之由夷狄再进为文明。因此康有为的思想在表面上尊崇传统，在骨子里却有强烈的西学挂帅的倾向。然而廖平的思想则有所不同，充满了对文化传统的自信心与对全世界的使命感。廖平主张以三纲为精神、《王制》为架构的天子、诸侯体制普及于世界，让世界成为具有传统文化特色的伦理共同体，各国以礼序来相互对待，而不以权、力彼此角逐。因此中国不但可以维系固有传统，且可立足于世界的中心地位，而不被边缘化。换言之，廖平深信孔子所揭橥的理想会在未来实现，而中国永远处于"万邦归极"的地位。因此廖、康两人的孔子改制内容并不相同，这也点出了近代《公羊》学者内部思想、政治理念的多元面相。她的观察对了解近代以来公羊学的复兴，以及学术与政治之关系，具有重要的意义。本书对廖平思想的观察也呼应了列文森（Joseph Levenson）、托马斯·梅辛格（Thomas Metzger）等西方学者所说的中国近代国家主义的特殊性在于它所环绕的问题不是民族灭亡的危险，而是中国在世界上遭到"边缘化"的命运。中国在建立现代"国家"的努力中从不曾忘记"天下"的理想：天下应该是贤人在位的世界，而中国必须是世界的核心。（参见梅辛格教授为拙著《自由的所以然：严复对约翰弥尔自由思想的认识与批判》所写的序）

再者，廖平也建构了一套天学系统，来解释天人关系，并作为政治秩序之基础。虽然在他的主观意识上，认为"天人合一"的秩序不可撼动，但是为了要让孔子思想可以立足于当代，在将西学新知引入天学的过程之中，无形中也使"天"的性质发生转化，有朝向现代自然天发展的趋势，而造成天与人的关系逐渐疏离，而走向世俗化（secularization）。廖平的例子显示，在传统至现代的转型之中，经学家具有一方面维系传统、另一方面适应新局的转型特征。近代中国主流思潮之中虽然是从严复、康有为、梁启超等人的改良主义到孙中山所领导的革命思潮，致力追求科学与民主，建立以欧美为模型的现代国家，然而我相信廖平所代表的想法一直存在，并将影响到中国未来的走向。

这一部由博士论文改写的专书，结合了经学史与思想史的手法，以丰富而深入的文本解析与思想脉络、人际关系的梳理，来分析廖平的思想经历，并折射出中国近代知识转型的复杂过程。书中有许多精彩的论断，读者可以慢慢咀嚼、细细品味。我相信无论是对廖平个人经历有好奇心，或对近代思想变迁、学术转型，乃至中国文化未来感兴趣的读者，都会和我一样对此书爱不释手。我也期盼以魏绵莹博士沉潜的个性与对知识的热忱，她的下一本书很快就会与读者见面。

目 录

引　论 / 001

第一章　从今古之辨到面向世界的经学之路 / 018
　　第一节　平分今古：经学一变与对群经的今古文观
　　（1883—1886）/ 019
　　第二节　尊今抑古：经学二变与对群经的今古文观
　　（1887—1896）/ 044
　　第三节　面向世界的经学：走出今古之辨后的群经观
　　（1897—1932）/ 070
　　小　结 / 101

第二章　让孔子走入新世界 / 107
　　第一节　传统天下观与"地球"概念的遭逢 / 111
　　第二节　重新"认识"邹衍的"大九州"说 / 116
　　第三节　《海国图志》诸书与经典意识之间 / 130
　　第四节　建立符合"经旨"的"帝王政教"世界图像 / 143
　　小　结 / 168

第三章　经学理想的世界文化空间蓝图
——兼论近代学术上的意义 / 170

第一节　肇开世界大统与中天下而立的"周公" / 171

第二节　世界万邦来朝：太平之世的"大明堂" / 197

第三节　"世运轮转"与阴阳五行宇宙观的重解 / 218

小　结 / 267

第四章　传统与西学交会下的天学新论 / 270

第一节　日心地动说与王权为尊的天道观 / 271

第二节　人、天秩序：六合之内与六合之外 / 294

第三节　西方天文地理知识洗礼下的新分野观 / 321

小　结 / 345

第五章　《春秋》拨正下的世界秩序与中国
——从"二伯"的理想谈起 / 348

第一节　《春秋》的"二伯"与世界秩序 / 349

第二节　对西方国际法的反思：素王礼制下的理想新世界体系 / 363

第三节　理想的政治体制与伦理观 / 374

第四节　视野的转变：从世界的"二伯"到中国的"二伯/二霸" / 399

小　结 / 416

第六章　文质彬彬
　　——大统理想的经学实践进路 / 420
　　第一节　以孔经文明为五大洲的进化坐标 / 421
　　第二节　文质调和的孔经实践 / 450
　　第三节　从"六经"到"十二经"：论廖平道器观的演变 / 459
　　小　结 / 473

结　论 / 475

参考文献 / 490
　　一、廖平著作 / 490
　　二、经籍与史料 / 491
　　三、报刊杂志 / 495
　　四、专书 / 495
　　五、学位论文 / 504
　　六、期刊论文 / 504
　　七、网络文章 / 508

致　谢 / 510

引 论

一、经学与世界——一个文化传承者的本愿

廖平,字季平,生于咸丰二年(1852),卒于民国二十一年(1932),四川井研县人。一生研究经学,思想转折历经六变,这六变的大要与转变初始时间如下:初变,光绪九年至十二年,论"平分今古";二变,光绪十三年至二十二年,论"尊今抑古";三变,光绪二十三年至二十七年,论"大统小统";四变,光绪二十八年至三十一年,论"人学天学";五变,光绪三十二年至民国七年,论"人天小大";六变,民国八年至二十一年,以《黄帝内经》解《诗》《易》。

廖平一生以研究经学、推阐孔子之道为本愿,欲把经学扮演成时代的舵手,为中国开导新的方向,在清末民初时期于学术思想史上别开生面。尤其是大约在甲午战争后的光绪二十三年进入经学三变以后,强烈的时代责任感更是其学术创作的原动力,他殷切地致力于以传统经典的义理,欲为多难的中国乃至整个世界提出理想未来的指南。然而经学三变之后的学术思想正是前辈学者鲜少措意的

层面。那么从较深层的意义来看，为什么这个时期的廖平经学思想值得探索，我们先从他早期学术的建树及影响谈起。

廖平早期的经学一变、二变之著作，在其当世已享有声誉。经学一变的代表作《今古学考》，对今古文经学之争的千年聚讼之梳理可谓独树一帜；蒙文通指出当时论者将《今古学考》的主要学理"平分今古"，与顾炎武的古音学、阎若璩的《尚书古文疏证》并列为近三百年经学史上的三大发明。①经学二变的辨伪古学及孔子改制之主张，更广为时人认定影响了康有为的《新学伪经考》《孔子改制考》。侯堮在1932年廖平刚过世时发表于《大公报》的《廖季平先生评传》中有一段对其学术的评价：

> 先生在中国经学史上，既具有相当地位，而在晚清思想上，亦握有严重转捩之革命力量。由先生而康南海，而梁新会，而崔觯甫，迄至于今日如疑古钱玄同、马幼渔、顾颉刚诸先生，均能倡言古文学之作伪，更扩大而为辨伪之新运动。……回忆四十年来之中国思想界，类似霹雳一声者为康南海之《孔子改制考》《新学伪经考》等等，而廖平先生则此霹雳之前之特异电子。②

把廖平比喻为康有为掀起新学说这一霹雳震撼前的"特异电子"，肯定廖平在近代辨伪源头有重要的一席之地。梁启超也说："有为之

---

① 蒙文通：《议蜀学》，收入廖幼平编《廖季平年谱》，巴蜀书社，1985，第177—178页。
② 侯堮：《廖季平先生评传》，《大公报》（文学副刊），1932年8月1日。

思想，受其（廖平）影响，不可诬也。"①虽然当代学者刘巍、刘芝庆对于康有为受廖平真正影响的情况如何已有全新且具说服力的考辨，②但是清季以降的人们相信康有为的两《考》与廖平关系匪浅也是一个普遍的现象。至于经学三变以后的理论，包括以经典结合中国与世界的小统、大统之说，以及天学、孔经哲学的建构，却常让许多学者觉得矜奇炫异、穿凿附会或不知所云，甚至被评为历史上的"经学畸人"。③他中晚期的经学也被笼统地概括为"空幻"，这是造成廖平经学三变以后直到晚年的著作甚少被问津的主因。又学界对近代今文经学家的学术多聚焦于康有为，反观被冯友兰称为近代经学"殿军"的廖平，大家对其兴趣更多关注在他经学二变时的学说如何启发康有为的变法学理上。因此长久以来，廖平在学术上的地位也可说大半是由康有为烘托出来的，被认识的著作成果也仅限于经学前两变。事实上，笔者认为廖平三变以后（约甲午战争后）未被深入了解的经学乃是其学术的亮点，尤其表现在以经学诠释世界方面，而这方面的思想又和晚清政局及西方地理学知识的传入有密切之关系。

近代西学与传统学术的交会造成儒学与思想的转型，关键时间

---

① 梁启超：《清代学术概论》，《中国近三百年学术史（与〈清代学术概论〉合刊）》，台北：里仁书局，1995，第66页。
② 刘巍虽然相信廖平曾适时的影响过康有为，但认为康有为的思想仍是以他自己原有的经世理念为引导。刘芝庆考证康有为的抑古思想在与廖平接触之前已经产生，因此《新学伪经考》完全是康氏个人的创发，非廖平影响。参见刘巍：《〈教学通义〉与康有为的早期经学路向及其转向——兼及康氏与廖平的学术纠葛》，《历史研究》2005年第4期。刘芝庆：《论康有为与廖平二人学术思想的关系——从〈广艺舟双楫〉谈起》，《中国历史学会史学集刊》2009年第41期。
③ 舒大刚：《经学畸人——廖平》，收入舒大刚主编《中国十大名儒》，延边大学出版社，1992，第209、229页。

在甲午年。

葛兆光曾指出："知识的变动是思想变动的先兆。"[①]晚清西方地理学在中国的传播扩散，与中国传统的知识体系发生激烈碰撞，改变了中国人认知结构下所形成的天下观信念，也刺激催发廖平经学迈入第三变的大转折。因此甲午战争的冲击与西方地理学的传入这两个主题，在本书的廖平研究里是绾合在一起的问题意识。盖传统天下观的图景和礼仪系统原本建立在中央与边缘、内与外关系的模式上，这种封贡体系在甲午战争后遭受严重挑战。中日冲突起因于日本对朝鲜的侵略，中国作为宗主国行使保护权，最终战争失败，《马关条约》的签订成为中国近代历史中极重要的转折事件。条约的缔结是使用欧洲国际法的模式，让原来的朝贡国脱离宗主国而成为新世界体系的主权独立国家之一员。中国封贡体系的崩溃同时也是传统天下观礼仪与秩序规范的终结，因此清朝面临的挫折远不止于败给日本的难堪，更严重的是一种价值体系与信念的崩解危机。清朝在迫于现实外力下必须改变两重结构的制度体系：一方面只能承认原有朝贡国的主权和平等地位；另一方面中国自身也被转变成世界上多国并列中的某个国家。如此一来，对中国而言，"天下"的图像改变了，中国不再居于"中心"的位置。[②]既然本有的天下秩序模式无法再处理对外关系、维持宗主的尊位，那么这套文化的思想根源：经学，特别是其中的内外观、华夷观等论述便成了首当其冲的受质疑对象。具体来说，如果经学的永恒大法不能再将

[①] 葛兆光：《七世纪前中国的知识、思想与信仰》，复旦大学出版社，1998，第29页。
[②] 汪晖：《现代中国思想的兴起》上卷，第二部，生活·读书·新知三联书店，2008，第705—707页。

"天下"或"世界"纳入其规范，则经学与圣人学说也就难以成为普世性的真理或公理依据，中国也不再能回复到往日的地位，且必须屈从于西方的国际规则。

在此"天崩地解"的时代背景下，晚清尝试用经学来系统响应上述这个重大议题的学者，廖平可说是个独一无二的人物。当代学者汪晖首先点出廖平企图用《周礼》结合疆域、舆地学的视野，欲把经学和西方地理学知识融为一体以成新的世界观，①这个观察非常重要，相当值得做进一步专题式的研究。而且廖平这套思想涵盖五经，牵涉的内容也相当庞杂丰富。廖平穷尽大量时间所构筑的新世界图像是他价值观的精髓，同时涉及整个时代的脉动。本书在呈现廖平后半生这个中心价值的学说时，有两大问题特别想要探究：第一，在世界观的建构过程中，廖平对中国与世界的秩序安排是什么型态？经学的根本精神为何？扮演什么角色？第二，廖平要让"孔子"走入新世界，也是为了使孔经为主体的传统学术能够适应当代，如此一来，就势必要重释经学及以经学为主轴的整套儒学体系。廖平这个时期的学术正是中国近代文化转移的枢纽，②张灏也曾提出所谓"转型时代"的意义，是指1895—1925年前后大约三十年的时间，这是中国思想由传统过渡到现代、承先启后的关键时

---

① 汪晖：《现代中国思想的兴起》上卷，第二部，第726—729页。
② 傅斯年曾将近代中国学术划分为"复兴"和"再造"两个阶段，在这两个阶段的中间之转型过渡，可说是中国近代文化转移的枢纽，他认为康有为和章太炎可视为此时期的代表人物。见傅斯年《清代学问的门径书几种》，《新潮》第1卷第4号，1919，收入娄子匡校纂《景印中国期刊五十种·第八种》，台北：东方文化书局，1972，第701—702页。虽然傅斯年提到这个文化转移枢纽的代表人物为康有为、章太炎，然而笔者认为廖平亦可视为此一时期具代表性学者的又一典型。

代,这时代无论是思想知识的传播媒介或是思想内容均有突破性的巨变。① 从廖平三变的始年(光绪二十三年,1897)到五变的结束(民国七年,1918),正是完全处于转型的年代,他于经学重释的过程中,除了具个人的特色还加上浓重的时代性。是故,根植于廖平思维里的中国本有思想,在受到西学碰撞之后的知识交涉过程如何?怎么与转型时代输入中国的近代文明对话?这也是本书要去发掘之处。这些新旧过渡的复杂历程,表现在廖平身上是与近代经学史、学术史、思想史相互交融的课题。以上的问题意识,皆是促成笔者撰写是书的重要动因。

二、"变"与"不变"——研究范围

廖平思考如何让"孔子"走入当代,以经典重构世界秩序是他甲午战争后学说的重点,即使三变之后的四变(1902—1905)、五变(1906—1918)阐说天学,仍是延续规划世界的论述;到了经学六变,将著述的重心放在以《黄帝内经》解《诗》《易》的同时,也未曾改变他三变以来的信念。仔细分析经学六变的内容,第一、二变是对今文经与古文经的论辨。从一变的"平分今古"到二变的"尊今抑古",以及从二变的"抑古"到三变的承认古学(主要是《周礼》)价值,这个过程的确是自我否定的转变历程。但是从三变开始到六变,则是一路坚定地要建立理想新秩序图景,当中的变化并非连根拔起式的转变,而是在大方向上,从内部不断的加入更新颖的学理发挥。所以从这个角度来说,廖平的经学其实只有两大

---

① 张灏:《中国近代思想史的转型时代》,收入氏著《时代的探索》,台北:联经出版公司,2004,第37页。

阶段：从"今古之辨"到"以经学面向世界"，而积极谋求经学面向世界又是他个人心灵、生命志业的归宿。我们借由这样的意义结构，了解了在他"变"的过程中，何者是他的"不变"，即较能掌握内容看似繁复多变，素称难治的廖平经学。

虽然廖平从三变直到晚年过世前始终没有否定他心目中理想秩序的基本信念，但是开始于民国八年（1919）的经学第六变，相较于三、四、五变则较为特殊。第六变的学术内容是以《黄帝内经》的五运六气解《诗》《易》二经，主因有两个：一是这年的春天廖平不幸罹患中风，遂将心力更多地投入《内经》等医书的解说上。其次是当时正处于欧风美雨的新文化运动时代，传统的学术技艺，包括中医、风水都受到严厉的挑战批判，故廖平此时的关怀也偏重于维护阐发中医与风水这些"国粹"上。所以本书研究的廖平世界观之范围段限，虽然时间上从三变涵盖到六变，但是使用的文本与诠释重心主要放在三变到五变的内容上。由于三变到五变的思维有其连贯性，而非漫无根荄的变化，因此本书并不特别以经学各变的分期来作为章节的划分。

也因着研究内容与范围，在此有必要针对本书的题目"经典秩序的重构：廖平的世界观与经学之路"多做一些解释。由于经学本身蕴含传统天下观的秩序理念，现在廖平要把这套秩序从"天下"转换到"世界"，就是一番"重构"的过程。至于所谓的"经学之路"有三义：第一，廖平自己划分年代的经学六变。第二，笔者认为他从早期的"今古之辨"到中晚期以后的"以经学面向世界"也是很明晰的经学转向之路。第三，即使仅聚焦于本书重点的三变到五变之间的整体学说，我们会发现廖平在三至五变这段学术历程中仍有不少内部的思想转变，他自己没有明白地用分期来告知人们，有可能他也未曾清楚地意识到自己的转变，但是这些转变却饶富意义。以上第二、三点尤其是本书所谓廖平"经学之路"所欲强调的重点。

三、"历史中的经学思想诠释"——研究取径与先行成果

本书采用的研究取径是"历史中的经学思想诠释"，讨论廖平经学思想的论述意向与目的。要明白一个历史人物的言行著作，是无法将其所处的时势抛开、抽离的。今日的学者也倾向鼓励研究思想学术不要忽略社会视角的观察，除了文本的分析，还要兼顾文本和所在环境的互动，[1]笔者认为廖平三变以后的学术尤其应做如是的考察。在此有必要稍为叙述过往的研究，一方面了解前辈的先行成果，另一方面也能较清楚的对照本书的取径如何有别于过往的研究方式。

重点回顾过往的廖平研究成果，1980—2000年间主要集中于经学六变的递变过程以及各变内容的分析上。此时最具代表性的两本力作分别是黄开国的《廖平评传》[2]与陈文豪的《廖平经学思想研究》。[3]黄开国写作此专书之前已有了一系列的研究：《廖平经学第

---

[1] 罗志田：《事不孤起，必有其邻——蒙文通先生与思想史的社会视角》，收入四川大学历史文化学院编《蒙文通先生诞辰一一〇周年纪念文集》，线装书局，2005，第137—145页。葛兆光：《置思想于政治史背景之中——再读余英时先生的〈朱熹的历史世界〉》，收入田浩（Hoyt Tillman）编《文化与历史的追索：余英时教授八秩寿庆论文集》，台北：联经出版公司，2009，第371页。
[2] 黄开国：《廖平评传》，百花洲文艺出版社，1993。
[3] 陈文豪：《廖平经学思想研究》，台北：文津出版社，1995。

一变的思想准备》①《廖平经学六变时间略考》②《驳廖平思想变化的贿逼说》③《廖平与经学的终结》④《廖平与经学六变的变因》⑤《廖平经学六变的发展逻辑》⑥《廖平早年思想变化及其对经学六变的意义》,⑦这些文章多已修改收入《廖平评传》中。黄开国与陈文豪都广为搜罗廖平的著作,重视考辨经学各变的时间、变因,并提出各变发展的外在环境状况与内在逻辑。其他分析各变内容的文章还有向楚的《廖季平学术思想之演变》,⑧舒大纲的《廖季平经学第三变变因刍议》,⑨邓万耕、张奇伟的《廖季平经学第四变及其哲学思想》,⑩刘雨涛的《廖季平"天人学"探原》,⑪林淑贞的《廖平经学六变所建构的历史图像》,⑫钟肇鹏的《廖季平哲学思想与经学的终结》⑬等。单独研究经学一变、二变之著作或思想的文章不少,探讨一变的《今古学考》主要有三篇:李学勤的《〈今古学考〉与〈五经异义〉》,⑭路新生的《廖平〈今古学考〉经学思想体系中的几个问题》,⑮以及黄开国的《清代学术三大发明之一——廖

---

① 见《重庆师院学报(哲学社会科学版)》1985年第3期。
② 见《成都大学学报(社会科学版)》1987年第1期。
③ 见《四川师范大学学报》1987年第5期。
④ 见《哲学研究》1987年第10期。
⑤ 见《中国哲学史研究》1989年第2期。
⑥ 见《四川大学学报》1992年第2期。
⑦ 见《天府新论》1993年第5期。
⑧ 见《社会科学研究》1986年第5期。
⑨ 见《社会科学研究》1984年第4期。
⑩ 见《社会科学研究》1986年第1期。
⑪ 见《社会科学研究》1984年第2期。
⑫ 见《中国学术年刊》1997年第18期。
⑬ 见《社会科学研究》1983年第5期。
⑭ 收入张岱年编《国学今论》,辽宁教育出版社,1992。
⑮ 见《孔孟学报》1998年第76期。

平的平分今古之论》。①探讨二变思想方面,陈其泰、马增强各有一篇同名的文章:《廖平与晚清今文经学》,②以及陈德述的《廖平关于孔子托古改制的思想》。③此外,廖平与康有为的学术纠葛也是被关注的议题,例如李耀仙的《廖季平的〈古学考〉和康有为的〈新学伪经考〉》,④黄开国的《廖康羊城之会与康有为经学思想的转变》⑤《评康有为与廖平的思想纠葛》,⑥徐光仁、黄明同的《论廖平与康有为的治经》。⑦这几篇文章共同的要点都是将廖平二变的《古学考》(《辟刘篇》)、《知圣篇》和康氏的两《考》互做比较,说明两人有学术渊源,康有为曾受廖平启发,但也有自己的创见。房德邻的《康有为和廖平的一桩学术公案》,⑧说明廖平对康有为的影响在于两人会晤时的"辟刘之议",使康有为自此完全转向今文,但在两人相遇之前,康氏已有一些接近今文学的观点形成,故仍有自己的学术渊源。

总论上述1980—2000年间的廖平研究,多从今古文经学的范畴分析其经说的递变,或是针对某一变的研究,而且明显地较重视肯定前两变的价值;一旦廖平学说进入三变以后跳脱出今古文经学的理路,便常让研究者觉得不易掌握其中的语境,致有"牵强""无稽"或"空疏"的批评。

---

① 见《南京大学学报(哲学、人文、社会科学)》1992年第4期。
② 分别见《清史研究》1996年第1期;《华夏文化》2000年第2期。
③ 收入陈德述《儒学文化新论》,巴蜀书社,1995。
④ 见《社会科学研究》1983年第5期。
⑤ 见《社会科学研究(成都)》1986年4月。
⑥ 见《社会科学辑刊》1990年第5期。
⑦ 见《广东社会科学》1988年第17期。
⑧ 见《近代史研究》1990年第58期。

到了2000年后海峡两岸的廖平研究，无论从广度、深度或数量上都有大幅度的进展。这时期新增的成果，包括深入廖平的某些专经之研究，以及某部专著或专题的探讨；讨论廖平的特色时也注意到巴蜀地域文化的影响。又廖平与同时代学者的交流互动也是新的研究议题，而廖平、康有为的学术关系，此时也有新观点的提出。最后，学者们也开始试着为廖平整体的经学思想提出新的定位。以下分成六点简介：第一，廖平的专经研究。丁亚杰的《清末民初公羊学研究：皮锡瑞、廖平、康有为》，①廖平的《公羊》学占此书的三分之一，是系统探讨廖平《公羊》思想的第一部专著。丁亚杰另有《制度与秩序：论廖平〈春秋左氏古经说疏证〉——晚清今古文经学的融合》②一文，分析廖平的《左传》学中，由制度所建构的秩序。黄开国的《廖平〈公羊三十论〉的〈春秋公羊〉学》，③从廖平的《公羊解诂三十论》一书探讨廖氏早期的《公羊》学。赵沛的《廖平春秋学研究》④与胡楚生的《廖平〈春秋三传折中〉析评》⑤则将研究范围扩大到廖平的《春秋》三传上。以上的文章都着重于《春秋》三传研究，不过学界在廖平的专经方面也初步触及了《诗经》与《论语》的领域。例如张远东的《廖平的〈诗经〉研究》，⑥探讨廖平《诗经》学的发展及孔子托于其中的"微言大义"；李长

---

① 丁亚杰：《清末民初公羊学研究：皮锡瑞、廖平、康有为》，台北：万卷楼图书公司，2002。
② 原发表于《经学研究集刊》2007年第3期，修改后收入丁亚杰《晚清经学史论集》，台北：文津出版社，2008。
③ 见《西华大学学报（哲学社会科学版）》2012年第5期。
④ 赵沛：《廖平春秋学研究》，巴蜀书社，2007。
⑤ 见《经学研究集刊》2007年第3期。
⑥ 见《南京师范大学文学院学报》2009年第2期。

春的《廖平〈知圣篇〉中的〈论语〉诠释》,①说明廖平证成素王论的主要经典依据是《论语》,而非今文家们习惯依据的《春秋》。

第二,针对廖平某部专著或专题的研究。郜积意的《汉代今、古学的礼制之分——以廖平〈今古学考〉为讨论中心》,②质疑廖平《今古学考》中,《穀梁》全合于《王制》,且为素王改制的论述有诸多逻辑上的问题。崔海亮的《廖平今古学研究》,③认为廖平的今古学包括学术史与政治思想两层含义。就学术史意义上的今古学来说,本书主揭示廖平以礼制区分今古学存在的一些问题,从而对经学史上的今古学问题重新认识。就政治思想意义来说,强调廖平在中西冲突的背景下对制度思考的积极意义。崔海亮另有《中西冲突背景下传统经学的困境——以廖平的〈地球新义〉为中心》④一文,透过廖平经学三变的《地球新义》说明廖平对经典的创造性诠释,表达中国在地理上虽非世界的中心,但在文化上并未丧失优越性。李长春的《孔子"述而不作"吗?——廖平对今文经学"制作"说的改造与发展》,⑤主要从《知圣篇》阐发廖平对今文学孔子"制作"说的改造与发展。

第三,巴蜀文化对廖平的影响。刘平中同时发表于2012年的两篇文章:《试论巴蜀文化对廖平学术的影响》⑥与《廖平经学多变的社会文化成因》,⑦皆提到巴蜀自古有富于幻想与追求开新的色彩,

---

① 见《社会科学研究》2011年第3期。
② 见《"中研院"历史语言研究所集刊》2006年第77本第1分。
③ 崔海亮:《廖平今古学研究》,岳麓书社,2014。
④ 见《西华大学学报(哲学社会科学版)》第30卷第4期,2011。
⑤ 见《兰州大学学报(社会科学版)》第39卷第1期,2011。
⑥ 见《学理论》2012年第23期。
⑦ 见《文史博览》2012年第8期。

廖平经学纵横驰骋正是此地域文化的影响。其次,巴蜀自古不乏成道的奇闻异说,成为廖平糅杂佛道传说、飞仙神游以建构天人之学的又一文化基础。曾加荣、黄进的《"时风"与"士风"影响下的廖平与郭沫若》,①认为廖平与郭沫若皆继承蜀学"重文史"和"崇实"的特征,也秉承了蜀人重统体、观大略,善自创新说、开风气之先的传统。

第四,廖平与重要学人的学术关系。主要包括廖平与两位师长张之洞、王闿运之间的学术互动与异同,同辈章太炎对廖平的评价与廖平对刘师培的影响,以及廖平对其弟子蒙文通治学方向的启发传承。胡竹东的《志在立言的廖平与扬抑损益的张之洞》,②叙述张之洞对廖平的提携情分,但是两人对今文学看法存在不小的分歧。吴龙灿的《廖平和王闿运学术异同考》,③重点放在王闿运对廖平治学方向、研究门径和著作形式的影响上。吴仰湘的《论廖平1880年并未转向今文经学——"庚辰以后,厌弃破碎,专事求大义"辨析》,④考证廖平在1880年后的学术进入专求大义的新境界,要归功于他对专治小学训诂弊端的自省,以及长于悟思的个性发展结果,与前人认为的王闿运影响没有直接关系。曲洪波的《略论章太炎对近代今文经学者的学术评论——以对康有为、廖平、皮锡瑞的评论为例》,⑤叙述章太炎对康有为、廖平、皮锡瑞的不同学术评论。章氏对廖平的治学态度与人品给予较高的评价,学术方面肯定早年的

---

① 见《郭沫若学刊》2009年第4期。
② 见《宜宾学院学报》2011年第7期。
③ 见《宜宾学院学报》2012年第11期。
④ 见《湖南大学学报(社会科学版)》2009年第3期。
⑤ 见《孔子研究》2009年第5期。

"平分今古"之论，但对他的尊孔尊经信念则说不上赞赏。张凯的《"今""古"之争——四川国学院时期的廖平与刘师培》，①探讨1910年代初，廖平、刘师培在四川国学院论学的经历，以及刘师培学术深受廖平影响的情形。王汎森的《从经学向史学的过渡——廖平与蒙文通的例子》，②探讨廖平经学对蒙文通古史多元论的启发。蔡方鹿的《廖平与蒙文通——以经学为中心》，③讨论廖平以礼制分今古，并将今文学分成齐、鲁两派的说法被蒙文通继承与转化的情形。刘耀的《经术与诸子——廖平、蒙文通的经史传承与民国学术》，④指出蒙文通治学宗旨在于强调经学对中国历史、文化之特殊价值，从而为经学正名；而廖平将诸子作为经学的注脚，为蒙文通打破诸子、儒家的界限创造了条件。

第五，廖平、康有为学术公案的新考辨。崔泰勋的《论康有为思想发展与廖平的关系：以康、廖两人相关著作为例》，⑤认为康氏两《考》都袭用了廖平的说法。不过较晚成书的《孔子改制考》已可看到不少有别于廖平思想的成分，例如"民主""平等"观念、立宪的主张、孔教的提出等，说明康有为顺应潮流有自己独创的思想。刘巍、刘芝庆则进一步提出了新颖的观点，他们皆认为前人太过着重于廖、康之间的纠葛，忽视了康有为自身思想的内在理路。

---

① 见《四川大学学报（哲学社会科学版）》2009年第2期。
② 原发表于《历史研究》2005年第2期。后修改发表于蒙默编《蒙文通学记（增补本）》，生活·读书·新知三联书店，2006；又收入王汎森《近代中国的史家与史学》，香港：三联书店，2008。
③ 见《经学研究集刊》2007年第3期。
④ 见《四川师范大学学报（社会科学版）》第39卷第5期，2012。
⑤ 崔泰勋：《论康有为思想发展与廖平的关系》，台北：台湾大学中文所硕士论文，2001。

刘巍的《〈教学通义〉与康有为的早期经学路向及其转向——兼及康氏与廖平的学术纠葛》,①着眼于康有为早年就有浓重的"经世"观念,但未有偏今文学的想法。到了1890年上书受挫后,对孔子欲以匹夫改制感同身受,立场开始倾向今文,此时廖平的出现也适时地影响了康氏,但康氏思想仍是以自己的经世理念为引导。刘芝庆的《论康有为与廖平二人学术思想的关系——从〈广艺舟双楫〉谈起》,②考证康氏的抑古思想在与廖平相会之前已经产生,所以《新学伪经考》完全是康氏个人的创发,非受廖平影响。作者能发掘鲜少被注意的《广艺舟双楫》,识见颇出新意,实属可贵。

第六,廖平学术思想的再定位。黄诗玉、骆凤文的《辩说廖平治学研经的理念宗旨和学问境界——兼论廖平与张之洞、王闿运、康有为治学之不同》③《近代国学大师廖平"学术六变"之成因》,④以及骆凤文的《六译先生廖平之"斋轩堂舍馆"的理念境界考说》,⑤这三篇文章均欲对廖平整体学术思想赋予新定位。两位作者共同提到,廖平的学问在建构华夏学术体系,以传扬中华文化命脉的宗旨为志向,增强中国自身的文化自觉和自信。

根据以上六点介述可以得知,2000年后的廖平研究在质与量上都有很大的进展,尤其对于廖平的专经及专著研究、廖平与重要学人的学术交涉或是廖、康学术纠葛的新论上,都不乏见解精辟的文章。另外,廖平经学三变以后的思想也开始有愈来愈受到重视的倾

---

① 见《历史研究》2005年第4期。
② 见《中国历史学会史学集刊》2009年第41期。
③ 见《中华文化论坛》2011年第5期。
④ 见《学术交流》2012年第8期。
⑤ 见《作家杂志》2008年第10期。

向，例如崔海亮对廖平《地球新义》的研究就是一个例子，这是值得期待的事。然而经学三变后的研究仍相对稀少，还有相当大的空间值得被系统了解与深入阐发，这正是今日有志研究廖平的学人当下重要的课题。

笔者试着超越以往"以经学递变论廖平"，或是纯粹深入某部经典分析的经学史研究模式，相对地欲用更宽广的视角审视廖平学术。综观廖平中年以后的学思历程受整个大时代的影响甚巨，诸如甲午战争、维新变法、立宪与革命风潮、西方政治文化理论、进化学说、地理天文新知等各种西学，这些政治背景与知识学理都是他的经学亟欲响应的内容。又廖平既然时时回应近代的思想新知，故他的"阅读世界"，包括不少译著、报刊、杂志，还有晚清的出使日记等都是需要关注的部分。总之，唯有留心廖平本人也甚为关注的时代动向，并注意其人际社会网络，才能更得其学说的核心，明了他透过古典与当代对话过程所欲传递的信息。

四、本书结构

由于这部书的选题、范围与研究路径，涉及经典诠释、近代学术与思想的领域，因此写作过程中，以经典的解读为主轴，并尝试打通经学史、学术史、思想史的界线，期待能凸显廖平"以经典面向世界"的本怀，以及蕴藏其中的丰富学术思想内涵。此外限于篇幅等因素，有些方面尚无暇顾及。例如行文中尽量以廖平所处的历史情境来说明其主张的用心处或某种说法之原由，主旨在让人"理解"廖平学说的"心意"所在，而没有特别着墨讨论他经典诠释的方式能否立足，以及理论内在逻辑的合理性或学术真伪性问题。这也是目前本研究的局限。

全书呈现两个层面的重点，首先是廖平如何用经典安排中国与世界的关系与位置，其次是廖平学术在近代的意义。书中除了引论与结论，正文部分共分六章：第一章《从今古之辨到面向世界的经学之路》，勾勒廖平经学一变到三变的产生因缘、转折过程，以及各经的今古文论述，最终归结到其三变以后的经学观与特色。第二章《让孔子走入新世界》，主旨阐述廖平如何将经学含摄整个地球、与海外世界打成一片，并预示未来世界合一的愿景。第三章《经学理想的世界文化空间蓝图——兼论近代学术上的意义》，廖平以《尚书》为孔子昭示大一统的蓝图，讨论中国文化在世界所扮演的角色；在经典重释的过程也涉及经史关系、阴阳五行宇宙观等学理在近代的转变。第四章《传统与西学交会下的天学新论》，来自传统"天人合一"的信念，以人事价值必定有天道的根源，这是廖平在提出大统秩序的学说之际，还要架构一套属"天"的理论之原因。内容包括哥白尼对廖平的影响，以及对廖平传统天学的转化性诠释。第五章《〈春秋〉拨正下的世界秩序与中国——从"二伯"的理想谈起》，在弱肉强食的国际现实下，廖平反思要以经典重构不同于西方主导下《万国公法》的国际关系图景；他以《春秋》的制度设计了一套国际新秩序模式，《春秋》的"二伯"是这个秩序模式下的核心制度内容。第六章《文质彬彬——大统理想的经学实践进路》，在说明世界必可依照孔经的普世价值线性臻于大统的境地时，廖平也有一套支持自己想法的史观，以及中国当下该如何实践经典的方式。而且他的实践方式理论也随着时间而转变，透露了经学于近代所面临的问题。

第一章
从今古之辨到面向世界的经学之路

廖平经学虽然历经六变，但仔细探究其中的内容，一变是"平分今古"，二变是"尊今抑古"，大约甲午战争后的三变以后，直到六变，则抛开了今古之辨的思维，改以"小统""大统"的制度诠释中国与世界的关系，因此三变到六变的今古文观基本上是一致的，只是在内部做更细致的发挥。本论文研究的主要范围是廖平经学三变以后关怀时局的思想，然而三变后的经学观并非凭空出现，仍是从一、二变逐渐发展而成，因此本章拟就一变到三变之间各变的出现因缘、转折过程，以及各经的今古文观，从学术内在理路详细探索，最终归结到本书的重点：经学三变以后的经学观与特色。由于经学各变的内容是以五经为主，而五经之中，《易经》之古文无存，可以不列入今古之辨的讨论，故本章将焦点放在廖平对《诗经》《尚书》、三礼以及《春秋》三传的今古文观之分析上。

在行文的过程中，笔者也同时注意到两个与廖平学术基调相关的问题。第一，有学者称"井研学派"（廖平学术）出自常州学派，①也有不少学者直接将廖平置于常州学脉的系谱下；②事实上，廖平学术历经多次转折，亦多有自己的创见，与常州学派的关系也非一成不变，两者之间的离合究竟如何呢？第二，康有为、梁启超曾批评廖平在经学三变后，认同《周礼》一经，混淆了今古的界限。然而群经之中，《诗经》《尚书》等也都有今古文的问题，接受了《周礼》是否就代表完全没有了今古文家派的意识，可以接受古文《毛诗》与古文《尚书》？这些都是前人未曾厘清的问题，也是我们要深入廖平经学三变后的思想学术时所必须先理解的重要课题。以下分为三节，针对上述的问题意识详细的分析与探讨。

第一节 平分今古：经学一变与对群经的今古文观
（1883—1886）

今文经学和古文经学是汉代经学的两个基本派别，后来经学的发展与汉代经学又有密切的关系。然而汉代就无人洞明今、古文经学相区分的根据，再经东汉末年的郑玄及三国时的王肃注经混淆今、古文经学，使这个问题在后代变得更为蒙惑。清代乾嘉兴起的汉学重训诂，推崇东汉古文经学家贾逵、马融、许慎、郑玄，却不脱古籍整理的工夫。后起的常州学派重在探求经传中的微言大义，推本汉代今文学大师董仲舒、何休，是以今、古文经学之争在清末被重新提起。廖平早年因博览考据而涉猎了大量汉代古文经学

---

① 《六译先生追悼录》，收入刘家平、苏晓君主编《中国历史人物别传集》册71，线装书局，2003，第487页。
② 李新霖：《清代经今文学述》，《台湾师范大学国文研究所集刊》1978年第22号，第184页。

材料，之后又专求今文大义，①因而能克服前人囿于今文与古文经学的局限，提出了今、古文经学相区分的根本在礼制的平分今古之论。②同时代的学者将之与顾炎武发明古韵、阎若璩考辨《古文尚书》三者并誉为清代学术的三大发明之一。③

廖平经学初变始于光绪九年，④代表作为著成于光绪十二年的《今古学考》。一变产生的主因是为解决自身所遭遇今古文混淆的疑问。对于分别今古文，其实清代学者已有不少人注意到这个问题，廖平也承认他曾受过前贤的影响：

> 至陈卓人、陈左海、魏默深，略知分古、今。孙氏亦别采古文说，专为一书，然明而未融。或采师说，尚未能猎取精华，编为成书；即有成书，冀图仅据文字主张今、古门面，而不知今、古根源之所在。⑤

引文指出陈立（卓人）、陈寿祺（左海）、魏源（默深）、孙星衍等人已意识到分别今古文经说的重要，特别是二陈已略知今古的本源，对廖平的启发尤多，但他们终究"未能莹澈"，⑥还不能真正

---

① 廖宗泽编撰，骆凤文校点《六译先生年谱》，收入四川大学古籍整理研究所编《儒藏·史部·儒林年谱》，四川大学出版社，2005—2009，第725—726、732—735页。
② 关于廖平早年精通考据与转向今文经学的过程，又见黄开国《廖平经学第一变的思想准备》，《重庆师院学报（哲学社会科学版）》1985年第3期，第92—94页。
③ 蒙文通：《议蜀学》，收入廖幼平编《廖季平年谱》，第178页。
④ 陈文豪：《廖平经学思想研究》，第116—121页。
⑤ 廖平：《四益馆经学四变记·初变记》，《廖平选集》上册，巴蜀书社，1998，第547页。
⑥ 廖平：《经话（甲编）》，《廖平选集》上册，第400页。

明了今、古根源之所在,而廖平经过长年思考,终于悟出应以礼制"别户分门"。他认为今文经学和古文经学固然存在不少差异,不可淆乱,但二者并无轻重之分,不可偏废,为此他十分反对经学史上今、古文经学相互攻讦的门户之见。正是在这层意义上,他把以礼制为根本区分今文经学和古文经学的理论,称之为平分今古之论。那么造成解经困扰的今、古文经学混淆始自何时呢?在廖平看来,在东汉末的郑玄以前,今文经学家立论,不取古文经学为说,古文经学家立论,也不取今文经学的只字词组,直到郑玄遍注群经时,二家的界限才被全面破坏:

> 今学盛于西汉,屏斥古学不得显。古学盛于东汉,今学寝微。二学积为仇敌,相与参商。马融指博士为俗儒,何休诋古文为俗学。可见郑君以前,二学自为水火,不苟同也。①

因此在郑玄之前,今、古两家回避对方如洪水猛兽。事实上,在郑玄之前的汉代学者说经是否真的如此界限严明,还有很多可议的空间,②而且郑玄合通今古文经学,也是汉代经学两家之争的长期发展之必然结果。但廖平却认为讲经应笃守家法,虽有疑义,也不可兼采他说,因而对郑玄的注经大加笔伐,指责郑玄尊奉古学

---

① 廖平:《今古学考》卷上,《廖平选集》上册,第63页。
② 例如李学勤从许慎的《五经异义》考察,发现许慎说经并没有严分今古或是古非今的问题。路新生也认为,汉代的学者对今、古文经一直存在混说、互用的情况,并非如廖平所说的冰炭难容。见李学勤《〈今古学考〉与〈五经异义〉》,收入张岱年《国学今论》,第125—135页。路新生:《中国近三百年疑古思潮研究》,上海人民出版社,2001,第462页。

而兼收今文，遍注群经，破坏了经学家法的原则，再加上之后的王肃又继郑玄混乱今古文之路，遂使今古二家之分"并其堤防而全溃之"。①既然今古学已遭混合，破坏了本来的面目，平分今古之论则是欲对两家原貌恢复廓清，至于如何厘清今古，廖平独有的创获是应以礼制作为区分的依据。那么为何经学内部会衍生出今、古文二派及彼此之间礼制上的差异呢？今、古礼制所各自宗主的文本又是什么？

在廖平的《今古学考》中，汉代今、古学的实质性分歧被归纳为礼制的问题，他是通过分析研究《五经异义》的材料得来的。己酉年本的《四益馆经学四变记》云：

> 初变分今古，……专主《五经异义》，嘉道以来学者皆以分今、古为主。而《今古学考》集其大成，劈分两门，始有专书。②

《今古学考》卷下又说：

> 《异义》久亡，今就陈氏辑本考之，所存近百条。今与今同，古与古同，各为朋党，互相难诘，以其门户原异，故致相歧也。③

---

① 廖平：《今古学考》卷下，《廖平选集》上册，第67、72页。
② 廖平：《四益馆经学四变记》，收入《孔经哲学发微》，《廖平选集》上册，第311页。
③ 廖平：《今古学考》卷下，《廖平选集》上册，第68页。

《五经异义》是许慎所撰,其后郑玄针对是书,著《驳许慎〈五经异义〉》,①两书均大约佚于唐代。②清王复辑有《驳〈五经异义〉》,陈寿祺又著有《〈五经异义〉疏证》,廖平所依据的,就是陈氏书中所辑的今文经学与古文经学经说之百余条材料。由于许慎的《异义》对于今、古两派不欲牵合混同,该书按经学问题一一分条,每条皆列有今文经学和古文经学的不同说法,从而客观上保留了汉代今文和古文经学的材料,也获得廖平极高的评价。不过廖平对于许慎分今古的方式有所未安,不能苟同之处尚多,原因是许慎误以立学官与否分判今、古,③而且许慎所录的今文与古文经学之说,依据除了有经传明文,还有一半是后师附会之说,许慎却未能明白分辨这一点,也没有提供区分今、古学的稳定基础,④究其原因是"今、古分别,两汉皆不能心知其源"。⑤陈寿祺在疏证《五经异义》时,已触及今、古文经学的礼制之分,虽然他仍未能认识礼

---

① 《张曹郑列传》,范晔撰,杨家骆主编《新校本后汉书并附编十三种》卷三五,台北:鼎文书局,1987,第1212页。
② 《隋书·经籍志》著录《五经异义》十卷,《旧唐书·经籍志》与《新唐书·艺文志》所记与《隋书》同,但言许慎撰,郑玄驳,是将二书合而为一,以便观览。《宋史》始不见著录,故推测大约佚于唐代。又见黄开国《廖平评传》,第60页。
③ 廖平曰:"予言今、古,用《异义》说也。然既有许义而更别有异同者,则予以礼制为主,许以书、人为据。许以后出古文为古,先出博士为今,……此大误也。"见廖平《今古学考》卷下,《廖平选集》上册,第102页。
④ 例如廖平提到:"《异义》采录今、古说,多非明文,后师附会盖居其半。夫今、古异同,当以《王制》《周礼》为纲领,《公》《穀》《左氏》为辅佐。但据经传,不录晚说,唯议明文,不征影响。今许所录,可据者半,不可据者半。"见廖平《今古学考》卷下,《廖平选集》上册,第95页。
⑤ 廖平:《今古学考》卷下,《廖平选集》上册,第95页。又依据部积意对《五经异义》的深入探讨,认为许氏确实没有提供区分今、古学的稳定基础。见部积意《汉代今、古学的礼制之分——以廖平〈今古学考〉为讨论中心》,第45—47页。

制就是二者区分的根本,但无疑对廖平的平分今古论之提出,起了一定的影响。廖平在体悟到礼制为分别今古根源下的具体创见,就是以《王制》《周礼》各为今学、古学的统宗;而今、古学的产生又与孔子早、晚年的异说与地域学风的不同密切相关,以下分别叙述之。

第一,《周礼》与《王制》各为古学、今学统宗。廖平发现今文经学和古文经学的内容虽然繁杂,但在有关封国、爵禄、官制、选举、丧葬、祭祀、巡狩等礼制大纲方面,却"今与今同,古与古同,各为朋党,互相诘难",①而今、古学所言礼制的本旨,又分别宗主《王制》和《周礼》,廖平由此主张:"《王制》为今学之主","《周礼》为古学之主"。②至于两者所言的礼制时代,廖平认为《周礼》所言多本周代礼制,《王制》则是兼采虞、夏、殷、周四代,且以殷礼为主写成的礼制。此种说法当然是他个人的一家之言,事实上此二书在历史上的争论颇多,若能稍微了解这个背景,或许更能见出廖平经说的立场。

《周礼》原名《周官》,刘歆改为《周礼》,是古文经学的根本经典,汉代古文家推尊为周公所著,认为是真正周代礼制。然而《周礼》的内容与传承谱系一直存在很大的问题,从汉代直到清初,怀疑此书的学者不计其数。③清中叶以后,常州学派的学者进一步将《周礼》带入了更激烈的今古文经学论争中。常州学派开创者庄存与虽然也怀疑《周礼》的真实性,但是仍重视它内容的重要

---

① 廖平:《今古学考》卷下,《廖平选集》上册,第68页。
② 廖平:《今古学考》卷上,《廖平选集》上册,第42页。
③ 王葆玹:《今古文经学新论》,中国社会科学出版社,1997,第150页。林庆彰:《清初的群经辨伪学》,台北:文津出版社,1990,第299—358页。

性，其三《礼》之学讲的就是《周礼》。庄存与之后，其外孙宋翔凤始明确地把今文经学的研究与《周礼》辨伪史联系在一起考察，批评《周礼》没有师承流传，可能为战国时人托周公之作，故价值不足道。①庄绶甲、刘逢禄等皆为庄存与的侄、孙辈，他们对《周礼》的评价已有显著的贬抑，今、古文经学门户的壁垒日渐分明，可以从这个地方看见端倪。②到了龚自珍更诋《周礼》为伪书，认为它本非经书，是刘歆为助王莽篡位而加以经名。③总之，愈后来的今文经师，愈因为《周礼》的作者与传承谱系不明而益加的否定其地位与价值。

廖平在经学一变时认同《周礼》的内容主周代礼制，接近古文经学一派的看法，又有所不同。他以《周礼》成书于六国时，作者为燕、赵人，且不止一人。作者是因周代礼制不存，采周典册据己意而成，因而其书可谓宗周公之意，但又非周本制；④这一观点可解释《周礼》既近周制，又不尽合周礼的问题，与古文经学家的真信为周公所著的看法有很大的差别。

《王制》为《礼记》的一篇，《史记·封禅书》记载，文帝时"使博士、诸生刺六经，作'王制'，谋议巡狩封禅事"，汉代古文经学家多据此说，认为《王制》是汉文帝时的作品，⑤这一说法

---

① 宋翔凤：《论语说义》，《皇清经解续编》卷三八九，台北：艺文印书馆，1965，第3页。
② 蔡长林：《常州庄氏学术新论》，台北：台湾大学中文所博士论文，2000，第22页。
③ 龚自珍：《六经正名答问一》，《龚自珍全集》，中华书局，1959，第39页。
④ 廖平：《今古学考》卷下，《廖平选集》上册，第86页。
⑤ 例如东汉马融弟子卢植著有《礼记卢氏注》十卷（今亡佚），即认为汉文帝令博士诸生作《王制》之书。见唐晏《两汉三国学案》卷七，中华书局，1986，第348页。

带有贬低今文经学的含义，以《王制》并非出自圣人的一手著作。郑玄、孔颖达等人则推测此书成于周秦之际，约孟子之后。①而今文经学家以《王制》为孔子所著的经典，对其书极为推崇，与文帝时博士所著的《王制》为同名的两部书。例如司马贞《史记索隐》引刘向《别录》指出，文帝所造书（指《王制》）有《本制》《兵制》《服制》篇，又文帝时的《王制》"谋议巡狩封禅事"，但《礼记·王制》没有言及封禅，虽谈到巡狩也非主要的内容。黄开国认为，照这些资料看来，若说文帝时的《王制》与《礼记·王制》应是不同的两部作品，也不是无稽之谈。②然而，尽管今文家抬高《王制》的地位和价值，仍然提不出论据证明它与孔子的直接联系。廖平否认《王制》为汉人所作，断言此书是"孔子所作"。③他自述体悟这一心得的过程，是在研究《穀梁》的同时，发现《穀梁》与《王制》的制度完全相合，再加上之前俞樾曾有《王制》为《公羊》礼说之论，因而益加坚定《王制》为《春秋》礼传，为素王改制之书的结论。④廖平亦提及接续孔门传承的《孟子》《荀子》皆依《王制》立说，作为《王制》确是孔子手定的制度纲领之佐证，虽然这个立论并不严密，也未必客观，⑤却可看出他跟随今文

---

① 郑玄注，孔颖达疏《礼记注疏》，台北：艺文印书馆，1989，第221页。
② 黄开国：《廖平评传》，第67—68页。
③ 廖平：《今古学考》卷下，《廖平选集》上册，第91页。
④ 廖宗泽编撰，骆凤文校点《六译先生年谱》，收入四川大学古籍整理研究所编《儒藏·史部·儒林年谱》，第735—743页。
⑤ 例如黄开国认为《孟》《荀》虽有合于《王制》者，但也不排除《王制》较晚出，依《孟》《荀》立说的可能；路新生也承认《孟》《荀》中虽不难寻绎到与今文说或《王制》相同的观点，但《孟》《荀》中同样也存在引用古学或与古学相通之处。这些都说明廖平的论点还有很大的可议性。见黄开国《廖平评传》，第68—69页；路新生：《中国近三百年疑古思潮研究》，第447—448页。

经学推崇《王制》的立场是很明显的。只是前人一般多言《王制》为殷制或先王之制，说是孔子所立、以殷礼为主而折衷虞、夏、殷、周四代之制，则是廖平的创说。综而言之，古文经学宗主《周礼》，今文经学宗主《王制》，这两种制度又不完全是现实社会的实有礼制，而是带有作者某种理想的制度。那么为什么在经学内部会有两种不同的制度，廖平认为是孔子早、晚年的异说有以致之。

第二，孔子早、晚年之说与地域学风的差异。廖平把今文经学和古文经学的产生，都上溯到先秦时代孔子的学说及其弟子对师说的不同流传；今、古文经泾渭分明的源头，产生于孔子早年、晚年学说的不同。孔子早年心慕周公与周礼，是尊王命、畏大人之意。到了晚年感叹周礼实行已久，积弊太深，为了救弊补偏，于是主张改变周礼，书为《王制》，[①]故《王制》内容即是针对周礼制度的弊端而发：

> 如因尹、崔世卿之事，乃立选举之政；因阍弑吴子之事乃不使刑者守门；因诸侯争战，乃使二伯统制之；因大易为乱，乃限以百里；日月祭之渎祀，乃定为四时；祫祭厚葬之致病，乃专主薄葬。凡其所改，专为救弊，此今学所以异古之由。[②]

正因为孔子前期从周、后期改制的不同，其弟子也分为两批。早期的授业弟子仅闻孔子的"从周"之说，便辞而返乡，他们多为燕赵人。而鲁乃孔子乡国，晚年的授业弟子多鲁地人，因不曾听闻

---

① 廖平：《今古学考》卷下，《廖平选集》上册，第68—69页。
② 廖平：《今古学考》卷下，《廖平选集》上册，第78页。

孔子早年之言，故专祖晚年之论，笃守《王制》，并传述师说，时间大约在春秋末年，是今文经学一派产生的源起。今文经学传播开来之后，那些早年归乡的燕赵弟子有见于今文经学的内容异于孔子早年之说，遂疑鲁弟子伪为此言，依托孔子，故笃守前说，与鲁学相难；而私淑于孔子、习闻周家故事的隐君子，亦相与佐证，不信今学而攻驳之，乃有《周礼》《左传》《毛诗》之作，以求合于孔子初年之说，①时间大约在战国，是古文经学一派产生的源起。因此，今文经学的产生先于古文经学。

廖平在论及孔子早、晚年两批弟子传播经学时，也涉及地域的问题，即今文经学主要传自鲁地，古文经学主要传自燕赵之地。事实上，孔子学说是否有早、晚年之异，以及是否有不同闻见的两批弟子，都于史无据，这只是廖平为了解释何以汉代形成的经学文本内部会有《周礼》《王制》两种互相矛盾的制度，所试着提出的一家之言。就汉代经学来看，例如传述《穀梁》《鲁诗》的先师出于鲁，《公羊》《齐诗》出于齐，故鲁、齐为今学源起之地是合于事实的。但是廖平以燕赵为古学正宗发源地的推论却相当的薄弱，仅有简单的论据，即传《毛诗》的毛公是赵人，故推测古学必定位在齐北的燕赵之地。②然而燕人韩婴传《韩诗》，广川人（今河北衡水广川镇）董仲舒治《公羊》，俱为今文经学，这是明显的事实，廖平亦对自己的说法不能自安，此点在后文会再提及。不过廖平以地域作为先秦经学不同派别的划分，却仍然有着特殊的价值与意义，因为他已发现古代经学并不是一个有机的整体，它们之中至少有两个

---

① 廖平：《今古学考》卷下，《廖平选集》上册，第73页。
② 廖平：《今古学考》卷下，《廖平选集》上册，第106页。

相异的系统，他把长期以来争讼不决的今、古之分换成齐、鲁与燕赵学问之异，把经学主张的不同化为地域文化的差异。这一说法已经开始具有学术史的眼光，其弟子蒙文通后来的"古史多元论"即是延续乃师思维模式的突破所得；这也是廖平《今古学考》的价值在近代影响深远而为学界推重的又一面。①

以下则针对廖平于经学一变时期的《诗经》、《尚书》、三礼、《春秋》三传之今古文观做分析。

一、同等重视古文《毛诗》与今文《三家诗》

廖平在经学一变时，以古学为孔子早年从周时的思想，制度上以《周礼》为宗；今学为孔子晚年作《春秋》改制后的思想定论，以《王制》为主，《诗经》的今古学问题，也是由此而起。孔子晚年讲学于鲁国时，早的燕赵弟子已辞而先返，笃守从周之说，听闻鲁地弟子所述孔子改制之言，以为违背师说，故起而攻之。再加上当时习闻周朝之事的隐君子附和佐证，乃有《周礼》《左传》《毛诗》等古学的著作，目的是要合于孔子早期的学说。②故《毛诗》可说是代表了孔子早年的《诗》学思想，相对地，孔子晚年的《诗》学思想则是今文学的齐、鲁、韩《三家诗》。廖平并未交代他对《三家诗》的各别看法，不过他此时以鲁学为今学正宗，对《鲁诗》的评价应高于其他二家。总体说来，他此时视古学《毛诗》与今学《三家诗》具有同等重要的地位，并从《汉书·河间献

---

① 王汎森：《从经学向史学的过渡——廖平与蒙文通的例子》，收入氏著《近代中国的史家与史学》，第114—122页。
② 廖平：《今古学考》卷下，《廖平选集》上册，第73页。

王传》中的毛公其人，推测古学的发源地应在燕赵的原因：

> 或疑古学出于燕赵无据，……然古学秦前无考，汉初不成家，先师姓名俱不传，又何能定其地？西汉古学，惟《毛诗》早出成家，今据以立说者，特以《毛诗》为主。毛公赵人，又为河间博士，且鲁无古学，齐则有兼采，以此推之，必在齐北，此可以义起者也。……至于实考其源，则书缺有间，除《毛诗》以外，未能实指也。①

廖平解释何以自己推测古学源自燕赵之地，因为古学在先秦的授受源流不明，可资找寻的线索，是依据《汉书·河间献王传》中说的，河间献王求得古文体的一批先秦旧书，包括毛公所传授的《毛诗》，毛公自谓承子夏之学，献王立为博士。② 传古学的毛公本身为赵人，而鲁地无古学，齐与燕地邻近，齐学的内容又是今古兼采，因此古学的发源地应在燕赵之处。姑且不论廖平如此的推论是否正确，这个现象反映的意义，在于他此时相信《毛诗》源自子夏、孔子，只因秦火而"书缺有间"，使得《毛诗》亡佚，造成源流不明，所以他要溯本探源。不过或许是古学传授源流记载太模糊，出自燕赵的证据太少，诚如他在引文说的"除《毛诗》以外，未能实指"，甚至也对古学抱着几分存疑，这样的困惑也为他在经学二变之后，全盘否定包括《毛诗》在内的古文经之真实性，埋下了伏笔。

---

① 廖平：《今古学考》卷下，《廖平选集》上册，第106页。
② 廖平：《今古学考》卷上、卷下，《廖平选集》上册，第36、99、106页。

二、接受《尚书》残缺的观点

廖平在经学一变以前，已经思索过古文经典的真伪问题，何以汉初唯传今学，不传古学？他也曾受前辈今文学者影响，怀疑古学是否西汉末期哀、平之际的学人所出？不过他当时选择相信古学在汉初曾与今学并传，皆有先师授受，只因文帝、武帝时所求或重用的学者伏生、公孙弘皆是今文先师，党同伐异，而古学世无显达，遂致衰微。①因为相信、看重古文经学的真实性，廖平也接受了汉代古文家的说法，认为今文经学的文本是秦火之余，因此后出的文本，如孔壁古文，可以弥补原来文献的缺憾。在一变的代表作《今古学考》中，叙述《尚书》的部分，廖平全文著录了班固《汉书·艺文志》中的观点：

> 班曰："秦燔书禁学，济南伏生独壁藏之。汉兴亡之，求得二十九篇，以教齐鲁之间。讫孝宣世，有欧阳、大小夏侯氏，立于学官。《古文尚书》者，出孔子壁中。武帝末，鲁共王坏孔子宅，欲以广其宫，而得《古文尚书》及《礼记》《论语》《孝经》凡数十篇，皆古字也。孔安国者，孔子后也。悉得其书，以考二十九篇，得多十六篇。安国献之。遭巫蛊事，未列于学官。刘向以中古文校欧阳、大小夏侯三家经文，《酒诰》脱简一，《召诰》脱简二。率简二十五字者，脱亦二十五字；简二十二字者，脱亦二十二字。文字异者七百有余，脱字

---

① 廖平：《今古学考》卷下，《廖平选集》上册，第69页。

数十。"①

这段引文具有重要的意义，班固《汉书·艺文志》的内容来自刘歆的《七略》，代表廖平接受来自刘歆的看法：孔壁《古文尚书》多出的篇章，以及刘向取《古文尚书》校对今文，发现今文有脱简者，都是今文《尚书》有残缺的论据。廖平当时阅读《汉书·儒林传》，见到刘歆争立古文经学，遭今文博士排挤的过程，甚至还为古文抱屈："予读《儒林传》，未尝不叹学人之重利禄也。古今本同授受，因古文未立学官，不惟当时先师遗说不可考，其有无是学，亦几不能决。"②惋惜古学未能发扬的态度十分明显。

廖平除了跟从刘歆、班固的论点外，对孔壁所出的《尚书》也有自己特殊的看法。他以鲁恭王坏孔子宅所得之书，因出自鲁地，故其制度内容应属于今文的鲁学，有别于源自燕赵之地的古学。所以孔壁《尚书》为鲁学《尚书》，与伏生的齐学《尚书》同为今学，但鲁学《尚书》的授受中绝，东汉诸儒未能详审它的渊源，遂以古学说之。③不过即使廖平认为东汉儒学错把孔壁的鲁学《尚书》当作古文，他此时仍然不否定东汉《古文尚书》内容及版本的真实性；但是到了经学二变之后，却有了完全不同的见解，后文将再做分析。

---

① 廖平：《今古学考》卷上，《廖平选集》上册，第35—36页。
② 廖平：《今古学考》卷下，《廖平选集》上册，第97页。
③ 廖平：《今古学考》卷下，《廖平选集》上册，第83页。

三、平分今古之下的三礼观

（一）《周礼》：孔子早期"从周"思想的古学制度专书

经学一变时期的"平分今古"，对今古学采持平的态度，视古学的《周礼》是燕赵后学接受了孔子早年从周思想而产生的著作。他说：

> 《周礼》之书，疑是燕赵人在六国时，因周礼不存，据己意，采简册模仿为之者，……非周初之书也。何以言之？其所言之制，与《尚书》典礼不合，又与秦以前子书不同。且《孟子》言："诸侯恶其害己，而去其籍。"无缘当时复有如此巨帙传流？故予以为当时博雅君子所作，以与《王制》相异。……其书不为今学所重，故《荀》《孟》皆不引用。①

廖平以《周礼》一书非周初之书，原因有二：第一，其中的典礼与《尚书》不合，又与秦以前的子书不同；第二，周室衰微后，诸侯们惧怕古籍内容被援引来干扰自己的作为，而有湮灭古籍的行为，因此周初若有如《周礼》般的巨著，应难以流传久远。所以廖平推测，属孔子燕赵后学的"博雅君子"，未闻孔子晚年的改制思想，因着孔子早年从周思想的驱使，欲追源与传扬周代之礼，但文献已经不存，故依据己意，采简册，模仿以成《周礼》一书，以异于重改制的《王制》。因为"从周""改制"的观念不同，这也是造成今

---

① 廖平：《今古学考》卷下，《廖平选集》上册，第86页。

文学派不重视《周礼》的原因。

(二)《仪礼》属于古文经学

廖平在经学一变时,将《仪礼》划为古文经学,这事较为特殊。《仪礼》在汉代被立于学官,有清楚的学术源流,人们以今文学视之,何以廖平将它归于古学?根据汉代文献,刘歆《移太常博士书》曾指出《逸礼》一书是鲁恭王得自孔子旧宅中,相传有三十九篇,与《仪礼》十七篇合为五十六篇,《汉书·艺文志》亦明言"礼古经五十六篇",这是否廖平视《仪礼》为古学的原因?然而经学一变的今、古学认定,是以合于《王制》《周礼》为依准,廖平当时必定觉得《仪礼》的制度内容有同于从周的《周礼》之处,只是详细情形,他并没有多加着墨。

(三)今古文篇章相杂的《礼记》

廖平对于《礼记》,无论各变时期看法如何不同,有一个不变的前提,就是以《礼记》为孔子的七十弟子所传,可代表孔子的思想,而且是群经的传记。[1] 廖平以前的学者多以《礼记》为孔子定《礼经》(《仪礼》)之记,[2] 但廖平强调礼制存于群经,非仅止于礼类经典,故《礼记》为群经之记,这是他见解的特殊之处。

经学一变时期认为大、小戴《礼记》的内容,今古混淆,自古以来未有人能分别其说。《今古学考》中指出,两戴《礼记》是个

---

[1] 廖平于《今古学考》中说:"《戴记》一明,则群经无不大明,……经不得记不能明,记不得经无以证……"又于《古学考》中说:"《戴记》者,群经传记。""《左》、《国》、《戴记》、诸子所言,均以孔子为主。""《国语》本为七十弟子所传,与《戴记》同也。"见《今古学考》卷下,《廖平选集》上册,第75、129、132、140页。

[2] 元代学者熊朋来(1246—1323)与晚清皮锡瑞均持此说。见皮锡瑞《三礼》,《经学通论》,中华书局,1998,第28—29页。

复杂的问题，因为内容包括先师经说、子史杂钞，十分驳杂，有今学也有古学。廖平提到郑玄以前的学者注经之惯例，往往是严分家法，而杜预、贾逵这些古文学家注解《左传》《周礼》，对于《礼记》的篇章有引用者，也有不引用者，可见《礼记》在汉代虽被目为今文经学，但实际内容应是今、古文并存的。①他也说明并反驳《礼记》在汉代被当作今文学的原因，并强调分别今古的准则，应在于群经中的制度：

> 予言今、古，用《异义》说也。然既有许义而更别有异同者，则予以礼制为主，许以书人为据。许以后出古文为古，先出博士为今，不知《戴记》今古并存，以其先出有博士，遂目为今学，此大误也。……《大小戴记》凡合于《周礼》《左传》《毛诗》者，尽为古学；合于《王制》者，尽为今学。一书兼存二家。②

廖平自谓受许慎《五经异义》分别今古的启发，但观点又有别于许慎。他说许慎《五经异义》以《礼记》为今文学，但未说明《礼记》何以被当作今文学的原因。廖平推测可能因为《礼记》的原始数据出现于西汉前期，早于《周礼》等古文经典，经过二戴整理之后，又被立于学官，为博士之学，故许慎及其他汉代学者便目之为今文经学。

但今日我们质诸事实，大、小戴《礼记》在两汉均未曾如廖平

---

① 廖平：《今古学考》卷下，《廖平选集》上册，第72、74页。
② 廖平：《今古学考》卷下，《廖平选集》上册，第102—103页。

所言的被立于学官，从有提到两汉所立博士官的相关资料，如《汉书·儒林传赞》《后汉书·儒林列传》《后汉书·章帝纪》，以及司马彪《续汉书·百官志》等的内容来看，其中提到被立于学官的大、小戴《礼》博士，指的是戴德、戴圣分别整理的《礼经》（《仪礼》）十七篇，而非《礼记》。因此廖平应是把《礼经》与《礼记》混淆了，这一个失误，现代学者路新生也曾注意到。[①]不过无论如何，他要表达的是今古文学的判准应以制度为依归，不在于早出晚出、立学官与否；大、小戴《礼记》的篇章凡合于《周礼》《左传》《毛诗》的制度者划入古学，合于《王制》的制度者划入今学。这就是他经学一变时期对《礼记》的今古文态度。

四、平分今古之下的《春秋》三传观

（一）对今文二传的态度：崇重《穀梁》、稍抑《公羊》

廖平在经学一变时，对于同属今文的《公》《穀》之态度，认为《穀梁》优于《公羊》，将传孔子《春秋》今文正宗的地位封给了《穀梁》。一变时期的代表作《今古学考》说："《王制》无一条不与《穀梁春秋》相同。"视《穀梁》之制与《王制》的礼制全合，这是《穀梁》为今学真传，优于《公羊》的一个因素。廖平赞《穀梁》而抑《公羊》，还与他以地域划分今古文有关系。蒙文通在《井研廖师与汉代今古文学》中说：

> 廖师于今文一家之学立齐、鲁两派以处之。古文一家所

---

① 路新生：《中国近三百年疑古思潮研究》，第457—458页。

据之经,奇说尤众,则别之为《周官》派、《左传》派、《国语》派、《孝经》派以处之。而总之曰今文为齐鲁之学,古文为燕赵之学。此廖师于汉儒家法既明之后,又进而上穷其源,于是立齐鲁、燕赵以处之,……此廖师之欲因两汉而上溯源于周秦,……而启后学用力之端亦伟矣。①

以齐鲁、燕赵之地来划分今古文学,又划分今文内部为齐、鲁两派,把燕赵古学内部划分为《周官》《左传》《国语》《孝经》等派。对于将今文学派分为齐、鲁两派,廖平指出:

> 今(学)派全由乡土致歧异,故以齐、鲁两地分处今文一家之学,以《穀梁》为鲁学,《公羊》为齐学。而鲁乃孔子乡国,弟子多孔子晚年说,学者以为定论(自注曰:汉人经学,以先师寿终之传为贵,亦如佛家衣钵真传之说也),故笃信遵守。……此鲁之今学为孔子同乡宗晚年说以为宗派者也。燕赵子弟,未修《春秋》以前,辞而先反,惟闻孔子"从周"之言;已后改制等说未经面领,因与前说相反,遂疑鲁弟子伪为此言依托孔子。故笃守前说,与鲁学相难。②

虽然古学、今学都是孔子的学说,但毕竟以晚年所传的定论为贵。鲁地是孔子乡国,晚年弟子多为鲁人,得闻孔子晚年在家乡的讲

---

① 蒙文通:《井研廖师与汉代今古文学》,收入氏著《经史抉原》,巴蜀书社,1995,第129—130页。
② 廖平:《今古学考》卷下,《廖平选集》上册,第73—74页。

学，因此属于鲁学的《穀梁》最得孔子《春秋》之旨。燕赵之地的学子仅听闻孔子早年的从周思想，未及面领后来的《春秋》改制之说，便辞而返乡，遂怀疑鲁弟子所言为伪。至于《公羊》是邻近鲁地的齐地所传授之学，①《公羊》先师为齐人，至鲁地受学后，归齐教授，形成了独特的风格。廖平说：

> 《公羊》始师齐人，受业于鲁，归以教授，……齐俗喜夸好辨，又与燕赵近，游士稷下之风最盛，故不肯笃守师说，时加新意，耳濡目染，不能不为所移。②

又说：

> 三传著录，皆先秦以前。《穀梁》鲁人，《左传》燕赵人。故《公羊》出入二家，兼收燕鲁，特从今学者多耳。……盖以齐居鲁与燕之间，又著录稍晚，故其所言如此。③

廖平推测，《公羊》先师受业于鲁地，与《穀梁》同源，但是回到齐地教学后，受了齐地民风夸饰好辨、不肯笃守师说的影响；又因地处于鲁（今学）与燕赵（古学）之间，今、古掺杂，故虽仍以今学为主，究竟不如《穀梁》得孔子《春秋》真旨也是自然有以致之。因此，对于同属今学的《公》《穀》二传来说，廖平此时是推

---

① 廖平：《今古学考》卷下，《廖平选集》上册，第83页。
② 廖平：《今古学考》卷下，《廖平选集》上册，第82页。
③ 同注释②。

重《穀梁》胜于《公羊》的。

(二)平等看待与今学二传有别的古学《左传》

1.《左传》表征孔子早期的从周思想

廖平于治《春秋》之初,即视三传著录,皆在先秦以前。①经学一变时主张"平分今古",以《左传》为古学,是燕赵人所传,礼制有别于出自鲁地、为今学正宗的《穀梁》,以及齐地兼采今古但仍划归今学的《公羊》。他于光绪十二年刻于成都的《春秋左传古义凡例》中说:

> 战国时学有二派:有孔子派,以《王制》为主,弟子皆从此派,孟、荀以及汉博士所传是也。而当时博雅君子如左丘明者,则以所闻见别为派,与孔学别行。《传》中称孔子为仲尼,经亦有异,此皆别派遥宗孔子之证也。②

战国时的学术分为今、古二派,但两者仅是孔子早、晚年思想变化的结果,没有是非优劣之分。《左传》古学与《公》《穀》今学虽然有着礼制上的不同,但它也是私淑于孔子的学人之著作,表现孔子早年的从周思想。③廖平并将《左传》古学与《公》《穀》二传今学做一个对比:

---

① 廖平:《今古学考》卷下,《廖平选集》上册,第82页。
② 廖平:《春秋左传古义凡例》[清光绪丙戌(十二年),成都刊本],第2a页。
③ 关于廖平经学一变时期对《左传》的今古文问题,又见沈玉成、刘宁《春秋左传学史稿》,江苏古籍出版社,1992,第347—351页;赵沛:《廖平春秋学研究》,第188—189页。

> 二《传》今学,《左传》古学;二《传》经学,《左传》史学;二《传》质家,《左传》文家;二《传》受业,《左传》不受业;二《传》主孔子,《左传》主周公;二《传》主《王制》,《左传》主《周礼》;二《传》主纬候,《左传》主史册;二《传》鲁、齐人,《左传》燕、赵人。学虽异端,未可偏废。①

所谓《左传》为孔门之别派,即是说《左传》与《公羊》《穀梁》虽然存在说礼之不同,但三传均是先秦旧说。尽管《公》《穀》主《王制》,且为孔子嫡传;《左传》主周公与《周礼》,为博雅君子遥宗孔子之作,但古学《左传》仍然学有源流,也是传承孔子的思想。所以《左传》与《公》《穀》二传不过是孔子早、晚年学术变化的结果,并无是非、优劣之分,廖平认为皆应平等视之,不可偏废。

2.《左传》成于先秦,亦为传经之作

廖平推断《左传》成书于先秦,凭什么如此认定呢?由于《左传》没有明白的授受源流,它被汉代学者归为古文经学,但言及古文学的各个典籍,如《史记》或《汉书》的《艺文志》《鲁恭王传》《河间献王传》等,对于《左传》来源出处的记载,也呈现不一致的状况,在学术史上存在争议。廖平十分关注并思考这样的问题,②自谓因《汉书·河间献王传》有立《左氏春秋》博士的记

---

① 廖平:《春秋左传古义凡例》,第1a—1b页。
② 《今古学考》提到古籍中对《左传》记载不一致或不明确的状况,见廖平《今古学考》卷下,《廖平选集》上册,第99页。

载,遂曾怀疑《左传》是否为汉初河间人所伪造,①不过后来仍是推定《左传》同其他二传一样成书于先秦。他推论《左传》出于先秦的几种理由,主要包括其书体大思精,如此一部巨著若是出自汉初,必能得到传授,而不致藏在秘府。又西汉今文学《公》《穀》二家盛行,若《左传》为西汉人所作,必定会依附二家说法,不敢如此立异。②这是他推论《左传》成于先秦的重要原因。

在《史记·十二诸侯年表序》中也有《左传》出于先秦的资料,司马迁说明左丘明惧怕孔子《春秋》为后王立法的大义,在弟子们口耳相传的过程中,曲解了原意,因此依据孔子曾经编撰《春秋》的史册,著作成《左氏春秋》。依《史记》的说法,《春秋》与《左氏春秋》的关系非常密切,③这是廖平所认同的,不过他反对后人将《左氏春秋》与《左传》淆误为同一部著作。他认为司马迁所说的《左氏春秋》,其实就是《国语》,为左丘明所辑,此书专为记事,就如同《虞氏春秋》《晏子春秋》的得名一样,称"左氏春秋"。④后来习《左氏春秋》或《国语》的弟子将此书依着《春秋》编年,加以说微来解经,乃成传本,⑤"以先师氏其学",称为"左氏传",亦为解经之书。所以《春秋左氏传》或《左传》不等于《左氏春秋》,只是后人不察,遂将两者混淆。《左传》成书于战国时期,汉初藏入秘府,故无人传诵。廖平也反驳了《汉书·儒

---

① 廖平:《今古学考》卷下,《廖平选集》上册,第93页。
② 廖平:《今古学考》卷下,《廖平选集》上册,第93—94页。
③ 现代学者多有认为司马迁视《左传》是为《春秋》而作的。见赵伯雄《春秋学史》,山东教育出版社,2004,第156页;金德建:《司马迁所见书考》,上海人民出版社,1963,第105—111页;赵沛:《廖平春秋学研究》,第190页。
④ 廖平:《今古学考》卷下,《廖平选集》上册,第93页。
⑤ 廖平:《古学考》,《廖平选集》上册,第139页。

林传》中所记载的汉初张苍、贾谊传《左传》学的说法，认为没有渊源根据。因为汉初若真有《左传》之学与师说流传，为何刘歆校书以前无人见过此作？所以《汉书》的说法"皆后人伪撰"，不可依据。①实情是《左传》从汉初以来从未曾流传过。总之，廖平论及《左传》的渊源、作者与传承问题，最后导向的结论，就是《左传》出于先秦（战国），汉初即被送入秘府，直到汉末刘歆校书时始发现此书，甚喜好而为之传扬维护，倡言求立学官未果。②然而即使《左传》传于刘歆之手，但是"歆爱古籍，不忍乱之"，③所以刘歆未曾更动过《左传》的内容。

廖平论《左传》的渊源性质及其与刘歆的关系，与常州今文学者刘逢禄及后来的康有为有很大的不同。刘逢禄《左氏春秋考证》中，认为《左氏春秋》本来是如《晏子春秋》《吕氏春秋》一类的杂史，与《春秋》经没有关系；今日所见的《左传》是刘歆将《左氏春秋》编年，加以己意说经而成，全名应作《春秋左氏传》，是伪造而成的。康有为沿着这个思路继续攻击《左传》，视之为刘歆伪助王莽篡位的"新学伪经"之一。④这样的看法又影响到顾颉刚、崔适一脉的学者。⑤反观廖平，虽然自谓早年（经学一变之

---

① 潘祖荫：《左氏古经说汉义补证序》，收入高承瀛等修，吴嘉谟等纂辑《光绪井研志·艺文志》，台北：台湾学生书局，1971，第739页。
② 廖平：《今古学考》卷下，《廖平选集》上册，第93页。
③ 廖平：《古学考》，《廖平选集》上册，第152页。
④ 康有为：《伪经传授表第十二上》，《新学伪经考》，香港：三联书店，1998，第256—297页。
⑤ 康有为：《新学伪经考》，第39—40页。崔适：《史记探源》，中华书局，1986，第70—71页；崔适：《春秋复始》卷一，北京大学，1918年铅印本，第3页。

前）也曾相信刘逢禄的说法，①不过他早在一变时就已经否定刘氏的观点，②采取了不同的推理与结论。这时期所作的《春秋左传古义凡例》中有一段话颇能表明这种想法：

> 或谓（左）《传》不解经者，此门外言也。……《传》则全依据经文而作，毋论义例、礼制解经，即议论、空言亦解经。……刘申绶《左传考证》，以传释经为刘氏所加，备列考证案：其说非也。……《左传》无处不解经，岂特"书曰"数字？申绶之言未审矣。③

廖平否认刘逢禄的《左传》本来不解经之考证，强调《左传》原就是为传经而作，无论义例、礼制或是议论、空言，都"无处不解经"。廖平也同样视《左氏春秋》有别于《春秋左氏传》/《左传》，但左丘明撰《左氏春秋》的目的，是要保存《春秋》的大义，本来就有依经立传的意味，非如刘逢禄所谓的杂史之流。接着诵习《左氏春秋》的弟子又将之编年，使其与《春秋》经文结合而成《左传》。所以在廖平看来，从《左氏春秋》到《左传》，都是完成于先秦，是为解经而作，且未经刘歆的更动，完全没有作伪的成分，这也是廖平终其一生对《左传》不变的看法。

---

① 廖平曾言："初用刘申绶说，以《左传》传刘例，即本传所为经传出于刘歆。……"可见廖平最初相信刘逢禄的说法。见廖平《古学考》，《廖平选集》上册，第135—136页。
② 廖平早在光绪十二年经学一变时期已说："刘申绶《左传考证》以传释经为刘氏所加，备列考证，案，其说非也。"廖平：《春秋左传古义凡例》，第6a页。
③ 廖平：《春秋左传古义凡例》，第2a页。

由以上的叙述以及对各经的今古文观之分析，可以看到廖平想要走出前人今古文之争以外的另一条同时肯定今文与古文价值的持平之路。正因为视古学、今学都源自于孔子，这是他觉得两者应该被平等对待的理由。而今学内部有齐学、鲁学的差异，他以鲁学为孔子晚年改制思想的正宗，价值相对高于驳杂不纯的齐学，这也是一变时期的特色。最后，在平分今古思想体系的建构过程中，诸如以制度判分今古，为汉代以来经学家们的疑惑，提供了一套有系统的理论依据，以及用地理环境的差异来解释地域学风的不同，启发了蒙文通的古史多元论，无疑都具有重大的影响。然而平分今古的代表作《今古学考》尽管称誉的学者甚多，但是对廖平而言，它的内部仍有许多"未定之论"，是书于光绪十二年刊出之后，廖平身旁师友的异议也不少，这些都是促成他于光绪十三年后开始启动经学二变的原因。

第二节 尊今抑古：经学二变与对群经的今古文观（1887—1896）

廖平的经学二变始于光绪十三年，迄于光绪二十二年。[①] 会从一变的"平分今古"转向二变的"尊今抑古"，最初的契机在于友人的异议。《六译先生年谱》光绪十二年条下记载有：

[①] 经学二变的始年，依据廖平著作内容的记载共有三个不同的说法，分别是光绪十二、十三、十四年。经过廖宗泽的考证以及陈文豪的推定，认为较合理的时间点是光绪十三年，笔者跟从这个说法。见陈文豪《廖平经学思想研究》，第140—143页。

刊《今古学考》于成都。此书既刊布，于康成小有微词，为讲学者所不喜。友人遗书相戒，乃戏之曰：刘歆乃盗魁，郑君不过误于胁从。……①

友辈对于前人曾论说过的刘歆造伪古文一事之提点，让廖平重新省思这个问题。其次，更重要的是他对自己经学一变的理论内部尚有不能自安之处。例如廖平在推测古学出自燕赵的同时，也承认古学传授源流记载太模糊、证据甚少，"除《毛诗》外，未能实指"，已透露了些许的怀疑态度。②《今古学考》卷下亦云："中多未定之说，俟有续解，再从补正。"③因为有不少观点自觉尚非定论，仍有修正或改易的空间。他在《四益馆经学四变记·二变记》也谈到对平分今古理论的疑虑：第一是经学内部为何同时存在周公与孔子的两种不同礼制，仍启人疑窦。第二是既然古学源于周制，然而从周人言周事的典籍，如《左传》《国语》《孟子》《荀子》来看，其中的制度反而与今学的《王制》切合，却无一条与古学（特别是《周礼》）的说法相同，是否古学的内容渊源有问题呢？这些都是令廖平有所未安而不能自坚前说的原因。④

从《今古学考》完成后的疑虑未安，到经学二变新思想的逐渐形成，也与他当时襄校尊经书院和同学共同讨论，有极大的关系：

---

① 廖宗泽编撰，骆凤文校点《六译先生年谱》，收入四川大学古籍整理研究所编《儒藏·史部·儒林年谱》，第750页。
② 廖平：《今古学考》卷下，《廖平选集》上册，第106页。
③ 廖平：《今古学考》卷下，《廖平选集》上册，第67页。
④ 廖平：《四益馆经学四变记·二变记》，《廖平选集》上册，第548页。

> 盖当时分教尊经，与同学二三百人，朝夕研究，折群言而定一尊。于是考究古文家渊源，则皆出许、郑以后之伪撰。所有古文家师说，则全出刘歆以后，据《周礼》《左氏》之推衍。又考西汉以前，言经学者皆主孔子，并无周公；六艺皆为新经，并非旧史。……故据《王制》以遍说群经，于《周礼》中删除与《王制》相反者若干条。①

二十年正式成书，书中多处经话之下列出对自己观念有所启悟的师友，达十七人之多，序中自谓："敬录师友，以不没教谕苦心。"②种种资料均说明经学二变是群策群力、集思广益，经过多年研讨的成果。这些隶属于尊经书院的一批学友，会特别措意于刘歆与古文经学的关系，是因为自从王闿运到四川，在尊经书院传播了今文学之后，院中诸生多已接触了常州学派的学说。廖平当初在读《续皇清经解》时，就曾注意过辨伪古文的常州学者刘逢禄、魏源、邵懿辰诸人著作，③也曾于二变之后自云："李申耆、龚定庵诸先达，乃申今而抑古。则鄙人之说，实因而非创也。"④盖廖平最初并不认同今古文互相攻驳的学风，对常州诸子未能心服，思欲走出一条较持平的道路，故有经学一变及《今古学考》的产生；但因前述各种原因，促使他再回过头来，重新思索前辈今文学者的考证与批评刘歆的言论，在前人的基础上续做探讨。

---

① 廖平：《四益馆经学四变记·二变记》，《廖平选集》上册，第548—549页。
② 廖平：《古学考》，《廖平选集》上册，第115页。
③ 李耀仙：《廖平与近代经学》，四川人民出版社，1987，第5页。
④ 廖平：《与宋芸子论学书》，收入廖宗泽编撰，骆凤文校点《六译先生年谱》，收入四川大学古籍整理研究所编《儒藏·史部·儒林年谱》，第780页。

二变思想的核心——抑古之论,是建立在《周礼》为伪书的基点上进行立论。《古学考》指出古文群经以《周礼》的制度为宗,然而《周礼》所言在古代文献中无一佐证,应是刘歆羼改《逸礼》而成的伪书。① 虽然前人已有不少辨伪《周礼》的著作,但廖平将《周礼》作为整个古文经学制度的统宗,把刘歆作伪《周礼》和全部的古文经联系起来,相较于前辈今文学者之说,更具有不可比拟的影响与意义。他认为西汉的十四博士皆为今学,同祖《王制》,"道一风同",并无古文经学可言。② 刘歆在汉末要作伪古学有两个原因,第一是为报复昔日求立《左传》《逸礼》《逸书》于学官遭博士阻挠之恨,③ 转而作《周礼》以与博士立异;第二是要迎合王莽私意,为新室制法。④ 至于刘歆掩护自己作伪的手法也有两个,第一是引周公以敌孔子;⑤ 第二是宣传五经为曾遭秦火而残缺不全,目的是为了便于上下其手,妄增不实的材料杂糅入经学之中。⑥

承上可知廖平此时的观念里,先秦至汉末之间本来没有古文经学的存在,所谓"古文"是西汉末叶刘歆始作俑者逐渐作伪出现的。既然对今、古文的认定标准已经不同于一变时期,对群经今、古文的归属也和先前有所差异。例如原先划为古文经学的《左传》《国语》《仪礼》等,因为此时以它们皆出于先秦而未经刘歆

---

① 廖平:《古学考》,《廖平选集》上册,第116页。
② 廖平:《经话(甲编)》,《廖平选集》上册,第399、406、416、419—420、430、435页。
③ 刘歆早期求立诸经于学官之事,详见班固撰,颜师古注,杨家骆主编《刘歆传》,《新校本汉书并附编二种》卷三六,台北:鼎文书局,1981,第1967—1972页。
④ 廖平:《古学考》,《廖平选集》上册,第137页。
⑤ 廖平:《古学考》,《廖平选集》上册,第131—132页。
⑥ 廖平:《古学考》,《廖平选集》上册,第132页。

羼乱，所以一律改归于今文经学；《礼记》也非之前以为的杂有今古两家，而是纯为今学。汉末之后晚出的《毛诗故训传》《古文尚书》等"古文"，则出自东汉受刘歆遗毒的后学如谢曼卿、卫宏、杜林、贾逵诸人之手，与真正出自孔子的今文相对立。至于《七略》和《汉书》之《艺文志》《刘歆传》《河间献王传》或是《后汉书·儒林传》中，有不少关于古文经学的出处或是传授源流的记载，廖平认为这些多是"刘歆所改"，或是后来的校史者依据伪说所做的误补。总之，文献中凡有刘歆时代之前的古文经学相关记载皆非其实，不可据信。

与今、古文经学判定标准的改变相联系，二变时期的今文经学范围也相应扩大，从孔子改制整理六经后，迄刘歆作伪之前的一切学派均包括在内，"自春秋至哀平之际，其间诸贤诸子、经师博士，尊经法古，道一风同，皆今学也。……谭六经必主孔子，论制度必守《王制》，无有不同"。① 因此他认定先秦以来的经学为孔子所传，而其他的先秦诸子、经师博士之说也无不是孔学支流，论制度亦皆以《王制》为宗。另外，由于今文经学的范围相较于一变时期要扩大，《王制》与今文群经之间的关系也稍有不同。

经学一变、二变论今文经学虽然都是以《王制》为宗，不过一变时期认为《王制》为孔子亲作，是《春秋》礼传，为孔子晚年的改制定论。到了二变则认为孔子一生并无早、晚异说之事，改制是孔子一生不变之说；孔子改制见于六经，《王制》是孔子弟子据六经而作，为群经大传与纲领。《王制》既为群经"大纲"，就不能完全具体明列六

---

① 廖平：《古学考》，《廖平选集》上册，第130页。

经制度的细目,更仔细地说,今学的制度内容已经扩大,超出了《王制》所呈现的项目甚多。所以廖平这个时期讲今学虽然不改变《王制》为宗的信念,实质上却更主张合通六经,整个六经的所有制度都是今文经学的制度内容,并强调今学礼制范围涵盖十分广博。①

下文即将重点放在尊今抑古意识下,对《诗经》、《尚书》、三礼、《春秋》三传的今古文观做详细的探讨。

一、否定《毛诗》与推崇《三家诗》

经学二变时期的《诗经》学,重点放在对《毛诗》的辨伪上。他此时一反前期的承认《毛诗》,指出东汉所出现,号称毛公所作的《毛诗故训传》,实际上是宗于刘歆的古文家以刘歆羼乱的《周礼》推阐说之而成。《古学考》指出,刘歆欲与今文家博士对抗,诬称六经为秦火之余,并羼改《逸礼》以成《周礼》,刘歆的弟子再以《周礼》的制度推衍出古文群经。其弟子们又在史书如《汉书》之《刘歆传》《河间献王传》及《后汉书·儒林传》中刻意羼入《毛诗》《周礼》等古文经典的名目,谓河间献王曾得《周礼》《毛诗》,这些说法均非事实。②廖平也跟从范晔《后汉书》的看法,以《毛诗序》是东汉卫宏受学于谢曼卿共同伪作而成,非来自

---

① 例如廖平就曾在二变时指出《春秋》《诗》《书》《仪礼》《礼记》的细目,诸如《明堂》《灵台》《月令》等今学制度,都是超出《王制》之外者,可证今学礼制的广博,《王制》仅是统言纲领而已。见廖平《古学考》,《廖平选集》上册,第117—118页。
② 廖平:《古学考》,《廖平选集》上册,第130—131、134页。

子夏、毛公，①因此他也认为郑玄给《毛诗》所作的笺及郑玄弟子所辑的《郑志》，其中有《毛序》是子夏、毛公所作的说法，也必然是后人的记识误入正文。从具体内容来说，刘歆伪说《诗》有六义，东汉谢曼卿又依《诗》之六义伪《毛传》，谢曼卿的学生卫宏则伪《诗序》，至六朝而有大、小毛公之依托。总之，廖平在经学二变时，一改之前经学为秦火之余的看法，转而相信经典未曾亡缺，而古文《毛诗》为刘歆及其后学所伪。②

廖平并从解经的方式比较了今文《三家诗》与古文《毛诗》的优劣，他说《三家诗》的诗说详明，礼制俱备，《毛诗》解经简陋粗疏，不如今文：

> 六艺皆孔子作，礼亦为孔子所传，本同一源，纤毫悉合。……古《书》《毛诗》本以立异，意主释经，今礼即由经文推出，欲树别义，必背经文，……所改既于经嫌强合，又与不变之条每相龃龉，此古《书》《毛诗》之所以不如今学也。……古学乃以《周礼》推说《诗》《书》，自张门户，……先录经文旧说，不能骤改，取其可以通融之条简略注之。……今本《毛传》略存训诂，礼制缺略，此谢、卫开宗之本，……说者不识此意，以为古书简略。③

---

① 事实上，《毛序》的来源已难考证，诚如皮锡瑞所言："平心论之，《毛序》本不知出自何人，尊之者推之毛公之前而属之子夏，疑之者抑之毛公之后而属之卫宏，其实皆无明文。"见皮锡瑞《经学通论》，《诗经》，第34页。
② 相关的论述，见廖平《古学考》，《廖平选集》上册，第116、122、125、132、134—135、143页。
③ 廖平：《古学考》，《廖平选集》上册，第122—123页。

又说：

> 三家《诗》师说详明，礼制俱备，非只言训诂而已。粗言训诂，不足以为经说。谢氏初翻经文，未有师说，欲变博士则不能臆作，欲袭三家则无以自异，……《毛诗》之简陋，正其门户初立，穷窘无聊，非得已也。①

上述两段引文要表达者为《毛诗》是东汉古文学者谢曼卿、卫宏等推《周礼》解之，因为刻意立异以自成一家，为了要有别于已经首尾完备的今文礼说，所以多所拘牵，不敢承袭《三家诗》之说，又无法骤然发展成完整的体系，造成礼制缺略，仅存训诂，这正可令人看出造作的痕迹。故孔子《诗》学备于三家，那么廖平对于齐、鲁、韩三家的看法如何呢？前文已提到，在经学一变时，他以鲁学为今文正宗，稍贬驳杂兼采今古的齐学之意味明显。但在二变时，因重新认定何谓今、古，汉末后出伪造者为古，《齐诗》既源于先秦，自然同属于今文正宗，此时今学礼制范围也随之扩大，"不尊鲁而薄齐"。另外，《韩诗》与《齐诗》一样均被他划归为齐学，②因此二变时期，他对齐、鲁、韩《三家诗》的态度，是一律的推重尊崇。

二、《尚书》廿八篇为备，百篇《书序》为伪

廖平经学二变以后，否定东汉《古文尚书》为西汉孔壁所出的

---

① 廖平：《古学考》，《廖平选集》上册，第146页。
② 廖平：《古学考》，《廖平选集》上册，第125页。

真本。他仍相信曾有孔壁所出的《尚书》，且经孔安国写成隶字，但与经学一变时不同的是，一变时以为孔壁《尚书》为鲁学，有经文并有解说，二变时则改为"有经无说"。而无论如何，曾出现的孔安国本《尚书》已经亡失了，东汉杜林所传、贾逵为之作训的《古文尚书》，则是杜林、贾逵伪托于孔安国本，以与西汉今文经学相抗，均是刘歆的徒党。①这些刘歆的后学援引刘歆所作的《周礼》内容说《尚书》与群经，因而形成了一批后起伪造的古学，非西汉以前之书。②

自经学二变以来，廖平即主张《尚书》自西汉博士所传二十八篇为孔门足本，而论辨百篇《书序》为伪，可说是他具代表性的创见。他指出刘歆袭张霸伪作的《百两篇》篇目立名，创为百篇《书序》，羼入《史记》。在他看来，百篇《书序》之作，开启了《尚书》二十八篇为秦火之余不全的说法，后来东晋伪古文《尚书》的产生，始作俑者即是刘歆伪作的百篇《书序》。因此廖平认为清代辨伪学的经典之作——阎若璩的《尚书古文疏证》，只有揭发东晋伪孔安国的《尚书古文》，尚未疑及造成后人《尚书》不全之错误观念的罪魁《书序》。③至于存在《史记》中的《书序》，是古文家引《序》以校《史记》，后来刊写误入正文者，非《史记》原文所有。廖平对于自己考证《尚书》二十八篇为备，以及百篇《书序》为刘歆所伪的成果颇为自得，视为与阎若璩之书价值不相上下。④

---

① 廖平：《古学考》，《廖平选集》上册，第117页。
② 廖平：《古学考》，《廖平选集》上册，第122—124、138页。
③ 廖平：《古学考》，《廖平选集》上册，第143页。
④ 廖平：《二十八篇为备附百篇书序正误·序》，收入高承瀛等修，吴嘉谟等纂辑《光绪井研志·艺文志》，第644—646页。

《书序》为伪的论点与康有为在《新学伪经考·书序辨伪》中的说法颇为同调,①《新学伪经考》的出版年是光绪十七年,早于廖平的《古学考》与《二十八篇为备考附百篇序正误》等书,究竟是康有为影响了廖平,还是康有为先受廖平观念的启发?顾颉刚曾在其读书笔记提到《书序》为伪的说法始于廖平,并盛誉之。②其实廖、康之间思想的交涉过程本来就是一桩复杂的学术公案,所以此处不讨论孰先孰后的问题,只说二十八篇为备与《书序》为伪,是廖平颇为重视与强调的见解。

在廖平、康有为之前,也曾有其他清代学者对《书序》提出过怀疑,刘逢禄已有"《尚书序》为东晋人伪作"的说法;③谭献也谈到龚自珍之子龚橙(字孝拱)"断《书序》为伪"。④刘逢禄、龚橙虽视《书序》为伪,但刘氏以之为东晋人所伪,龚氏未说明何时何人之伪,廖平、康有为皆认为是刘歆的造作。钱玄同曾说:"在康氏以前,断《书序》为伪者,仅龚孝拱一人而已。"⑤其意是清代以《书序》为伪者,第一是龚橙,第二是康有为。他未提到刘逢禄,蔡长林先生认为是因《书序》问题不是刘逢禄《左氏春秋考证》的重点,⑥至于没有谈到与康有为同调的廖平,可能是康有

---

① 康有为:《新学伪经考·书序辨伪》,第324页。
② 顾颉刚:《顾颉刚读书笔记》卷五下,台北:联经出版公司,1990,第3678—3681页。
③ 刘逢禄:《左氏春秋考证》,台北:复兴书局,影印《皇清经解》本,1974,第14183。
④ 谭献:《复堂日记》,《复堂类集》之四,卷七,台北:华文书局,影印清光绪十五年刊本,1970,第20页。又见蔡长林《论崔适与晚清今文学》,桃园:圣环图书公司,2002,第89—90页。
⑤ 钱玄同:《左氏春秋考证书后》,收入《古史辨》册5,台北:蓝灯文化事业公司,1987,第3页。
⑥ 蔡长林:《论崔适与晚清今文学》,第89—90页。

为的著作出版早于廖平著作的缘故。由于对百篇《书序》的否定，廖平也直接面对魏源《书古微》的内容。《古学考》中说："魏默深以《孟子》《史记·舜本纪》之文为《舜典》，据而补之，……皆误于伪《序》之故。"①魏源以《史记》《孟子》《尚书大传》等书征引者辑补《舜典》《汤诰》《泰誓》《牧誓》《武成》诸篇，②此为廖平所诟病，视魏源受惑于伪《序》，故欲增补本来就不曾存在的古文篇章。从廖平批评魏源误信《书序》的问题，亦可从侧面略窥廖平经学二变时对《书古微》及今文学脉络的整体态度。魏源指出，清代诸儒只知东晋晚出之《书》为伪，却不知东汉马、郑本亦为伪，所以魏源要申张《史记》、伏生《尚书大传》及《汉书》所载欧阳、夏侯、刘向遗说而排斥东汉的马、郑之说，是欲以西汉替代东汉，可说是一种"回向原典"的努力。③廖平也是要回到西汉的《尚书》家法，才有博士所传的二十八篇为备之说；他之所以批评魏源者，在于《书古微》尚未注意到《史记》中的《书序》为伪，至于魏源欲返回西汉的态度，他基本上是默认的。所以廖平经学二变时对《尚书》的态度，其实是站在前辈今文学者的基础上继续发挥。

---

① 廖平：《古学考》，《廖平选集》上册，第143页。
② 见《书古微》卷三《舜典补亡》；卷六《汤诰补亡》；卷七《泰誓补亡》上中下，《牧誓补亡》上下，《武成补亡》上下。魏源：《书古微》，《续修四库全书》册48，上海古籍出版社，1995，第501—504、566—567、580—582、585—588页。
③ 王汎森：《古史辨运动的兴起》，台北：允晨文化，1987，第82页。

三、尊今抑古之下的三礼观

（一）《周礼》为刘歆羼改《逸礼》而成

廖平经学二变时，视《周礼》为刘歆助莽所窜乱的伪古学，失去了价值。《古学考》以《周礼》制度的可疑处，在于未见古代曾实行过，且制度杂乱、首尾不相连贯；其他如封国、爵禄、职官之类的制度皆不完备且自相矛盾，因此必定不是真正周朝的制度。①在成于光绪二十三年前属经学二变时期的《经话（甲编）》中也提到《周礼》内容于古无据："不惟《孟》、《荀》、诸子不见引用，即《左》《国》亦与相反，西汉以前毫无明证……"②基于这些原因，廖平遂认定《周礼》是刘歆羼改出自孔壁的《逸礼》而成。刘歆会有这样的举动，源于他在《移书让太常博士书》中的最初要求，希望求立《左氏春秋》《逸书》《逸礼》于学官，但遭博士摈斥，遂怀怨于心，乃挟《逸礼》的内容羼以臆说，改称《周礼》，以周公敌孔子。③刘歆伪托《周礼》为周公所作，以之遍说群经，与今学分庭抗礼，群经皆归于周公，泯灭了孔子的微言，这就是古文经学出现的缘由与造成的遗毒。而刘歆欲助莽篡位而伪经亦有迹可循，例如王莽居摄以前，所采用遵行的都是今文经说，居摄以后则变制求新，改用《周礼》制度；又例如天子可娶一百二十女；汉疆域广大，于是《周礼》中有九服万里的大疆域说，足见《周礼》是后起

---

① 廖平：《古学考》，《廖平选集》上册，第116页。
② 廖平：《经话（甲编）》，《廖平选集》上册，第497—498页。
③ 廖平：《古学考》，《廖平选集》上册，第133页。又见廖平《经话（甲编）》，《廖平选集》上册，第497页。

的著作，内容多是王莽私意所欲为者，刘歆为了迎合莽意而作。①廖平也强调，古文经学与周公的地位是从刘歆以后才成立的，这从学宫长久以来只祀孔子、不祀周公的史实，便可证明古学与周公的地位是后起的。②

（二）"经本为全"：对《仪礼》十七篇为备的继承与创新

《仪礼》在经学一变时期划归为古学，视为孔子早年的从周之学说。到了经学二变，改归之为今学，廖平的重点放在阐发并接续清代邵懿辰的《仪礼》十七篇为备之说。

1. 对邵懿辰学说的推崇与继承

廖平《知圣篇》云："邵《礼经通论》以经本为全，石破天惊，理至平易，超前绝后，为二千年来未有之奇书。"③这个被廖平推崇备至的核心理论，在于"经本为全"，就是五经为完备之本，非秦火之残。邵氏的学说对廖平的影响，之于近代学术的进程，具有重要的意义。

邵懿辰的《礼经通论》要点有二，一是辨《仪礼》十七篇为足本，未曾亡缺，二是辨《逸礼》三十九篇为刘歆伪造；他的论辨目的是要突出今文《仪礼》十七篇的价值。《仪礼》在西汉时期名为《礼经》，是今文礼学的主要经典。到了西汉末，刘歆欲使古文群经皆立于学官。在他的《移书让太常博士书》中说："鲁恭王坏孔子宅，欲以为宫，而得古文坏壁之中。《逸礼》有三十九篇……"承袭刘歆《七略》思想的《汉书·艺文志》也说："礼古经五十六卷，

---

① 廖平：《古学考》，《廖平选集》上册，第137页。
② 廖平：《经话（甲编）》，《廖平选集》上册，第406页。
③ 廖平：《知圣篇》，《廖平选集》上册，第210页。

合十七篇与三十九篇言之。三十九篇无师说，遂至亡佚。"这是说明汉武帝时鲁恭王坏孔子宅，发现了《礼古经》五十六篇，其中有十七篇与今文《仪礼》/《礼经》的文字相似，其余三十九篇是当时人们未曾看过的文献，称为《逸礼》。尽管《逸礼》没有流传下来，但后来的古文学派却以《逸礼》三十九篇为可信，并以现存的《仪礼》十七篇为秦火的残烬，是阙佚不全之书。

邵懿辰反对古文学派的看法，认为《仪礼》十七篇是完整的经典，主因是它的内容已经包括一切礼仪。他说《仪礼》不全的观念是来自于《汉书·艺文志》及刘歆的《七略》，但是汉初传《礼》的学者高堂生、后苍、二戴、庆普都不以十七篇为缺略，必定是有所取证。① 邵氏提出以下的论据证明《仪礼》为备。首先，邵懿辰视冠、昏、丧、祭、朝、聘、乡、射八者为礼之大端，而《礼记》的《冠义》《昏义》《问丧》《祭义》《祭统》《乡饮酒义》《射义》《燕义》《聘义》《朝释》《四制》等篇，正好证合《仪礼》十七篇范围中的内容，可视为《仪礼》之"传"。② 其次，邵氏指出《礼运》中，孔子两度告诉子游：冠、昏、丧、祭、射、乡、朝、聘八者为"礼之经"，天下的人、事一切礼仪尽包于此八端之内，这些内容《仪礼》已俱全，所以毋庸置疑为一完备之书。③ 最后，按照邵氏之意，《大戴礼记》十七篇的编排，与《仪礼》的冠、昏、丧、祭、射、乡、朝、聘八个礼仪节目正相吻合：一至三篇冠昏，四至九篇丧祭，十至十三篇乡射，十四至十六篇朝聘，而《丧服》

---

① 邵懿辰：《礼经通论》，《皇清经解续编》册9，台北：汉京文化，1980，第6041页。
② 邵懿辰：《礼经通论》，《皇清经解续编》册9，第6041页。
③ 邵懿辰：《礼经通论》，《皇清经解续编》册9，第6041页。

通于上下。这样首尾完整的篇序，应是从孔子传至高堂生、后苍以来就已如此，天下之礼已尽在是焉。①

邵懿辰的《仪礼》为备之说指向一个论断，即秦焚书而六经未曾亡缺，如《史记·儒林传》或《汉书·儒林传》的六艺亡缺之说，极可能是刘歆一辈人潜藏某种动机的窜入或说词。事实上，《礼经通论》的推论客观与否还很可议，②不过"经全"之说对廖平却有莫大的启发。他批判刘歆等古文家诬指六经为秦火残余之说如同洪水猛兽，使后人可以对古书妄补篇章、虚拟序目，所以廖平视经残一说为"儒门第一魔障"。他甚为认同邵懿辰的经全之说，因为唯有先立下一个经典皆为全文的命题，才能专心致志于经义的探求，大义微言乃可从中发掘出来。③此处可以隐然察觉到，廖平很注重经典微言大义的阐发，在这个前提下，视五经为一套规划完整无缺陷的圣人著作就有其必要性。

邵懿辰突出《仪礼》的价值，同时也是要打压《周礼》的地位。因为东汉人崇重《周官》，所以改题《周官》为《周礼》，又将《礼经》改题为《仪礼》，④邵氏的目的是要把《仪礼》之名回复为西汉通称的《礼经》，重新取得在经学上的地位。廖平在经学二变时"尊今抑古"，以《周礼》为刘歆羼改《逸礼》而成的"伪古文"，不承认其价值，因此可以确定他在二变时的态度，是继承邵懿辰的理念，要将《仪礼》重新取代《周礼》。

---

① 邵懿辰：《礼经通论》，《皇清经解续编》册7，第6041页。
② 例如清代的丁晏即曾批评曰："斥《逸礼》为刘歆诬伪，颇嫌臆断。"见邵懿辰《礼经通论》，《皇清经解续编》册9，第6049页。
③ 廖平：《知圣篇》，《廖平选集》上册，第210—211页。
④ 邵懿辰：《礼经通论》，《皇清经解续编》册9，第6058页。

2. 廖平的创新之说

廖平虽然跟随邵懿辰的《仪礼》十七篇为备之说，但是他的《仪礼》学也有自己的独特性。首先，廖平对三十九篇《逸礼》的真伪、出处与邵氏存在不小的歧异。邵氏视《汉书·艺文志》及《汉书·刘歆传》之《移书让太常博士书》中的《逸礼》为刘歆所"伪"，但是廖平承认它曾存在的真实性。廖平在《古学考》中，把《礼经》/《仪礼》十七篇与《逸礼》三十九篇的材料视为原是一体的，《仪礼》既然是今学，《逸礼》自然也是今学，在刘歆之前已经存在，因此不能当《逸礼》是刘歆伪造的"古学"。[①]他也相信鲁恭王坏孔子宅曾得《礼古经》与《逸书》之事，《礼古经》除去与《仪礼》重复的十七篇，剩余的三十九篇为《逸礼》。《逸礼》与《逸书》都被廖平视为本已存在的今学，这与邵懿辰、康有为视孔壁《逸书》《逸礼》为刘歆伪造有很大的不同。[②]那么，廖平既然承认孔壁《逸礼》三十九篇曾存在过，又认为《仪礼》十七篇完备无缺，这两者是否有矛盾呢？对廖平来说，这矛盾是不存在的，因为他以《逸礼》为《仪礼》之"传"，非"经"，所以《仪礼》仍为孔子所定的首尾完整之足本。更重要的是，廖平承认《逸礼》的真实性，也为他在三变之后可以接受《周礼》一书埋下了伏笔，这在下文讨论三变以后的《周礼》问题时再详述。

廖平论《仪礼》的第二个特色，是以《王制》证《仪礼》为备。经学二变时，以《王制》为孔子弟子所作，是群经之制，《仪礼》之制自然也包含于《王制》之中。他先引用《礼记·檀弓》

---

① 廖平：《古学考》，《廖平选集》上册，第119页。
② 廖平：《古学考》，《廖平选集》上册，第134页。

说孺悲传孔子作《仪礼·士丧礼》，以此证明《仪礼》其他篇章亦为孔子所著，接着说明《仪礼》内容主《王制》的"司徒六礼之教"，①此语出自于《王制》的"司徒修六礼，以节民性"一句。所谓六礼者，孔颖达疏曰："六礼谓冠一、昏二、丧三、祭四、乡五、相见六，……以六礼而节其性也。"廖平以此六礼推论《仪礼》十七篇为全本，因为《王制》六礼不出《仪礼》十七篇之外，故可以推论经本无缺，这仍是沿继邵氏的说法。②但廖平仔细推考后，又提出自己的心得，用《王制》进一步证明《仪礼》的首尾连贯：

> 班《志》云：推士礼以合于天子。以士为今乡里儒生，非也。《礼经》之士，当为五长之男，以今品例之，当为五品以上，非指乡序士。人有十等，士在其中，举中以立法，可以上下相推（廖平自注：亦如《春秋》，以鲁为主，上有天子二伯，下有卒正连帅，亦举中以示例），则《礼经》非专详士礼可知矣。③

由于《仪礼》以士礼为主，自刘歆以来，人们也因此常指责《仪礼》太局限狭隘，这亦是汉代古文经学者要提倡《周礼》的原因之一。④廖平以为《仪礼》中的"士"，并非指乡里儒生，而是

---

① 廖平：《古学考》，《廖平选集》上册，第116—117页。
② 廖平：《仪礼经传备解·序》，收入高承瀛等修，吴嘉谟等纂辑《光绪井研志·艺文志》，第678页。
③ 廖平：《仪礼经传备解·序》，收入高承瀛等修，吴嘉谟等纂辑《光绪井研志·艺文志》，第678—679页。
④ 王葆玹：《今古文经学新论》，第294—300页。

人有十等，士在其中，举中以立法，可以上下相推，已经包含了所有人的礼仪了。他认为"上下相推"的精神又来自于《王制》的制度：天子、二伯、方伯、连帅、卒正；《春秋》以鲁国（方伯）为主，居于其中，上有天子、二伯，下有连帅、卒正，要呈现一个上下相维系的秩序，并非只详于鲁国（方伯）制度，《仪礼》的情况亦复如此，非仅专详士礼而已。

从以上《仪礼》与《王制》关系的论述，可以看出廖平又比邵懿辰更进一步地说明《仪礼》十七篇的内容理想包含宏富，为前人所未知，更可得证其礼制完备的价值，以及经学未经秦火而残缺的真实性。

（三）《礼记》各篇全属今学

经学二变后，廖平对"今学""古学"的定义有所转变，凡出于先秦，源于孔子或孔门弟子之学的称为今学，而古学是刘歆助王莽篡汉所作的伪学，产生于西汉末至东汉间。由于廖平一贯相信《礼记》为孔子七十弟子所传的群经传记，未经莽、歆之手，当然全书都源自于先秦，属于今学。不过如此一来，也面临了一个内容上的矛盾：他从一变以来就看到了《礼记》内部有参差不齐的制度，为了解决这个群经所共同面临的制度问题，所以才有了孔子早年从周、祖《周礼》，晚年改制、立《王制》的说法。现在古学《周礼》的制度既然已成伪说，今学《王制》的有限礼制内容又不能涵容整个《礼记》各篇章中分歧的制度。廖平的处理方式，是扩大"今礼"的范围，解释自己已发现今学的礼制内容十分广博，不仅仅局限在《王制》一书中。他于《古学考》指出，《王制》的制度仅是群经的纲领，并未包括细目，例如《礼记》之《明堂》《月令》,或是《诗经·灵台》等内容中的仪节制度,都是《王制》所未具备,以往(一变时期)被自己误解为孔子早期思想的古学;现在因为重新定义"古学"为汉末晚出之伪学,而《礼记》各成于先秦,故属今学。这么一来,今学礼制就扩大到《王制》以外,范围广博。① 所以相较于一变时期的主张《礼记》今古学掺杂,现在二变则认为全属于今学。

四、尊今意识下的《春秋》三传观

(一)"不尊鲁而薄齐":《公羊》《穀梁》皆为今学正宗

经学二变时期,廖平因为对今、古文学的认知有所不同,连带的影响了对《公羊》的观点。一变时,以古、今学为孔子早晚年不同的思想,表现在地域上分属于齐鲁(今)、燕赵(古)的乡土异学。但二变时,否认孔子之学有早、晚年之异,"古学"为西汉末年刘歆所伪造,因此著录于先秦以前的《春秋》三传自然不可能有古学的内容掺杂其中。他在《古学考》中说:

> 旧以鲁、齐、古为乡土异学,今、古为孔子初年、晚年异义。同年黄仲弢不以为然。今按:西汉既无古学,则无论齐、(赵)(鲁),既立参差例,孔语实归一途。《公羊》与《穀梁》异义,旧以为《公羊》用古学,今合勘之,乃得其详。②

在过去一变时,廖平因《公羊》之义有异于孔子乡土鲁学的

---

① 廖平:《古学考》,《廖平选集》上册,第117—118页。
② 廖平:《古学考》,《廖平选集》上册,第119页。

《穀梁》，遂认《穀梁》为今学正宗，《公羊》掺用古学，有驳杂不纯的问题，故推崇鲁学的《穀梁》而稍贬抑齐学的《公羊》。二变时，以古学并不存在于先秦，《公羊》就没有杂糅的问题了，《公》《穀》同出于先秦，一样宗祖孔子的改制之说，皆属今学正宗，不必再分高下。齐、鲁之间的差异，廖平也重新解释是学术传授过程中，难免因地域不同而产生的差异，不必"尊鲁而薄齐"（只尊崇鲁学而菲薄齐学），他还欲会通齐、鲁，以合为一家。①

由以上的分析可以见到《公羊》从经学一变到二变时地位提升了，是一个从尊《穀梁》抑《公羊》到《公羊》《穀梁》地位同尊的转变。

（二）《左传》未经刘歆羼乱，故改归今学

在经学一变时被廖平归为古学的《左传》，在二变时，将它改归为今文学，主因是廖平以《左传》为先秦旧作，未遭刘歆附益，于是便从古学"归还"为今学。②廖平在将《左传》归入今学的同时，也有必要解释它的制度属于今学范畴的原因。

1.《左传》礼制全同于今学

在经学一变时，廖平将《周礼》《左传》均视为出自燕赵之地的古学，不过廖平以古学内部的礼制参差不一，所以又再于古学中析分出《周礼》派、《左传》派、《国语》派、《孝经》派。③从这里

---

① 廖平在《古学考》中也说："《公羊》《穀梁》本一家也，由齐鲁而分。……今会通齐鲁，合为一家。"见廖平《古学考》，《廖平选集》上册，第125、142页。
② 宋育仁：《左传汉义补证序》，收入高承瀛等修，吴嘉谟等纂辑《光绪井研志·艺文志》，第742页。
③ 廖平：《今古学考》卷上、卷下，《廖平选集》上册，第47、56—59、70、77、79页。

也可以看出，廖平在一变时期已经约略注意到《左传》与《周礼》的礼制不同，所以才会将两者分属不同派别，这或许也是他在二变以后会坚持《左传》未经刘歆羼乱的原因之一。到了二变时，《周礼》成为刘歆在汉末羼《逸礼》所成的伪经，刘歆并以《周礼》的制度遍说群经，所以原属古学的诸多经典自然也成了刘歆所伪。《左传》因为被廖平认定为成书于先秦，所以改归今学。

但是如何从制度层面再去证明被刘歆等古文家据为古学的《左传》是今学？《古学考》中说，《左传》的制度无一条与《周礼》相合，足见未经刘歆改动，保留了今学的制度。刘歆既然伪造《周礼》，并遍改群经，为何不一起改动《左传》呢？因为刘歆喜爱《左传》这部体大思精的著作，不忍乱之，却反而凸显了作伪他经的破绽。①而《左传》既然是今学的制度，为什么廖平在经学一变时会将它划入古学呢？他在《经话（甲编）》中有回顾性的言论可供参考：

> 《左传》旧以为古学，与二传异，丙戌曾刊有《凡例》（即《王制集说凡例》），专主此义。己丑以后，专力治之。五年以来，愈觉其水乳交融，无一不合。②

根据这段言论，他在一变时期把《左传》当成了制度迥异于《公》《穀》的古学，原因是当时对《左传》研究还未深入，这种情况下，他在分别《左传》的今古文归属时，很自然地跟从汉代以

---

① 廖平：《古学考》，《廖平选集》上册，第152页。
② 廖平：《经话（甲编）》，《廖平选集》上册，第448页。

来的看法，将之列入古学的行列；但后来钻研益深，就愈觉得它与《公》《穀》二传与《王制》的今礼"水乳交融"了。

总之，强调《左传》礼制全同于今礼《王制》，与《周礼》截然相异，这是《左传》属于今学不可或缺的原因。

2. 因《左传》解经与今学的特性，更强调三传会通

经学二变也延续一变的理念，继续论证《左传》是解经之传，并非仅是史册之文。这时期所作的《刘申绶左氏考证辨正》《左氏古经说汉义补证》《左传汉义证》《古学考》等著作中，还有甚多类似的论述，[1]这是他终生坚持的信念，也是与其他清代今文家视《左传》不传经，且为刘歆所伪的观点，有很大的违异之处。

由于认同《左传》与《公》《穀》均为解经之传，再加上将《左传》归为今学，制度与《公》《穀》二传同样的宗祖《王制》，因此促成了他主张三传可以会通的基础。廖平坚信三传可以会通，当然也与他此时因缘际会深入研究《左传》有关。他在《四益馆经学目录·序》曾说："昔治二传（《公》《穀》），隔膜《左氏》，南皮（张之洞）师命撰（左氏）长编，因得收三传会同之效。"[2]张之洞令其作长编，根据《年谱》记载是在光绪十四年冬天，廖平于光绪十七年约同人分纂《左氏长编》，是年初冬完成，上呈张之洞。[3]

---

[1] 《刘申绶左氏考证辨正》一书成于光绪十六年，刊刻于光绪二十五年，今虽已佚，但廖平对刘逢禄主要观点的反驳，均可见于廖平其他《左传》的著作或相关论述中，所以此书的主要内容，也可约略推测得知。又《左传汉义证》今亦无存，然而宋育仁为此书所作的序文，很明白地呈现了它的要旨。见宋育仁《左传汉义证序》，收入高承瀛等修，吴嘉谟等纂辑《光绪井研志·艺文志》，第741—743页。

[2] 廖平：《四益馆经学目录·序》，收入高承瀛等修，吴嘉谟等纂辑《光绪井研志·艺文志》，第855页。

[3] 廖幼平编《廖季平年谱》，光绪十七年。

而从光绪十四年底一直到光绪十八年之间,廖平完成了《左传》学重要的多部著作,例如《春秋古经左氏说汉义补证》《左传汉义证》等等,可见他会深入《左传》,肯定受张之洞的影响很大,也就是在精研《左传》的基础上,才能有会通三传的工作。

不过廖平会致力于三传会通,也与他自始以来看待《春秋》三传的态度有关。早在光绪十一年,经学一变时期,廖平就著有《三传师说同源异流表》《左传变易今学事实传例礼制表》《三传异礼异例异事三表》。① 从这三部著作来看,可以见到他这时虽然视《左传》为古学,事实、传例、礼制不同于今学的《公》《穀》二传,但他仍认为《左传》解经,而且三传的师说是同源的。就在这个大前提下,再加上二变初期张之洞对他《左传》研究的督促,就更促成了廖平三传合通理论的成熟。在此之后的《左传》或三传著作,都可以看到他这方面的努力。例如完成于光绪十五年的《春秋古经左氏说汉义补证》中,再三强调《左传》解经,而且三传之事相同,"凡属事传,三传可以从同",研究《左传》,"不惟昌明《左氏》,并有裨《公》《穀》"。② 又廖平一变时虽视三传同源,但仍认为他们的事实、传例、礼制是不同的,但到了光绪十六年经学二变所成的《左传汉义证》中,得出新的结论是"三传事、礼、例,旧说以为不同者,今考证其互文,参差隐见诸例,不惟不背,反有相成之

---

① 廖幼平编《廖季平年谱》,光绪十一年。此三书今未见,或者亦有可能未完成,但从书名可清楚的见到著作的本意。
② 潘祖荫:《左氏古经说汉义补证序》,收入高承瀛等修,吴嘉谟等纂辑《光绪井研志·艺文志》,第738页。

妙"。①总之，廖平就是要破除自来说三传者的门户之见，他于光绪十八年又成《三传事礼例折衷表》，②融通三传的意向十分明显，这也是他终其一生的信念。

（三）不承认《汉志》著录的《春秋邹氏传》《春秋夹氏传》之真实性

《汉书·艺文志》中著录《春秋邹氏传》《春秋夹氏传》二家《春秋》之传，廖平在二变时期否认此二家的存在，视为刘歆为攻西汉博士家法而伪造。他说：

> 博士以《尚书》为备，本出微言。刘歆愤激其语，极力攻之，遂以五经皆为不全。《连山》《归藏》之说出而《易》不全，六义之名立而《诗》不全。邹、夹之书录而《春秋》不全。（原注：邹、夹无师无书，何以为学？又何以自立？此出歆伪说，欲以攻三传不能尽《春秋》耳。）《周礼》出而礼不全。于五经之外，臆撰经名；于博士经学之外，别出师法，后人遂疑孔子之经不全，博士之本未足，经学杂而不纯，博士缺而不备。③

五经本为完备，刘歆伪为秦火不全之说。在《春秋》方面，廖平也坚信传此经者只有《公羊》《穀梁》《左传》三传，至于沿袭刘歆《七略》的《汉书·艺文志》所载的邹氏、夹氏二家《春秋》之

---

① 宋育仁：《左传汉义补证序》，收入高承瀛等修，吴嘉谟等纂集《光绪井研志·艺文志》，第743页。
② 廖幼平编《廖季平年谱》，光绪十八年。
③ 廖平：《古学考》，《廖平选集》上册，第132页。

传,是刘歆欲借以攻三传不足以尽传《春秋》而臆撰的名目。① 不过到了经学三变以后,廖平又有新的观点,转而承认《邹氏传》,以下谈到廖平三变后的《春秋》学时会再述及。

综上所说,经学二变有几点重要特色,以下简要的叙述:

第一,此期对常州今文学派辨伪古文的理论多有继承与创新,但亦有一己的特色。例如《尚书》方面,他默认肯定魏源《书古微》要以西汉今文学替代东汉古文学的努力;但又进一步批评魏源误信百篇《书序》的存在,强调《尚书》二十八篇已是完备,可以说是站在辨伪古文的方向上续做发挥。在《周礼》方面,他接续常州学者宋翔凤、龚自珍、魏源等人对此经的怀疑与攻驳,并推到极致,将《周礼》的制度与所有古文经学的制度联系在一起,因此整套古文经都成了刘歆有意识的作伪而成。《仪礼》方面,他赞赏并跟随邵懿辰《礼经通论》中,以《仪礼》十七篇为备,证明经本为全的说法。再者,他以《仪礼》制度合于《王制》,说明《仪礼》非仅详于"士礼"而已,目的是要进一步论证《仪礼》的制度宏富,可见经学未曾残缺的理念。这些都是廖平在常州学者的基础上续做发挥者。

但是廖平也有全然不同于常州学人的观点之处,例如承认《逸礼》曾真实地出于孔壁之中,并非刘歆所伪造,与邵懿辰持相反的立场,为自己日后接纳《周礼》埋下了伏笔(后文将再详述);以及视《左传》解经,为今学,未经刘歆的更动,也与刘逢禄的看法

---

① 廖平于二变的《古学考》中曾多次批判《汉书·艺文志》中所著录的邹氏、夹氏《春秋》为刘歆所伪造,见廖平《古学考》,《廖平选集》上册,第132、142、145页。

迥异。因此尽管二变时期的理论与常州学派关系密切，但也颇具个人一己的特色。

第二，齐学地位提升了，与鲁学同等重要，显示今学制度范围的扩大。在经学一变时，廖平对同样是今学的齐、鲁学两者的态度，是尊鲁学为孔子改制思想的正宗，视齐学融进了部分的古学以及齐地的夸诞之风，驳杂而不纯，故崇鲁学而稍抑齐学。到了二变，今学制度范围扩大了，齐、鲁学都是孔子改制思想的正宗，因此"不尊鲁而薄齐"，这也是此期的重要特色之一。

第三，相较于一变，二变时期孔子之于经学有更重要的地位。一变的古、今文划分，是分别以经典中同时存在孔子早年从周、晚年改制的思想，虽然都是以孔子为主，但毕竟"从周"仍表达了追随周代制度与周公之志，不完全是孔子个人所创。而二变之后，古学为伪，今学才是真经，都是孔子一人的改制之作，因此孔子在经学中的重要性无形中又加强了。

第四，刘歆伪造经典的提出。廖平以刘歆作伪《周礼》兼及群经，而且贻害后人"由伪生伪"。如刘炫作《连山》《归藏》，朱子之赋、比、兴，《汉书》之邹、夹，《尚书》之《百篇序》，以及马、郑之《诗》《书》注，降而至于《释文·序录》《隋书·经籍志》，谬误百出，皆根源于《周礼》，[①]可以说刘歆的遗毒成为两千年来经学的主导。

---

① 廖平：《古学考》，《廖平选集》上册，第125、131、144—145页。

第三节　面向世界的经学：走出今古之辨后的群经观
（1897—1932）

廖平从光绪二十三年进入经学三变时期，说经跳脱出今古文的辨伪或判分，将重点置于大、小统的论述，原属今学的《王制》是孔子设定的"小统"制度，规划中小学一统，原属古学的《周礼》是孔子设定的"大统"制度，规划世界大一统。在进入经学三变内容的探讨之前，有必要先说明的是廖平虽然学经六变，但是从三变之后，说经与世界的视野相结合一直持续到终生，四变（光绪二十八年）、五变（光绪三十二年）、六变（民国八年）都可说是在三变的小统、大统概念下做更细致的论说。而他对群经的今古文观，从三变开始，基本上已经定型了，因此本节的研究结果，也可以视作廖平从光绪二十三年起，一直到晚年对各经今古文的态度与世界关系之基本理论。

廖平说经会从先前的二变转入以经学结合大小统的原因，根据廖平自述，可以感觉得出社会与时代的因素，是主导他学术思想转变的关键：

> 以上二说（笔者按：经学一、二变），大抵皆就中国一隅言孔子，……以《王制》遍说群经，于疆域止于五千里而已。《中庸》所谓"洋溢中国，施及蛮陌（笔者按："陌"应为"貊"）"，"凡有血气，莫不尊亲"；《礼运》所言"大同"之说，实为缺点。严又陵上书，所谓："地球，周孔未尝

梦见；海外，周孔未尝经营。"亦且实蹈其弊。①

廖平以后来的往前回顾，视自己经学前两变用《王制》遍说群经，是仅以中国一隅言孔子的教化。何以他这时会突然"意识"到孔子教化不应仅止于中国疆域呢？廖平日后引用严复当时的言论，说明自己欲彰明的传统经教并未过时："严又陵上书，所谓'地球，周、孔未尝梦见；海外，周、孔未尝经营。'亦且实蹈其弊。"此事出自严复的《拟上皇帝书》，严复清楚地表明，传统的圣人之道，如周、孔、程、朱的思想教化已经不适用于当今的局势。②此文连载于光绪二十四年正月初六至十四日（阳历1898年1月27日至2月4日）的《国闻报》。③廖平经学三变的时间，从其学术内容来看，较合理的推定是从光绪二十三年开始逐渐转变，④尚比严复的《拟上皇帝书》早一年，而《四益馆经学四变记·三变记》的叙述是出自四变之后，对自我过往学思历程的回顾。但这两者未必矛盾，可以肯定的是，廖平在甲午战争后即已开始思考忧虑传统经教与世变、

---

① 廖平：《四益馆经学四变记·三变记》，《廖平选集》上册，第549页。
② 严复：《拟上皇帝书》，《严复合集编年》（一），台北：财团法人辜公亮文教基金会，1998，第133—134页。
③ 严复的《拟上皇帝书》于《国闻报》分九次登完，并未署名。据光绪二十四年八月四日《国闻报》载光绪召见严复的新闻，知为严复所作无疑。又严璩所撰《侯官严先生年谱》云："未及进而政变作。"见《严复合集编年》（一），《拟上皇帝书》一文的附注。
④ 关于经学三变的初始之年，陈文豪指出廖平著作中的自道，存在两种说法，一是光绪二十三年（丁酉，1897），一是光绪二十四年（戊戌，1898），似乎廖平晚年凭着自身的记忆追溯，觉得是在丁酉、戊戌之间的事，故时而言丁酉，时而言戊戌。陈文豪根据光绪二十三年冬，廖平已举《周礼》与《王制》对比，并且已有大统制度在《周礼》，为《尚书》之传的说法，故认为经学三变的始年应定于光绪二十三年为佳。见陈文豪《廖平经学思想研究》，第164—167页。

经学如何存续的问题，紧接着严复这些对廖平而言具有代表性的言论出现，更对他的内心有甚大的冲击，所以多年后他会以严氏的言论作为促使他经学转向的"逆增上缘"，原因在此。自光绪二十年甲午战败后，廖平欲解决中西矛盾，深信中国所长在孔子之道，①强调推孔子之道于天下才是中国自强图存的途径。他要维护孔子一尊的地位，于是引《中庸》所说的"洋溢中国，施及蛮貊"，将蛮貊指为西方，以为圣人用夏变夷，欲教泽所及能遍乎地球。

既然孔经教化能遍及全球，廖平就必须说明经学内容已经包举宇内的问题，他认为这表现在经典中有疆域小、大两种不同的制度之中。廖平过去一、二变时因《周礼》与《王制》的制度不合，为了解释这个经学上的大问题，故先以孔子早、晚年学说的不同说之，接着又反过来视《周礼》为刘歆羼改《逸礼》而成。但他现在（三变以后）发现《周礼》的制度中有能够符合当今世界的大疆域之制度，这是他认同此书的开始。廖平过去只承认《王制》代表孔子改制的总纲，现在则认为孔子经典中同时存在小、大两种不同疆域的制度，《王制》与《周礼》分别对应一小一大。他因着《诗经》与《尚书》的经文，更加证明《周礼》的大疆域制度是孔子的思想：

> 戊戌在资中，因《诗》之"小球""大球"，与"小共""大共"对文。（廖平自注："共"作"贡"，九州之贡。）《顾命》之"天球""河图"，纬说以"河图"为九

---

① 廖平：《改文从质说》，初登于光绪二十四年的《蜀学报》，又收入廖平《四益馆杂著》，成都存古书局印行，1915，第65a—68b页。

州地图。据《诗》《书》"小""大"连文者,"小"字皆在"大"字之上。定"天球"为天图,"小球""大球"为地图。先小后大,即由内推外。①

《诗经·商颂·长发》中有"受小球大球"之词,《毛传》解"球"为玉缀,故"小球大球"当为"小玉大玉",孔颖达《疏》曰:"此小玉大玉,是天子之器,……汤既为天所命,则得用之……"②因此根据经解,"受小球大球"意为商汤受天命,执用天所赋予的玉器与诸侯会同,结定其心。但廖平则以中小疆域来解释"小球",以世界大疆域来解释"大球"。又《尚书·顾命》中有"河图""天球",廖平也依着这两个词汇发挥。首先,何谓河图?《尚书·顾命》记载周康王即位时的陈设说:"大玉、夷玉、天球、河图,在东序。"将河图与美玉等珍贵的东西并列,可见河图似乎也是种珍贵之物。除了《尚书》外,先秦到秦汉的古籍中,如《论语·子罕》《管子·小匡》《礼记·礼运》《礼纬·含文嘉》,以及《汉书》之《武帝纪》《沟洫志》《五行志》都曾提到过河图。由这些古籍的叙述内容来看,多认为河图的出现是祥瑞的表征,③但河图究竟是什么,仍然十分的模糊。刘歆时对河图开始有不一样的看法,以为八卦是根据河图而来。④晋代出现的《尚书孔传》,为《尚

---

① 廖平:《四益馆经学四变记·三变记》,《廖平选集》上册,第550页。
② 毛亨注,郑玄笺,孔颖达正义《诗经正义》,台北:艺文印书馆,1989,第802页。
③ 林庆彰:《清初的群经辨伪学》,第65—66页。
④ 班固撰,颜师古注,杨家骆主编《五行志》,《新校本汉书并附编二种》卷二七,第1315页。

书·顾命》的"河图"一词作传说:"河图八卦,伏羲王天下,龙马出河,遂则其文,以画八卦,谓之河图"。可见《尚书孔传》承继了刘歆的观点。孔颖达《正义》曰:"河图八卦,是伏羲氏王天下,龙马出河,遂则其文以画八卦,谓之河图。"①也是接续了八卦根据河图而画的说法。但廖平以九州地图、世界地图诠解"河图",②并解"天球"为天图,目的在论地球形状与天体的关系。其实大地为球体、天体的形态等都是晚清新式地理学所介绍的重点,③足见廖平在吸收了新知之后,转而重释经典,有一个很明显的意图,就是要把经典与地球、世界地图与新宇宙观结合在一起,说明孔子的经教并未过时。

廖平又特别在完成于光绪二十四年的《地球新义》中作《释球》一文,仔细说明古人错解"球"字为"玉",其实"球"乃"地球"之义:

> "球"字古无定解,……《书》鸣球外有"球琳""天球",《诗》有"小球大球",诸家笺注,大抵望文生义,未得其实。……《顾命》"天球"与"河图"相连,……则天球亦必有图形。……《诗》之"小球大球",更可借证明末西人入中国,刊《职方外纪》,有地球之说,至今环游地球一周之人甚多,图更详备。盖地与天相对,天地之图皆作圆形,……

---

① 孔安国传,孔颖达正义《尚书正义》,台北:艺文印书馆,1989,第278—279页。
② 在廖平之前,也有其他学者用地图的概念来理解河图者,例如黄宗羲就认为河图乃地理之书,与画卦无关,以河图即后世之图经。
③ 郭双林:《西潮激荡下的晚清地理学》,北京大学出版社,2000,第200—214页。

西人又谓地形椭圆。……可见西人之说，中国古实有之，后王不能及远，乃仅就禹州言之。……非地球之图出，终不知大球小球之为何语也。考全《诗》之例，凡言小、大者，皆以小为中国，大为海邦。……盖言小球者，中国《禹贡》之小九州也。言大球者，合大九州言之，全地球也。然则地球之名，虽出自晚近，而实古义早已垂明文于《商颂》。……何得以球名之？曰：地形圆，凡一山一水，皆有圆义，大既曰球，小不得不曰球。①

廖平指出历来诸家对于经文中"球"字的笺、注、疏往往都以"玉"解之，是望文生义。明末西洋传教士刊《职方外纪》，有大地为球形之说，今日地球与宇宙的实相已被了解，更可说明《尚书·禹贡》的"球琳"、《尚书·顾命》的"天球河图"，以及《诗经·商颂·长发》的"小球大球"之"球"的本义所指为何。所谓"小球"是《禹贡》小九州，为中国；"大球"是"大九州"，为全地球。因为大地本为圆球之形，因此"地球"之名虽出自晚近，但这个概念是经典早已有之的。如此一来，孔经不止规划小疆域的中国，还规划大疆域的世界。

因为孔经中同时存在"小""大"两种疆域的制度，廖平也自认为解决了长期以来《王制》《周礼》不合的学术矛盾。他自谓过去（经学三变前）以《王制》说《诗》《易》十余年，一直有不可通解之处，后来以《周礼》大疆域的制度解之，乃豁然贯通，编为

---

① 廖平：《释球》，《地球新义》，开雕版藏，现存于北京国家图书馆，1935年孟冬，第7a—8b页。

《地球新义》一书。此书一出,见者大哗,以为穿凿附会,但廖平不顾非议,继续以《周礼》为根基,论证孔经已预定经营地球。①廖平将《王制》与《周礼》制度的差异,特别锁定在"疆域"的小大,具有很明显的目的性,可说是为了让经典有"地球"的大疆域存在而承认了二变时期视为伪作的《周礼》。也由于对《周礼》态度的转变,让廖平从此走出了今古学的框架。

但是,认同《周礼》是否就代表廖平从此以后已经完全没有了今古文家派的意识横于胸中?他对前辈今文学者的说法有何继承与转变?以下从廖平所析论的群经观,做分别的探讨。

一、面向世界的《诗经》学观

三变以后,廖平上承二变的观点,继续发扬《三家诗》,贬抑《毛诗》,但论述的内容、方向已有不小的差异。他在作于此时期的《诗纬经证·序》中表明,他此时不再谈刘歆作伪群经,也不再攻驳《毛诗》的源流不明问题,这是与二变时期不同之处。但是他依然不认同《毛诗》,毕竟《毛诗》承自汉代古文经学重视史事的特质,以《诗》的内容,事非一代,作者非一人,甚至引起后世学人误以《诗》为文学作品,这与廖平心目中孔子作《诗经》的理想根本不合。故廖平仍然认为孔子的微言只存在于《三家诗》中,《毛诗》不能明白孔子的奥义。②而《三家诗》中,他特别推尊《齐诗》以及与《齐诗》内容同构型很高的《诗纬》,尤其对《诗

---

① 廖平:《四益馆经学四变记·三变记》,《廖平选集》上册,第550页。
② 廖平:《诗纬经证·序》,收入高承瀛等修,吴嘉谟等纂辑《光绪井研志·艺文志》,第651页。

纬》的赞扬与发挥更多。以下从廖平对《诗纬》的看法探讨起，而这个过程也包含了他对《齐诗》的态度。

《诗纬》是西汉末到东汉谶纬思潮笼罩下，对《诗经》做出的新诠释，它的一个特色是走上通往天道的神秘之域。清代学者陈乔枞曾撰有《诗纬集证》，在序言中他称《诗纬》是"圣门言《诗》之微旨"，以为一般人对"经"所诠释的，是表象上的"义""理"，而"纬"所穷究的，是"数""象"，这其实是把"纬"归于天道。此种《诗纬》为圣门之微言的思想为其后的廖平所继承。廖平在为四川今文学者胡薇元的《诗纬训纂》（成于1918年）所作的序言中说："《诗》为知天，……为孔子性与天道。比之佛法，《诗》为大乘华严三界诸天。若《毛传》所言，皆属人事，不过佛法之戒律，所谓下乘。"①廖平"《诗》为知天"的观点，是以《诗纬》能理解孔子天人合德的一套内涵，为"上乘"之经解，而《毛传》只言人事，境界自然属于"下乘"。那么《诗纬》有什么具体信息让廖平在这个时期愿意如此阐扬呢？当然《诗纬》涉及汉代阴阳五行灾祥的整套思维，内容包罗深邃广大，这里仅能就某个大体处，特别是廖平所关注的层面切入，简明地论说。

廖平谈论《诗纬》时，常提到十五《国风》之差异，邶、鄘、卫、王、郑五国居中，以及十二律吕与人民情性好恶喜怒等，这些内容多来自于《诗纬》的《含神雾》《推度灾》等。在上古时期，诗歌与宗教巫卜之间仍保持联系，《诗·含神雾》说"诗者，天地之心"，《诗纬》成了"天道幽微"的展现，可说是古老历史与信仰

---

① 胡薇元：《诗纬训纂》廖平序，清光绪至民国间刊本。

流传下来的变形。在这种神秘意识主导下,《诗纬》杂糅了神话传说与阴阳学说,勾勒了一个宇宙世界图式。在这个虚幻的宇宙图式中,天地东西二亿三万三千里,南北二亿一千五百里,天地相去一亿五万里,地下则陈列着《诗经》中《国风》所提到之国度。《诗纬·含神雾》云:

> 齐地处孟春之位,海岱之间,土地污泥,流之所归,利之所聚,律中太簇,音中宫角。
> 陈地处季春之位,土地平夷,无有山谷,律中姑洗,音中宫徵。
> 曹地处季夏之位,土地劲急,音中徵,其声清以急。
> 秦地处仲秋之位,男懦弱,女高滕,白色秀身,音中商,其言舌举而仰,声清而扬。
> 唐地处孟冬之位,得常山太岳之风,音中羽,其地硗确而收,故其民俭而好畜,此唐尧之所起。
> 魏地处季冬之位,土地平夷。
> 邶、鄘、卫、王、郑,此五国者,千里之城,处州之中,名曰地轴。
> 郑,代己之地也,位在中宫,而治四方,参连相错,八风气通。①

《诗纬》依据五行学说,于方国、十二律、五音、四时之间建立起

---

① 安居香山、中村璋八辑《纬书集成》上册,河北人民出版社,1994,第460—461页。

了联系。例如齐在东方偏北，在五行配置中，东方属木，春属东方，故曰"处孟春之位"。十二律与十二月相配，太簇属正月，正月即春，故曰"律中太簇"。五音与五行、五方相配，角属木，为东方，与齐所在之东方相称。其余各国的方位与音、律的联系，皆依此理论推说。同时，地上的方国与天上的星宿之间，还有着玄妙的联系。《诗·推度灾》云：

> 邶国结蝓之宿，鄘国天汉之宿，卫国天宿斗衡，王国天宿箕斗，郑国天宿斗魁，魏国天宿牵牛，唐国天宿奎娄，秦国天宿白虎，气生玄武，陈国天宿大角，桧国天宿招摇，曹国天宿张弧。①

这样天上天下，万物之间，在这个空间有序的排列之中，便构成一个天人合一的意象。②

再仔细分析这些地上方国的相对位置，以及上应到天上星宿的意义。《诗纬》以齐、魏、唐、秦、陈、桧、曹、豳八国居于周边八方，邶、鄘、卫、王、郑五国居于中心为"地轴"。所谓五国居中为"地轴"者，非仅是地域之中，另有更深层的文化意识。盖殷、周俱王，《诗纬》共尊之，有《公羊》家"新周故宋"之义，而王者居中，以御四方（或八方）。此义理亦筑基于天上之星象，故《诗纬》以卫应天宿斗衡、郑应天宿斗魁示北斗；以邶应结蝓之

---

① 安居香山、中村璋八辑《纬书集成》上册，第472页。
② 刘毓庆：《由人学到天学的〈诗〉学诠释——〈诗纬〉诗学研究》，《文学评论》2005年第6期，第16—18页。

宿、墉应天汉之宿、王应箕斗之宿以明三正，犹王者居中，授时颁历，以为天下准，又如《史记·天官书》所谓"斗为帝车，运于中央，临制四乡，分阴阳，建四时，均五行，移节度，定诸纪"之意。① 行文至此，若把《诗纬》中，《国风》的外围八国与中央的五国相对位置，以及所上应的星象用示意图呈现出来，见图1.1：

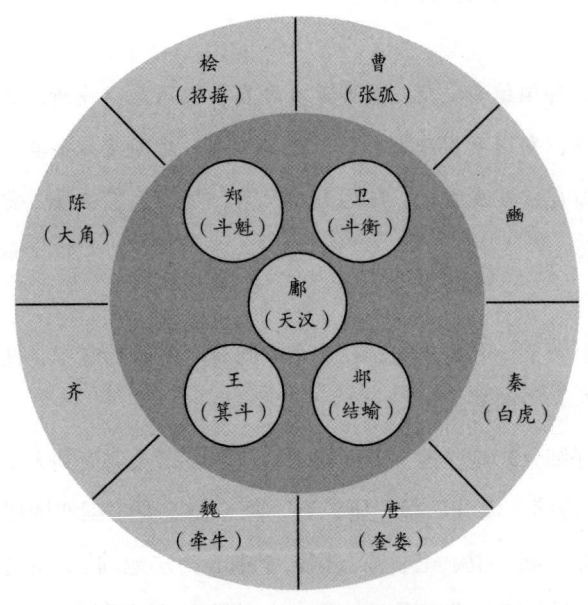

图1.1　《诗纬·含神雾》的天人合德图

---

① 林金泉：《诗纬星象分野考》，《成功大学学报（人文社会篇）》1986年第21期，第186、190、193、197、214页。关于邶、鄘、卫、王、郑五国的地理位置是否接近的问题，徐公持有不同的看法，以这五国皆在黄河中游的两岸，汉代属河南、河内郡，确实处于"《禹贡》九州"的中央部位。不过，徐氏也认为地理上的说法并非《诗纬》的主要着眼点，他也以汉代学术文化的角度，指出所谓"处州之中"用意是要与五行里居于中心的"土德"相对应。见徐公持《论诗纬》，《求是学刊》第30卷第3期，2003，第85页。

图1.1这个图像更明确传达了《诗纬》具有文化内外层次意义的,以及天人合德的宇宙世界图式。

至于《含神雾》中提到各地的人民特性、律吕音声,则关系到一个中央的王者如何统治之术。纬书与《齐诗》都谈到《诗》有六情、十二律的问题。《春秋纬·演孔图》云《诗》含"六情",汉代著名的《齐诗》学者翼奉云:

> 知下之术,在于六情十二律而已。北方之情好也,好行贪狼,申子主之;东方之情怒也,怒行阴贼,亥卯主之。……南方之情恶也,恶行廉贞,寅午主之;西方之情喜也,喜行宽大,巳酉主之。……上方之情乐也,乐行奸邪,辰未主之;下方之情哀也,哀行公正,戌丑主之。①

依翼奉之说,乃分别以六方:东、西、南、北、上、下,合以六种内在情绪:怒、喜、恶、好、乐、哀,各自对应六种外在行为:阴贼、宽大、廉贞、贪狼、奸邪、公正。这六方又各自合于所属的音律:东方主亥(应钟)、卯(夹钟);西方主巳(中吕)、酉(南吕);南方主寅(太簇)、午(蕤宾);北方主申(夷则)、子(黄钟);上方主辰(姑洗)、未(林钟);下方主戌(应钟)、丑(大吕)。按照《汉书·翼奉传》所记载的翼奉之说,"六情"是帝王面对百姓的御情之方,有利治道的王者之术,因为音律与人情相类,推律可知人之性情,即是翼氏所谓的"以律知人情,王者之

---

① 班固撰,颜师古注,杨家骆主编《翼奉传》,《新校本汉书并附编二种》卷四五,第3167—3168页。

秘道"。①因此纬书与《齐诗》皆共同谈到的"六情",是要人主能具备一套阴阳律历之学,以作为"知下之术",深观民风民性之差异,用不同而灵活的方式,统理各地人民。

理解了上述的理论背景,再看看廖平三变以后的说法,更能见出其心意所在。他在写成于光绪二十三年至二十六年间的《诗纬古义疏证·序》中说:

> 六艺皆有纬,班《志》之所谓微,魏氏以"古微"自名其《诗》说,而实未尽其义。六经以疆域广狭言之,莫小于《春秋》,莫大于《诗》《易》。《春秋》就禹州分中外,《书》则以五千里为主,至于《易》《诗》则合地球五大洲言之。……以四始之例言之,木始为东帝,金始为少昊,水始为颛顼,所谓改正革命者,即羔缤之革敝又改为也。又喜怒哀乐,纬皆托之律吕声音,不指人事。又十五《国风》,纬以十二月律吕,必如此而分之;又以邶、鄘、卫、王、郑五国居中,所谓贪狼、廉贞,好恶喜怒,亦分四方五帝。考旧说,宗《纬》者惟《齐诗》,家法久微,佚文甚少。平为此编,钩沉继绝,……或以其说太新,……顾、阎二家之书,身后是非定矣。②

综观廖平引文所论,在学理的继承上,不脱《诗纬》本有的思想:

---

① 班固撰,颜师古注,杨家骆主编《翼奉传》,《新校本汉书并附编二种》卷四五,第3168页。
② 廖平:《诗纬古义疏证·序》,收入高承瀛等修,吴嘉谟等纂辑《光绪井研志·艺文志》,第649—650页。

居于"地轴"的王者如何统御各方不同地域民风性情之人的大一统意识,以及中央、周边关系的方位观具有浓厚的文化意义。唯一特殊的是,他强调孔子这个义理所对应的空间范围是"五大洲",居于中心地轴者为中国,未来将统理世界,也将面对世界各地不同地理的风土民情,孔子已经预知并指导了一切,只因过去地球、地理知识未明,因此古人不曾体会,现在廖平要来代替孔子发言。廖平经学三变之后,皆以疆域广狭言六经,《诗》在三变时期是属于表征地球五大洲的经典,在四变以后讲"天学"时,又将地球的疆域上应于天际,用《诗纬》中星象分野的理论,把地球五大洲的大疆域与文化空间秩序呈现于天上,天上地下彼此相应,这也是《诗纬》本有的天人合德思想之发挥。[1]另外,在学术史上,《齐诗》与《诗纬》是同一种思维模式下的产物,[2]因此廖平认为他所体悟到的《诗经》"微言"存在于《诗纬》中,今文《三家诗》里宗《诗纬》者又只有《齐诗》,所以他特别突出《诗纬》与《齐诗》的价值。

廖平此时也直接批评魏源的《诗古微》,从其批评的言论也可以看到他对《诗经》的微言之体认与二变时期不同。廖平在二变时默认《诗古微》欲返回西汉寻求今文学义理的理想,而廖平此时(三变以后)虽然看似一样的提倡今文《三家诗》,但是他批评《诗古微》"未尽其义",即是魏源未能体会孔子最深层的"微言"

---

[1] 关于廖平的《齐诗》学、《诗纬》学以及天学理论下的《诗经》学,现今的专门研究成果还很少,较具代表性的有张远东的《廖平〈诗经〉研究述评》(西南大学高校教师硕士学位论文,2008年4月),第8—14页。
[2] 刘毓庆:《由人学到天学的〈诗〉学诠释——〈诗纬〉诗学研究》,《文学评论》2005年第6期,第19页。

是面向世界。而且,廖平视孔子微言寄托于《齐诗》与《诗纬》也表现了与魏源的歧异性。魏源为复西汉之古,要伸张《三家诗》说,因而将三家视同一家,以为各家之义并无太大分别,遂忽略了西汉时三家所以分立之由;①但廖平除了提倡《三家诗》,又特尊《齐诗》与《诗纬》,主因是《齐诗》与《诗纬》俱属齐学,齐学本身有强调"大一统"的理念,正可被廖平援引作为世界大统理论的资粮。对照魏源,他并非不重视《诗纬》,但魏源之所以有取于纬书,只在于纬书的著作时代起于西汉,见识圣人本意的可能性远大于后世的注疏,②他当然不可能如廖平一般将《诗纬》与地球、世界作联系。总之,魏源重视《三家诗》与《诗纬》的目的,是欲复西汉之古;廖平经学二变也是循着这条往上溯源的路,将重点放在对西汉东汉、今学古学的纯粹学术史方面的整理、辨伪。但是三变以后,廖平把眼光放到世界,在这个意识下重视《齐诗》《诗纬》,其出发点和目的,自然和魏源有异,也与自己二变时期不同,足见他此时要回溯的,已经不仅止于西汉今文经学,而是他心目中的"孔子"本身。

二、面向世界的《尚书》学观

经学三变以后直到晚年,廖平对《尚书》皆延续二变的今文学观点,强调百篇《书序》为伪,以及《尚书》未尝亡缺之说。③所当注意者,是他三变以后屡称《尚书》有"二十九篇",对照

---

① 贺广如:《魏默深思想探究》,台北:台湾大学出版中心,1999,第161—162页。
② 贺广如:《魏默深思想探究》,第113—114页。
③ 廖平:《书经大统凡例》,成都存古书局刊,1916,第1a—25a页。

二变时的"二十八篇"有所不同。《尚书》二十九篇之说出自《史记·儒林传》:"秦时焚书,伏生壁藏之,其后兵大起,流亡。汉定,伏生求其《书》,亡数十篇,独得二十九篇,即以教于齐、鲁。"《汉书·儒林传》说法与此略同。然而今文《尚书》二十八篇,二十九篇是怎么计算的呢?刘向《别录》与王充《论衡·正说篇》皆云《泰誓》后得,加上原来的二十八篇为二十九篇。但是其他的学者意见亦不甚相同。皮锡瑞举出清代三位学者的看法:其一,今文二十九篇,当合《顾命》《康王之诰》为一,而以《泰誓》当一篇者,王引之《经义述闻》是也;其二,以《书序》当一篇者,陈寿祺《左海经辨》是也;其三,分《顾命》《康王之诰》为二,不数《泰誓》《书序》,龚自珍《泰誓答问》是也。皮锡瑞本身则认同跟随龚自珍的观点。①

廖平即使三变之后不再多谈刘歆造伪,不过他依然以今文学的角度认定《尚书》不曾亡失,《史记》及《汉书》记载的秦朝焚书使《尚书》有缺是被后来古文家增入的,对于所谓的二十九篇,他也有独特的看法。《书经大统凡例》中说:

> 《书纬·璇玑钤》曰:"书者,如也。"上天垂文象、布节度,书如,天行也。孔圣作《书》,上法天道,以二十八篇取象列宿经天,顾伏生《书》二十九篇,班《志》亦云经二十九卷,大小夏侯章句及解故皆各二十九卷,盖《帝典》中寓有"皇篇"(黄镕识:乃命羲和五节),象天之北斗居

---

① 皮锡瑞:《书经》,《经学通论》,(台湾)商务印书馆,1989,第51—52页。

中……西汉以后,乃以晚出传说之《泰誓》当之,则误也。①

廖平从《尧典》中析出"乃命羲和"至"鸟兽氄毛"一段,独立成为一篇,自题为"皇篇"或"皇道篇",②加上原来的二十八篇,为二十九篇,并指出前人所称的"二十九篇"为二十八篇加上后得的《泰誓》,是不正确的。他此时特别作了《尚书今文新义》一书,全书内容仅是对《皇篇》的注解,可见其对于此篇的重视程度。他承续汉代今文家以《书》二十八篇法天象的二十八宿,又进一步的推尊《皇篇》可比拟居于列宿中央的北斗;将注解《皇篇》的著作命名为"尚书今文新义",也是要借着此篇彰显前辈今文经师所不曾有过的见解。何谓"皇"?廖平曰"皇为天,为上帝","皇以天道,转命于人",又曰:"天道以五纪为例,《公羊》元年春,王正月,大一统也。"③简单地说,就是大一统的王者受命于皇天,将以道治天下。《尧典》的"乃命羲和"至"鸟兽氄毛",即廖平所谓的《皇篇》内容讲的是帝尧命其天官观察天象、推算历数,目的是要颁历、敬授民时。历代君主,称天治民,掌握推算天象的权力,被视为王朝统治合法的象征;而人民接受了某朝廷所颁行的历法,也代表奉行某家的正朔,有着浓厚的政治色彩。廖平在《皇篇》阐发孔子的微言,是要以新历颁行全球,④如此一来,他诠释

---

① 廖平:《书经大统凡例》,第1a页。类似的言论,又见廖平《书经弘道编》,成都存古书局刊,1918,第1a页。按:《书经弘道编》又名《书尚书经弘道编》《书尚书弘道篇》《尚书弘道篇》。
② 廖平于《尚书今文新义》里称此篇为"皇篇",《书经弘道编》中则名为"皇道篇"。
③ 廖平:《尚书今文新义》卷一,成都存古书局刊,1918。
④ 廖平:《尚书今文新义》卷一。

《皇篇》与整部《尚书》的理想便昭然若揭了，欲将全球一统于孔子之道的正朔之下。

其次，廖平也重新安排《尚书》的篇目次序，将《尚书》二十九篇分为《尚书》与《中候》两部分，前者有十一篇：《皇道》《帝典》《帝谟》《禹贡》《洪范》《甘誓》《汤誓》《太誓》《高宗肜日》《西伯戡黎》《微子》；后十八篇为《中候》：《金縢》《君奭》《多方》《多士》《召诰》《立政》《毋佚》《洛诰》《盘庚之诰》《大诰》《康诰》《酒诰》《梓材》《顾命》《甫刑》《文侯之命》《费誓》《秦誓》。①这个篇目的一个重要特色是对"中候"的强调与重视，"中候"一词来自于《尚书纬》，廖平于《书中候弘道编》自序云：

> 《书纬·璇玑钤》：孔子删《书》，以一十篇为《尚书》，十八篇为中候，候通侯，《开元占经》引作中侯。中侯谓中鹄，孟子称孔子集大成，犹射于百步之外，即《论语》执射之义。经立正鹄以待后王射中，故中候乃侯后之书，托古周公、成王，推为大统。《荀子·劝学篇》：《诗》《书》故而不切；《列子·仲尼篇》：吾修《诗》《书》，将以治天下、遗来世。皆中候之说也。②

将"中候"解为"侯后"，为后世制法，意味着孔子规划当今的世界。在这个前提下，"周公""成王"等角色都是经典的符号，

---

① 廖平：《书经弘道编》目录。
② 廖平学，黄镕笔述《书中候弘道编》，成都存古书局刊本，1921，第1a页。

经史有别,《尚书》的意义不在古代史事,而在于未来性上。

最后,透过廖平二变与三变以后这两个时期对魏源《书古微》的批评比较,也可以见到廖平思想的转变。前文已说过二变时期他指出《书古微》未注意到《史记》中的《书序》为伪的问题,到了三变时期,他转而将焦点放在经典的"疆域"问题上,以魏源既然诠释《书古微》,却没有真正明了"微"为"纬",纬以辅经,纬书中有许多孔子面向世界的微言,可惜魏源的《书古微》《诗古微》都"未尽其意"。① 从廖平二变、三变对魏源批评的不同角度来看,二变较纯粹讨论今古文的学术史问题,三变以后则跳脱今古文传统的框架,建构更具自己特色的经典解释。

从对《尚书》的今古文观来说,如果说廖平经学三变以后已经完全没有今古文家派的意识,这样的说法并不正确,因为他并没有接受古文家的《书》缺有残之说,仍是沿着今文家的理路继续发挥,而且比之前更加重视属于今学系统的纬书。我们只能说,他自谓的三变以后"不再立今古名目",是指为学目标已经不再是专心致力于分判今古与辨伪古学,而是要回到孔子本身的"微言"来诠释面向世界的经学。

三、走出今古之辨后的三礼观

(一)《周礼》非伪造,乃孔子的大统著作

如前所述,廖平经学三变后,经典上最核心的概念,就是抛开了今文、古文经学的划分,走出了今古学的框架,这个关键就在于

---

① 廖平:《诗纬古义疏证·序》,收入高承瀛等修,吴嘉谟等纂辑《光绪井研志·艺文志》,第649—650页。

对《周礼》态度的转变。此时不再攻《周礼》为伪，但也不是认同于古文家派以《周礼》为周公所作，而是把《周礼》"收编"在孔子的著作体系之下。廖平虽然认同《周礼》的内容，但也未尽如梁启超所谓的自驳尊今的立场而转向"古文学"，①因为他不同于古文家的认同周公之地位，而且他以孔子为至尊的立场始终没有改变。不论是经学二变或三变，廖平之于《周礼》的学术，始终都存在一个要试图去解决或解释的问题，即是《周礼》与《王制》不合，并且于史无据的问题。在经学二变时期，廖平跟随今文经学的路线，将这个现象理解为《周礼》是刘歆所造的后起之书；到了经学三变时期，由于意识到海外开通，世界辽阔，《周礼》中的九服之制，超过中国的疆域甚大，正好可成为将孔子经典与世界/地球作联系的契机，因此在选择接受《周礼》之际，也同时要重新去诠释何以《周礼》的制度与《王制》或其他典籍不合的问题，他此时有了完全不同于二变时期的看法。在曹立三为廖平《周官大统义证》一书所写的序文中说：

> 四益先生《古学考》以《周官》为《逸礼》，经莽歆改窜而成。丁酉（笔者按：光绪二十三年）以后，乃以为海外大统之书。《大行人》以九千里开方为九州，正合邹衍九九八十一州之说。……诸侯五等封建大于《王制》，与《孟子》《左传》不合，故以为海外之制。……以《周官》证之小统，固未免矛盾，求之大统，则若合符节。平既于六艺中分二派，大统

---

① 梁启超：《清代学术概论》，（台湾）商务印书馆，1994，第127页。

> 典制则以《周礼》为归，大统之有《周礼》，亦如小统之有《王制》，……以为将来治海外之典章。①

曹立三于此序文说明廖平对《周礼》制度的合理与否有前后不同的解释。在经学三变后，廖平承认了《周礼》中不同于《王制》、于古无据或不切实际的制度（如九服疆域过大），他的处理方式是将孔子的制度分为《王制》的"小统"与《周礼》的"大统"，分别治理中国一隅以及未来整个海外。两种制度既然并存，就解决了《周礼》及《王制》的矛盾以及真伪问题。因此诸如《周礼·大行人》的九服之制，经学二变时期认为是刘歆因着汉朝疆域广大而改之，②到了三变时期则理解为孔子的未来治理海外之制；又如《周礼》中的诸侯五等封建大于《王制》的制度，与《孟子》《左传》等古籍记载不合，经学二变时视之为刘歆所增，到了经学三变则认为是孔子的大统之制。所以此时《周礼》不再是刘歆羼改《逸礼》所成，而是孔子亲自制作的经典了。

值得一提的是，廖平能够承认《周礼》一书，除了政治时局刺激的外在原因以外，另从廖平学术的发展脉络，以及与其他今文学者的比较上，或许也能看到他最终能接受《周礼》的一些端倪。首先，谈廖平对《逸礼》的看法。今文学者如邵懿辰、康有为都视《逸礼》为刘歆伪造，唯独廖平相信真有孔壁《逸礼》的存在，是《礼经》/《仪礼》之"传"，仍具有某种程度的价值。廖平经学二

---

① 曹立三：《周官大统义证序》，收入高承瀛等修，吴嘉谟等纂辑《光绪井研志·艺文志》，第705—706页。
② 廖平：《古学考》，《廖平选集》上册，第137页。

变时以《周礼》的底本是《逸礼》，刘歆在《逸礼》中擅自增入者仅千余字而成《周礼》。另观康有为，他没有视《周礼》源自《逸礼》，对康氏来说，《逸礼》《周礼》两者都是刘歆分别彻底的造伪。如此一来，廖平和康有为对《周礼》本质的认定就有差异：康有为是一竿子打翻《周礼》的内容，而廖平即使是在批判《周礼》为刘歆所羼乱的经学二变之际，仍承认其底本《逸礼》具有真实性，代表他不是彻头彻尾的排斥整部《周礼》的内容。① 这也不自觉地为他自己后来接纳《周礼》亦是孔经的论点埋下了一个较能够转寰的余地。

经学三变后，《周礼》虽然已经没有作伪的问题了，但廖平仍必须解释为何前人未曾知晓《周礼》是孔子的著作，以及何以历来学者不懂《周礼》是规划未来海外的经典之原因，他把这个咎责归诸后世注解《周礼》的郑玄身上。

廖平指出，郑玄一生以自己所曲解的《周礼》制度遍说群经，是巨大的谬误，然而六朝以后经学以郑注盛行，无人能质疑此种学术上的权威。到了近代的李兆洛、魏源，站在今文经学的角度攻击郑玄淆乱今古文家法，但廖平认为这样的批评仍失之浅薄，没有打中郑玄解经过误的要害。② 廖平认为郑玄解《周礼》的失误有二，第一是以《周礼》为周公所作，第二是"以时制说经"，把

---

① 廖平于《古学考》中曰："《周礼》真古书，真者多，伪者少。刘歆删去博士名条，参以臆说，以至真伪相杂，彼此两伤。今删去刘说，据博士明文以补之，则针芥相投，合之两美，以复《逸礼》旧观。"见廖平《古学考》，《廖平选集》上册，第151页。
② 廖平：《周礼郑注商榷·序》，收入高承瀛等修，吴嘉谟等纂辑《光绪井研志·艺文志》，第707—708页。

《周礼》当成了周代的典章制度,两者都是没有体会到孔子为后世制法的用心,尤其是不能理解孔子面向"地球"的观念。例如《周礼》的"地中"一词,表天下之中,郑玄解为颍川阳城,廖平则批评郑玄误把中国当成了天下,才会把中国之"中"的颍川阳城当成天下之中,其实《周礼》的"地中"(天下之中)意指整个地球之"中"。①

对于《周礼》态度的转变,廖平在光绪二十三年经学三变后,曾有回顾性的言论简要交代此一转变历程,自谓在光绪十二年之后(即进入经学二变之际),力攻《周礼》内容,与专治《周礼》的宋育仁观点不同,相持不下,后来逐渐领悟过往的攻击并非正确。到了光绪二十三年,经学三变前夕,一再与宋氏讨论切磋,终于决定将《周礼》归于至圣孔子的著作;自谓以往认为《周礼》不能通解之处,是经文本身有问题,后来改归于后世注释者如郑玄、贾逵者的误解。所以"昔之所疑在经,今之所攻在说",从此以后"不再立今古名目"。②这诚然是廖平学术上的一大转折,因为经学二变的"尊今抑古",立基点就在于刘歆以其所伪的《周礼》制度遍说群经,一旦《周礼》不再为伪,整个"伪古学"存在的基础就根本动摇了。

康有为在民国六年(1917)的《重刻伪经考后序》中,曾对廖平于经学三变后承认《周礼》的立场给予严词批评:

---

① 曾子俊:《官礼验推补证序》,收入高承瀛等修,吴嘉谟等纂辑《光绪井研志·艺文志》,第702—703页。
② 廖平:《古学考·跋》。与宋育仁商议《周礼》的过程,又见廖幼平编《廖季平年谱》,第53—55页。

> 今世亦有好学深思之士，谈今古之辨，或暗有相合者。惜其一面尊今文而攻古文，一面尊信伪《周官》……，矛盾自陷，界畛自乱，其他所在多有，脉络不清、条理不晰，其为半明半昧之识，与前儒杂糅今古者无异。何以明真教而导后士？或者不察，听其所言，则观其尊伪《周礼》一事，而知其道不相谋，翩其反而也。①

在近代学界多有以康有为思想系受廖平启发者，廖平自亦坚信如此，但是康有为始终深讳之，②只说廖平在谈论今古之辨时，与自己的持论"或暗有相合者"。接着，康氏话锋一转，对廖平三变以后阐发《周礼》为孔子经典的说法大加反驳，斥之为混乱今古文理路，自陷矛盾的境地。在此不讨论学术上的是非，重点是从这段文字可以看出，廖平从经学三变以后，与康有为最大的分歧所在。同样是以尊孔为旗帜的康有为，或是后来的今文经学家崔适，继续走的是辨伪古文的道路，但廖平已经不再立今古名目，为学重点转向了建构以孔子之道居地球之"中"的大统理论，这关键的起始在于对《周礼》态度的转变。

（二）不再对《仪礼》多做阐发

在经学二变时期，廖平站在今文家的立场，大力推尊邵懿辰《礼经通论》的经典完备之说，而且承继汉代今文家的想法，要以《仪礼》/《礼经》取代《周礼》。然而经学三变以后，转而承认

---

① 康有为：《重刻伪经考后序》，《新学伪经考》，第401—402页。
② 康有为与廖平的学术关系，以及两个当事人如何看待这个问题，可参钱穆《中国近三百年学术史》，（台湾）商务印书馆，1966，第644—649页。

《周礼》是孔子的著作，因此也不再谈刘歆伪造古文的问题了，此时廖平几乎没有《仪礼》的相关著作，对于邵懿辰的说法，态度也是暧昧不明的。例如他依然认定《尚书》不曾因秦火而亡失，《乐经》存于《诗经》之中，也不认同《毛诗》，这些似乎都是跟随邵氏的经典完备之说；然而认同《周礼》一经，已与邵氏的圣人之礼仅存于《仪礼》十七篇的说法完全相背。由于廖平的为学目标已经不再是分判今古与辨伪古文了，对于二变时被他援引以佐证古文不可信的《仪礼》便不再多做发挥，也是势所必然的。

（三）大、小统视域下的两戴《礼记》

廖平看待大戴、小戴《礼记》，也历经三次的变更，前两次是站在分判今古文经学的角度，第三次则是跳出了今古文意识的框架。他此时所关注的，是如何用经学安排中国与世界，从这个角度出发，提出了《小戴礼记》与《大戴礼记》内容的根本区别，在于小统与大统的差异，例如他于《周礼两戴大小统考·序》云：

> 考《周礼》大统海外诸说，文不见于《小戴》，而《大戴》则俱有之。如《盛德》篇之六官，《朝士》篇之典礼是也。考大、小两《戴》，旧说皆以为叔侄，今细按其书，凡言王道者入《小戴》，言帝道入《大戴》。（廖平自注：如《五帝德》《帝系》《主言篇》《盛德》《诰制（原作"志"）》《朝士（原作"事"）》《曾子》十篇、《易本命》《本命》为大统……）《小戴》惟《郊特牲》言大同帝道，然仍以王道礼制为主。（廖平自注：是《两戴记》之分，一如《周礼》大、小名官，以大、小二字为题目）今平特撰此书，专辨此

义,其中虽小有出入,然无害大体。①

廖平的《周礼两戴大小统考》一书今未见,仅存序文,有可能原书已佚,也有可能并不曾完成这本著作。虽然现今未见到他对两戴《礼记》各篇内容的具体发挥,不过从引文中,他所提到的《大戴礼记》内容解说,大概可以约略体会到他所谓大统的共通性特色。例如《五帝德》提到上古五帝的盛世景象,四海之内,莫不宾服;《盛德》论王者之德;《主言》以王者若有德,则蛮夷诸夏"虽衣冠不同,言语不合,莫不来至,朝觐于王";《朝事》论天子以礼朝诸侯之事,各方诸侯依其尊卑亲疏,定其位次,以及天子如何抚四方,使四方归附于天子之德;《诰志》《本命》《易本命》都提到王者应法天时、顺阴阳以布政,②廖平把这些都归于世界一统时,王者所应具备的德政与结果。当然,以大戴、小戴《礼记》分别隶属于大、小统的说法完全没有客观学理上的依据,纯粹是个人附会的一家之言。

四、面向世界后的《春秋》三传观

（一）特重齐学的"大一统"思想

1. 发扬"恢弘"的《公羊》解经风格

经学三变后,廖平对《春秋》之传的看法又有新的诠释。此时他特别推崇《公羊》,重点在于对"大一统"之义的发挥:

---

① 廖平:《周礼两戴大小统考·序》,收入高承瀛等修,吴嘉谟等纂辑《光绪井研志·艺文志》,第715—716页。
② 王聘珍:《大戴礼记解诂》,台北:文史哲出版社,1986,第5、125、142、180、225—239、250—252、256—260页。

> 经学传于齐、鲁，鲁学谨严，《穀梁》《鲁诗》笃信谨守，多就中说。齐学恢弘，《公羊》与《齐诗》多主纬候，详"皇帝"大一统治法。……郑君所云，《穀梁》善经，《公羊》善谶。①

引文指出鲁学《穀梁》解经谨严，笃守经学本身的文义，齐学《公羊》解经风格恢弘，重视发挥谶纬内容，能阐明孔子"微言"的一面，郑玄的"《穀梁》善经，《公羊》善谶"一语可以说明这种情形。在经学三变以后，廖平将孔子经学学说内容分为大、小统，分别规划中国与世界，他也依着《穀梁》鲁学"谨严"，《公羊》齐学"恢弘"的不同解经风格，划分《穀梁》为中小统的学说，《公羊》为世界大统的学说，尤其《公羊》"大一统"的理念，是廖平要强调的重点，认为这是孔子传达整个世界一统的微言所在。

《公羊传》明揭"大一统"一词，既然被廖平当作孔子预知整个世界的"微言"，他在学术上就要说明齐学《公羊》大一统所指涉的范围，是当今的地球与世界，他处理的方式，就是让齐学《公羊》与倡"大九州"说的邹衍产生学说上的联系。在廖平学术的脉络下，游学于齐地、承继孔子大统思想的邹衍，传海外"大九州"之学，与同属于齐学的《公羊》家法同源，那么《公羊》的"大一统"指的也是今日地球的"大一统"。

2. 承认与肯定《春秋邹氏传》为《公羊》别派

廖平经学三变以后对"大一统"这个概念及对齐学与《公羊》

---

① 廖平：《大统春秋公羊补证·凡例》，则柯轩再版，光绪三十二年，第1b页。

的重视，还可从他对《汉书·艺文志》中的《春秋邹氏传》一书态度的转变看出端倪。《汉书·艺文志》著录《春秋邹氏传》《春秋夹氏传》，廖平在二变时期否认此二家的存在，视为刘歆为攻西汉博士家法而伪造。到了三变时，廖平对于邹、夹二氏的态度，是不再提夹氏，但对于《邹氏传》则转而承认与肯定。他在《大统春秋公羊补证》中说：

> 《艺文志》有《邹氏春秋》。《王吉传》，初好学，通五经，能为《邹氏春秋》，上疏曰，《春秋》所以大一统者，六合同风，九州共贯也。……董子曰，《春秋》大一统者，天地之常经，古今之通谊。与吉说同。①

《汉书·艺文志》著录《春秋邹氏传》十一卷，此书在古籍中罕有提及，较具体的线索是在《汉书·王吉传》，记载"（王）吉兼通五经，能为《邹氏春秋》"……②又王吉在汉宣帝时曾上疏曰："《春秋》所以大一统者，六合同风，九州共贯也。"③王吉学《邹氏春秋》，又主张《春秋》"大一统"的重要性，廖平依此认定《邹氏春秋》的性质类同于《公羊》；从另一面来说，他会承认此书的价值，也就在于它具有"大一统"的理念。廖平又把《邹氏春秋》同《公羊》齐学与邹衍联系起来：

---

① 廖平:《大统春秋公羊补证》卷一，第3a—3b页。
② 班固撰，颜师古注，杨家骆主编《王吉传》，《新校本汉书并附编二种》卷七二，第3066页。
③ 班固撰，颜师古注，杨家骆主编《王吉传》，《新校本汉书并附编二种》卷七二，第3063页。

> 按班言，吉通《邹氏》，考邹衍游学于齐，《公羊》为齐学，邹子著书，验小推大，言海外九州六合内外……非如鲁学谨严，专详小统。是邹氏即衍，《公羊》为本师，邹氏则一家之别派。①

由于《邹氏春秋》同于《公羊》都讲"大一统"，所以廖平认为它与《公羊》一家，是《公羊》的别派，事实上，并没有明确的线索可以证明两者有相同的渊源。②廖平也论到《邹氏春秋》的作者问题。此书题为"邹氏"，显然作者为邹姓。《史记·孟子荀卿列传》说"齐有三邹子"，最早的是邹忌，在孟子之前；其次是邹衍，在孟子之后；再后是邹奭，"颇采邹衍之术以纪文"，似乎是邹衍学术的追随者。清代的沈钦韩在《汉书疏证》中说："齐有三邹子，莫知为谁？"③以此书作者是齐的三邹子之一，但不确定为谁。廖平认定是邹衍，因为在廖平的学术脉络下，孔子之学传于齐、鲁，邹衍游学于齐，故与《公羊》同一家派，更重要的是他倡海外"大九州"说，应是承继孔子的微言，详"全球大一统"的治法；那么与《公羊》同为一家的《邹氏春秋》自然应属于邹衍的作品了。

从经学一变到三变，廖平对《公羊》《穀梁》态度的消长，

---

① 廖平：《大统春秋公羊补证》卷一，第3a—3b页。
② 王葆玹就曾说，王吉提到"大一统"，往往使读者想到《公羊传》，而其实王吉的"大一统"只能是以《邹氏传》为依据，因为他没有传习过《公羊传》，所以《邹氏传》与《公羊传》未必有相同的渊源。见王葆玹《今古文经学新论》，第239—240页。
③ 沈钦韩：《汉书疏证》卷二四，浙江官书局刊，光绪二十六年季孟冬，第57页。收入《续修四库全书》册266，第667页。

也可以看到他思想转变的过程。一变时期以为《公羊》齐学参用古学，不如鲁学正宗；二变以后，认为汉末刘歆以前没有古学，故《公羊》也是纯今学，同祖孔子，因此"不尊鲁而薄齐"，所以《公羊》的地位提升了，与《穀梁》等同。但此时认可《公羊》的主因，纯粹是站在今古文经学的角度思考。经学三变后，是更为重视属于齐学的《公羊》，因为此时廖平的心思放在如何将经典与整个世界结合。诚如廖平自己说的，齐、鲁相较，鲁学谨严，而齐学多含谶纬，解经恢弘不拘守，又强调"大一统"，这正好提供廖平发挥"孔子"世界一统理论的资粮。在同一理念下，他认同了二变时否定的《邹氏春秋》，以邹氏为邹衍，虽然在纯学术的推理上不无价值，但是他背后有一个主要的目的导向：要把邹衍的大九州说与孔子、《春秋》及世界"大一统"联系起来，这些都是他发扬齐学的动机，与前二变的立场重在今古之辨有很大的不同。

（二）继续会通三传，并加强孔子与《左传》的联系

清代中叶，在今古文论争的激辩中，有一个很重要的焦点，就是被多数学者视为"古学"的《左传》之真伪问题。具体的争论，主要放在《左传》的成书渊源、解经与否，以及与汉代刘歆的关系上。廖平处在这种时代学术氛围下，经学前二变的学术基调，就是今古学的思辨，他的《左传》学研究也是其中的一环。

廖平经学三变以后的《左传》学，主要是致力于三传会通之上。在讨论具体内容之前，我们需先注意他在一、二变时如何看待三传的始师问题。《左传》的始师是私淑于孔子的鲁君子左丘明，依着《春秋》作《左氏春秋》保存大义，左氏弟子再编年说经；《公羊》《穀梁》的始师是子夏。虽然子夏与左丘明，一是亲炙于

孔子，一是私淑于孔子，仍有些许的差别，但三传都是传孔子的微言，不必自分畛域。廖平关于《左传》解经、成于先秦以及三传会通的看法，基本上都已经定型于经学前二变，终生未曾转变。不过三变后，廖平仍然继续他会通三传的努力，并没有就此停住。

经学三变后，他新的《左传》相关著作只有两部，但是甚具代表性，两者都成于经学五变时期：一是光绪三十五年刊行的《左丘明考》，二是成于民国六年的《春秋三传折衷》。《春秋三传折衷》顾名思义已可理解，不再赘述；在说明《左丘明考》一书的意义前，必须一提的是，廖平在之前论《公》《穀》渊源问题时，以声韵学的考证方式指出"公羊""穀梁"双声叠韵，是对子夏姓名"卜商"读音的不同而造成的转音之讹，实则两者均指卜商，即子夏一人，所以《公》《穀》同源，均传自子夏。①在《左丘明考》中，廖平接续这样的思路考证，以左丘明为卜商（子夏），因为"明"与"商"、"羊"与"梁"同音，"左丘"即"启予"，所谓"左丘明"就是"启予商"；左丘丧明，即子夏丧明之事。因此"左丘明"在廖平的笔下，由一变时期私淑于孔子的博雅君子，到最后成了亲炙于孔子的子夏。他要说的是，《左传》也是孔子思想的嫡传，三传同出一师，与孔子的关系也更接近。他于光绪二十七年（1901）以前（三变时期）改定的《知圣篇》中，已经有这样的看法，到光绪二十八年（1902）正式撰成专著刊行。②廖平的考证当然缺乏客观性可言，但说明了三传同传孔子微言是他历久弥坚的信念。

---

① 廖平：《何氏公羊解诂三十论·传有先后论》，《廖平选集》下册，第168页。
② 廖幼平编：《廖季平年谱》，光绪三十五年。

廖平后来还有愈来愈重视《左传》的倾向，例如他在民国二年（1913）（五变时期）曾言："三传《公》《穀》详于经例，而于邦交政事不如《左传》之详明，故三传之中，尤以《左传》为切要。"[①]足见重视《左传》的角度，是将它与当今国际的邦交政事联系在一起思考的。

总之，廖平对三传与孔子关系的诠释，愈到后来结合得愈紧密，如此一来，对三传的发挥就愈能传达"孔子"的思想。虽然经学三变以后为了要诠释世界大一统，把焦点放在有相关思想的《公羊》之上，但是基于三传皆出于孔子以及可以互通的认知上，廖平往后的《春秋》著作内容往往有着三传的概念交融互渗的状态，这也是谈到他三变以后至晚年的《春秋》学需要先了解的。

小　结

廖平从经学一变到三变之后的转折，透过本章的分析，可以看到其中所呈现出来的几个特色，以及所欲解决的问题，以下分为几点作为总结。

第一，从本章可以看出廖平与常州今文学派之间的离合。廖平在经学一变之前，在尊经书院已接触了常州今文学者的学说，但他当时对于今古文相互攻击的学风未能心服，思欲走出一条较持平的道路，故有经学一变"平分今古"的产生。然而在感受到古文学授受源流不明的情况下，促使他回过头来认同常州学派辨伪古文的

---

① 廖平：《大同学说》，《中国学报》1913年第8期，第11—12页。

诸多理论，并更进一步地推向极致，因此经学二变之后的廖平，被当世或后世的学人视为今文经学的集大成者。但即使是在二变全面攻驳古文的过程中，廖平也有全然不同于常州学人的重要观点。例如视《逸礼》曾真实地出于孔壁中，并非刘歆所伪造，这与邵懿辰的立场相反；并且廖平还认为《逸礼》是刘歆援引来作伪《周礼》的底本，伪《周礼》的底本既然是真古籍，无形中就为自己日后接纳《周礼》埋下了伏笔。其次，他视《左传》解经、为今学，且未经刘歆的更动，也与常州今文大将刘逢禄以《左传》为古学、不解经，本属史学性质，且经刘歆窜乱的观点迥异。从这些地方来看，即使是二变极力尊今意识下的廖平，与另一位今文学的集大成者康有为相较之下，康有为其实更遵信常州学派的理路。因此本章也发掘了被过去讲论清代今文学学术发展史的大叙事下隐没了的一些学术史视角。

第二，本章厘清了廖平经学三变以后对待今古文态度的问题。康有为、梁启超曾说廖平三变以后自驳尊今的立场，淆乱了今、古文的界限。康、梁说对了一部分的事实，因为廖平接纳了原本二变时被他视为古文群经制度所本的《周礼》，使得原来古文群经存在的理论失去了依凭，因此廖平自谓从此"不再立今古名目"。然而这并不代表他此后便能同时接受今文经学与古文经学。首先，廖平接纳《周礼》是把它当成孔子的著作，与古文家的尊为周公之典并不同调。其次，廖平从三变以后对《诗经》的态度，仍是以孔子的微言仅寄托于《三家诗》；《尚书》方面，他仍然坚定地延续二十八篇为备之说，只是从《尧典》中析出"皇篇"成二十九篇，基本上都是今文经学路数的发挥，而且更重视接近今文系统的纬书。所以如果一味说经学三变以后已经"淆乱"或是泯除了今古文家派的意识，这样的说法失之笼统，也未必正确，只能说他自谓的"不再立今古名目"，是指为学目标已经不再是专心致力于分判今古与辨伪古学了，而是把焦点转向经学如何诠释世界的方向上。

第三，本章分析出在廖平的学术历程上，从经学一变到三变后，"孔子"与经、传的关系愈来愈紧密，地位也愈崇高。在一变的"平分今古"时，以孔子早晚年学说之差异来分别今古，虽然主体都是孔子，但毕竟早年是"从周"思想，"周公"在经学中还有某种程度的地位。二变之后，整个经学都是孔子的创制，"周公"已经消失无存。到了三变后，孔子地位的重要还表现在其与各经、传关系的更加紧密上。例如一变与三变均认同《周礼》，但是一变时认为《周礼》是燕赵地区的后学接受了孔子早年思想而产生的著作；三变时则以《周礼》是孔子亲自撰写的大统制度之作。又如《左传》，一变时视为私淑于孔子的博雅君子左丘明所作，与子夏所传的《公羊》《穀梁》来源不同；二变之后则强调三传同源于孔子，将《左传》与孔子的距离拉近了一步；五变后又考证左丘明等同于子夏，于是《左传》由原本私淑于孔子的后学之作成了孔子的嫡传之作。如此一来，孔子与经、传的关系愈紧密，廖平对经、传的发挥就愈能代表自己所传达者为孔子的思想，而孔子的神圣性又从而更加地提高。

第四，本章呈现了廖平经学三变之后论学风格、方向与前期的差异。前两变论辨今古的过程，学术史意味浓厚，且不失严谨；三变以后的学术史味道转淡，成了以己意说经的特色。例如从他不同时期对魏源《诗古微》《书古微》的态度，亦可见到其论学格调的转变。廖平在二变和三变时期都面对了魏源的《诗古微》《书古微》，然而二变时期是站在默认肯定魏源捍卫西汉今文学的前提下提倡《三家诗》与今文《尚书》，至于批评《书古微》只是认为魏源辨伪得不够彻底，不知百篇《书序》也是伪造；这是廖平立基于汉代今文学的一套背景所继续开展出的学术史论点。到了三变时期，廖平批评《诗古微》《书古微》的原因，则是以魏源不知《诗》《书》所诠释的疆域是整个世界，没有明了孔子的本意，这是廖平直抒胸臆的说法。从这一转折也可见到他已不措意于汉代复杂的今古文学术史问题，而是要向上追溯到他心目中孔子本身的"微言"，也造成了解经的任意性，这是三变以后的论学特征。

第五，齐学的价值在三变以后被特意重视与强调。在经学一变时，廖平并不太欣赏齐学，除了认为齐地接近燕赵，渗入古学的内容，因而驳杂不纯外，还有另一个原因是齐学沾染了齐俗"喜夸好辨"之风，"不肯笃守师说"，因此以《春秋》来说，他当时推重的是说经矜慎的鲁学《穀梁》，稍抑齐学《公羊》。二变时期因以古学为刘歆所伪造，不存在于先秦，因此齐学《公羊》便没有掺杂古学的问题了，与《穀梁》同属今学正宗，于是"不尊鲁而薄齐"，所以齐学地位提升了，与鲁学平等。而廖平有意识地发扬齐学是在三变之后，此时他以大、小统说经，依着《穀梁》鲁学"谨严"，《公羊》齐学"恢弘"的不同风格，划分《穀梁》为中小学统的学说，《公羊》为世界大统的学说。尤其《公羊》以具神秘性的谶纬解经，以及"大一统"的理念，都被援引转化解释为孔子规划世界微言的重要内容，地位明显超过了鲁学《穀梁》；另外，在今文《三家诗》中，廖平三变以后也最推崇《齐诗》，道理也是类同的。因此齐学的重要性与世界大统的理想密不可分，这是廖平三变以后至晚年学术内容中不可忽视的一环。

以上略述了本章的要点，在以下的各章节中，主要探讨廖平经学三变以后如何以经学回应整个时代，都是立基于本章的内容与结论作为学术背景概念继续开展。那么，廖平在三变以后"不立今古名目"，走的却又是接近今文学的通经致用理路，他仍可以被视为是一个今文家吗？根据蔡长林先生的研究，清代今文经学派的发展可以归纳出两个面向，一者可称为"偏向考证的（学术的）今文学"，另一则可称为"偏向义理的（政治的）《公羊》学"。今文学风格的基调是以考证方式研究今文经典，学术性格是考证的、学术的；《公羊》学风格的基调是来自于儒学经世传统的要求，学术性格是义理的阐发，重视今文的《公羊》，但在经世的前提下，不绝对拘守今、古文的分际，与今文学风格"复西汉之古"的学术目的仍有所不同。① 若考究廖平的学术性格，经学二变可说是接近于今文学风格，而三变以后则倾向于《公羊》学风格，此时廖平以来自《公羊》学的素王改制作为根本理念，关心的是如何诠释出孔子王心的微言大义情怀，并据以响应内部和外部的挑战。清中叶后的《公羊》学者还有一个特性，就是好以《公羊》大义范围群经，②

---

① 蔡长林：《论崔适与晚清今文学》，第27—64页。
② 陆宝千曾说："清儒之治《公羊》学者，有一根本观念：孔子既作《春秋》，则其他经书曾经孔子之手者，亦必有微言大义存焉。"见陆宝千《清代思想史》，台北：广文书局，1983，第248页。又关于清代群经大义的《公羊》化，可参见张广庆《清代经今文学群经大义之〈公羊〉化——以刘、宋、戴、王、康之〈论语〉著作为例》，收入《经学研究论丛》第1辑，台北：圣环图书公司，1994，第257—322页。

廖平三变之后遍说群经，经常以《公羊》的大一统、内外观贯通之，也是此一情况的体现，因此笔者认为可将其归属于今文学派中的《公羊》学风格一系。

第二章
让孔子走入新世界

　　由第一章的论述可知,廖平在光绪二十三年,即经学三变以后,其学术路向进入了一个自身的"转型"阶段,从今古文经学之辨到将经学结合整个世界视野的诠释。傅斯年曾说清季能够成为"中国近代文化转移的枢纽"的主要依据,一是传统的"古文学今文学已经成就了精密的系统,不能有大体的增加了"。二是"西洋学问渐渐入中国,相逢之下,此消彼长的时机已成熟了"。①对照廖平的情况来看,他在前两变时期已将今古文经学研究到了一个极致,几乎做了学术上的总结,此时又面临甲午战败,更促成为学方向的转变。当然这里必须补充说明,廖平在分别今、古文时,也非仅限于学术本身的钻研,仍有对时代的关切在其中。例如《今古学考》卷下曾云:"春秋时有志之士皆欲改周文,正如今之言治,莫不欲改弦更张也。"②将研治经学与改弦更张相联系即是他个人的心

---

① 傅斯年:《清代学问的门径书几种》,《新潮》1919年第1卷第4号,收入娄子匡校纂《景印中国期刊五十种·第八种》,第701—702页。
② 廖平:《今古学考》卷下,《廖平选集》上册,第85页。

意。再看其初作于光绪十四年、经学二变时期的《知圣篇》内容，将《今古学考》已屡言的孔子改制之事推到顶点，故孙春在认为像《今古学考》《古学考》这些看似纯学术的著作，其实都表现了廖平在甲午战前已有用世之心，是《公羊》学者急于救时的产物。[①] 或许有人会质疑廖平从经学一变以来的著作多是扩及群经，并不专论《公羊》，以"《公羊》家"视之是否妥当？在本书第一章的小结末尾，曾简单提过廖平经学三变以后是一个"《公羊》学风格"鲜明的学者，而若从经学一变开始便称他为《公羊》家，也是没有疑义的，因为"六经皆孔子作"是来自《公羊》学者的定见，再者，贯通廖平从经学一变以来的学说最重要概念——素王改制，更是汉代《公羊》学的非常异义。因此要了解甲午战后，廖平何以能顺理成章地将经学与世界接轨，关键就在于对素王改制的认知与进一步发挥，在此先对这个概念做简要的叙述，再讨论其甲午战后对新世界观的建构。

孔子素王改制的说法源于董仲舒的《春秋繁露》，该书的《楚庄王》《玉杯》《三代改制质文》《符瑞》等篇中一再提到孔子受命于天，为继周者立新制度。西汉末年的谶纬神学更把孔子从出生、形貌到著《春秋》都逐一涂抹上天命的色彩。东汉何休注《公羊》，又援引谶纬的神秘思想，全面地论述了素王改制说；在汉代，这套说法是《公羊》学者用来论证孔子为汉制法的理论依据。到了晚清，廖平的业师王闿运在其重要著作《春秋公羊传笺》中，

[①] 孙春在：《清末的公羊思想》，（台湾）商务印书馆，1985，第78—80、87、98—104页。

首先提出孔子并非仅为汉代制法，而是为万世制法的理论，①它对廖平产生了直接的影响，促成廖平在甲午战后把孔子形塑成一个无所不知、无所不能，具有当今世界的眼光，甚至能规划全球未来发展的人天至圣。

使廖平论学格调转向不再拘于今古学的甲午战后思潮，是什么样的情形呢？1895年后，中国面临着两千年来未遇之巨变。战前的清末知识分子并未失去对传统思想的信心，但是近代中国不断受西潮的荡击，在物质和文化的中西竞争中节节败退，从甲午战争到戊戌维新前后，逐渐形成了尊西崇新的大势。在具体的求富强层面上，舆论开始流行中国学术已经"无用"，应束之高阁，转而更全面地学习西方的政艺之学。②同时文化方面也陷入了前所未有的困境，一部分中国士绅意识到中国面临的挑战不仅是一个社会政治问题，而且是宗教与文化问题，因此除了保护中国作为一个社会政治实体外，还必然产生如何保留中国文化认同的问题。③在此种心理危机中，于学习、接受西学与如何保留传统的矛盾之际，也激活了他们半只脚踏出传统，另寻思想资源的欲望。④甲午战后的知识分子，即使是传统教育下的文化人，都很关心外面世界的情形，思考面也不再限于经学内部，对于当时所能接触到的西学几乎都有探究

---

① 魏綵莹：《世变中的经学：王闿运〈春秋〉学思想研究》第四章，台北：花木兰出版社，2012。
② 罗志田：《裂变中的传承：二十世纪前期的中国文化与学术》，中华书局，2003，第12—13、33页。
③ 张灏著，崔志海、葛夫平译《梁启超与中国思想的过渡，1890—1907》，江苏人民出版社，1993，第81页。
④ 葛兆光：《孔教、佛教抑或耶教？——一九〇〇年前后中国的心理危机与宗教兴趣》，收入王汎森等著《中国近代思想史的转型时代》，台北：联经出版公司，2007，第214页。

的兴趣，并在其本有思想中加以容纳。以上这些十九世纪末叶的文化人所具有的特色，也刻印在廖平甲午战后的学思历程中，尤其是晚年回顾自己经学产生三变的契机，令他记忆犹新的刺激仍是看到严复所说的：周公、孔子无法预见地球开通后的局面，其道已经过时了，①然而廖平站在一个中国文化本位的角度，认为若是孔子不懂得地球、海外的存在，孔子之道就势必走入历史了，那么中国赖以存续的立国本根将无处安置。所以他秉持尊孔的思想，开始大力发挥孔子素王改制、为万世制法的理念，将新思想不断容纳入孔经中，最大的特色就是将孔经增入了地球、世界地理的视野。

　　道咸年间少部分的学人开始阅读世界地理著作，可说是以"开眼看世界"为时代特点；同光年间，许多出使人员透过实地参访，为认识、研究世界地理创造了条件，所以同光年间堪称是以"走向世界"为时代特点。②现在，廖平也要让孔子"走入新世界"。他于光绪二十七年时将自己的书斋命名为"谈瀛精舍"，③"谈瀛"两个字是道光以后的学人谈论海外世界时的常用词，④廖平将书斋以此命名，说明为学的兴趣目标已经扩大到整个海内外。廖平在经学三变以后，无论是讲《诗经》、《尚书》、《周礼》、两戴《礼

---

① 严复之语，见严复《拟上皇帝书》，《严复合集编年》（一），第133—134页。廖平之慨叹，见《四益馆经学四变记·三变记》，《廖平选集》上册，第549页。
② 郭双林：《西潮激荡下的晚清地理学》，北京大学出版社，2000，第95、98页。
③ 廖幼平编《廖季平年谱》，第64页。
④ 例如袁祖志著有《谈瀛录》一书，收入王锡祺编《小方壶斋舆地丛钞》册60，上海著易堂排印本，1877—1897。又例如道光年间曾远航欧洲的谢清高，有口述《海录》一书，在《光绪嘉应州志》卷二九中记载谢清高的同族谢云龙曾说过，此书与以往谈海外书籍的臆吞奇谈相比不同："海客谈瀛洲，论者以为烟涛微茫，大都学士文人逞其臆说奇谈以欺世，未可援为实据。"王韬亦著有《瀛壖杂志》，台北：广文书局，1969。总之，当时常以海外为"瀛"，或以"谈瀛"指称论说海外，或用为记载海外事物之书名，这类的例子相当多。

记》还是《春秋》,都强调它们有与世界大疆域联系的微言,尤其特别发扬齐学的《公羊》,最主要的原因是齐学有"大一统"的理念,可以援引为论述世界大一统的资源。廖平汲汲地要用经学来结合"地球",欲将两者打成一片,这也涉及中国本有的天下观与近代新地理学遭逢下,作为一个传统文化人在接纳新知的过程中,如何调适、取舍以及用什么方式表达自己所坚持、信仰的价值观之心路历程。以下则从地球概念对传统天下观的冲击,以及廖平的回应说起。

第一节 传统天下观与"地球"概念的遭逢

西学东渐的过程中,地理学对中国起着某种重要意义的先行学科作用,明清之际与晚清时期西方世界地理知识的引进,曾不同程度地动摇传统的天下意识;知识分子从认为中国处于"大地之中",到体认大地为球体,无所谓中,无所谓边缘,中国仅仅是诸多并列的国家之一,这种对天下大地实为"球"体的认识,造成了震撼。事实上,中国是否在大地的中央,虽看似是个地理知识,却深刻反映了价值意识的问题,[①]它产生于先秦以来中国的地域环境与文化形成。夏、商、周三个部族活动的地区,主要是黄河中下游一带,这里适合农业生产,生活稳定,创造了较其他地区相对来说要高得多的农业文明。而周围地区,无论是东部浩淼无际的

---

① 李扬帆:《走出晚清:涉外人物及中国的世界观念之研究》,北京大学出版社,2005,第361页。邹小站:《华夷天下的崩溃与中国近代思想的变迁》,收入郑大华、邹小站主编《中国近代史上的民族主义》,社会科学文献出版社,2007,第276—296页。

海洋，西部茫茫无垠的戈壁，还是南部烟瘴弥漫的沼泽，北部气候变化无常的草原，其自然条件都无法和中原地区相比。因此当时的文化交流多是由中原向周边的单向辐射。①殷商时期，古人已从方位观念来认知他们的世界，其基本结构是中央与四方，两周时期，这个基本空间的认知概念逐步深化。先秦文献中，"诸夏""诸华""华""夏""中国"往往异名同指，而"诸夏"是最普遍的说法，到了秦汉帝国之后，"中国"取代"诸夏"成为最常使用的措辞。华夏和四夷的界线不是以血统划分，而是以文化为分别，所谓的文化，具体的说只是生活习惯与政治型态的不同。"中国"的意义又不止于空间上的中心，同时也被认为是文化的中心，中土之外，四方的人群分别被称为东方的"夷"，西方的"戎"，南方的"蛮"，北方的"狄"，统称为"四夷"，而"天下"就是中国加上四夷。②这样的天下就形成一个方位、层次和文化交织的框架，邢义田曾对中国人的天下观特色，有如下代表性的描述："天下由诸夏及蛮夷戎狄组成，中国即诸夏，为诗书礼乐之邦，在层次上居内服，在方位上是中心；蛮夷戎狄形同鸟兽，在层次上属外服，在方

---

① 郭廷以：《从中外接触上论中国近代化问题》卷四，上海文艺出版社，1998，第2371页。
② 关于夏、商、周到秦、汉之间传统天下观的形成，见于省吾《释中国》，收入中华书局编辑部编《中华学术论文集》，中华书局，1981，第1—11页。王尔敏：《中国名称溯源及其近代诠释》，收入氏著《中国近代思想史论》，（台湾）商务印书馆，1995，第447—486页。王健文：《帝国秩序与族群想象——帝制中国初期的华夏意识》；甘怀真：《秦汉的"天下"政体——以郊祀礼改革为中心》，以上均收入甘怀真编《东亚历史上的天下与中国概念》，（台湾）大学出版中心，2007，第103—104、168—169、174—176页。王健文：《奉天承运：古代中国的"国家"概念及其正当性基础》，台北：东大图书公司，1995，第164—174页。谢维扬：《中国早期国家》，浙江人民出版社，1995，第381—431页。

位上是四裔。方位和层次可以以中国为中心，无限地延伸；诗书礼乐的华夏文化也可以无限地扩张。最后的理想是王者无外，合天下为一家，进世界于大同。"① 显然，虽然"天下"是中国加上四夷，但由于王化普及的外围是没有边界的，"中国"可以不断地向外扩大延展，再加上"普天之下，莫非王土"的观念，依此立论，如果说中国就是天下，或天下就是中国，也是可以成立的，这样的思想一直持续到了清末。但令人疑惑的是，从先秦到秦汉之间传统天下观形成后，直到晚清，难道中国人对域外世界真的毫无所知吗？

中国从汉代以来对域外的探索与认识是一个渐进的过程。汉代张骞通西域后，欧亚大陆已有丝绸之路相通，时人第一次注意到西域"国家众多，物产新奇，民情殊异"；② 汉以后至六朝隋唐间，域外为中国人所知者，逐渐广大而详悉，此可以从正史各外国传所列的国名及种族名之逐渐增多而知之。隋唐以后，东西海陆交通甚盛，中国的商船已往返于南洋诸岛间，并通过波斯和阿拉伯商人的中介，与欧洲有广泛的贸易往来。宋代因罗盘的发明，海上交通更为发达；元朝时，亚欧两世界始接触而为一，开汉唐以来未有的新天地。③ 至明成祖时乃有郑和七下西洋，足迹至今非洲东部，实际经历的空间也远超过中国本土。明朝的海上霸权从古所未有，从随行航海的风土记述，人们也知各地的文明情况。但是域外知识的积累并没有导致新的世界图式之萌生，以中国为中心的天下意识仍是

---

① 邢义田：《天下一家——中国人的天下观》，收于刘岱总编《中国文化新论：根源篇》，台北：联经出版公司，1983，第454—455页。
② 黄时鉴：《中西关系史年表》，浙江人民出版社，1994，第4页。
③ 贺昌群：《汉以后中国人对于世界地理知识之演进》，《禹贡半月刊》第5卷第3、4合期，1934，第124—135页。

根深柢固。

曾有学者将传统士大夫的域外知识分成前后两期，以利玛窦等耶稣会士的来华作为分水岭，利玛窦以前是传统的天下观，在之后则是从"天下"走向"万国"的世界观产生。但是这种新世界观仅在一部分士人中被接受，并没有普及，① 以致后来对外的认识逐渐淡化，从雍正乾隆时期的著作可看出此一情形。例如当时翰林学士们所著作或编纂的《清朝文献通考》《四库全书总目》《明史》《大清一统志》《皇朝通典》《广州通志》等书，几乎都是否认利玛窦的贡献与影响，② 明末新地理学终究不能成气候。直到鸦片战争前后大约三十多年的时间里，西方地理学才再次东传，在晚清始造成了

---

① 明末能够接受新地理学的学者，文献所记载者仍是相当有限，大约是徐光启、李之藻、叶向高、瞿式谷等人。他们的世界观言论，多见于艾儒略《职方外纪校释》，谢方校释，中华书局，1996，第4—13页。相反地，不能接受地圆说的学者与言论，可参见徐昌治辑《圣朝破邪集》卷三，中文出版社，1972。当时地圆说并未普及，也可从1703年，法国耶稣会士沙守信的书信中找到一些蛛丝马迹，例如他提到利玛窦绘制第一张世界地图后的一百多年，他所见到的中国人对世界的知识似乎仍停留在明末西学东传时的最初阶段。见朱静编译《洋教士看中国朝廷》，上海人民出版社，1995，第19—20页。关于明末地圆说的传入与当时学者的响应，又可参考陈观胜《利玛窦对中国地理学之贡献及其影响》，《禹贡半月刊》第5卷第3、4合期，1934，第51—72页。林东阳：《利玛窦世界地图及其对明末士人社会的影响》，收入纪念利玛窦来华四百周年中西文化交流国际会议秘书处编辑《纪念利玛窦来华四百周年中西文化交流国际会议论文集》，台北：辅仁大学出版社，1983，第311—378页。祝平一：《跨文化知识传播的个案研究——明末清初关于地圆说的争议，1600—1800》，《"中研院"历史语言研究所集刊》第69本第3分，1998，第589—645页。祝平一：《说地：中国人认识大地形状的故事》，台北：三民书局，2003。
② 邹振环：《晚清西方地理学在中国：以1815年至1911年西方地理学译著的传播和影响为中心》，上海古籍出版社，2000，第40—54页。葛兆光：《七世纪至十九世纪中国的知识、思想与信仰》，复旦大学出版社，2000，第440—448、487—498页。葛兆光：《山海经、职贡图和旅行记中的异域记忆》，收入钟彩钧、杨晋龙主编《明清文学中之主体意识与社会》，台北："中研院"中国文哲研究所，2004，第366—367页。

更全面的"天崩地裂",究其原因,除了清初"礼仪之争"所导致的禁教闭关外,①还包括明末与晚清西学传播的质量不同,以及与这两个时期中国人的心理感触迥然相异有关。晚清的西方地理学在传播渠道上,范围比明末清初更广,内容也更丰富,不过单纯的知识不足以撼动乃至解体中国人心中的天下意识。因为要真正接受新的世界图式,首先必须承认"天下"有另一种或多种绝不亚于中国的文明独立存在,明末清初的中国形成不了这样的氛围,但是鸦片战争后,西方的枪炮与西学东渐,使知识分子重新"回忆"起地圆说、五大洲说早已传入中国,这也具有一种重新省思中国在世界定位的"自觉",为新世界图像观念的逐步形成开启了门窗。②

虽然作为中西沟通先行学科的新地理学在鸦片战争前后三十年间已经开始传播,清廷在1860年后,也设立半现代式的外交部:总理衙门,代表了不得不承认"天下万国"共存之局,但是相较之下,广大士大夫阶层的世界知识似乎远远落后。例如康有为自言直到1874年才"始见《瀛环志略》、地球图,知万国之故,地球之理"。③梁启超则于1890年从京师"下第归,道上海,从坊间购得《瀛环志略》读之,始知有五大洲各国"。④至于两人的世界知识都同受徐继畬的《瀛环志略》启蒙,主因是当时有关世界地理在坊间

---

① 王家俭:《清史研究论薮》,台北:文史哲出版社,1994,第277—278页。
② 明清之际已有新地理学的传入,却无法成气候的内、外在原因,亦可参见杨胜荣《明末至晚清世界地图在中国的传播和影响》,《思想战线》第28卷第6期,2002,第126—129页。郭双林:《西潮激荡下的晚清西方地理学》,第9、84页。邹振环:《晚清西方地理学在中国》,第1—2、158—171页。葛兆光:《七世纪至十九世纪中国的知识、思想与信仰》,第576页。
③ 康有为:《康南海自订年谱》,台北:文海出版社,1975,第7、14页。
④ 梁启超:《三十自述》,《饮冰室合集·文集之十一》,中华书局,1936,第16页。

流传的书籍只有少数几种，最著名的就是《海国图志》与《瀛环志略》，一如梁启超在后来的《中国近三百年学术史》中指出的："此两书在今日诚为刍狗，然中国士大夫之稍有世界地理知识，实自此始"。①整体来说，晚清知识分子可说是到了甲午之战败于东方"倭国"的危机感中才推动了世界观革命。②到了清廷废科举、改试策论后，由于对新式知识的接引，使士子对于世界有了更清晰的认知，梁启超亦曾描述当时的情形："八股既废，数月以来，天下移风，数千万之士，皆不得不舍其兔园册子帖括讲章，而争讲万国之故及各种新学，争阅地图，争讲译出之西书。"③在这种传统天下观与地圆、世界、五大洲概念的遭逢、冲击下，廖平的回应如何，可从他对邹衍"大九州"说的重新阐释与对魏源《海国图志》等书的观感说起。

第二节　重新"认识"邹衍的"大九州"说

一、"大九州"说与世界

为了要说明孔子学说不曾过时，两千年前已知海外世界的存在，于是廖平对古代曾谈过海外的邹衍学说，进行了重新"认识"与阐发。邹衍为战国齐人，"大九州"是他所提出、自古以来被视为

---

① 朱维铮校注《梁启超论清学史二种》，复旦大学出版社，1985，第467页。
② 孙隆基：《从"天下"到"国家"——戊戌维新一代的世界观》，《二十一世纪》1998年第46期，第33—34页。
③ 梁启超：《戊戌政变记·新政诏书恭跋》，《戊戌变法》册2，神州国光社，1953，第25—26页。

十分奇特的一家之言，惜其著作早已亡佚，他的学说事迹今日多见于《史记·孟子荀卿列传》。关于"大九州说"，司马迁做了如下扼要的叙述：

> 邹衍……其语闳大不经。……先列中国名山大川，通谷禽兽，水土所殖，物类所珍，因而推之及海外，人之所不能睹。……以为儒者所谓"中国"者，于天下，乃八十一分居其一耳。"中国"名曰赤县神州，赤县神州内自有九州，禹之序九州是也……中国外如赤县神州者九，乃所谓九州也，于是有裨海环之，人民禽兽莫能相通者，如一区中者，乃为一州。如此者九，乃有大瀛海环其外，天地之际焉。①

邹衍认为，中国这个"九州"只是天下的八十一分之一，称"赤县神州"，它的外面还有八个州，合起来就是一个大九州，这个大九州外面有海环绕，而在此大九州之外，还有八个大九州，各有海环抱，这才是整个天下。邹衍的主张当然是主观的臆想猜测。因此当时及后世的人们对其学说大多不信，时人称其为"谈天衍"，即有谑称之意；司马迁也说其语"闳大不经"，后来桓宽的

---

① 《孟子荀卿列传》，司马迁撰，杨家骆主编《新校本史记三家并附编二种一》，台北：鼎文书局，1980，第2344页。

《盐铁论》以及王充的《论衡》也讥讽其"怪迂""诡异"。①这一方面是因为邹衍的主张玄远,没有足够的根据说服时人;另一方面,中国人在"中央之国"的地缘环境与意识等因素影响下,宁愿视中国为天下,而不愿去相信中国之外尚有其他的世界。所以邹衍的学说在历史上没有居于主流地位,未曾受人重视。

廖平重新去"认识"未曾居于主流的"大九州"说,首先指出古人并非不知有海外的存在,因为证诸两千多年前的邹衍已经提出这个说法了。他在著于光绪二十四年(1898)的《地球新义》中说道:

> 言九州者,始于战国邹衍。汉后儒者不知地球之大且广也,……鄙邹衍为荒唐;至今日而中外开通,轮舟来往,遍及五州,乃知古人之说固信而有征也。②

又说:

> 邹衍游学于齐,因有瀛海九州之说,……当海禁未开之先,邹子之说,见讥荒唐,无征不信,诚不足怪。今兹环游地

---

① 桓宽曰:"邹衍非圣人,作怪误(迂),荧惑六国之君,以纳其说。……近者不达,焉能知瀛海?故无补于用者,君子不为;无益于治者,君子不由。"见《论邹》,桓宽撰,王利器校注《盐铁论校注》,中华书局,1992,第551—552页。王充论邹衍的大九州说"此言诡异,闻者惊骇,然亦不能实然否,相随观读讽述以谈。故虚实之事,并传世间,真伪不别也。世人惑焉,是以难论。"见王充著,张宗祥校注,郑绍昌标点《论衡校注》卷十一《谈天篇》,上海古籍出版社,2010,第218页。
② 廖平:《法界安立图四洲说》,收入廖平撰《地球新义》,第64a页。

球一周者，中国尝不乏人。①

可见邹衍之说对廖平而言，在晚清"海禁已开"，轮船往来遍及五大洲，且环游地球一周信而有征之后，其真义已得展现。此处也体现了近代学人观念变化的过程，因为邹衍之说在过去相当长的一段时间，是被视为如同海外奇谈一般的"不经"，主流的思想界坚信"天下"是由中心的中国与拱卫在四周的蛮夷所构成的空间。当新地理学进入之后，知识阶层在主流的观念中找不到对应的资源，只好引入本来被当作"谈资""异闻"的想象，作为自己对新世界图像的理解与接受的支持，也代表传统的知识、思想已经在"中心"与"边缘"、"主流"与"异端"的位置移动中发生了变化。而在中国与海外世界的遭逢下，重新记忆起邹衍学说的晚清知识分子也不仅止于廖平一人。例如张德彝曾于其随使日记提到邹衍学说的世界之大是真实的；②陈澧在《东塾读书记》中也说邹衍的"大九州说"与外国所绘的地图相似，只是仍以邹衍是"冥心悬想"而来。但王仁俊却认为，邹衍的学说并非凭空悬想，应是有所根据，只因秦朝焚书才无可征信。③

廖平曾阅读薛福成1890年的出使日记，我们不确定他注意邹衍是否受了薛福成的影响；可以肯定的是薛氏论大九州与世界的关系令廖平大加赞叹，但同时也批评薛氏的不足，从批评的焦点也可以看出廖平的独特性。以下先叙说薛福成的说法之于廖平的意义，再

---

① 廖平：《地球新义》序，收入高承瀛等修，吴嘉谟等纂辑《光绪井研志·艺文志》，第827页。
② 张德彝：《随使英俄记》，岳麓书社，1986，第284页。
③ 王仁俊：《格致古微》卷二，吴县刊本，光绪二十二年。

述廖平批评薛氏论邹衍学说时所表现的独特性。

二、纳"边缘"入"主流":邹衍学说与孔子的联系

廖平在光绪二十四年的《书出使四国日记论大九州后》一文中,对薛福成论大九州与世界的关系有如下的称许:

> 海外九州之说,自古以为不经。光绪庚寅,薛叔耘副宪出使英、法、义、比四国,舟中无事,据西人所定五洲大势,分而为九(廖平自注:分亚为三,南北美为二,南北非为二,合以欧、奥,则为九州),以合邹衍之说。又谓《禹贡》九州不出今之十八行省,若闽、粤、黔省《禹贡》并无其山川,由是援古证今,分疆计里,确言儒者所谓中国,乃八十一分居其一分之故,为谈地球者增一新解,识诚伟矣![1]

廖平所引者,乃薛福成1890年在出使英、法、义、比四国途中所录的日记,出版后名为《出使英法义比四国日记》,其中光绪十六年元月二十一日写道:"偶阅《瀛环志略》地图,念昔邹衍谈天,以为儒者所谓中国者,乃天下八十一分之一耳。……余少时亦颇疑,六合虽大,何至若斯辽阔?……今则环游地球一周者,不乏其人,……余始知邹子之说,非尽无稽;或者古人本有此学,邹子从而推阐之,未可知也。"[2] 除了肯定邹衍学说的真实性外,还参照大九州说,对世界的五大洲进行了重新划分:

---

[1] 廖平:《书出使四国日记论大九州后》,收入廖平撰《地球新义》,第55a页。
[2] 薛福成:《出使英法义比四国日记》,岳麓书社,1985,第76—77页。

盖论地球之形，凡为大洲者五，曰亚细亚洲，曰欧罗巴洲，曰阿非利加洲，曰亚美理驾洲，曰澳大利亚洲，此因其自然之势而名之者也。亚美理驾洲分南北，中间地颈相连之处，曰巴拿马，宽不过数十里，皆有大海环其外，固截然两洲也。而旧说亦有分为二洲者，即以方里计之，实足当二洲之地，是大地共得六大洲矣。

惟亚细亚洲最大，大于欧洲几及五倍。余尝就其山水自然之势观之，实分为三大洲。盖中国之地，东南皆滨大海，由云南徼外之缅甸海口，溯大金沙江直贯雪山之北而得其源，于是循雪山、葱岭、天山、大戈壁以接瀚海，又由瀚海而东接于嫩江、黑龙江之源，至混同江入海之口，则有十八行省、盛京、吉林、朝鲜、日本及黑龙江之南境、内蒙古四十九旗，西尽回疆八城暨前后藏，剖缅甸之东境，括暹罗、越南、南掌、柬埔寨诸国，此一大洲也。由黑龙江之北境，讫瀚海以北，外蒙古八十六旗及乌梁海诸部，西轶伊犁、科布多、塔尔巴哈台，环浩罕、布哈尔、哈萨克、布鲁特诸种，自咸海逾里海以趋黑海，折而东北，依乌拉岭划分欧亚两洲之界，直薄冰海，奄有俄罗斯之东半国，此又一大洲也。雪山以南，合五印度及缅甸之西境，兼得阿富汗波斯阿剌伯诸国、土耳其之中东两土，此又一大洲也。

夫亚细亚既判为三洲，余又观阿非利加洲内，撒哈尔大漠之南有大山，起于大西洋海滨，亘赛内、冈比亚之南境、几内亚之北境、尼给里西亚及达尔夫耳之南境，延袤万余里，直接于尼罗江之源，此其形势，殆与亚洲之雪山、葱岭界划中外者无异；尼罗江又曲折而北以入于地中海，是阿非利加一洲显有南北之分矣。今余以《志略》所称北土中土者，谓之北阿非利加洲，《志略》所称东土西土者，谓之南阿非利加洲，此又多一大洲也。而南洋中之噶罗巴、婆罗洲、巴布亚诸大岛，则当附于澳大利亚一洲。

夫然，则大九州之说，可得而实指其地矣。虽其地之博隘险易不同，人民物产之旺衰不同，然实测全地之方里，谓其八十倍于昔日之中国，自觉有盈无缩。所谓裨海者，若红海、地中海皆是矣；即有沙无水之瀚海，亦可谓之裨海；即中国东隅之黄海、渤海，有日本三岛障其外，亦可谓之裨海；是裨海与大瀛海，殆一而二、二而一者也。而彼所谓大九州者，在邹衍时，岂非人民禽兽莫能相通者乎？

至于禹迹之九州，要不出今之十八行省。若福建、广东、广西、贵州诸省，则《禹贡》并无其山川。今以置于以上所叙一州之中，约略计其方里，要亦不过得九分之一。然则禹迹之九州，实不过得大地八十一分之一；而《禹贡》所详之一州，又不过得大地七百二十九分之一；其事殆信而有征也。舟中无事，睹大海之汪洋，念坤舆之广远，意有所触，因信笔书之。[①]

薛福成认为五大洲中，美洲可从南北分为两大洲，亚洲可从地形分为三大洲，非洲亦可分为南北两大洲；再加上欧洲、澳洲，共九大

---

① 薛福成：《出使英法义比四国日记》，第77—79页。

洲，如此一来大九州说就"可得而实指其地"了。所谓"裨海"，例如红海、地中海或是中国东隅的黄海、渤海皆可称之。至于自古国人以为包含天下九州的《禹贡》，其实并不超出十八行省的范围，连福建、广东、广西、贵州诸省都不包括在内，因为《禹贡》中没有记载这些地区的山川。总之，"禹迹之九州，实不过得大地八十一分之一；而《禹贡》所详之一州，又不过得大地七百二十九分之一；其事殆信而有征也"。①

薛福成重新具体划分五大洲以合邹衍之说获得廖平的认同，表示薛、廖两人都视邹衍大九州的内容为真实世界的写照，这也说明他们认识世界时，仍需透过中国古人的接引，作为内心的调适之道。另外，已经走向世界的薛福成能够体会到前人以为包含"天下"九州的《禹贡》，真实范围尚不及整个中国，换句话说，中国不等于天下，仅是广大世界的一部分而已，廖平赞赏其观点"识诚伟矣"！不过，廖平以薛福成把古人已认识新世界的源头仅追溯到邹衍，尚有缺憾。他说：

> 然薛君虽能填实衍说，而不知其说所由来，纵记中有曰"古人本有此说，邹子从而推阐之"。所谓"古人"究生何代？所谓推阐，究本何书？羌无佐证，读之歉焉。或谓齐居海邦，商舶来往，衍之所闻，盖得于此。窃五大洲之说，自明末泰西人航海探测，穷极智巧，……然当耶稣未生以前，陆无轮车，水无轮船，推考大地，何遽至此？纵海客闲谈，……

---

① 薛福成：《出使英法义比四国日记》，第79页。

> 安能包举宇内，有如此绝大见解？且西人所绘舆图，只分为五，不分为九，更无所谓八十一州之说；今日西学不能言者，而二千年前能之乎？说亦无征，不足为据。案，马迁作驺子传曰：其语必先考小物，推而大之，至于"无垠"云云，综览古今，考索中外，始悟其所言，乃七十子之微言，……盖六艺之学，传于齐、鲁，衍游学齐国，与公羊高、子沈子、女子相先后，……《公羊》大一统，盖即衍之所祖齐学《易》《诗》，古有此说，缘出于经。《公羊》以之说《春秋》，邹子以之谈瀛海，名异实同，……知衍说之出于大一统……①

引文指出薛福成只谈到邹子的学说来自"古人"，终究不知其学术源头。亦有人说邹衍居于靠海的齐国，或许早闻海外西人之说也不无可能。但廖平辩曰，西人认识世界是从中国明末时期航海探测才开始的，纪元前的交通条件根本无从了解天地之广；况且西方人是把世界分为五大洲，非九大洲，换句话说，邹衍断不可能受西方见闻的影响，其学说事实上来自孔子，乃"七十子之微言"。和其他晚清同样忆起邹衍的学者相较，廖平的特殊处就在于把邹衍这个本来只是个先秦诸子的边缘学说上承于主流的孔子；他先说明孔子之学传至齐、鲁两地，再论邹衍游学于齐，与齐学《公羊》传承同一个系统，乃孔子之真传，当然这仅是廖平个人的一家之言。廖平以地域划分先秦学术为齐、鲁两派，而他对齐、鲁学风格的评价，从经学一变到甲午战争后的三变，经历了不小的转折。本书第一章

---

① 廖平：《书出使四国日记论大九州后》，收入廖平撰《地球新义》，第55a—56b页。

曾详论他早期尊崇解经谨严的鲁学,时而贬抑染有齐俗浮夸的齐学,①但是甲午战争后却大力称扬解经"恢弘"的齐学,原来被他批评杂入图谶、预言、怪诞的齐学《公羊》反而成为他抬高、神话孔子的依据。②尤其《公羊》的"大一统"理论更成为发挥孔子世界眼光的"微言",邹衍也成了这一学脉的传人。③

总之,廖平的思想从早年的倾向鲁学,再自觉地转向、发扬齐学,④不但将邹衍的瀛海之说与齐学"大一统"互相联系,而且指称它们与《周礼·大司马》的"九畿"之制,即大于当今中国幅员的大疆域制度都是相同的意涵,皆源自孔子的世界之说。另外,廖平还特别强调邹衍的"验小推大"之方法概念,即是由中国一隅以推见整个海外、天下之情状。这必须从廖平如何看待经学与历史,以及"小统""大统"的理念说起。

---

① 廖平:《今古学考》卷下,《廖平选集》上册,第82—83页。
② 廖平:《公羊解诂再续十论·图谶论》,《廖平选集》下册,第166页。
③ 廖平:《大统春秋公羊补证》凡例,第1b—2a页。
④ 蒙文通1912—1913年在四川国学院受业于晚年经学五变时期的廖平。不过他接受的是廖平早年把今文经学以地域分成齐学、鲁学不同派别的说法,并以此来比较廖平与康有为学术精神的不同。萧公权在《康有为思想研究》一书中说:"蒙文通则分辨两种不同的今文经学:其一源自汉代的鲁学,以《穀梁传》为起点,主要依赖《周礼》来解释今文经,廖平属于这一支。另一支源自齐学,以《公羊传》为起点,依赖纬书解经,康有为属此派。因此,康虽可能袭用廖平之说,但毕竟属于不同的儒学学派。"萧公权同意蒙文通的看法。以上言论见萧公权《康有为思想研究》,汪荣祖译,台北:联经出版公司,1988,第62—66页。但笔者觉得蒙文通的观点是可以再商榷的。首先,鲁学是否依赖《周礼》来解释今文经,是颇值得讨论的问题,更何况廖平是以《礼记·王制》来解释今文经,并非《周礼》。其次,廖平的思想是从早年的推崇鲁学到三变以后自觉的转向齐学,故蒙文通的说法似乎只注意在廖平早年一变宗鲁学的时期,未着墨于后来的转变。

三、全球"皇帝"时代：从经学与中国历史景望未来

由于中国历史上的天下一统被视为常态，分裂割据则被当成非常态的缺憾，因此大一统、天下大同的理想深植在传统士人心中。当面对一个列国并立的新世界时，廖平也相信将来会进入到全球"大一统"或"大统"的境界。他将世界逐渐统一的过程，依序分为伯→王→帝→皇四个时期，①但他常简称为"王伯"和"皇帝"两个时期，前者是"小统"，后者为"大统"；当今统一的中国是处于"小统"时期，未来会进入到"大统"时期。廖平解释，"统"者，同奉一个正朔之意。他从中国历史发展的经验来论未来世界的发展。现在的世界相当于春秋时代伯（霸）者力政，各国并立，互相竞争，将来会由"伯"进到"王"，再进一步就是世界统一，进入"帝"的时代，再过一段时间最终达到天下太平、世界大同，就是"皇"的时代。因此五经中的"三皇""五帝"，对廖平而言不是上古史，也非神话传说，实是寓含微言大义的符号。他在《知圣续篇》中说：

> 自史公有"黄帝不雅驯"及"删书断自唐、虞"之说，学派遂有"王伯"，无"皇帝"。虽《易大传》有伏羲、神农、黄帝，《大戴》有《五帝德》，《诗》《书》所言"皇上帝""古帝""皇帝"诸文，皆以为天神，于是六经全为"王伯"专治中国。《中庸》所云："凡有血气，莫不尊亲"者，

---

① 这个理论约开始于光绪二十六年，完成于光绪二十九年。见廖平《四益馆经学四变记·三变记》，《廖平选集》上册，第550页。

成虚语矣。①

廖平指出,司马迁《史记》以经典中的三皇五帝记载于信史并不可靠,这犯了一个"目经为史"的毛病。因为三皇五帝当然并非真实的存在,但世人皆不知《诗》《书》《易大传》《大戴礼记》等典籍中所说的三皇、五帝,本非为了记载古史,而皆是喻指全球大疆域的治道而言。又说:

> 经说"皇帝",专指百世以后,非说古之三五。故《秦本纪》博士说:"古之皇帝皆地不过千里。"则包海外、总六合,乃俟圣,非述古也定矣。百世之事,无征不信,博士空传其文,河清难俟,故于"小统"经传、秦汉典章勉强附会。"大统"如始皇并六国,咸令不出《禹贡》外,仍小一统,而非"皇帝"。……又如汉武帝征伐夷狄,北方开通颇广,然均在《禹贡》要、荒内。当时经师博士,因"大统"之说无所附丽,亦遂移以说之。后世遂以秦皇、汉武真为经说之"皇帝"。一误无外,一误以"大"说"小"。②

经非述古,"皇帝""大统"时期是在未来百世以后,历来学者不明此意,以为一统中国的秦皇、汉武即可称为皇帝,其实一统中国的疆域仅局限于《禹贡》九州之内,是小一统,并非大一统,因此大一统必须是整个世界的疆域。从秦始皇称"皇帝"的历史,也能看

---

① 廖平:《知圣续篇》,《廖平选集》上册,第226页。
② 廖平:《知圣续篇》,《廖平选集》上册,第231页。

出皇帝一词对廖平的意义。秦王政在平定天下后,以诏书令臣下议帝号。丞相王绾等人皆曰:"昔者五帝地方千里,其外侯服夷服,诸侯或朝或否,天子不能制。今陛下……平定天下,海内为郡县,法令由一统,自上古以来未尝有,五帝所不及。臣等仅与博士议曰:古有天皇,有地皇,有泰皇,泰皇最贵。臣等昧死上尊号。……王曰:去'泰',着'皇',采上古'帝'位号,号曰'皇帝'。"①丞相王绾等人说始皇"平定天下",连五帝所不能制的边地"侯服"和"夷服"都来朝见,此"上古以来未尝有,五帝所不及",固为奉承之言,但反映了人们心目中的天下之主,应是威服六合之内,秦始皇的自命"皇帝",亦是以此自许。故"皇帝"对廖平来说,也具有包举六合之内的天下共主之意。廖平站在文化的立场,信奉传统天下观的思考模式,视有孔子之道的中国为世界的中心,王化将不断的向四周延展,未来将普及的"天下"范围,自然就是整个地球,待到那时,才是真正的大一统,是"皇帝"时代的来临。

廖平从经典诠释的层面,认为秦始皇乃至后世的统治者使用"皇帝"一词,是不了解这个词汇的真义,是一种错误;但是我们观看廖平,"皇帝"这个词汇之所以对他有莫大的意义,仍然是中国历史的进程所带给他的启发。中国的战国时代,不论统治者、思想家或人民,莫不期待"天下定于一"的新局。统治者所期待的"定于一"是能兼并各国、威服天下;人民期盼的是早日结束纷争,免于战乱之苦;思想家有的怀着"礼乐征伐出于天子"的有道天下,有的则在"道术分裂"之中,渴望着道术为一的纯净。故历史上秦

---

① 《秦始皇本纪》,司马迁撰,杨家骆主编《新校本史记三家并附编二种一》,第236页。

朝皇帝一统的到来，代表着纷乱的结束与"定于一"的开创，自此以后，儒家的政治传统将大一统帝国视为政治共同体的唯一理想形式。廖平的思想也表现了这种特性，他以"皇帝"一词为理想未来的称谓，当有世界"定于一"的寄望于其中：

> 今之世界泯纷裂乱，轮汽舟车，已肇"大同"之基础，但全球合一，必在数千年后，而数千年前孔经已代筹治法，……莫不详审周密，预创鸿规。……《书经》皇学，将来施行于天下，亦必令如流水，造车合辙。①

这段文字道出数千年后全球合一的景况："令如流水，造车合辙"，颇有秦统一之后"书同文、车同轨"的意味，这个境像上的最高统治者"皇帝"，绝对是一个孔子之道的象征。

再回到小、大统与邹衍学说关系的讨论。既然中国"小统/小一统"与世界"大统/大一统"都是孔子的规划，两种意义便在经典中同时存在。例如以《春秋》来说，谨严的《穀梁》是从"小统"的中国一隅之处发挥，宏肆的《公羊》是从"大统"之处发挥。又如《周礼》的制度内容，有的部分也是针对"小统"，有的部分则是针对"大统"立论，《尚书》、两戴《礼记》等亦然。廖平认为，从前的人只知经典规划中国，殊不知孔子已认知到未来的世界了，只是无法明说，只好隐讳地表达其"微言"。这种同一经书可以同时包括小、大统的规划，其论证基础就是根据邹衍"验

---

① 廖平学，黄镕笺述《五变记笺述》，《廖平选集》上册，第579—580页。

小推大"的概念而来。司马迁指出,邹衍的学说,"先列中国名山大川,通谷禽兽,水土所殖,物类所珍,因而推之,及海外人所不能睹",由中国一隅的状况,依此类推外面看不见的大世界,即是所谓的"验小推大"。廖平依着这个理念,说明经典具有双重解说性,同一部经典中,"祖述宪章为小统,下俟百世为大统"。①在光绪二十四年以后,他陆续撰有《地球新义》《书经大统凡例》《官礼验推补证》《周官大统义证》《周礼两戴大小统考》《大统春秋公羊补证》(又名《公羊春秋经传验推补证》)《皇帝疆域图》等著作。见其书名,多有"验推""地球""大小统""皇帝"等字样,多是牵引邹衍"验小推大"的理论,作为让"孔子"可以走入世界的依据。

廖平既然已经认识、接受了地圆、五大洲的客观地理知识,而他对新世界地理所呈现的图像看法为何?为什么一定要让"孔子"走入世界?这可从他对《海国图志》《瀛环志略》诸书的观感说起。

第三节 《海国图志》诸书与经典意识之间

面对晚清西方新地理学思潮兴盛的状况,廖平对舆地之学亦是十分关注。他在《治学大纲》中说:"欲明三(皇)五(帝)之学,不得不先言舆地,盖风土政治,皆由舆地而出,欲明'皇帝'之

---

① 廖平:《五帝德义》序,收入高承瀛等修,吴嘉谟等纂辑《光绪井研志·艺文志》,第797页。

学,不得不先考疆域。"①所谓"皇帝"之舆地,自然指的就是全球之疆域。但是廖平心目中的全球或世界舆地图像应如何建立,即是下文要探讨的重点。

西方近代地理学是建立在实地测量基础上的一门科学,廖平在实际层面上,并不反对这种科学测量的结果;被视为晚清谈"海外掌故"者的"嚆矢"之作:魏源的《海国图志》与徐继畬的《瀛环志略》,②他都曾阅读,也接受了当中的客观地理知识。例如他在《法界安立图四洲说》中提到非洲时,征引徐继畬书的内容谓:"《瀛环志略》言其地广寞,天气炎酷,土脉粗顽,人类混沌。"③在《地球两京四岳十二牧说》中亦引《瀛环志略》的说法指亚细亚于诸大洲中土地最广。④又于《翻译名义叙》中写了一段饶富意味的言论,让经典含摄了《海国图志》的内容:

> 孔子六艺,原从古本之文,翻以雅言。……《商颂》之荆、楚、氐、羌……此即后翻例也。……百世以下无定之国名,经、传能直录之乎?然不直录则不能实指,……故不得已而用后翻之例,……借中国之名以名之。……中国正南方曰荆、楚,正西方曰氐、羌,今南则澳、非之名不可见,西则美、欧之名不可见,亦借中国之名以名之,荆、楚即澳、非,

---

① 廖平:《治学大纲》,《四益馆杂著》,第129b页。
② 王韬曾说:"近来谈海外掌故者,当以徐松龛中丞之《瀛环志略》、魏默深司马之《海国图志》为嚆矢,后有作者,弗可及也。……此诚当今有用之书,而吾人所宜盱衡而瞩远也。"见王韬《瀛环志略跋》,收入氏著《弢园文录外编》卷九,中华书局,1959,第273页。
③ 廖平:《法界安立图四洲说》,收入廖平撰《地球新义》,第67a页。
④ 廖平:《地球两京四岳十二牧说》,收入廖平撰《地球新义》,第65b页。

氏、羌即欧、美。……孔子六艺，……大统下翻百世之新事，知其翻译之例，则读《诗》《易》不啻如《海国图志》……故国不可名，则以四裔目之。①

廖平用"反模仿"②的方式说明孔子具有当今的海外新知。他指出古人从经典中误以为中国在实际地理上位于天下的中心，四方为荆、楚、氐、羌之类的"四裔"处于边缘，不知地圆与五大洲的存在，这是没有读懂孔子的本意。盖古人不知未来将会有澳、非、欧、美等地名，故孔子假借中国之名词为古人"翻译"，例如《诗经·商颂》的南方荆、楚实指今之澳洲、非洲，西方之氐、羌代表今之欧洲、美洲。昔日的"四裔"在廖平解释下，早已没有实质位置上的边地之意，而是代表新世界地理上的各洲与各国，所以他说读孔子的六艺（六经）所能够得到的地理知识，"不啻如《海国图志》"。这也说明他已无可抗拒地接受《海国图志》中的地理实测结果。

并没有明显的数据可以确定廖平何时开始接触《海国图志》《瀛环志略》乃至明末艾儒略的《职方外纪》这些海外世界地理著

---

① 廖平：《翻译名义叙》，收入廖平撰《地球新义》，第5a—6a页。
② 此一词出自王汎森先生对廖平思维模式的形容。廖平倾向于"反模仿"现代西方文化中他认为有价值的部分，认为它们都是孔子早已提出过的，问题出在孔子以后的无知陋儒不能继承孔子的本意。从表面看来，廖氏有意压低西方的文明地位，但实际上是去除了中国文化与他们的隔阂，进而希望纳接他们。见王汎森《从经学向史学的过渡——廖平与蒙文通的例子》，收入氏著《近代中国的史家与史学》，第112页。又见王汎森《从传统到反传统——两个思想脉络的分析》，收入氏著《中国近代思想与学术的系谱》，台北：联经出版公司，2003，第112—116页。

作；①从这些著作的性质（特别是徐、魏等晚清地理之作）以及廖平早期的学术历程来推论，或许接触时间远早于甲午战前也说不定。文献考据是乾嘉以后汉学家们治学的基本方法，直到道咸，甚至同光之后，这一方法仍然被许多研究地理学的人们所运用，包括了魏源与徐继畬的著作。《海国图志》不但汇辑了诸多的地理资料，魏源还于其中撰写了不少关于国外疆域、各种宗教等考释性的文章。《瀛环志略》原名就称《瀛环考略》，徐氏在写作与修订该书的过程中，常常请教外国人，"辄披册子考证之"，每卷之后都附有专门按语，对某些重大问题进行考释；另外，撰写域外地理的姚莹、何秋涛等人之作亦莫不充分表现出专精汉学考据的色彩。②廖平于光绪二年就学于尊经书院后，一直到光绪五年受了王闿运影响而有志于习《春秋》前这几年间，主要勤于"训诂文字之学，博览考据诸书"。③虽然于光绪六年后自谓读书"厌弃破碎，专求大义"，④光绪九年到二十二年间致力于论辨今古，倾向于今文经学的理路；但即使是清代的今文经学也是承继汉学考据的基调，今文家仍不脱汉学家"博"的特色，因此严格地说，廖平"博览考据"的过程很长，有可能在甲午战争前已接触了一些颇具考据色彩的近代地理书籍。

再从廖平于光绪十四年底后的一些经历来看，也可以捕捉到他很有机会在此时初步接触到西学，包括西方地理学知识方面的蛛

---

① 廖平提到明末艾儒略的《职方外纪》，见廖平《释球》，收入廖平撰《地球新义》，第7a页。
② 郭双林：《西潮激荡下的晚清地理学》，第91—92页。
③ 廖幼平编《廖季平年谱》，第17、20—21页。
④ 廖幼平编《廖季平年谱》，第23页。

丝马迹。光绪十四年冬,廖平从四川赴北京,准备参加来年初的会试;光绪十五年,中式恩科第三十二名。会试之后前往广州,接受张之洞之请,参加"国朝十三经注疏"的编纂工作,担任其中《左传疏》的撰写,住在广雅书局,并在此时与康有为相见。光绪十六年春,复由广州至北京补应殿试,得二甲七十名,赐进士出身。因张之洞已在光绪十五年底由广州调往湖北武昌任湖广总督,所以廖平光绪十六年中进士后又去武昌继续编纂的工作,留住几个月,直到当年秋天才返回四川。①廖平这次离开四川游历于北京、广州、武昌期间,想必视野比之前拓宽了,这些地方的新学也比较活跃,而且张之洞此时正大兴洋务,重视西学某些方面的传播,应也带给廖平某种程度的启发。而往后几年,廖平对时局也十分关心。光绪二十四年,戊戌变法前夕,宋育仁与潘祖荫等人在四川创立蜀学会,开办《蜀学报》,廖平被聘为总纂。《蜀学报》刊登了不少宣扬改革的文章,廖平也在报上发表了《改文从质说》一文,主张学习西方的器物之学。②在同一时期,他曾致信给好友,即戊戌六君子之一的杨锐,以及梁鼎芬,提到今日中国的固本之方,一在立政纲,一在求人才。而所谓的人才,廖平信中强调要重视精通世界地理、精于制造枪炮的西学人才。从信中还可看出他对西方地理学的知识特别重视,尽力搜求这方面书籍的情况。③廖平的弟子蒙文通

---

① 廖幼平编《廖季平年谱》,第44—45页。廖宗泽编撰,骆凤文校点《六译先生年谱》,收入四川大学古籍整理研究所编《儒藏·史部·儒林年谱》,第754、761—763页。
② 廖宗泽编撰,骆凤文校点《六译先生年谱》,收入四川大学古籍整理研究所编《儒藏·史部·儒林年谱》,第805—806页。
③ 廖平致杨锐、梁鼎芬的信,资料转引自黄开国《廖平评传》,第120—121页。据黄开国所见,此信今存于四川绵竹县志办公室。

也曾告诉顾颉刚说,廖平在光绪年间看了很多翻译西书。[①]虽然他何时开始阅读《海国图志》《瀛环志略》无法明确得知,但可以肯定的是,他提到此两部著作以及具体的西学相关知识,都初见于光绪二十四年的《地球新义》。这一现象说明了不论他多早之前看过这些书籍,但直到甲午战争后局势的巨变,让他更积极地注意西学新知,而且国力的积弱也唤起了他对中国在世界"位置"的重新省思,故将心力聚焦于新地理资料的解读。

廖平虽然接受了新地理学中实地探测的客观知识结果,但他认为这一类的著作如《海国图志》等,并没有符合经典的意旨。他在光绪二十六年编辑《光绪井研志》的《艺文志》时,将自己所著的《大共图考·序》一文列入"地理类海外之属",表达了心中理想的世界图像:

> 《大行人》之九州,所谓大共、大球也。地球开通,《海国图志》以后,图测甚详,然但求记事,不必合于经旨。今据《地形训》,以《禹贡》之法推之全球,……以九千里开方为大九州,合侯、绥二服,以万五千里开方,故立《十五服幅员图》;并据古今地志诸书,详考五方人民风俗山水,货产贡篚,并其政事教化,以为"大《禹贡》"。大抵古书则取材于《山海经》《河图》之《括地象》《地形训》诸书,今则取海外各志,其体裁略仿诸史地志。帝王政教,必先分州作贡。疆

[①] 顾颉刚曾说:"文通告我:'廖先生在光绪中看翻译书甚不少,其作《知圣篇》,欲奉孔子为教主,盖含有抵抗基督教传播之用心。'按此亦反帝国主义也。"见顾颉刚《顾颉刚读书笔记》卷七上,第5015页。

界既明，而后政教可施，此大共之义也。①

引文指出，经典中例如《周礼·大行人》里已传达了地球大疆域的微言，今日已可证明其言不虚，相较于《海国图志》诸书而言，是略胜一筹的。因为《海国图志》通行以后，此类的世界地理书籍虽然在实际测量、地图绘制之上甚为详尽，然仅能表达地理记事的实情，却未必合于"经旨"。当然廖平所说的"《海国图志》以后"诸书，应也包含了他所熟稔的《瀛环志略》。然而所谓的"经旨"所指为何？何以魏源等人之书没有符合"经旨"？细观廖平此段文字，他希望能以"《禹贡》"之法推之全球，以成"大《禹贡》"，这是近代海外地理知识诸书所没有的，由此可知《禹贡》对廖平而言，具有无比重要的意义。

《尚书·禹贡》所记载的"九州""五服"是传统天下意识在经典中的最具代表性呈现。"九州"大约是当时中国人认知中的"天下"，这个"天下"是以王所在的"王畿"一带为中心，向外分成五种服制，依次是"甸服""侯服""绥服""要服""荒服"；愈往外，离中心的文明愈远。古史辨后的学者多认为《禹贡》是战国时期的作品，②战国之后的其他古籍也开始出现了以天下观为精神的服制诸说，例如《礼记·王制》有三服说；《周礼·大行人》讲

---

① 廖平：《大共图考》序，收入高承瀛等修，吴嘉谟等纂辑《光绪井研志·艺文志》，第824页。
② 卫聚贤：《禹贡考》，《中山大学语言历史学研究所周刊》第4卷第38期，1928，第1—17页。许道龄：《从夏禹治水说之不可信谈到禹贡之著作时代及其目的》，《禹贡半月刊》第1卷第4期，1934，第18—20页。张公量：《说禹贡州数用九之故》，《禹贡半月刊》第1卷第4期，1934，第14页。

中央王畿外之服凡六，即"侯、甸、男、采、卫、要"，"要服"之外，笼统称为"藩国"。《周礼·职方氏》有九服，王畿之外，有"侯、甸、男、采、卫、蛮、夷、镇、藩"，《周礼·大司马》有相同意思的"九畿"。另外，《国语·周语》也有服制概念的提出。现今学者的研究指出，之所以从"三服""五服"到"九服"的外围诸服不断衍出，表明华夷以内、外分的大局面已基本定型，时人对大致居于外围的夷狄也所知渐详。①虽然各典籍中的服制说法有其差别，不过它们共同的特色就是从中心到边缘，文明等级逐渐降低的观念，廖平所向往的《禹贡》精神亦是如此，由此也可以约略体会到《海国图志》的世界图像所欲传达者，与廖平的理想是不同的。

　　作为一部世界地理著作的《海国图志》，内容涉及各国地理位置、历史沿革、政治制度、军事实力、物产人口、风土人情、宗教信仰、行政区划等各方面，较为全面地展示了世界的历史与现状，书中还介绍了地球经纬度、寒热带、时区的划分以及南北极、四大洋、五大洲等许多具近代科学基础的地理与天文知识。图2.1是《海国图志》百卷本中的"地球正面图"。

---

① 罗志田：《先秦的五服制与古代的天下中国观》，收入氏著《民族主义与近代中国思想》，台北：东大图书公司，1998，第6—21页。

图2.1 《海国图志》卷二,"地球正面图"

从图2.1的地图来看,它似乎传达了一种意识,即是要让中国人了解世界之大,中国并不等于天下之意。又例如魏源以寒带、温带、热带作为文明产生的地理环境因素,据此指出"中国"的含义不是位于地形正中,而是以天时适中言之,这实际上是针对原本"中国中心"的地理观念而发。他说古称"震旦"的中国"正当温带,四序和平,故自古以震旦为中国,谓其天时之适中,非谓其地形之正中也"。[1] 虽然古人的原意未必真如此,但他在此对"中国"一词的解释仍具有划时代的意义,即通过研究世界地理的具体位置,承认中国并不在实质方位的正中,只是天时的适中。《海国图志》确实动摇了人们长久以来以中国为中心的天下观,继魏源之

---

[1] 魏源:《海国图志》卷七四,岳麓书社,1998,第1847—1852页。

后，阐发中国不在世界中心的学人也日渐增多。①尤其甲午战争后的人们对中国的自信心遽然衰落，对传统的"夷夏观念"进行猛烈批判，例如谭嗣同在南学会上抨击天朝上国的观念时，即从中国仅为地球之一部分，不应自认处于大地之中说起，②诸如此类的言论甚多。

先前提及，廖平对于以科学探测所得的地理分布等结果不曾否认，也是必须接受的，他也承认了中国不等于天下。但是若如《海国图志》的新世界观与新地图一般把中国等同、并列于世界诸国的其中之一，等于是对自我本有文化优越性的忽视，这正是他所忧心的。在《海国图志》序文中有两句话非常重要，第一句是"彼皆以中土人谈西洋，此则以西洋人谈西洋也"，表面意思是过去对于西洋的知识是中国人的耳闻和想象，现在对于西洋的知识是来自西洋人自己。更深刻地说，在中国以外有另一个"西洋"（或世界）的存在，这个有别于中国的"西洋"有他们自己所认同的知识与价值，不宜仅以中国自身的视角去测度和估量；于是，西洋人自身知识与价值观的合理性被承认了。第二句话是魏源自道作书的动机："为以夷攻夷而作，为以夷款夷而作，为师夷长技以制夷而作。"③虽然以"夷"称西方，仍存有传统的"夷夏"观念，但是"以夷款夷"已经降低了天朝上国的姿态，站在实用性的目的，可不惜以西

---

① 例如同治年间，志刚随蒲安臣出使欧洲时，曾回答西人所问的关于"中国"的含义，承认地球悬于太空，无处不中，所以中国非位于大地的中心，故以"中道"解之。见志刚《初使泰西记》，湖南人民出版社，1981，第129页。
② 谭嗣同撰，蔡尚司、方行编《谭嗣同全集》下册，中华书局，1981，第401—402页。
③ 魏源：《叙》，《海国图志》册1，第1—3页。

方的互市方式、条约仪节相互对待。而且师夷"长技"也象征着对于另类文明和知识的承认，甚至推崇。《海国图志》还介绍各国的历史沿革，以及西方国家的政治、经济、军事、文化、风俗的面貌，尤其是对西方政制如议院、民主等，时有称美之处。①廖平虽未明白地对《海国图志》这些方面的内容做过直接的评论，但从他三变以后的著作中，常批评西方的议会、民主制度缺乏三纲的言论来看，②或许这些都是他以《海国图志》无法发扬中国经教的优越，有失经旨之处，让他有中国文化陵夷之忧。

需要指出的是，魏源其实并没有将中国置于与世界列国完全对等的地位。首先，《海国图志》是以中国为中心，划分各大洋，说明魏源的世界观仍以中国居于中心。③魏源并不全然采纳西方的地球图说，而杂以释典的四洲说，用两者互相参合去证明释典所说为正确。在这个观念下，《海国图志》第七十四卷《国地总论》中的"释五大洲""释昆仑"两小节就是分别从地理学与文化的角度论证中国居于世界中心，优越于其他民族和国家，也认为文明创自亚洲，甚至是从中国流被于欧洲。④依此说来，魏源推尊中国文化位居世界中心的本质似乎类同于廖平，但两者终究已有不小的差异。因为传统天下观的"五服"或"畿服"概念传达中国文化优越的意

---

① 魏源：《海国图志》册3，卷六〇，第1650—1665页。
② 廖平：《大统春秋公羊补证》卷六，第19a、27a页。
③ 魏源仍将中国视为天下的中心，相关的评论，见邹振环《晚清西方地理学在中国》，第314页。章鸣九：《〈瀛环志略〉与〈海国图志〉比较研究》，《近代史研究》1992年第1期，第69—70、74页。王晴佳：《中国近代"新史学"的日本背景——清末"史界革命"和日本的"文明史学"》，《台大历史学报》2003年第32期，第203页。
④ 魏源：《海国图志》册3，卷七四，第1847—1863页。

识,特别表现在文明必定会从中国这个"中心"向外围不断扩大,最后达成"天下一家"的境地,这也是廖平的终极理想;但是从《海国图志》的内容或图像已经看不出具有这种坚定的信念,它更多的是承认西方民族国家式的各国并立。而徐继畲的《瀛环志略》就更不待言,相较于魏源,徐继畲已经抛开了"华夷"的话语,基本上把西方与中国放在一个相对平等的地位,他不以文明是创自亚洲或中国,而是认同欧洲文明有着自己独立发展的历史过程。综观《瀛环志略》,对西方从古希腊、罗马乃至近代欧美各国的社会、政治经济、文化、科学技术和城市的繁荣,常充满着欣羡赞叹之情,尤其对华盛顿其人与美国的共和政体给予了极高的评价。[①]反过来说,这些也都是廖平所谓的近代世界地理书籍未能符合"经旨"之处。我们再从《海国图志》的"地球正面图"(见本章的图2.1)或其他各洲的地图来看,各国并立于地球之上,根本不可能有中央与边缘的意象表现于其中。

既然图像是廖平所重视的,我们也可从地图透过读者视觉所传达的意义层面来分析廖平的观感。文化史家将地图图像视作一种"意象"(image),地图的绘制虽然属于自然科学的地学领域,但尽管它是再怎么精确技术测量下的产物,仍然不能完全脱离背后的文化意识。也就是说,任何地图都有它所产生的时代背景,故不能

[①] 王先明:《从"华夷"到"中西"话语的演变——〈瀛环志略〉与近代民族观念的孕育》,收入郑大华、邹小站主编《中国近代史上的激进与保守》,社会科学文献出版社,2011,第304、307—308页。章鸣九:《〈瀛环志略〉与〈海国图志〉比较研究》,《近代史研究》1992年第1期,第73—75页。郑大华、喻春梅:《〈瀛环志略〉与〈海国图志〉之比较》,《晋阳学刊》2008年第6期,第28,30页。洪九来:《〈瀛环志略〉的特色——与〈海国图志〉的比较》,收入壬复兴主编《徐继畲与东西方文化交流》,中国社会科学出版社,1993,第188页。

以纯粹客观的表现物视之。一幅地图不论它的准确度是高或低,皆相当程度地反映了绘图者积极关怀的现实意义,他们都努力地在建构属于自己的世界观,用特殊的方式传达对空间的认知、政治势力以及自我与他者的环境互动情境。因此,地图以图像呈现了真实世界的某个面相,另外,它也代表了某种权势的话语和想象的空间范围。①而相对地,地图的观看者也会敏锐地在图中解读绘制者所传达的世界观,并将隐藏在地图背后的话语做更深一层的探讨与省思。回到晚清世界地理书籍中的地图来看,例如《海国图志》的"地球正面图"或其他各大洲的地图所呈现的,是各国并立于地球之上,不可能有中央与边缘。对于视中国文化为至上,理应位居世界中心的廖平来说,《海国图志》以及《瀛环志略》等世界地理书籍的图像,自然无法具备"经教意旨"于其中。因此廖平认为孔子经学早已具有海外新知,故能含摄《海国图志》等世界地理诸书,但反过来说,《海国图志》诸书却不能含摄具有崇高价值意识的经典。职是之故,他要重新塑造一个符合"经旨"的文化世界图像。

---

① 林天人:《地图——权力的视野,想象的空间》,《故宫文物月刊》2008年第304期,第10—15页。余定国:《中国地图学史》,姜道章译,北京大学出版社,2006,第89—90、105—108页。关于地图与文化意象的传达,又可参见海野一隆《地图的文化史》,王妙发译,(香港)中华书局,2002。爱德华·W.苏贾:《后现代地理学:重申批判社会理论中的空间》,王文斌译,商务印书馆,2004。

第四节　建立符合"经旨"的"帝王政教"世界图像

前文提到廖平以《海国图志》等地理书籍，精神并未合于"经旨"，所以他要将《禹贡》之法推之全球，以为"大《禹贡》"，这是《海国图志》诸书所没有的。他又说："帝王政教，必先分州作贡。疆界既明，而后政教可施。"①这即是他要返回的《禹贡》之精神。今人常论及《禹贡》是中国地理学之祖，但是它并非今天地理学意义上的著作。《禹贡》所重在于中央如何制定四方物产贡赋上贡到中央，以及四方与中央的关系，它表现的是王者掌握天下的治道，具有浓厚的大一统意识。所以廖平让"孔子"可以走入世界之后的重点，就是要建立一幅符合"经旨"的"帝王政教"图像。他以当今世界的五大洲，就是邹衍承自孔子所说的"大九州"，"将来世界大一统，合'要''荒'为大五服"。②《禹贡》的甸、侯、绥、要、荒五服中，沾染王化的"中国"之境包括"甸服""侯服""绥服"，③先王之时对于未沾染王化的"要服""荒服"并不直接治理，因此后人有所谓的王者"不治夷狄，不臣要荒"之说；不过基于"王者无外"的观念，要荒二服也终将是王化普及之处。现在廖平说未来世界大一统概念下已经包括了"要""荒"二服，是

---

① 廖平：《大共图考》序，收入高承瀛等修，吴嘉谟等纂辑《光绪井研志·艺文志》，第824页。
② 廖平：《诗纬古义疏证》序，收入高承瀛等修，吴嘉谟等纂辑《光绪井研志·艺文志》，第649页。
③ 顾颉刚：《畿服考》，收入氏著《史林杂识（初编）》，中华书局，1963，第13页。

指当今中国以外，还未有孔子教化的地域，那也是将来大一统的王者欲臣服、统治的范围。他又说：

> 《论语》云："百世可知。"今二千五百余年，泰西轮车、轮舟、电线，开河越海，正《中庸》所谓"人力所通"也。《禹贡》小九州，地球尽辟为大九州，将来一统，再推广五服，是孔子蕴火尚未发，中外成一统，天覆地载，凡有血气，莫不尊亲，乃为畅发无疑。①

所以廖平将"大九州"与"五服"的概念相结合，欲构成一个全球"大五服"或大《禹贡》"的图像，而它的根本精神要素，即是建立在中央与四方或华夏与四夷的关系上来立论的。廖平援引立论世界疆域或"皇帝疆域"的依据，主要在于《尚书》与《周礼》的服制。

廖平虽欲返回传统天下观来建构一己的世界图像，但古籍中，表现中国与四方关系的"服制"之划分方式以及王化所及的疆域大小记载不一，甚至差异甚大。例如《礼记·王制》有"甸、采、流"三服说；《尚书·禹贡》有"甸、侯、绥、要、荒"五服说；《周礼·职方氏》与《国语·周语》同是"侯、甸、男、采、卫、蛮、夷、镇、藩"九服说。更启人疑惑的是，《礼记·王制》中说中国三服制，面积是三千里的平方，所以是九百万平方里；但是《周礼·职方氏》说中国九服制，面积是九千里的平方，而《职方

---

① 廖平：《经话（甲编）》，《廖平选集》上册，第459页。

氏》的每一里数又是《王制》一里的十倍，如此的面积，已超出中国的疆域甚多。东汉郑玄对经典之中的服制不同已经有所疑惑，为了不使经典之间产生矛盾性，郑玄努力地为三服、五服、九服间的差异弥缝，说成是"周制"与"殷制"的不同，指出盖因周公摄政以来政治太平，疆界拓宽，封国土地也变广了。①但是郑玄并未解决经典中的疆域远大过实际中国版图的问题。民国时期学者邝平樟的言论，表达了长久以来人们对此一问题的困惑：

> 按现今我国的疆域：东西长八千八百里，南北长五千四百里，面积约四千三百万方里。从上古到现在，其间经过数千年，这个疆域乃是数千年中我们民族开拓的总成绩。而《职方》一万万方里的疆域不但较现在的大，且较历代的都大。既有这么宽广的面积，何以历史上找不出事实的证据来呢？就说古今计算里数的标准不同，然郑解《王制》是殷制，《职方》是周制，两代兴替相承，时代密接，又何致相差如是其远？②

邝平樟是古史辨时期的学者，他是用疑经、疑古的角度思考这个问题。但在廖平心中，各部经典均为孔子所作，不可能彼此产生矛盾性；而且《周礼》疆域与真实中国历代以来版图不符的问题，也必定有孔子所寄寓之意。郑玄以殷制、周制之异释经，不但犯了"以史说经"的谬误，也没有真正解决问题，于是廖平以"中国""世

---

① 郑玄注，孔颖达正义《礼记正义》，台北：艺文印书馆，1989，第215—216页。郑玄注，贾公彦疏《周礼注疏》，台北：艺文印书馆，1989，第501页。
② 邝平樟：《礼记王制及周官职方所言封国说之比较》，《禹贡》1934年第5期。

界"的疆域广狭不同来说明会通这些差异。

一、从"中国"扩及"世界"的文化疆域

（一）会通《王制》"三服"与《周礼》"九服"的差异

廖平认为《王制》的"甸、采、流"三服制的小疆域是孔子对中国本身的规划；而《周礼》的"侯、甸、男、采、卫、蛮、夷、镇、藩"九服制的大疆域是孔子对世界的规划。他说：

> 《王制》"凡四海之内九州，州方千里。"《孟子》"海内之地，方千里者九。"按《王制》说，《春秋》三千里，为小标本；《周礼》……为大标本，而六合以内，人事尽之矣。《邹衍传》所称大九州，得九九八十一；方三千里，儒者九州止得八十一分之一。所谓儒者九州，即指《春秋》《王制》。①

廖平引《孟子》的"海内之地，方千里者九"来与《王制》的"四海之内九州，州方千里"互证，说明四海之内的九州代表中国本身。而《周礼》"九服"的疆域方九千里，九九八十一，正符合邹衍的大九州之数；《王制》的一州方千里，正也与邹衍所谓的中国居天下八十一分之一若合符节。廖平如此说法就把《王制》"三服"与《周礼》"九服"的差异会通起来了。

---

① 廖平：《皇帝疆域图》第一，成都存古书局刊，1915，第1b页。

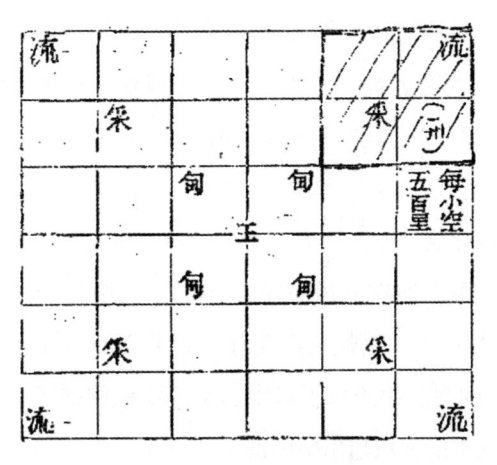

图2.2 《王制》三服图

(二)弥合《禹贡》五服与《周礼》九服的差异

廖平认为《周礼》与《尚书》均为规划世界之书,两书的"九州""五服""九服"可互相发明,且《周礼》内容多于《尚书》,以"经略传详"的思维,视《周礼》为《尚书》之"传"。① 但是《尚书》中的服制,描述得最具体的是《禹贡》中的五服:甸、侯、绥、要、荒;与《周礼·职官》中的九服:侯、甸、男、采、卫、蛮、夷、镇、藩不同,不但是五服、九服之数的不同,且甸、侯的内外次序也不一样。但是廖平对这两部分的差异均以一己的观点为之弥合。在甸、侯的内外次序方面,廖平指出,《禹贡》中,甸在侯内,而《周礼》中,侯在甸内,看似不同。但是考察《尚书》其他篇章,如《康诰》《酒诰》《召诰》《君奭》《顾命》等经文,均是侯在甸内,与《周礼》相同,所以《尚书》的服制实质

---

① 廖平:《皇帝疆域图》第二,第3b页。

上与《周礼》是相通的。①其次，在五服、九服的服数与疆域广狭方面，廖平认为两者都是进入到世界的规划，只是文化疆域的进化，也有各个时期的不同，依序为伯→王→帝→皇四个时期。《王制》仅是"王伯"时期中国本身的疆域；《禹贡》中的五服疆域方五千里，是进化到"帝制"时期一州的疆域规模，而《周礼》九服是进化到"皇制"时期九州的疆域规模，广狭自然不同。②廖平接着指出，前人不知文化疆域将会进化到世界的道理，所以把"五服""九服"的观念都当成了对中国本身疆域的描述，才会质疑何以《周礼》九服的疆域超出中国甚多。

廖平在经学三变以后，一反过往的严分今、古文立场，不再攻《周礼》为伪作，把《周礼》"收编"在孔子的著作体系之下，视为孔子对世界的规划。他指出过去的学者把《周礼》当成周代的典礼或周公所制作之礼，但是考察其礼制内容，在周代并未曾举行，所以他重新解释"周"为"周遍"之意，"《周礼》"名称由此而来，因此并非周朝典礼的过往陈迹，而是对未来新世界的规划。③廖平从力攻《周礼》伪经，转而推崇发扬，仍与时代思潮有密切的关系。学术门户的渐趋融合是晚清学风的趋向之一，从清末几位硕学大儒的风格，正可见出这种情况之一斑。以今古文经学方面来说，例如乾嘉学派的大本营诂经精舍，到清季俞樾执掌时，一向坚守朴学矩矱的精舍已逐渐倾向于兼包今古二家。清末以汉学领域为学术基调的今文学大师皮锡瑞，在甲午战后也有欲调和今古、

---

① 廖平：《皇帝疆域图》第二，第3b—4b页。
② 廖平：《皇帝疆域图》第五，第14a页。
③ 廖平：《经学六变记·五变记笺述》，《廖平选集》上册，第570页。

汉宋的态度。这种趋向，就外在的情况来说，中国文化受到外来的冲击，基于一种国学存续的忧惧，使得知识分子不愿再于传统学术的内部自树门户，或许也是一个原因。其次，由于《周礼》制度的详备，在晚清时期常被学者与西方政治联想比附。例如宋育仁曾著《周官图谱》以说改制；孙诒让作《周礼政要》期待中国新政；认同以《公羊》理论维新的唐才常、皮锡瑞也都注意过《周礼》与西方制度的联系，①他们大多跳脱了今古门户来看待《周礼》。廖平对《周礼》态度的转变，或许也能试着从这个角度来思考。

廖平指出，既然《周礼》是表征广大世界的疆域，但是这种微言并不曾被人发掘，致使前辈学人常有为何《周礼》疆域远超过中国实际范围的疑惑，宋儒张载就曾问过这个问题；此种疑问也肇端于东汉郑玄注经时，对孔子大小疆域规划有异的不了解有以致之。他说：

> 横渠一代名贤，奚至言之不审？其有疑于九畿者，良以中国疆域狭隘，自郑注《周礼》，以七千里说《大行人》六服，已增多于《禹贡》，而充满中国历代版图之分量。故儒者饫闻其说，视九服九千里为赘文，而九畿万八千里更等诸汪洋大海，无人问津，盖因郑君七千里之说，蔽塞其聪明，不敢再加

---

① 戊戌运动期间，唐才常曾说："受业尝观泰西七大政，往往上符《周官》，窃又自疑比附之过。既而得见黄遵宪所著《日本国志》，几于一官一制，无不出自《周官》精义。乃知圣人之理之长悬宇宙。"见唐才常《唐才常集》，中华书局，1980，第228页。皮锡瑞《师伏堂日记》在光绪二十四年九月二十二日记载："西法合于《周礼》，公法合于《公羊》，久经通人考定，并非附会。"可见当时应有一种关注《周礼》的时代风气。

推广，敞屣大统而人云亦云久已。……今世界开通，地球三万里之说大明，凡经传宏廓之疆宇，昔日为无用之空文者，皆为当今之实验。①

因郑玄把《周礼》误读为过往周公典制之书，用世界疆域来解说中国一隅，故出现了难以融通之处；今日国人已得见地球疆域广大，适可印证经典所言为真。廖平并把九服之制绘成示意图表如图2.3。

图2.3 《周礼》九服图

图表显示服制由中央向四方扩散，也代表文明从中央最高之处向四方传播，处于世界中心王畿的文明地带就是中国，世界终将统一，也是由中国文化逐渐向外扩散的结果。此外，他在《三服五服九服九畿考》中亦殷切地表达了相同的理念，将《王制》《禹贡》

---

① 廖平：《皇帝疆域图》第五，第14a—14b页。

《国语》《周礼》中的不同服制,用世界进化的阶段释之。①

由以上的论述可知,廖平想要表明,即使《海国图志》诸书要告知人们中国不等于天下,但从邹衍的"大九州"说与经典的服制疆域来看,这是孔子早已知晓的;重要的是以文化来说,中国仍然位居世界的中心。

二、包举全球的《禹贡》经学微言

廖平在处理了服制问题以后,又欲说明经典内容可与当今的世界地理相印证,最具体的是,他认为被视为中国地理学始祖的《尚书·禹贡》经文,其实隐喻整个世界的地理山水。他于阐发《禹贡》的"微言"之前,首先说明经学、史学有别,不能以史学的角度解读经学的道理:

> 经学与史学不同,史以断代为准,经乃百代之书,史泛言考订,录其沿革,故《禹贡锥指》《春秋大事表》皆以史说经,不得为经学,读《禹贡》须知五千里为百世而作,不沾沾为夏禹之一代而言,……《春秋》以前疆域尚未及三千里。……《尚书》乃成五千里定制,"周公篇"又由海内以推海外,此皆《禹贡》之微言大义,胡氏(渭)盖不详经义,泛泛考证,故以为史学,而不足以言经学。②

清代说《禹贡》者计有八九十家,其中以胡渭《禹贡锥指》最获

---

① 廖平:《三服五服九服九畿考》,《廖平选集》下册,第645—652页。
② 廖平:《知圣篇》,《廖平选集》上册,第214—215页。

好评。此书采用地理沿革的研究方法，特别注意到用《史记·河渠书》《汉书·地理志》《水经注》，以及《元和郡县图志》《太平寰宇记》等历代地志、河渠水利专著来印证《禹贡》的地理。但廖平不认同这样的研究方式，因为经学"乃百代之事"，而《禹贡锥指》"泛言考订，录其沿革"，是将经学当成了史学的研究，忽略了《禹贡》中具有的"微言"是为后代百世而作。他又说：

> 近人言《尚书》，多究心于《禹贡》，如《锥指》诸书是也。一古一今，言人人殊而实则不能有所折中，如画鬼神。然又颇似郡县志书，徒有争辨，并无实用。窃以为水土既有变迁，名字尤为淆乱，居今日而欲考明古制，无异痴人说梦。①

引文表明以史学方式考察《禹贡》的历代地理沿革并不能征诸实用。廖平以《禹贡》为"经"非"史"的一个重要原因，即是他不相信上古中国已有九州如此广大的疆域：

> 旧说《禹贡》地囿于中国，谨守弹丸之区域，……秦汉而还，儒家一孔之见，由来渐矣。不知尧、舜时代，下巢上窟，禹虽治水，不过北五州之水，安得九州之田赋与贡篚哉！殷之世，太王避狄而去；邠周之先，泰伯入吴而断发；孟子薄楚，鸣鴂南蛮；吕相绝秦，同州白狄；《秦始皇本纪》曰"昔者五帝地方千里"，可知其褊小已甚矣。孔经开创州制，

---

① 廖平：《经话（乙编）》，《廖平选集》上册，第527页。

> 始由麟经，用夏变夷，化成九州，上考不谬，后儒遂目中国为禹旧疆，顾《公羊》大统示例待推，邹子神州根原此序，由王进帝，由帝进皇，小中寓大，《禹贡》先师之说，讵胜枚举乎？①

从《史记》、先秦诸子等典籍中，廖平爬梳出了上古质朴无文，以及广大疆域尚未开拓的数据，说明当时并不存在"九州"，《禹贡》的九州应以孔子为后世制法的角度视之。因此上古真实历史中的禹和经典里的、为孔子所托的禹有所不同：

> 禹治中国之水，《尚书》验推之，以治全球之水。就事论，禹不过治黄河之水耳！长江自古无水患，《贡》以九州导水，概为禹功，托禹以为天下后世法，此经所以异于史也。旧解囿于中国，削足适履，与经不符。②

廖平认为长江自古无水患，史实上的大禹只不过是治黄河之水而已，孔子因着大禹在其世代有其小范围的功业，于是在经典中借着禹这个人物，寄托为后世法，因此《禹贡》中，禹治"九州"之水一事不宜视为上古史实，清楚点出了经史有别的观点。

然而要把《禹贡》与世界地理接合会遇到一个较大的困难。《禹贡》既为中国地理学之祖，它的"九州"也有一个明确的地理范围：冀州、兖州、青州、徐州、扬州、荆州、豫州、梁州、雍

---

① 廖平：《尚书弘道篇》，成都存古书局刊，1918，第38a—38b页。
② 廖平：《尚书弘道篇》，第31a页。

州,大约包括今天的河北、山东、江苏、湖北、湖南、河南、四川、陕西、山西一带,今日从历史的角度看,这是先秦以前中国人心中的"天下"。但廖平从《禹贡》九州各处的地名,用一己的方式引申说明它们有其"微言",不只是表象上的中国地理。他说:

> 按《禹贡》九州所举四至山水地名,往往有出其区域之外,且甚远者,如冀举岐、梁、岳衡、岛夷已包数州之境;雍言弱水既西,必踰葱岭;扬岛夷卉,远在海疆;况昆仑为混沌,当亦道之地中,鸟鼠分南北,乃天星之别号;兖、荆以九河九江起大统九州之川,浸徐土以五色入贡;得中州五种之精英。故九州攸同,四海会同,皆统括全球之伟论。……春秋之时,九州仅方三千里,孔圣删《书》,托古定制,乃据当日之州名,隐寓皇帝之版土,以俟后施行,藏须弥于芥子,推而放诸四海而准,岂但为鲁邦治列国而已乎!①

此段指出,《禹贡》叙述九州的山水地名,其中隐喻的范围远超出中国九州之外。例如讲到北方的冀州时,却提到州内有岳衡、岛夷等离冀州甚远的南方之地;讲雍州时,提到弱水西流,已经踰越距离雍州甚远的葱岭;徐州以五色土入贡,五色土是象征阴阳五行的五方,代表整个世界。又《禹贡》中的"昆仑"亦称"混沌",是指无风雨的赤道。以上种种都说明孔子作《尚书》暗示未来的大版图,以俟后世施行。

---

① 廖平:《皇帝疆域图》第八,第21b—22a页。

廖平诠释《禹贡》与世界接轨的方式，除了引《周礼》的九服大疆域为《尚书》之"传"，又引《淮南子》、《山海经》、《庄子》、《河图》、纬书等作为经典之"说"，认为这些诸子书皆可作为解释经典的辅翼。廖平认为《淮南子》《山海经》等书中的"九州"或海外世界的描述，都等同于《禹贡》的"九州"，意指"大九州"；而《庄子》里的"四海"也同于邹衍的说法，都是叙述当今的世界。在这些诸子著作中，特别是《淮南子·地形训》对"九州"有较具体的论述，但九州的名称与《禹贡》九州的名称有所出入，廖平都视为相同的概念，因为有些是转音或同音异字，而字义均可以相通，所以他说《淮南子》是"推广经义，演说皇图，绝非凭虚臆造之言也"。[1]廖平也认为《淮南子》的疆域、世界图式与邹衍的说法相通："观《淮南·地形》由八殥、八纮推至八极，命名九州，定正方位，以方千里起算，积至二万七千里，适符邹衍八十一州之说。"[2]《淮南子·地形训》在九州之外推出八殥、八纮和八极，方各千里，八殥为泽或海，八纮为野，八极为山，与邹衍大九州说、《山海经》、《河图·括地象》等的描写十分类似。观察这些著作，它们的共同特色都是表现一种由内而外的世界图式，在势力所及的地域建立秩序，势力所不及之处就以神话来塑造其神秘性，这其实是种心理的投射，目的无非在说明中国得天地之最尊贵及文化秩序上的差序格局。[3]也正由于这样的特色，与经典中五服天下观的由内至外精神有异曲同工之妙，这也是何以廖平会视这些书籍为阐扬

---

[1] 廖平：《皇帝疆域图》第八，第22a—22b页。
[2] 廖平：《皇帝疆域图》第八，第22a—22b页。
[3] 此一概念，参见殷善培《谶纬中的宇宙秩序》，台北：花木兰文化出版社，2008，第86页。

孔子经典思想的根本原因。

廖平又将《禹贡》《淮南子·地形训》的九州与全球五大洲互相牵引结合：

> 《贡》九州，州由小推大，《淮南》既为师说，且有合于今之地球焉。……皇州奄有全亚，由是北美属青州（黄镕注：美本在西，地球南北立极，东西动转），为《淮南》神州之申土。《贡》曰"海滨广斥"，谓其地多濒海，今美洲是也。南美属扬州，坎拿大属兖州，露西属冀州，欧洲属雍州（黄镕注：黑水当为黑海），非洲从尼罗河划界为淮南之弇州（黄镕注：《贡》曰梁州）、戎州，澳洲属荆州，画野分疆，援古证今，若合符节。……此即九州之推验，已足见全豹之一斑矣。①

将《禹贡》与《淮南子·地形训》配合上五大洲绾合成一个"大五服"的图像：北美属青州，为《淮南》神州之申土。南美属扬州，加拿大属兖州，俄罗斯属冀州，欧洲属雍州，非洲从尼罗河划界为淮南之弇州（《禹贡》曰梁州）、戎州，澳洲属荆州。并且他指出《山海经》《管子》《吕氏春秋》《河图》，内容均有"天地之东西二万八千里，南北二万六千里"，以及《春秋纬》也有"九州"之称，这些都是经学的辅翼。②

既然《禹贡》包举全球，那么它的精神核心：五服之制也是

---

① 廖平：《皇帝疆域图》第八，第22b页。
② 廖平：《皇帝疆域图》第四，第1b页。

要推广到世界的,这是廖平论述《禹贡》将推向世界以成"大《禹贡》"最主要的内涵所在。

三、内外之际:"大《禹贡》""大五服"与"大九州"的精神

廖平的理想世界图像,特别强调具有内、外层次的文化观。以下我们从经学史上一个和《尚书》之《禹贡》《尧典》有关的争议性问题,透过其他学者的解释,与廖平说法的比较,可以更明显地看出廖平的关怀所在。

(一)从《禹贡》九州与《尧典》十二州的矛盾谈起

《禹贡》记禹分天下为九州,同属《尚书》的《尧典》则说舜时"肇十有二州",比《禹贡》多出三州。同一部经典对于州数却有两种说法,该如何解释呢?关于这三州的由来,《尚书孔传》曰:"禹治水之后,舜分冀州为幽州、并州,分青州为营州,始置十二州。"孔颖达疏曰:"《周礼·职方氏》,九州之名有幽、并,无徐、梁,周立州名,必因于古,知舜时当有幽、并。《职方》幽、并山川,于《禹贡》皆冀州之域,知分冀州之域为之也。"①《史记集解》引马融曰:"禹平水土,置九州。舜以冀州之北广大,分置并州;燕齐辽远,分燕置幽州,分齐为营州,于是为十二州也。"《尔雅·释文》引郑玄注云:"舜以青州越海,而分齐为营州,冀州南北太远,分卫为并州,燕以北为幽州。新置三州,并旧为十二州也。"②总合以上说法,十二州就是在《禹贡》的九州之外,增加了并、幽、营三州。事实上,《尧典》只泛言十二州,马融、郑玄

---

① 孔安国注,孔颖达正义《尚书正义》,第40—41页。
② 孙星衍:《尚书今古文注疏》,中华书局,1986,第51页。

何由得知此十二州是《禹贡》九州加上并、幽、营三州？崔述《唐虞考信录》指出，《周礼·职方氏》所列的九州，同于《禹贡》者七州，无徐州、梁州，而有幽、并二州。《尔雅·释地》同于《禹贡》者亦七州，无青州、梁州而有营、幽二州。综观《周礼·职方氏》与《尔雅·释地》，较《禹贡》九州之名多出并、幽、营三州。汉代经师马融、郑玄便附会说这三州是舜从禹九州中的冀、兖两州所分出，就成了具体的十二州了。因此崔述对于十二州的说法与具体内容是存疑的。①

康有为认定"古只有九州，其言十二州者伪说也"，②盖刘歆欲佐王莽篡位，不惜伪造经文。康氏认定经典本有的概念只有九州，突然出现十二州的说法并非寻常，令人启疑。康有为分析指出各经典文献内容，出现的多是九州，例如《禹贡》记禹治水分九州，同篇又有"九山、九川、九泽"，也是跟着九州的概念而来；《诗经》有"九围、九有、九戴"之词，亦是九州之意；《王制》《左传》也皆言九州。只有《尧典》单独出现十二州之说，太突兀，也不合理。他又指出刘歆伪造之《周礼》，其中的《职方氏》内容虽然也言九州，但九州名称中已改掉了《禹贡》的徐州、梁州，增多了幽、并二州，这与同受刘歆遗毒影响的马融、郑玄、《尚书孔传》所解释的《尧典》十二州乃增加了幽、并、营三州的意思是相同的。康有为向来以《周礼》是刘歆所伪，现在类推《尧典》的十二州意思又同于《周礼·职方氏》，依此证明两者有同样的根源，都

---

① 崔述：《唐虞考信录》，商务印书馆，1937，第28—30页。
② 康有为：《刘向经说足证伪经考第十四》，《新学伪经考》，第396页。

是来自刘歆的伪造。①他又从汉代地方制的历史说明刘歆窜改经文的背景：

> 《汉书·武帝纪》：元封五年，"初置刺使，部十三州"。《地理志》："南置交址，北置朔方之州，兼徐、梁、幽、并夏周之制，改雍曰凉，改梁曰益，凡十三部。"歆依附汉制而改饰之者。营州古无此名，歆以太公封于营丘而名之。王莽有并州、平州，"营""平"音同，即营州，盖用歆说也。歆多以汉制为古制，……汉有十三州，故歆亦以古为有十二州也。《尧典》"十二州"三字，必为古文家窜改，《尚书大传》有"兆十有二州"说，或更追改者欤？（康氏自注：《史记·五帝本纪》《汉书·谷永传》永之对，皆有十二州之说，皆窜改者。）②

引文指出汉武帝时的地制有十三州，刘歆为了依附汉制而改饰经文为十二州，康有为言下之意，是《尧典》的原经文应是九州，被刘歆窜改成十二州。又《尚书大传》也有"兆十有二州"说，康氏亦认为是被古文家所追改的。

自谓受康有为学术启发甚多的顾颉刚，和康氏类似的是，他也从汉代晚出的角度看待《尧典》十二州的出现，只是他抛开了刘歆造伪的观点，改用历史背景与文献产生的关系讨论问题。顾颉刚从金文、《左传》、《国语·周语》及《禹贡》本文归纳，皆言九州、

---

① 康有为：《汉书刘歆王莽传辨伪第六》，《新学伪经考》，第155—156页。
② 康有为：《汉书刘歆王莽传辨伪第六》，《新学伪经考》，第156页。

九薮、九牧、九山、九川、九泽、九原、九隩……因此确信春秋战国时的著作,地制当以九数。至于《尧典》的十二州,推测本也应作九州,但是汉武帝时,境域大幅拓宽,当其分州之际,九州观念已有不足,因事实上之需要,遂改写《尧典》的九州成十二州。①顾颉刚的学生谭其骧则认为与其说十二州袭诸汉武之制,不如说更像东汉的地方制,②尽管看法与其师有异,但明显的师生二人的思路相同,都是从历史的发展来解释文献内容的产生。

如果说从康有为到顾颉刚思考九州与十二州的矛盾问题,都是以十二州为后起、晚出的视角讨论,那么下文将可以看到廖平在这个地方走了完全不同的理解方向,与康有为的辨伪今古文不同,也与顾颉刚的考史、层累地造成说有异;廖平认为经文的州数不同是在传达夷夏的内外之分。

(二)廖平论九州与十二州的微言大义

《尚书孔传》以及马融、郑玄解说九州与十二州的关系,主要放在上古史实的讨论上,以为尧时九州,大禹治水后,舜改为十二州,后来禹又并为九州。廖平严词抨击类似这些说法都犯了用地理沿革的方式"以史说经"的最大谬误:"旧说中国四代九州有沿革,以为舜改尧九州为十二州,禹省并为九州。《周礼》,周之九州无

---

① 顾颉刚:《尚书研究讲义》册1,乙种三之一,1932年石印本,第6a—9a页。顾颉刚、刘起釪:《尚书校释译论》册1,中华书局,2005,第155—159页。顾颉刚长久以来思考经典与其他文献中关于九州与十二州的矛盾问题,写下的笔记甚多,见氏著《顾颉刚读书笔记》卷二,第574、1053、1060页;卷三,第1262—1623、1345—1347、1590—1591、1781、1786、1800、1802、1804—1807页;卷七上,第4741、5002页;卷七下,第5461页。
② 谭其骧:《谭其骧与顾颉刚书》,收入顾颉刚《尚书研究讲义》册3,讨论之一,第1a—3a页。谭其骧:《关于汉武帝的十三州问题讨论书后》,收入顾潮编《顾颉刚学记》,生活·读书·新知三联书店,2002,第322—324页。

徐、梁，加幽、并；《尔雅》，殷之九州无青、梁，加幽、营，州域更变，以史说经，最为大谬。"① 那么九州与十二州的矛盾该如何解释呢？廖平引《尚书·尧典》的"询于四岳"与"咨十有二牧"解之：

> 按《典》曰"觐四岳群牧"，又曰"询于四岳，咨十有二牧"。四岳乃内州方伯，群牧乃外州之长，内九外十二，故《贡》曰九州，《典》曰肇十二州也。尧、舜揖让相承，并无沿革，……实则唐、虞、夏疆域最小，周较《禹贡》，不过雍、豫、冀、兖、青五州之地，而荆楚、南蛮、勾吴，文身久之，始能进化。《尚书》九州借儒说为始基，推广为八十一州，据邹子之说，是州制但有小大之分，并无更革之异。必明此义，乃可说经。②

《尧典》有"觐四岳群牧"一词，其中廖平依据《尚书大传·尧典》的"巡守四岳八伯"一文解之，一岳二伯，四岳共八伯领八州，加上中央不置伯的王畿一州，共九州。《尚书·尧典》又说"询于四岳，咨十有二牧"，群牧乃外州之长，十二牧说明外边有十二州。故《禹贡》说九州，《尧典》说十二州，其实是内九州、外十二州同时并置之意。他也重申不能以上古尧、舜、禹的真实疆域或沿革来解读经学的内容，因为真正的史实是唐、虞、夏的疆域甚小，尚不及《禹贡》九州中的雍、豫、冀、兖、青五州之广，而

---

① 廖平：《书经大统凡例》，成都存古书局刊，1916，第11a页。
② 廖平：《书经大统凡例》，第11a—11b页。

第二章 让孔子走入新世界　161

当时南方的荆楚、南蛮仍为化外之地。因此经学乃孔子的微言大义之作，不能以考史的眼光论之。廖平的思考受了西方进化论，以及日本疑古思潮的影响，这在本书的第六章会再讨论。

现在先将焦点放在九州与十二州的问题上。廖平又将《禹贡》的甸、侯、绥、要、荒五服的范围分配到四岳八伯与十二牧的管理区域：

> 按《禹贡》五服五千里，……其甸服千里，侯绥千里，要荒千里。在侯绥者为四岳为八伯，在要荒者为十二州十二牧。内侯绥为州，外要荒亦为州。八州有伯，十二州有牧，同时并建，两不相妨，此经中之明文也。

引文点出了内、外的观念。《禹贡》五服中，天子所在地的王畿属甸服，侯、绥二服都是王化所及之处，侯、绥隶于八州八伯，加上王畿一州，属于内九州；要、荒二服仍未进于华夏，设十二牧以治之，属于外十二州。故内九州、外十二州同时并存。值得注意的是，廖平笔下的外十二州虽然文化还未进于华夏，但是已经逐渐沾染王化，因为十二"牧"是代表夷狄进爵为州牧的微言，这是与《公羊传》的夷狄渐受王化而进爵位的概念相结合的。廖平在《皇帝疆域图》一书中对此问题有更深刻的论说。

廖平的《皇帝疆域图》一书，思想内容完成于光绪二十九年，但是民国四年才写定，它也是大统思想的重要代表作之一。此书的写作方式，是以《尚书》为"经"，《周礼》为"传"，以下这个用《周礼·职方氏》说解《尚书·禹贡》的一条例子，也是廖平以内、外论《禹贡》微言大义具代表性的说法。

> 经：《禹贡》冀州岛夷；青州嵎夷、莱夷作牧；徐州淮夷；扬州岛夷；荆州三邦底贡；梁州和夷；雍州析支、渠、搜，西戎即叙。
>
> 传：《职方氏》掌天下之图，以掌天下之地，辨其邦国（黄镕注：内九州）都鄙（黄镕注：外十二州）。①

《禹贡》的这几句经文，廖平将它们与《周礼·职方》的邦国、都鄙，即廖平自谓的内九州、外十二州的内外观念联系起来。首先，他解释《禹贡》经文的"冀州岛夷"一句，由于冀州在北方，因此冀州岛夷当在露西（俄罗斯）北冰海；解释"徐州淮夷"，引《诗经·鲁颂·泮水》的"淮夷来献"一句，指为大东洋之夷入贡之意；解释"扬州岛夷"，以《淮南子》有"东南曰扬州"，故认为是住在南洋之夷；梁州在《禹贡》九州的正西方，所以"梁州和夷"当在西洋。解释"荆州三邦底贡"，因荆州在《禹贡》九州的正南方，意指地球南方的三外邦常致贡物。他又将"雍州析支、渠、搜，西戎"一句，解为欧洲西北之戎。对照传统的注疏，"嵎夷""莱夷"，《尚书孔传》与孔颖达《正义》皆解释为地名；但廖平均解释作夷狄之夷；"作牧"，《尚书孔传》解作可以放牧，但廖平以为用夷当州牧之意。② "西戎即叙"，叙者，《尚书孔传》谓"皆就次序"；廖平则谓属夷的西北方之欧洲已经"叙爵"进为华

---

① 廖平：《皇帝疆域图》第十五，第54b—55a页。
② 廖平：《皇帝疆域图》第十五，第54b页。

夏所册封的州牧了。廖平指出：

> 《典》曰十二牧，……是为十二州侯伯之统称，……蛮夷大长仰化输诚，咸受上国之策封。《春秋》夷进中国则中国之，盖大同之世，无所谓夷也。《周礼》为"皇帝"之书，《职方》掌天下之图与地，辨其邦国都鄙，内九州，外十二州，胥归统驭，故远人来服，始为夷而终为牧，殆寓由渐进化之意欤！①

《公羊》学之"内外"义例即源于因"华夷之辨"而"由内到外"拨乱起治之步骤，华夷虽有区分，但是"夷狄进中国则中国之"，因此十二州牧的建立，是蛮夷之长仰化输诚，感受上国策封的结果。而"大同之世，无所谓夷也"，蛮夷逐渐受化导，到最后终究会成为华夏的一分子，那时外十二州将自然消失，内九州的范围将扩及整个天下/地球，成为一个"大九州"。换句话说，代表华夏的"内九州"边界是伸缩的，它会逐渐扩大；未进于华夏的"外十二州"边界也是伸缩的，它会逐渐缩小，归附成为"内九州"的一部分。这就是廖平对九州与十二州的解释，深具文化内外观的意义。廖平很明白地是以当下的中国为"内九州"，中国以外的世界其他地方为"外十二州"，九与十二在此处也可视为一种虚数。

也因为王化普及时，外十二州自然消失了，世界是一个"大九州"，廖平也依着这个概念解释历代以来争论不休的问题：何以

---

① 廖平：《皇帝疆域图》第十五，第56b页。

《周礼·职方氏》与《尔雅·释地》的九州不完全同于《禹贡》九州州名的原因。在解释廖平的说法之前,先将三书的"九州"州名排比如下,以观其异同:

《尚书·禹贡》的"九州":

> 冀州,兖州,青州,徐州,扬州,荆州,豫州,梁州,雍州。

《周礼·职方氏》的"九州":

> 东南曰扬州,正南曰荆州,河南曰豫州,正东曰青州,河东曰兖州,正西曰雍州,东北曰幽州,河内曰冀州,正北曰并州。

《尔雅·释地》的"九州":

> 两河间曰冀州,河南曰豫州,河西曰雍州,汉南曰荆州,江南曰扬州,济河间曰兖州,济东曰徐州,燕州曰幽州,齐曰营州。

透过上引文的《尚书·禹贡》与《周礼·职方氏》两者的九州比较,发现《禹贡》九州中的徐州、梁州,为《职方氏》所无;但《职方氏》有《禹贡》所无的东北方之幽州与正北方之并州。又《尔雅·释地》的九州,也只有七州同于《禹贡》。廖平视《周礼》为《尚书》之"传",主要立基点在《周礼》有九服的大疆域制度,正可与《尚书·禹贡》五服的天下观互相发明,故两者制度不可能矛盾。另外,廖平认为古籍的内容多是经学的流派、羽翼,因此《尔雅·释地》的九州亦可视为阐发《尚书·禹贡》之"说"。既然三者的九州同源,然而三者比较,却不仅是名称有所歧异,也有地域划分上的不同,因此廖平要弥合三者之间的差异,正是从这个弥合的过程可以看出廖平的信念所在。他说:

> 经以《禹贡》九州为起例,《职方》无徐、梁,而加以幽、并。考《尚书》,幽为外州,扬子云《并州箴》其地乃在朔方。《周书》中言徐、梁者多矣,《周礼》何以二方不立州?知《职方》内州举七,外州举二,互文见义,以成九数。《尔雅》于《禹贡》亦止见七州,外举幽、营以成九数,与《职方》同例。故内七州皆以水地为界,外二州叙于末,齐曰营州,燕曰幽州,亦内七外二。《易》曰:改邑不改井。谓京城三代异地,而九州则不能变更,或乃以此为三代沿革,误也。①

引文内容是廖平所提出的一己之解释:《周礼·职方氏》舍《禹贡》的徐、梁二州而代以幽州、并州,因为幽、并远在北方,代表属于外十二州牧所辖的外州,因此《职方氏》的"九州"列了《禹贡》里的七州表内州,再加上两个外州,共成"九"数,象征未来的世

---

① 廖平:《皇帝疆域图》第十三,第47a页。

界是合内、外以成的"大九州";《尔雅·释地》的情况亦然,并非邢昺《疏》所说的殷、周制之不同。故《周礼·职方氏》与《尔雅·释地》的"九州"都在阐发《禹贡》五服的经旨,说明未来王化普及全球后的"大《禹贡》""大五服"或是"大九州",都是王化由内向外逐渐化导,最终合"内""外"而成的大一统境界。

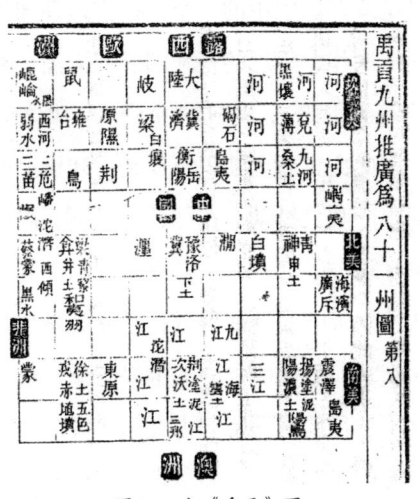

图2.4 大《禹贡》图

由以上透过对廖平一家之言的分析,可以得知廖平心中由经典指引的未来理想世界,具有浓厚的传统"帝王政教"之大一统意识。他所建构的合于"经旨"的图像,最基本的理念,是整个地球或世界必有内、外的文化层次,强调中国为"内"、为华夏、为中心,外于中国的地域为"外"、为夷狄、为边缘。经过不断的由内化外、"用夏变夷",终将达到"王者无外"的地步,这就是"大《禹贡》""大五服"及"大九州"这三个相通的世界图像概念所传达之最核心的精神。

小　结

　　19世纪90年代中期以后，近代地理学在知识界已经基本得到普及，中国知识分子也必须接受地球为圆体，无处非中，以及中国不代表天下，只是众多国家中的一个。西方地理知识的擅长点在于测绘技术、地图的制作，呈现的是地圆、五大洲、经纬度之世界地图。然而这与传统天下观之"中国中心""华夷之分"的内涵取向有很大的不同。因此西方地理知识不仅是一知识上的冲击，更是对原本信念的中国中心观之撼动。在如此背景下，同样都是吸收西方世界思想的中国知识分子，每个人都有不同的学养背景、独特的思想认知，因此从传统天下观转变到近代世界观是个复杂的过程，不是简单的移植而已。而廖平所建立的世界图像，就是一个兼具时代与个人特色的例子。从他对邹衍"大九州"说的新诠释，以及欲以孔子经典含摄《海国图志》等世界地理书籍的内容，透露出他要将西方的地理新知，从传统学识的立场予以吸纳，并转化成以经典价值为本位思考的文化地理空间观，是他关切致力的重点。

　　廖平从来没有否定西方近代地理科学实测的结果。但他认为这一类的著作如《海国图志》等书消解了中国文化优越的意识，没有符合经典的意旨，也容易启人以孔子不懂世界之想。为了建构一幅符合经学意旨的世界地理图像，他重新"发现"古代具有海外世界眼光，曾提出"大九州"说的邹衍，又把邹衍思想上接于孔子。这等于是告诉世人，孔子在两千多年前早已知道中国并不等于天下。但即使中国并不等于天下，仍无妨于中国的优越性。廖平将传统思想史上不曾被重视的"大九州"说,与居于传统天下观主流地位的"五服""九服"之概念相结合,欲建立一个属于全球的"大五服"概念,以此说明将来世界大一统,仍是要以中国的文化为中心,向外扩展。廖平除了以经典建构中国为中心的世界图像外,又援引《淮南子》、《山海经》、《庄子》、《河图》、纬书等作为解说经典世界图像的辅翼。观察这些著作的共同特色,都是表现一种由内而外的天下模式,其目的无非在说明中国得天地之最尊贵及文化秩序上的差序格局。

  总之,对廖平而言,中国这块土地即使只是处在地球的一部分,但是以文化来说,仍然位居世界的中心。他所建构的世界图像,反映一个深受传统教育背景影响、认同中国文化最优越的知识分子,在西方地理知识与中国固有观念之间碰撞、互动与调适的过程。

第三章　经学理想的世界文化空间蓝图
——兼论近代学术上的意义

第二章的主旨阐述经学如何含摄整个地球、与海外世界打成一片，目的是要说明孔子已有地球的视野，并预示了未来世界即将合一的愿景。这章接续讨论中国文化在世界大一统里扮演何种角色。廖平以孔子的大统思想包含"知"与"行"两个部分，又说"知"为"空言"，"行"为"行事"，也可以理解为蓝图与实践之意。蓝图以《尚书》为代表，实践以《春秋》为代表。蓝图指的是一个应然的经典世界，行事指达到这个应然的世界之具体行为过程。第三章（本章）欲谈的即是廖平笔下《尚书》经典蓝图的构想；后面第五章将会讨论《春秋》行事的内容。

廖平以《尚书》是发挥大统蓝图的主要经典，他说"《书经》为全球制法，俟圣专书"，又说"《礼运》有曰：惟圣人，能以天下为一家，……不知即《尚书》之经例也"。[①]所以《尚书》是天下一家的理想境界之大经大法。在这个理想境界的建构中，又有一个不

[①] 廖平：《书经大统凡例》，成都存古书局刊，1916，第12a、15a页。

可轻忽的经典人物：周公。他指出《尚书》之中，"周公独占十二篇，典章制度、大经大法，皆在于此"。①因此周公被他视为孔子笔下寄托一统的微言大义之重要人物。那么廖平心中的孔子用什么方式来呈现"周公"？为什么周公可以是表征理想未来的价值核心？其次，当廖平在建构他理想的蓝图之际，又如何告诉世人，这个愿景必将实现？最后，在诠释这个理想的过程中反映的时代与学术意义之变迁，也将在本章详细地探讨。

第一节 肇开世界大统与中天下而立的"周公"

廖平认为孔子赋予《尚书》大统蓝图的理想，他又说孔子笔下的"周公"是肇开大统的托寓，那么廖平为什么认为周公会受孔子特别重视？孔子怎么透过"周公"来表达自己的理想？这是下文要探索的问题。

一、史实的周公与孔子经典寄寓的"周公"

廖平论孔子重视周公这个历史人物，有一个很重要的原因，是廖平认为史实上的周公在周初曾经践阼称王，也因为周公曾经有过天子的身份，因而孔子在经典中赋予周公这个角色另一层寄托的意义。

关于周公与成王的问题，历来学者聚讼纷纭，争论的焦点在于周公是否曾践天子位，或者只是"摄政"。在廖平的论述中，他将

---

① 廖平：《经话（甲编）》，《廖平选集》上册，第455页。

"周公"分为真实历史中的形象与孔子寄托的经典符号,认为在周初的史实中,周公承袭殷商的"兄终弟及"之制,在武王崩后曾即位行天子之职,待到平治天下后让位于成王,并为周家确立了传子的法度,这是周公在真实历史中的地位。他说:

> 武王克殷后,即以天下让周公,《逸周书》所言是也。当时周公直如鲁隐公、宋宣公兄终弟继,即位正名,故《金縢》称"余一人""余小子",下称二公,《诰》称"王曰"。《檀弓》:"文王舍伯邑考,而立武王。"盖商法:兄弟相及。武王老,周公立,常也。当时初得天下,犹用殷法。自周公政成以后,乃立周法,以传子为主,周家法度皆始于公。欲改传子之法,故归政成王。①

又说:

> 周公为天子之说,见《书》者,《金縢》则曰"以旦代身",《召诰》则周公主祭。故《荀子》以周公为大儒,谓其由无天下而有天下,又由有天下而无天下也。成王赐周公以天子礼乐,以其曾为天子而让天下也。周初,承殷旧制,传及践阼,政成逊位,此周公之故事。②

从以上的引文可知,廖平主张周公曾即位为天子的主要依据包括

---

① 廖平:《经话(甲编)》,《廖平选集》上册,第452页。
② 廖平:《皇帝疆域图》第二十一,第4页。

《逸周书》《荀子》等史料，以及《尚书》中的若干内容。廖平论周公多以《尚书》的内容为主，但是《尚书》以外的史料，如《逸周书》《荀子》等记载也影响廖平甚大。以下将这些廖平的思路下，周公曾经称王的依据，分成三部分叙述，期望能从中勾勒出廖平心中的周公史实，以及孔子的"王心"所在。

（一）《尚书》以外的周公践阼史料依据

首先，《逸周书》关于周公称王较明确的记载，主要是《度邑》篇的叙述："王曰：'旦！予克致天之明命，定天保，依天室。……我维显服，及德之方明。'叔旦泣涕于常，悲不能对。……王曰：'旦！汝为朕达弟，予有使汝，汝播食不遑暇食，矧其有乃室。今维天使予，维二神授朕灵期。予未致于休，予近怀于朕室。汝维幼子，大有知。……乃今我兄弟相后，我筮、龟其何所即令，用建庶建。'叔旦恐，泣涕共手。"①这段文字指出，武王受到二神的指示，知道自己的大限之期，顾念到国家初造，愿意兄弟相及，把王位传给德智兼备的周公。在此处的记载中，只描述周公涕泣沾裳，拱手不肯接受，并未明言周公是否登基，但是却传达了周公有即位的合理性。

除了《逸周书》外，廖平亦采用了《荀子》的说法："荀子以周公为大儒，谓其由无天下而有天下，又由有天下而无天下也。"此语出自《荀子·儒效》的内容："武王崩，成王幼，周公屏成王而及武王，以属天下，恶天下之倍周也。履天子之籍，听天下之断，偃然如固有之，而天下不称贪焉。……成王冠，成人，周公归周反

---

① 袁宏点校《逸周书》，齐鲁书社，2000，第45页。

籍焉，明不灭主之义也；周公无天下矣。乡有天下，今无天下，非擅也；成王乡无天下，今有天下，非夺也；变执次序节然也。"《荀子》认为武王崩，成王幼，为了政治安危的考虑，周公继承了武王之位，直到成王年长始归政。

廖平虽然采用了《逸周书》与《荀子》的观点，认为周公继位为君，但是他不认同周公即位的原因是成王年幼，关于廖平对成王年纪的看法，下文会再讨论，而此处廖平要强调的是周公能继承王位，是因为周朝初年仍然沿袭殷代的"兄终弟及"之制，并引《礼记·檀弓》"文王舍伯邑考，而立武王"之语，[①]说明嫡长子继承的宗法制度在周初尚未确立，这与王国维于1917年所发表的《殷周制度论》中的观点颇为相似，[②]只是学界尚未注意到在王国维之前的廖平已有类同的看法。总之，对廖平而言，历史上周公的功业，就是立周法，以传子为制，周家的法度皆奠定于周公，这就是真实的周公在其当代的贡献与地位。

（二）从《尚书》内容索隐真实周公的天子身份

廖平又从《尚书》的内容书写方式，指出真实的周公在历史上有不寻常的特殊地位，应是曾经正式即位为天子，而非仅是摄政。他说：

> 《书》于《周书》四篇，言文、武、成、康。《戡黎》但见"西伯"二字，并无"文王"一语，《牧誓》仅为誓师之

[①] 廖平：《经话（甲编）》，《廖平选集》上册，第452页。
[②] 王国维：《殷周制度论》，《观堂集林》，台北：河洛图书出版社，1975，第453页。

词,《顾命》但详丧葬、即位之事,可云极略;而周公独占十二篇,典章制度、大经大法,皆在于此。盖周公立为天子,功成制作而托言于摄,即《中庸》云"周公成文、武之德",成、康继治之休,皆周公成之是也。臣不尸大功,周公本自立,故不可归于成王。①

根据廖平的观点,《尚书》本言文、武、成、康四王的德业,但是从具体的内容来看,这四王的记载非常简略,反而周公却独占了十二篇之多,关于典章制度、大经大法皆载于周公相关篇中。以此种情况推测,周公应曾即位为天子始能有如此的地位与功业,成文、武之德,下开成、康之治。也由于对周公称王的认定,廖平对于《尚书》中的若干内容,均解释为周公称王的依据。例如廖平特别提出《尚书·金滕》"以旦代身""余一人""余小子"等文辞,都表示周公为王。《金滕》之文原为记述武王有疾,周公作书请命于天,愿以身代死之事,其中的关键句"以旦代某之身",廖平改解之为"代武摄位为天子"。②

廖平也以《尚书》的书写笔法,证明周公曾经践阼称王。他说周公曾即天子位,但是因为周公有心要让位于成王,所以《尚书》要成全周公的心意,所以不书写周公为王。廖平这种解经方法启发自《公羊传》对《春秋》第一条经文的解释:"公何以不言即位?成公意也。"照《公羊传》的说法,因为鲁隐公有意让位给鲁桓公,因此虽然事实上已经即位,《春秋》仍然不书即位,目的是要成全

---

① 廖平:《经话(甲编)》,《廖平选集》上册,第455页。
② 廖平学,黄镕笔述《书中候弘道编》,第2a页。

隐公让位之志。廖平认为五经既然皆为孔子所作，所以各经的笔法都有相通之处，由《春秋》的笔法类推《尚书》，即可见出其中的史实与微言，周公在《尚书》中的叙述亦然。他说：

> 若宋宣、鲁隐生称君，死称公，何尝因其有让志，而削夺平日之尊？《尚书》于周公称王诸条是也。直称之，则曰周公者，此成周公之志，《春秋》隐不有正月之意也……①

这段话说明，既然《尚书》要成全周公之志，以"摄"立义，又为何仍书"王若曰"一词，以周公为王？廖平的解释也是对照《春秋》的书法：《春秋》的鲁隐公、宋宣公有让位之志，所以死后称"公"，且隐公元年不书正月，这都是成全他们的心意；但鲁、宋二公是真正曾经即位的，所以叙述其在世的行事时，仍以国君称之，并不因有让志就削减平日的尊贵身份。同样地，周公有让位之志，所以《尚书》有时直称"周公"即是成全其志；但周公也是真正即天子位的，从"王若曰"一词也可以得到证明。总之，廖平启发自《春秋》的书法，视经典为表现微言，但是从微言中也可以搜寻到史实的痕迹，他也以此路径去索隐历史上的周公行事。

他又认为武王崩时，史实上的周公是名正言顺地即位，并非因成王年幼而摄政，《尚书》所书的成王年幼，这也是《春秋》笔法的"托词"方式，他说：

---

① 廖平：《经话（甲编）》，《廖平选集》上册，第453页。

> 周公、成王事为经学一大疑。武王九十以后乃生子，成王尚有四弟，何以九十以前不一生？继乃知成王非幼，周公非摄，此《尚书》成周公之意，又有语增耳。……欲改传子之法，故归政成王。问何以归成王？则以初立为摄；问何以摄位？则以成王幼为词。一说成王幼则生出襁褓，不能践阼；或以为十岁、以为二、三岁不等，皆《论衡》所谓"语增"，事实不如此也。①

廖平指出，周公、成王之事，历来被视为经学上的一大疑问，这个疑问除了周公是摄政，还是称王以外，还包括了何以武王年岁至九十才生成王，况且成王又有四弟？廖平接着提出自己的解读，即武王崩时，成王并非年幼，周公也非摄政，而是真正地即位；但周公与鲁隐公一样有让志，欲将制度改为传子，因此《尚书》不书即位，以成全其志。又《尚书》既然"成周公之意"，不书即位而书摄位，为何要摄位，必定要有一个理由，即假托以成王年幼为词，这即是《公羊传》的"托词"方式。《尚书》中是否有如廖平所说的以成王为年幼之说？他指的应是《尚书·周书》诸篇称成王为"孺子"，并接受了汉代以来的经师训"孺子"为"稚子"之故。②

---

① 廖平：《经话（甲编）》，《廖平选集》上册，第452页。
② 王慎行的研究指出，《尚书》中传达成王年幼的叙述，应是《周书》诸篇中谓成王为"孺子"，有关的资料如下。《金縢》："公将不利于孺子。"《尚书孔传》云："孺，稚也，稚子成王。"《洛诰》"孺子其朋，孺子其朋"，"乃惟孺子颁朕不暇"，又云"孺子来相宅"。《孔疏》引《郑注》云："孺子，幼少之称，谓成王也。"《立政》"孺子王矣"，"予旦已受人之徽言，咸告孺子王矣"，又云"今文子文孙孺子王矣"，据此可知，汉代经师皆训《尚书》之"孺子"为"稚子"，并以此为成王年幼说之根据。见王慎行《周公摄政称王质疑》，收录于郭伟川编《周公摄政称王与周初史事论集》，国家图书馆出版社，1998，第176—177页。

廖平又视其他史料所传说的成王仅为襁褓或是只有二三岁、十岁不等的说法，皆是所谓的"语增"而已，事实并非如此。① 总之，廖平索隐《尚书》的内容论证周公即位称王，且成王非幼的史实，又以这种"史实"与经典有意呈现的成王年幼而周公摄政的说法相对照，廖平要说的就是经史之间的区别。

（三）周公与孔子的合一

廖平从论述周公的史实地位，又联系到周公在孔子笔下的经典地位，何以周公对孔子来说如此重要？廖平以经典中的舜、周公、隐公均为孔子所托，以此更深化周公的意义：

> 《春秋》始于隐公，《左》以为摄，隐即周公，周公即舜。舜、周公、隐公即孔子，皆从"摄"字立义。《公羊传》："吾立也欤哉？吾摄也。"周公事正如此，本立也，而自以为摄，实非摄，故成王以鲁为王后，以与商比，成其让志，故但称周公，不称王。……成王已立，周公已退，乃封伯禽。董子《三代改制篇》言殷立弟，周立子，即由周公改定。周公本为天子，不传于子而传于武王之子，后世乃疑周公不尽臣道，不当称王，鲁不当用天子礼乐。不知周公有天下而不居，王莽无天下而窃取，以王莽拟周公，冤矣！②

---

① 关于成王尚在襁褓之说，如《史记·鲁周公世家》："武王既崩，成王少，在襁褓之中。"《史记·蒙恬列传》："恬曰：成王初立，未离襁褓，周公旦负王以朝，卒定天下。"《淮南子·要略》、贾谊《请豫教太子疏》及《后汉书·桓郁传》均有武王崩时，成王尚在襁褓之说。

② 廖平：《经话（甲编）》，《廖平选集》上册，第452—453页。

周公本为天子而让位，以摄自居，廖平视此为成王愿意让周公的鲁封地使用天子礼乐的原因，并推崇周公的精神崇高，与后来王莽自比周公而篡位有天壤之别，以此可见廖平对周公的历史事迹是赞誉的。值得注意的是，上引文中，廖平于推崇周公德业的同时，也说"隐即周公，周公即舜。舜、周公、隐公即孔子"，将周公比拟为舜、鲁隐公，最后又归结为孔子，足见孔子与周公间的联系。廖平仍是用经典的书法论述这个观点，他说：

> 孔子以匹夫制作，与周公同，故《诗》《书》皆以周公为主。周公即孔子前事之师也。周公本为天子，立传子之法，乃让成王，自托于摄，亦如孔子为天子事而托于帝王。《帝典》为《书》之主，尧为天子，所详皆舜摄政之事；成王为天子，所详皆周公摄政事。《左传·隐公元年》：公不即位，云摄也。通其意于《书》，实则《书》与《春秋》皆孔子摄为之也。①

廖平认为孔子将理想寄托于周公，因为周公与孔子是可以相提并论、互相比拟的。周公本是天子，为周家立法度，让位成王，自托于"摄"；孔子以匹夫制作，为后世立制度，自托于帝王（素王），周公对孔子来说，具有十分特殊的意义，因此孔子将周公托为《诗》《书》的主角，但是要传达的却是孔子的思想。廖平又转进一层指出，《尚书》中的《帝典》以尧为天子，但是重点在于舜的

---

① 廖平：《经话（甲编）》，《廖平选集》上册，第455页。

摄政；《周书》以成王为天子，内容也重在周公摄政之事，以此说来，经典以周公为主角，类似于"王"的身份，但重要的是背后的"摄政"者，即是孔子，这也就是廖平所谓的"隐（公）即周公，周公即舜。舜、周公、隐公即孔子"，以及"《书》与《春秋》皆孔子摄为之也"的深意。

从以上的论证来看，周公致太平是孔子依着历史上的周公勋业而将理想寄托于他，经典里的周公其实就是孔子的理想。这也是何以在廖平的观点中，史实上称王并制法的周公，会成为孔子经典符号的原因。

二、孔子借"周公"开创东西两半球的意义

（一）周公"居东"与中天下而立

廖平认为周公为孔子所托的致太平符号，经典内容的关键在于《尚书》中的周公"居东"与营建东都洛邑。此处先从周公与"居东"的记载以及廖平的诠释说起。《尚书·金縢》谓：

> 武王既丧，管叔及其群弟乃流言于国曰：公将不利于孺子。周公乃告二公曰："我之弗辟，我无以告我先王。"周公居东二年，则罪人斯得。于后公乃为诗以贻王，名之曰《鸱鸮》。

《尚书孔传》对于"我之弗辟，我无以告我先王"的解释是，对于管叔、蔡叔与霍叔的流言，我（周公）若不以法绳之，则无以成周道，所以此解周公"居东"，指的是周公东征，诸叛逆的"罪

人"皆被获，罪人乃指管叔等人而言；且既得这些叛逆罪人之后，周公乃作《鸱鸮》一诗给成王，言三叔不可不诛之意。①但是郑玄却有不同的说法。郑玄以为武王崩后三年，周公将摄政，管、蔡流言诋毁周公，成王亦猜疑之，周公乃避居东都，周公的属党皆奔走出亡，来年均为成王所得，成了"罪人"，多被杀罚，周公作《鸱鸮》之诗以救其属臣，②此诗今存于《诗经·豳风》中。总之，《尚书孔传》视"居东"为伐管、蔡，郑玄则认为是避居东都。此外，《史记·鲁周公世家》又有一说，指周公摄政七年还政于成王后，"人或谮周公，周公奔楚"。《论衡》也说："周公居摄，管、蔡流言，王意狐疑周公，周公奔楚。"这也让人联想到，如果跟从郑玄的说法，解"居东"为避祸，那么"东"是否即是楚国？关于这些问题，当代的学者曾做过深入的分析与考证。③

承上所述，本文这里所要说明的重点是，廖平认为无论《尚书孔传》、郑玄注，或是《史记》《论衡》等等前人对于周公居东的说法，都没有得着孔子在《尚书》及《诗经》中塑造周公形象的本意。他说：

> 《诗序》之见于经者惟《鸱鸮》，所以必见此者，通《书》之意于《诗》也。《书》《诗》皆周公为主，故鲁为

---

① 孔安国注，孔颖达正义《尚书正义》，第188页。
② 孔安国注，孔颖达正义《尚书正义》，第188页。又见毛公传，郑玄笺，孔颖达正义《诗经正义》，第292页。
③ 关于"居东"与"奔楚"的问题，见夏含夷《周公居东新说——兼论〈召诰〉、〈君奭〉著作背景和意旨》，收录于郭伟川编《周公摄政称王与周初史事论集》，第141—146页。

《颂》。《金縢》"周公居东"一语,为《诗》主宰,居东非避祸,非讨管、蔡,盖用夏变夷,开南服以成八伯之制。《诗》云:"周公东征,四国是皇。"《孟子》:东征西怨,南征北怨。不曰"西北"而曰"东南",功用专在东南也。由雍州以及梁、荆、徐、扬,皆在南,以东都言则在东,《诗》言"周南""召南""东征",《书》言"居东",皆谓周公开平南方,营东都,朝诸侯。文、武天下止于西北,周公乃弼成五服,中天下而立,如以"居东"为避祸、讨管、蔡,则小矣。①

廖平指出,《尚书·金縢》与《诗经》均提到《鸱鸮》这首诗,其实这首诗不是要说明周公与三监或成王的关系,而是要借着《鸱鸮》这个"桥梁"沟通《诗》《书》,两者可以对读,因为它们同为孔子所托的符号,以周公为全球大统之主。周公"居东"并非避祸,也不是要征讨管、蔡,而是要"开南服"。"服"原为王畿以外每五百里为单位界画之区域名称,如《尚书·禹贡》有五服之说,《周礼·职方氏》有九服之说。"开南服"指用王道化导南方之蛮夷,使之顺服,有用夏变夷之意,周公"居东"的目的亦是如此。何谓"东"?廖平认为就是《诗经》的"周南""召南",是周公推行王化所及的区域,经典的地理位置在雍、梁、荆、徐、扬等地,这些地方位于周发源地(西北)的东南方,而且周公还营建东都洛邑,所以称为"居东",文王、武王的天下仅止于西北,周公要开

---

① 廖平:《经话(甲编)》,《廖平选集》上册,第456页。

化东南，以礼乐文明施教，渐成一统。而廖平主张这些经典内容不是"述往"，而是"知来"，所谓的周公"居东"就是孔子的理想，要在地球上"弼成五服，中天下而立"，居于礼乐文明最高之"中"，化导四方文化较低之处，而这个"中"就是有孔子之道的地方，即中国，西方为廖平心中的夷狄，简单地说，两者的分判就是礼乐与"三纲"的有无。①

廖平何以如此重视中心与边缘呢？这与时代氛围有关。晚清学者将"世界"作为中国的一面参照镜，透过它来认识自我，重新评估、定位"中国"的论述很多，葛兆光分析近代中国的自我认识史时，便指出"世界"是中国认识自我的对照体系：

> 中国在很长的时间里，由于缺乏一个对等的"他者"（the other），彷佛缺少一面镜子，无法真正认清自身，在十九世纪，中国是在确立了"世界"与"亚洲"等"他者"的时候，才真正开始认清自己，近代中国关于"世界"的话语，其实就是关于中国的再定位。②

---

① 廖平的华夏与夷狄之辨，也就是中国与西方之别，简言之，在于"三纲"的有无。廖平指出："《采风记》言：西人希腊教言君臣父子夫妇之纲纪，与中国同，耶稣出而改之，盖采之近人之说，窃以此言为失实。三纲之说，非明备以后不能兴，既兴以后则不能灭。西人旧法不用三纲，恐中人鄙夷之，则以为古实有之，非中国所独有，因其不便，乃改之，则使中国教失所恃，西教乃可专行。……今之西人，如春秋以前之中国，兵食之政方极修明，无缘二千年前已有教化。以中国言之，无论远近荒徼，土司猺獞，凡一经沾被教化，惟有日深一日，从无翻然改变之事。故至于今，中国五千年皆沾圣教，并无夷狄之可言。以一经教化，则从无由夏变夷之理也。"见廖平《知圣篇》，《廖平选集》上册，第202—203页。
② 葛兆光：《中国思想史》，商务印书馆，2007，第510页。

在经历甲午战争，中国败于"蕞尔小邦"日本的刺激之后，许多知识分子开始从国力、科技、制度等各个层面去思考中国不如西方，已经不在"世界"之"中"，甚至还未进入到以西方为主体的"世界"之内，包括从晚清小说也可以看到不少反思中国已不再是俯视天下与卓然独立的"中心"。①廖平要重新揭示：礼乐文明才是真正能够居于中心的价值，也因着中国具有，但西方所没有的经教价值：三纲，这是孔子寄托"周公"制礼作乐的核心，华与夷／文明与蛮野的分界，也是文化上"中心"与"边缘"的判准。因此，廖平借着说《尚书》的"周公篇"由海内推向海外，②就是以中国居世界之"中"，将文明向外推扩之意。

（二）素王之道与东西半球

廖平认为孔子托周公用夏变夷以致太平，借着"居东"以表达"中天下而立"，而这个概念的核心，又在于周公的营建洛邑。周朝在武王时，已有营建洛邑（成周）的构想，《尚书孔传》云："武

---

① 颜健富对此一议题有生动的研究成果，他指出晚清小说中反映了在世界的坐标上，"中国中央论"的信念已经受到冲击，并举了几个代表性的例子说明。例如1903年，金松岑于《孽海花》第一回的"奴乐岛"描写，正是影射中国遭遇"恶风""怪风""大潮"等代表自西徂东的西潮，沉向孽海，沦为"奴隶"位置。1906年，萧然郁生发表于《月月小说》第1、2号的《乌托邦游记》，文中遍游世界者叙述进入展示"世界"的书笥之处，英、法、德、日等小学说皆排列于显眼位置，但中国小说却无法放置在象征世界坐标的书笥，只能散乱于地。这恰是作者对"中国"的反思：挤不上"世界"位阶，离"中"远矣！1905年，陈天华连载于《民报》第2—9期的《狮子吼》，小说内容从"话说天下五个大洲"转到"大中华沉沦异种"，以西方文明的"后出转精"对照中国的一泻千里，也是反思中国于"世界"中的位置。见颜健富《广览地球，发现中国：从文学视角观察晚清小说的"世界"想象》，《中国文哲研究集刊》2012年第41期，第1—44页。
② 廖平：《知圣篇》，《廖平选集》上册，第215页。

王克商，迁九鼎于洛邑，欲以为都。"①又《逸周书·度邑》《史记·殷本纪》《汉书·地理志》都有类似的说法。周最初由根据地岐下，经文王迁丰，武王迁镐，逐步东移，在当时是为了取得政权的需要。而在取得政权之后，又进一步建都洛邑，是为了便于对新拥有的东部广大地区进行统治。由于客观条件的限制，武王的这个宿愿，到周公东征后才得以实现。成周本是战略要地，又位居版图的中心，不仅四方入贡道里均等，更可以遥控四方，挽毂天下，周初所以成"大一统"的局面，营造洛邑是关键所在。②《尚书》营洛邑的经过可从《召诰》《洛诰》《多士》等篇窥见大概。洛邑在历史上有如此重要的意义，但廖平要发挥的不是这个周初的史实，他要说明孔子经典是缘着洛邑历史的特殊性，赋予未来世界的规划。

1.营洛邑与东西两京的肇开

廖平在完成于光绪二十三年的《经话（甲编）》中说："周公开南服，营洛邑，终归于西京，与《春秋》存西京相通，不使秦有周旧地。"③《经话（甲编）》的内容为大统全球的论述，"开南服"正如前文所说的，以孔子之道居地球之中，用夏变夷之意。值得注意的是，"营洛邑，终归于西京"有什么特别的含意呢？这源自于《尚书·洛诰》的内容。《尚书正义》有较简要的说明："周公摄政七年三月，经营洛邑，既成洛邑，又归向西都。其年冬将致政成王，告以居洛之义，故名之曰'洛诰'，言以居洛之事告王也。"④根据

---

① 孔安国注，孔颖达正义《尚书正义》，第218页。
② 金景芳、杨向奎、马承源都曾论及洛邑的地位与贡献。见郭伟川编《周公摄政称王与周初史事论集》，第67—69、107、109页。
③ 廖平：《经话（甲编）》，《廖平选集》上册，第456页。
④ 孔安国注，孔颖达正义《尚书正义》，第224页。

《尚书正义》的说明，周公经营洛邑完成之后，又从洛邑回到西方的镐京，目的除了准备致政成王以外，更重要的是向成王陈说迁都洛邑的重要性。

而廖平此处论"营洛邑，终归于西京"的目的，又与《春秋》的尊王攘夷联系起来，是为了"不使秦有周旧地"，因为春秋时，僻处西陲的秦国仍被视为夷狄。①所以廖平"营洛邑""归西京"都是用夏变夷的思想。当然，"洛邑"与"西京／镐京"对廖平而言已经不再是真正的地理位置了。廖平引《诗》"周虽旧邦，其命维新"，将此二句诗诠释为《尚书》的周是"新周／大周"，就是孔子的素统大业，为规划整个世界的"皇统／大统"，不是历史上的"旧周／小周"，若拘泥于洛、镐的实地情形，则未免"坐井而观"，不能了解孔子圣教的伟大。②明白了廖平的本意，再回过头来看"归于西京"一句，详细地说，"素王之道"归于"西京"，就是为了要让"西方"能够接受王道的化导。廖平在上述这个光绪二十三年的著作中，对王道、华夷的思考，隐然将世界分成了东（洛邑）、西（镐京）两个部分，但是他在这时还未明确地说明东、西的区别与意义，直到后来的著作才有更细致的发挥。

廖平民国之后刊出的著作如《书经大统凡例》《尚书弘道编》《书中候弘道编》等书中，进一步将"洛"分成"东洛"与"西

---

① 此处或许会启人疑惑的是，营洛邑在西周时期，如何与《春秋》联结？这对廖平来说是不成问题的，因为经典都是孔子所作，各经的微言大义本来就是连成一气的，且经典内容是象征未来，不必拘泥历史上的时间地点。
② 廖平指出："盖旧周为王，新周则为皇；小周为姬周，大周为皇统之国号。尼山美玉，待价而沽。若拘拘于洛镐之实地情形，则未免坐井而观耳！"见廖平《书经大统凡例》，第7b—8a页。

洛",分别代表东、西半球之京。这时候,原本在洛邑之西的镐京,已经不在大统的论述当中,他说:"小统,宗周在西镐,成周在东洛;大统,宗周在东洛(东京),成周在西洛(西京),次递及远,验小推大。"①廖平不谈镐京而专讲"洛",是因为《尚书》里的周公营洛邑,不是营镐京。廖平以孔子托周公开创大统,欲将经典的周公经营洛邑解释为经营地球东西两方,因此将"洛"分为东西洛,东半球的东洛为"宗周","宗周"表示本来所在的东方;西半球的西洛为"成周",代表新创建的西方。廖平完全抛开了前人的注疏,以己意诠释经典,他诠释《尚书》主要叙述周公营洛邑的《召诰》与《洛诰》,其中深深地蕴入了地球的概念:

> 《书》两京为大统,东京为东洛,……西京为西洛……武王初让天下,周公居东为新邑洛(原注:非小周之洛都),治定功成,让于成王,迁居西方。《多士》"今朕作大邑于兹洛"(原注:此为西洛,其曰"周公初于新邑洛",则指东洛)是也,两都两洛……《洛诰》:"我乃卜涧水东,瀍水西(原注:涧瀍指东西洋海),惟洛食;我又卜瀍水东(原注:"涧水西"三字旧脱今补),亦惟洛食(西洛)。"是为两京之确证。②

《尚书》的"涧水东,瀍水西"即瀍涧之间,今河南城附近,周公占卜此地营建新都得吉,而廖平转而将瀍、涧指为地球的东西洋

---

① 廖平:《书经大统凡例》,第15a页。
② 廖平:《书经大统凡例》,第10b—11a页。

第三章 经学理想的世界文化空间蓝图　187

海,在东西洋海两边营建东京与西京,两京通畿又结合上大同的思想:

>（《洛诰》）此篇周公让成王,周公禅位,成王主祭,与《召诰》为大统东西两京。《召诰》武王让周公,如尧让舜,摄位于东京,即东半球之地中。《洛诰》周公让成王,主东洛,如舜让禹,又通畿于西洛,开化两京,皆周公之功。《礼运》说大同之世,大道之行,天下为公是也。①

廖平的东京与西京,很明显地强调东、西先后的关系,从他将东半球称为"宗周",有本来所在之地的意思,已可看出。他说《召诰》是武王传位周公,让周公摄位于东半球的首都宗周;《洛诰》是周公让位于成王,使成王主政于东半球,之后周公随即如《洛诰》经文所说的"归于西京",到西半球再去创建另一个首都"成周"。

廖平将东方与西方分别开来,意味着先有东方,才有西方,诚如他所说的"周公绍承东土,开化西方"。②又《康诰》周公勉成王之语:"朕心朕德,惟乃知。"廖平注云:"东京得地中之法,皆汝所知,今辟西京,当仿效之。"③东方可凭借的资源,就是高度的礼乐文明,要以此文明去化导/开辟西方,最后东西通畿,即是大同之世,因此廖平说"全球之大,皆周公所开辟"④:

---

① 廖平学,黄镕笔述《书中候弘道编·成王六篇》,第1a页。
② 廖平学,黄镕笔述《书中候弘道编·成王六篇》,第17b页。
③ 廖平学,黄镕笔述《书中候弘道编·成王六篇》,第19a页。
④ 廖平学,黄镕笔述《书中候弘道编·成王六篇》,第17a页。

> 周初，承殷旧制，传及践阼，政成逊位，此周公之故事。孔圣因之作《书》，推广大统，……仲尼盛称西方圣人，不治而不乱，不言而自信，荡荡乎，民无能名，盖托周公以肇开西极，创建西京，哲想冥冥，百世不惑，其精神与周公相接，寤寐与周公潜通，语语梦见周公（黄镕注：凡梦皆占未来，不占以往），谓此也。又《书》之前后皆以"摄"立义，舜摄尧之天下以开化西南，周公摄武之天下以通徼，东西煌煌圣制，正《列子》所谓修《诗》《书》以治天下，遗来世也。实则舜与周公之摄，皆孔子垂空言以俟后耳。①

孔子因着周公践阼复让位的史事寄寓自己的理想，制作《尚书》，命以新义，目的是以周公形象肇开大统疆域，让东、西方都有美好的文明。经典是指向未来，所以孔子屡云梦见周公，"凡梦皆占未来，不占以往"，所以《尚书》规划未来世界，其中的主角即是周公。这么一来，"周公"就等同于孔子，"周公"的伟大就是孔子的伟大，"周公"之业就是素王功业。而素王功业与建都理论又关系密切，下文接续谈论这个问题。

2.东西半球的两京与"地中"

（1）土圭以测全球之"中"

在廖平的思想中，孔子托"周公"营建东洛与西洛两京，各为东、西半球之"中"，并指出，素统／皇统／大统时代来临时，依据经典，必须于"地中"建都，这种思想有长久以来的传统渊

---

① 廖平:《皇帝疆域图》第二十一，第4a页。

源。"地中"是指天下的中心,即方位在中央之意。现代的学者认为"中"的概念起源可能与古代先人对天体运行的观察有关,认为宇宙是规范而有序的,天与地相对,而天与地又都是由对称和谐的中央与四方构成的,中央是宇宙秩序的轴心,因而产生了"尚中"的观念和"择中"意识,这也影响到建都地点的选择。根据推测,天下、中国、四方、四海、四夷等概念似乎在夏代以前就已经存在了;商人也以五方将全国政治疆域划为五块,商王直接统治区居中,号称"中商"。①司马迁于《史记·货殖列传》指出:"昔唐人都河东,殷人都河内,周人都河南。夫三河在天下之中,若鼎足,王者所居也,建都各数百千岁。"以此看来,把国都建在"天下之中"是唐尧以来的传统思想,这个思想到了周公营建洛邑时有了进一步的落实与阐发。

据《尚书》的《召诰》《洛诰》《多士》,以及《逸周书·作洛》等记载,可以见到周公的营洛过程,包括事前的相土、占卜、选定城址,再经过数年的建设,洛邑成为西周王朝控御天下的政治、经济和文化中心以及经营四方的军事枢纽。周公发挥了"天下之中"的概念,也建构了中国古代第一个成熟的建都理论。廖平既认为"周公"为经典肇开大统之符号,则周公营洛于"地中"自有其特殊的意义。他说:

> 经义,皇统建都,必求地中。《召诰》"王来绍上帝(原注:地九州,天九野),自服(原注:十五畿服)于土中",

---

① 李久昌:《周公"天下之中"建都理论研究》,《史学月刊》2007年第9期,第23页。

是也。《周礼》土圭测日，日至之景，尺有五寸，谓之地中，乃建皇国，此法当合全球测之。……旧于颖川阳城立八尺之表以求之，无怪其不合也。①

廖平引《尚书·召诰》及《周礼·大司徒》的传统建都思想，说明皇统（大统）建都必求地中之理。《召诰》曰"王来绍上帝，自服于土中"，又曰"其自时中乂"，《尚书孔传》解释此"中"为"地势正中"；《尚书正义》也指出，天子将欲配天，必须居土中（地中）为治，且王者应当慎祀于天地，居于地势正中之处，也有合于天心之意。②《召诰》说的是国都应建于天下之中的精神，而《周礼·大司徒》则更具体地说明建筑宫室，如何以土圭之法"辨方正位"求地中。

土圭是古代用来测日影、校正四时和测度土地的器具。"土圭"的"土"即是"度"，乃是测度、测量之意。《周礼·大司徒》曰：

> 以土圭之法测土深，正日景以求地中。日南则景短多暑，日北则景长多寒，日东则景夕多风，日西则景朝多阴。日至之景，尺有五寸，谓之地中，天地之所合也，四时之所交也，风雨之所会也，阴阳之所和也。然则百物阜安，乃建王国焉。

根据这段经文所记，以土圭测日影的目的在求"地中"以度地封

---

① 廖平：《书经大统凡例》，第11b页。
② 孔安国注，孔颖达正义《尚书正义》，第221—222页。

国。依郑玄的见解，当影子短于土圭时，称为日南，是地比日更接近于南方。如果影子长于土圭，称为日北，是地比日更接近于北方。如果影子东于土圭，称为日东，是地比日更接近东方。如果影子西于土圭，称为日西，是地比日更接近西方。关于经文"日至之景，尺有五寸，谓之地中"，郑玄引郑司农的看法说："土圭之长，尺有五寸，以夏至之日，立八尺为表，其景适与土圭等，为之地中，今颍川阳城地为然。"①颍川阳城在洛阳一带，自古被视为天下之中，夏至之日，此处的日影与土圭等长。廖平发扬《尚书》《周礼》的建都理论应求地中观点之际，又特别强调《尚书》《周礼》两者的指涉都是地球，古人因为没有了解经典原意，误把中国的中心洛阳当成了天下的中心。因此孔子托"周公"营"洛"也只是象征的符号，指东、西半球的地中，非洛阳实地。他再三说明《周礼》的土圭测地中之法，"当合全球测之"：

> 按土圭之说，明文著于《周礼》……顾其法乃全球三万里测日度地、建中立极之用，从前试用于颍川阳城，此不过中国之中耳。中国疆域大略五千里，而欲用三万里测量之器，蜂房鹄卵，大小枘凿，地望既差，天光必舛。八尺之表与古不符，丈五之景，去道愈远，圣制难征实验，由是土圭典物，悠悠虚悬。……经义下俟百世，预料地球广远，将来大一统之世，不得地中以建都，上不能合天心，下不能扼地轴，四方朝贡道里不均，非所以钧衡天下也。……孔经韫匵之美玉，俟后久远，

---

① 郑玄注，贾公彦疏《周礼注疏》，台北：艺文印书馆，1989，第154页。

待人而行。①

引文指出所谓的土圭测地中，是全球三万里的地中。经义指向未来，将来一统世界必须以全球之"中"来建都，才能"合天心""扼地轴"，四方朝贡道里均等，这是地中所以能"钧衡天下"的原因。廖平将"地中"解为全球之"中"，除了仍要说明孔经已有地球的观念之外，他又将"地中"概念蕴入了东西方的文化意涵。

（2）以文化为中心的两半球论

由于地圆学说的传入，中央与四方的空间秩序感已被摧毁，廖平要寻回这样的价值观，因此重新阐扬《尚书》《周礼》的建都应于地势正中之处，并以之对应到全球。但这种思想并不仅仅是具体的方位问题，还有更深一层的文化意涵，特别表现在他对东西半球各有一个"地中"的论述上。廖平以《诗·板》的六畿与《周礼》的九畿分别呈现一幅东、西两半球各有一个"地中"的图像（见本章图3.1）。他说：

> 《大司马》九畿加藩、垣、屏、翰、宁、城，固纵横三万里矣。但九畿以王、侯、甸为京畿，而《莽传》曾经实行之制，则以城、宁为京畿，二义枘凿，两雄并栖，最难解决。今审此为两京通畿例，与《诗》之镐、洛同义。《春秋》之东京、西京为小统；《书》两京为大统，东京为东洛，用《板》

---

① 廖平：《皇帝疆域图》第三十七，第77a—78b页。

> 诗六畿,以城、宁为心。……西京用西洛,用《周礼》九畿,以侯、甸为心。①

廖平指出《周礼·大司马》的畿数为九,京畿为王、侯、甸,但《诗·板》的畿数为六,京畿为城、宁;二者的畿服数、名称皆不同,看似互相矛盾,事实上这二者是分别代表东、西半球两京的大统之制:

> 大统之两京,与今东西两半球之地图相符,东半球用《板》诗六畿,城为东京,为东洛,即新莽曾经实行之制,故《大诰》东征(黄镕注:密迩东京,是以东征),宁字十二见。又曰:朕卜并吉(黄镕注:东方吉服),予得吉卜(黄镕注:穆卜西方),皆宁畿在东之确证。西球则用《周礼》九畿,王为西京,为西洛。②

《尚书·大诰》的周公东征内容出现了十二个"宁"字,而《诗·板》靠近京畿的服制称"宁",廖平把两个文本里完全不相干的概念互相牵引附会,解释成东半球采用《诗·板》的六畿(六服制),其京为东洛;西半球采用《周礼·大司马》的九畿(九服制),其京为西洛。图3.1即是他绘制的示意图。

从图3.1可以看出廖平欲结合经典的两种畿服制,呈现一种具有东、西半球的文化图像。有意思的是他不直接讲全球统一,却要先

---

① 廖平:《书经大统凡例》,第10a页。
② 廖平:《皇帝疆域图》第二十三,第13b页。

将地球分为东西两边，笔者推测主要有三个原因。第一，晚清世界地理的传入普及，东、西半球的词汇常出现在各个刊物，他要说明经学内容也有新地理学东西两半球的视野。第二，从他提出经典有东、西方两种不同名目的畿服制来看，已显露出内心的文化意识。盖东半球的六服制少于西半球的九服制，表明东方的文化沾被较广，以致外围的服制缩减，更多的同化于中央。第三，廖平的东西两半球各有一个"地中"，也存在某种程度认同西方文化的想法于其中，隐然承认西方也是另一种文明；这涉及更复杂的问题，我们在推论廖平是否具有此种心态时，若同时回顾传统的思想，会发现这不是完全无迹可寻的。

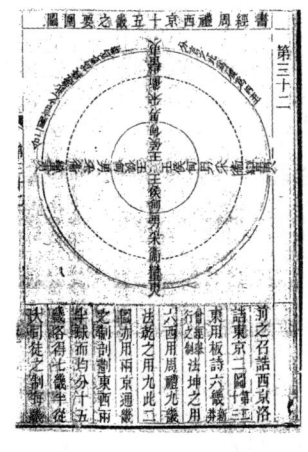

图3.1　大统两京图

中国中心的天下观从上古逐渐形成以来，天下就是以一个文明为中心，一直延续到近代，不过在这个历史过程中也曾有过例外的情形出现，就是佛教的传入。佛教经典论证天下之中在印度，有自己的一套世界观,对早期中国的佛教徒来说,印度是真理的出处,自然也是文明的中心。不过由于佛教已进入中国,佛教徒便改说有印度、中国两个文明中心,或者进一步说世界有多个文明并列的中心,其中很流行的说法就是四方还有四天子,散见于4世纪末到7世纪的佛教著作中。①尽管后来佛教中国化了,甚至屈服于中国主流意识形态与儒家学说,但它曾使中国文明天下唯一的观念受到前所未有的冲击。这样的历史表达了当另一种文化接触、进入中国时,也会刺激时人对"文明"有更广泛、多元的思考空间。再反思廖平的看法,他以东、西方文化最大的差别,就是东方长处在"文",礼乐高度发展,但日久产生文弊;西方长处在"质",重视工艺器械、兵力等,短处是缺乏礼乐为主体的涵养教化。整体说来,"文"的价值仍高于"质",所以东方依旧殊胜于西方。②这么说来,廖平其实也认同西方"质"的文明,这或许也是他将示意图分为对等的东、西两边的原因之一。只是他宗于孔子,一切最完美价值的根源都必须从孔子而来,孔子之道既为"文质彬彬",那么西方的"质"也是中国固有,现在要"礼失求诸野",以"质"救东方之

---

① 4世纪末的《十二游经》、6世纪的《经律异相》、7世纪的《法苑珠林》,以及7世纪玄奘的《西域记》序文、道宣的《释迦方志》《续高僧传·玄奘传》中,都有南赡部洲四主的说法,例如《十二游经》有言:"阎浮提中有十六大国,八万四千城,有八国王,四天子。东有晋天子,人民炽盛。南有天竺国天子,土地多名象。西有大秦国天子,土地饶金银璧玉。西北有月支天子,土地多好马。"法国学者伯希和发现了这个特色,但他解释此类现象只是一种长期历史中的"新奇插话"。不过葛兆光从较深邃的思想角度指出,这是佛教进入中国后,使中国文明天下唯一的观念受到冲击的显示。参伯希和《四天子说》,收入氏著《西域南海史地考证译丛(三编)》,冯承钧译,兰州古籍书店,1990,第458—473页。又见葛兆光《作为思想史的古舆图》,收入氏著《古代中国的历史、思想与宗教》,北京师范大学出版社,2006,第60—61页。
② 廖平学,黄镕笺述《世界哲理笺释》,成都存古书局刻,1921,第3b页。

文弊，相对地，西方的"质"更需接受东方礼乐的熏陶，彼此损有余而补不足。①

行文至此也更能使人体会到，廖平是以孔子托"周公"于未来建立两京，各于东、西半球"中天下而立"，两处的"地中"也是立于孔子之道的居中（中庸）之处。廖平又说："《论语》：文质彬彬，然后君子，东文西质，两京相合，统一于东洛，是为君子所。"②因此东、西方彼此取长补短，两半球先各自形成一个文质彬彬的"京"或"地中"，渐进的向外化导，最终由东方的文化主导统一，成为一个"皇帝"的大统／皇统／素统之全球太平盛世，这也代表廖平向往的境界。

第二节　世界万邦来朝：太平之世的"大明堂"

廖平诠释孔子托"周公"建立全球之"地中"，此时是未来文质彬彬的太平时代，以素王之道作"皇帝"，万邦来朝于此皇都，廖平又指称这个地方即是古籍所谓的明堂。为何会以"明堂"为太平世的万邦归极之处？这必须从明堂在历史上的意义说起。明堂是在先秦流传文献中常见的一个名词，对秦汉以后的儒家而言，明堂代表他们观念中最后一个"黄金时代"，也就是周公致太平的年代

---

① 廖平对"居中"一词的诠释，本身就有调和折衷之意，他说："《论语》由、求、进、退，即裁成狂狷以合中行。《中庸》子路问强，孔子言南北之强，事各不同，而折衷于君子，'宽柔以教'，至君子居之，'中立而不倚'。圣人居中，调剂四方，化成万物，不必有所作为。取四方相反相成之义，去其有余，以补不足。"见廖平《知圣续篇》，《廖平选集》上册，第266—267页。
② 廖平学，黄镕笔述《书中候弘道编·周公七篇》，第23a页。

之行政中心。从先秦到汉代儒家的理念中,有一个深植人心的图像,是周公抱着幼小的成王在明堂上,面对来朝的海内外诸侯颁行王政(载于《孔子家语·观周》)。这个图像可以说是后世政治理想的典范,所以明堂的意义一直是后世学者十分关切的课题。①

由于上古的明堂文献,如《周礼·考工记·匠人》《礼记·明堂位》《大戴礼记·明堂》等都是断简残篇,因此明堂的来源、形式、功能如何,留下很多解释的空间,两千年来关于明堂的制度聚讼不休,本文限于主题与篇幅,不多做叙述,②仅就廖平个人的思想做探讨。廖平并不从上古以来的发展历程看待明堂制度,换句话说,他不认为经典或子书、纬书等先秦古籍所叙述的明堂是真实存在过的周代礼制,明堂是孔子的"俟后"之作,指涉的时间与对象是未来世界一统之时才要实施的制度。

一、明堂根源圣经指向大统

廖平指称古籍中提到的明堂并非故有存在的制度,都是发明孔子未来大统的微言大义:

> 按《伏传》《孝经纬》所言明堂之广狭,各有取义。《伏》以"九雉"象二万七千里;《纬》以"九筵"象八十一州,丈尺虽殊,其即小观大之意同也,合之《戴记》《周书》《考工·匠人》,莫不解说经谊,预拟隆规,以俟后圣施行,

---

① 黄铭崇:《明堂与中国上古之宇宙观》,《城市与设计学报》1998年第4期,第135页。
② 近年来明堂研究的代表作,可参见张一兵《明堂制度研究》,中华书局,2005。

扼其大要，润泽由人，岂姬公朝诸侯已实有此明堂乎？能知此义，则将来大同时代，欲建明堂以纳方国之珍贡，起儒生而制朝仪，庶不至悠谬不知其源耳！①

廖平以《尚书大传》《孝经纬》两书各称明堂的尺度为"九雉"及"九筵"有特殊的象征意义，此"九"暗喻全球范围的"大九州"。又《大戴礼记》《周礼·考工记·匠人》等，凡有明堂的记载或相关论述者，都不是历史上周公时期产生的制度，而是欲解说孔子俟后宏大的规划。廖平又指出，若后世之人能够了解明堂的这一层意义，对于将来大同时代如何兴礼乐而助成"皇统"，是大有裨益的。从这个地方也可以看出，廖平视明堂为礼乐文明的中心，而世界大统时代的来临要靠兴礼乐来帮助完成，这也是何以明堂在廖平心中具有特别意义的原因。

历代以来关于明堂的讨论众说纷纭，资料散见于《礼记·月令》《尚书大传》《周礼·考工记·匠人》《礼记·明堂位》《逸周书·明堂》《孝经纬》，以及先秦诸子如《管子》《尸子》《晏子》《孟子》等书中。自古研究明堂的学人，如汉朝蔡邕、后魏李谧、南宋朱熹都曾有讨论，清代考据学者的考察也颇为丰富，②这一路下来到王国维著《明堂庙寝通考》一文为止，讨论此问题的内容已

---

① 廖平：《皇帝疆域图》第四十，第101a—101b页。
② 如收录于《皇清经解》的阮元《揅经室集·明堂论》、金榜《礼笺》、严杰《经义丛钞》皆有具代表性的论说。又收录于《皇清经解续编》中的任启运《朝庙宫室考》，焦循《群经宫室图》，邹汉勋《读书偶识》第五段，金鹗《求古录礼说》中的《明堂考》，夏炘《学礼管释》中的《释明堂》，黄以周《礼说略》中的《明堂》，以及朱大韶《实事求是斋经义》、徐养原《顽石庐经说》等等，均有明堂的详细考证或图表，尤其以惠栋的《明堂大道录》最堪称为力作。

甚为庞大可观,然而各家的结论却莫衷一是。但廖平认为自古研究、考证明堂的学者仍是犯了"以史说经"之病,未曾体会出孔子指引未来的本意,所以他首先强调明堂的思想是根源于孔子经典。

廖平依据他所认知的明堂功能,将复杂的明堂型态分为三大类:周公朝诸侯之明堂、颁朔明堂与宗祀文王之明堂。《礼记·明堂位》《逸周书·明堂》等为周公朝诸侯之明堂的代表;《礼记·月令》《尚书大传》等为颁朔明堂的代表;《孝经纬·援神契》等为宗祀文王之明堂的代表。①廖平综观各种明堂的数据,对其功能提出自己的一家之言:各种典籍所叙述的明堂,不外是朝诸侯、颁朔与宗祀文王三大典礼,这三大典礼泾渭分明,后儒不能明白,于是将各种明堂的说法合为一冶,以致混乱而左支右绌。因此欲申说明堂,当明此三大典制,这三大明堂的典制又都根源于《尚书》:

> 夫群言淆乱衷诸圣,传、子、纬根原圣经,经立大纲,诸家详其细目。今考朝诸侯之明堂(黄镕注:即明堂位),出于《召诰》之"攻位""位成";颁朔明堂出于"皇道篇"之授时(黄镕注:说详"全球立宪图");宗祀文王之明堂出于《召诰》之用牲于郊(黄镕注:郊天祀上帝,乃宗祀文王于明堂,以配上帝)。此三大典礼,传记通称为明堂,阐发经制,本甚明晰。后之解家,随文注疏,不于三大明堂审量其实用之所宜,乃欲牵连明堂诸说,合并一冶,或又与路寝之朝胶漆相混,……奚怪左支右绌,终觉矛盾哉!……说明堂者,当分此

---

① 廖平:《皇帝疆域图》第四十,第101a—102a页。

三大典制解之，则泾渭别流，而康庄掉臂矣。①

实际上，《尚书》的经文并没有"明堂"一词，廖平之所以要让明堂根源于《尚书》，主因在于他认为《尚书》是孔子规划大统的经典，所以特别加强两者的关系。以下则略述他所谓的三大类型明堂："颁朔明堂""宗祀文王之明堂""周公朝诸侯之明堂"三者分别与《尚书》的联系。

廖平论明堂的三种类型之一为"颁朔明堂"。颁朔是古代帝王的重要行事，按照一年中的时令变化来进行社会管理，基本程序是每年季冬向诸侯发布次年十二个月中，每个月的主要行政计划，《礼记·月令》可为代表。《月令》兼记"月"与"令"，"月"是天文，"令"是政事。王梦鸥指出，先秦有一派学者认为王者必须承"天"以治"人"，故设计这一套依"天文"而施行"政事"的纲领。②廖平则认为这种以《月令》为代表的颁朔明堂源自《尚书》的"皇道篇"。"皇道篇"为廖平自创之词，内容取自《尧典》的"乃命羲和"至"鸟兽氄毛"一段，③讲天文历法、敬授民时之事。他说：

---

① 廖平：《皇帝疆域图》第四十，第102a页。
② 王梦鸥：《礼记今注今译》上册，（台湾）商务印书馆，1987，第201页。又张灏认为，"明堂"制度就是《月令》这种思想的具体表现：天子及其臣下随从每月的衣食住行，以及其他生活细节都需要透过"明堂"的安排，与宇宙秩序的运行相配合。这也是一种天人之际的思想，以"天人相应"的观念为中心。见张灏《幽暗意识与民主传统》，台北：联经出版公司，2006，第37—38页。
③ 廖平：《尚书今文新义》，收于《尚书类聚初集》册8，台北：新文丰出版公司，1984，第634页。

颁朔明堂，即《月令》之明堂。"皇道篇"敬授民时，所谓春旸谷、夏明都、秋昧谷、冬幽都。《礼·月令》说之以青阳、明堂、总章、玄堂，四时四方，其名不同，《伏传》详言之。其堂分布四郊，每方三室，大统之世，颁行十二月十二正之时令，一岁而周。①

廖平强调《月令》中代表四时四方的明堂名称：青阳、明堂、总章、玄堂，分布于国之四郊，天子顺四时于此四处颁令，表达依据时令行事，②这是根源于《尚书》"皇道篇"中羲和四子的观象授时。廖平此处所说的颁朔，是"大统之世，颁行十二月十二正之时令"，指的对象是全球。所以廖平论明堂的三种型态之一："颁朔明堂"也有两个同样的重点，一是根源于《尚书》，二是指向大统。

廖平论明堂的三种类型之二为"宗祀文王之明堂"，并认为这源自于《尚书·召诰》的"用牲于郊"一句，原意是周公至洛地视察，于此郊祭于天。经文虽未明言郊祀上天与宗祀文王的联系，但廖平援引《孝经》、纬书等数据来说明它们之间的关系：

---

① 廖平：《皇帝疆域图》第四十，第102b页。
② 廖平对于《月令》明堂的看法，在某些层面与郑玄不同。关于明堂的方位，《礼记·玉藻》："听朔于南门之外。"郑玄注："明堂在国之阳，每月就其时之堂而听朔焉。"因此郑玄认为明堂"在国之阳"，即南方。但廖平认为明堂的四个部分之建筑：青阳、明堂、总章、玄堂分布于国之四郊，每郊三室。又郑玄指明堂十二室，人君居之，一月必迁一室，廖平也反驳此种说法，他于《经话（甲编）》中提出异于郑玄的说法："天子顺时颁令，凡一切服色、车数、器物皆取应物象，故春三月，于东郊之庙颁其制，仲在中，孟在左，季在右，一季三易……夏如之，秋冬亦如之。"故天子并非每月居一室，而是每月在当令之室颁令。见廖平《经话（甲编）》，《廖平选集》上册，第479—480页。

宗祀文王之明堂，见于《孝经》，周公祀之，以配上帝者（黄镕注：《钩命决》曰，后稷为天地之主，文王为五帝之宗）。《援神契》曰：明堂者，上圆下方（黄镕注：文同《大戴》）、八窗（黄镕注：象八方）、四闼（黄镕注：象四方），布政之宫（黄镕注：当曰郊祀之宫），在国之阳（黄镕注：南郊）。又曰：明堂，文王之庙，盖之以茅（黄镕注：说同《大戴》）。周公所以祀文王于明堂，以昭示上帝（黄镕注：《帝典》，类于上帝），据此乃郊祀上帝时，以文王配。①

《孝经·圣治》与《孝经纬·援神契》均提到宗祀文王于明堂以配上帝，廖平引述这些资料，并牵引《尚书·召诰》的"用牲于郊"一句，指称《召诰》的郊祭上天必定有文王配享，这就论证了宗祀文王的明堂型态之概念来自于孔子的《尚书》。而廖平解《召诰》的郊祀"上帝"又有特别的意涵，他指"上帝"为"天"，是孔子欲以天的辽阔来暗示地球的存在。②

上文讨论了廖平所谓的三大类型明堂之"颁朔明堂"以及"宗祀文王之明堂"二种，而他自己本身最重视、发挥最多的，也与本章主题有密切相关的，就是明堂的第三种型态："周公朝诸侯之明

---

① 廖平：《皇帝疆域图》第四十，第102b页。
② 廖平在提到星象分野时，指出孔子取象于天道，是要以天的辽阔，使人人仰望而知地象亦然，"以九州之山，印证天之九野，天之范围不小，即地之版宇无疆"，见廖平《皇帝疆域图》第十一，第41a页。又廖平解《尚书·召诰》的"王来绍上帝"一句，释"王"为"王畿"，"来"为"采"，为采服万里之意。释"绍上帝"为"绍天"，整句意为王畿的采服万里，如同天际般的辽阔，暗喻地球的存在。见廖平学，黄镕笔述《书中候弘道编》，第18a页。

第三章　经学理想的世界文化空间蓝图　203

堂",故下文将焦点集中于这一议题上。

廖平论"周公朝诸侯之明堂",认为源出于《尚书·召诰》的"攻位""位成"一段,《召诰》经文为:"惟太保先周公相宅,越若来三月,惟丙午朏,越三日戊申,太保朝至于洛卜宅,厥既得卜,则经营。越三日庚戌,太保乃以庶殷攻位于洛汭,越五日甲寅,位成。"《尚书孔传》与《尚书正义》对这段经文的解释是:成王命太保召公先于周公往洛水之旁,相视所欲经营新邑之处,既得吉卜,则以众殷民归周者经营布置洛地,到了甲寅之日,布置的工作完成。①因此"攻位""位成"是经营布置洛地的工作已经完成,并准备建都之意。但廖平并没有跟着《尚书孔传》与《尚书正义》的解释,而是引伏生的《尚书大传》解之。《尚书大传·康诰》曰:

> 周公将作礼乐,优游之三年不能作,君子耻其言而不见从,耻其行而不见随,将大作,恐天下莫我知也;将小作,恐不能扬父祖功业德泽,然后营洛以观天下之心。于是四方诸侯,率其群党,各攻位于其庭。周公曰:示之以力役且犹至,况导之以礼乐乎?然后敢作礼乐。《书》曰"作新邑于东国洛,四方民大和会",此之谓也。

《尚书大传·康诰》的"攻位"意同于《尚书·康诰》的"作新邑于东国洛,四方民大和会",廖平以此意解说《召诰》的"攻位":"(周公)营洛以观天下之心。于是四方诸侯,率其群党,各攻位

---

① 孔安国注,孔颖达正义《尚书正义》,第218—219页。

于其庭。"① 这是天下统一，大朝诸侯于洛邑的景象。前文也讨论过，廖平所谓的孔子托周公营"洛"，并非周代的洛邑，而是大统时期全球的建都之处："地中"，它不只是方位，更多的是文化意涵，现在廖平也把这个地方与明堂等同起来，欲表达世界一统，象征孔子之道的明堂为万邦归极之处。以这个思想为基础，以明堂居中，来朝者依据文化高低，各列于其位，形成一个井然的秩序，即是"位成"，廖平视此为"明堂位"的精神。

二、"万邦归极"与"辨方正位"：朝会世界诸国的礼序

前已提及明堂流传文献中，最重要的母题，是周公抱着幼小的成王在明堂之上，大会诸侯以及四夷之国的君长或使臣。这种"协和万邦"的盛世景象，廖平认为孔子已经写在他著作的大统经典《尚书》中，包括《召诰》的"攻位""位成"，及《康诰》的"四方民大和会"，都是天下政治修明，包含华夷的五服之民都和悦到来的表征。而《礼记·明堂位》《逸周书·王会》，还有《仪礼·觐礼》的天子朝会诸侯之描绘，也被廖平诠释为是《召诰》《康诰》的经文之"传"。以下先来分析这几篇著作的具体内容，俾能较深入的说明廖平所要阐发的思想。《礼记·明堂位》中有言：

> 昔者周公朝诸侯于明堂之位：天子负斧依南乡而立；三公，中阶之前，北面东上；诸侯之位，阼阶之东，西面北上；诸伯之国，西阶之西，东面北上；诸子之国，门东，北面东

---

① 廖平学，黄镕笔述《书中候弘道编·周公七篇》，第16a页。

上；诸男之国，门西，北面东上；九夷之国，东门之外，西面北上；八蛮之国，南门之外，北面东上；六戎之国，西门之外，东面南上；五狄之国，北门之外，南面东上；九采之国，应门之外，北面东上。四塞，世告至。此周公明堂之位也。明堂也者，明诸侯之尊卑也。昔殷纣乱天下，脯鬼侯以飨诸侯。是以周公相武王以伐纣。武王崩，成王幼弱，周公践天子之位，以治天下。六年，朝诸侯于明堂，制礼作乐，颁度量，而天下大服。七年致政于成王。①

以上内容叙述周公代成王践天子位，大朝诸侯时，天子的身份必须立于明堂的中央，周王朝封建范围内的诸侯公、侯、伯、子、男在这个方形的空间之内，各按照身份等级，站立于特定的位置。这个空间的四门之外，是周朝封建体制外的"四海"或"四夷"之国，也按照其与周王朝诸侯的相对方向，分为四排列队于四面。此处的四夷之国并没有列出详细的国名，只是简单地以"九夷""八蛮""六戎""五狄"来代表。各种不同权位者在明堂里的位置与排列的顺序就是"明堂位"，而《明堂位》也点出了它的根本精神："明堂也者，明诸侯之尊卑也。"《逸周书·王会》也是描述周天子在成周大会四方诸侯及域外各国使节的情形，场面宏大。全文依内容大略可分两个部分，前半部呈现周朝封建体制内的各诸侯所站立的位置：

---

① 郑玄注，孔颖达正义《礼记正义》，第575—576页。

> 成周之会，……天子南面立……唐叔、荀叔、周公在左，太公望在右，……旁天子而立于堂上。堂下之右，唐公、虞公南面立焉，堂下之左，殷公、夏公立焉，皆南面……阼阶之南，祝淮氏、荣氏次之，珪瓒次之，皆西面，弥宗旁之。……堂下之东面，郭叔掌为天子菜币焉……
>
> 内台西面正北方，应侯、曹叔、伯舅、中舅，比服次之，要服次之，荒服次之，西方东面正北方，伯父、中子次之。方千里之内为比服，方二千里之内为要服，方三千里之内为荒服，是皆朝于内者。①

天子（成王）于中央南面而立，四方有周公、太公望，成王之弟唐叔、荀叔，属尧、舜之后的唐公、虞公，商朝、夏朝之后的殷公、夏公，属巫祝的淮氏与荣氏，以及文王之弟郭叔等。他们也依着不同身份，站在自己所属的位置。这里有一个问题是，廖平以周公为天子，但《王会》的天子却是成王，廖平认为并不矛盾，他的说法是"《王会》指目成周，以周公列之臣位，而天子成王，二说枘凿，然与经旨实相符也。……周公让成王，将绍建西半球之西京也"。②因此东西半球皆是周公所创建。再回到《王会》的内容看，描绘完周朝各诸侯的位置以后，接着论述更外围的一层，是为数众多的，分布于四方的蛮夷戎狄，其使节代表各自带着所属地域的珍禽异兽来朝贡于周王，也依着不同身份，站立于所属的特定

---

① 袁宏点校《逸周书》，第80—81页。
② 廖平：《皇帝疆域图》第四十，第99a—99b页。

位置,①它的精神,也是彰明天下诸侯的尊卑秩序。有了这样的认识,才能更掌握廖平的要求。

廖平视《礼记·明堂位》和《逸周书·王会》都是发明孔子托"周公"朝诸侯于明堂的微言大义:

> 按《明堂位》,鸿规巨制,收缩大九州三万里之岳牧,聚合于方里内外,此如缩地之法,跨□步千里,即邹子所谓先验小物,推而大之,至于无垠也。故内八室为八州(黄镕注:即大统八千之位),外十二月为十二州(黄镕注:即《帝典》十二牧,《职方氏》六裔),户牖八荒,庭除六合,天下诸侯皆在是,煌煌大典,十三年一举行,二十五年而再举,必待泰皇首出,统一全球之世,乃能用此礼制。小康之世,地不过三千里或五千里,其九夷、八蛮、六戎、五狄,不能如此完备;即五年一朝京师,自有朝宿之邑(黄镕注:如《春秋》之许田),其寻常朝堂,足以廓其有容,不必于国外近郊为坛三成,为宫三百步也。惟大同辽远,济济岳牧,辐辏于皇都,八方来归,六府和合,各按所居之国地,辨方正位,会极归极,以此方一井之地,为大九州之基础。一贯之旨,彰明较着,经制留以俟后,非古代已经举行之典也。其托之周公者,经义鸿廓,特恐无征不信,因托古以证其不谬耳。故周公非姬周之公旦,周之言"徧",实为皇统之国号,非旧周,乃新周(黄镕注:《诗》曰,周虽旧邦,其命维新。),非小邦周,乃大邑

---

① 袁宏点校《逸周书》,第82—85页。

周也。……大之即三万里之地中，小之即明堂方里会朝之地。《谟》曰"尔可远"，《范》曰"皇建其有极"，此之谓也。《书》于《康诰》建东京，《召诰》建西京，两京会朝诸侯，其明堂之制，皆准此为楷则。……明堂之制既明，则《王会》乃可以说。①

在本章的第一节曾说明，廖平谓孔子托周公营"洛"，并非周代的洛邑，而是大统时期全球的建都之处："地中"，廖平也把这个地方与明堂等同起来，表征为世界万邦朝会之处。廖平以明堂为"俟后"之制，除了提高孔子的地位，要把孔子塑造成为万世制法的圣者以外，还有一个学术上的信念，就是上古不可能有如此完备的明堂建筑与制度。他以上古质朴的观点，认为当时中国地域不过三千里或五千里，诸侯朝会之处必定简朴，不可能出现如同《仪礼·觐礼》所叙述的，于国外近郊建立"为宫方三百步"这样盛大的仪制。可见廖平和顾颉刚等古史辨派学者一样，都注意到了上古史实与典籍记载的美盛状况是有矛盾的，但廖平毕竟是一个尊孔的今文经学家，他处理这种矛盾的方式，是指称经典的内容不必是史实，包括明堂的制度，均为孔子对未来的理想擘划。不过从学术发展的角度来看，从廖平一路到顾颉刚等的全面疑古，廖平的思考具

---

① 廖平：《皇帝疆域图》第四十，第94b—95b页。

有过渡的意义。①

再回到廖平如何诠释明堂的象征之上。为了论证明堂非上古的真制，他进而从数字去呈现孔子的"微言"，认为《礼记·明堂位》所说的"九夷、八蛮、六戎、五狄"的朝贡制度，上古时期绝对无法如此完备；且九、八、六、五之数相加正好为二十八，象天之二十八宿，经制法天，更是证明这些都是孔子的完美设计，非古已有之，必待大同时代，统一全球的"泰皇"出现，才能用此明堂礼制。"泰皇"很明显的是孔子之道的象征，以孔子之道作皇帝，其"京"就是在东、西半球的东洛与西洛，即是举行明堂礼的地方，《王会》的本意也在此：

> 按"王会"当作"皇会"，即《明堂位》中心之朝仪，乃《康诰》"大和会"之传。《书经》肇开大统，托周公以营建东洛（黄镕注：《康诰》"作新大邑于东国洛"）而大会诸侯……《王会》缘经立说，所以补《明堂》之阙文，即以为俟后之大典，不得目为姬周之实事，亦非周公草创之朝礼也。……《周礼》《周书》所以为皇帝之书，而非一代纪录之史也。自章句小儒，止识姬周于已往，而不知新周于将来，足大履小，望文傅会，其弊至于以史说经，害意害辞，悠悠长

---

① 顾颉刚和廖平一样，从上古质朴的角度出发去思考古籍记载与真正古史之间的矛盾问题，不过他最终是要辨伪古史。就明堂的考辨方面，他认为明堂不见于《诗》《书》《易》《春秋》，而始见于《孟子》，可能是齐国有此古建筑，孟子以王政附会之，"自此以后，学者读《孟子》，咸记明堂为王者之堂一语，悉为古代之王者立明堂……故明堂者，孟子无意中道之，秦汉儒者及方士鼓吹之，汉武王莽等实现之者也"。见顾颉刚《阮元明堂论》，《中山大学语言历史学研究所周刊》第11集第121期，1928，第13—14页。

夜，可不稽古而求旧贯乎？须知成周为土中之大邑，天子乃天皇之异称，旷典雍容，鸿模垂世，实与《明堂位》互相发明，非若小统诸侯五年一朝之常事也。由此观之，《王会》为《明堂》之觐礼，《明堂》辨群后之方位，二者可合不可离，有相得益彰之美焉。舍《王会》，朝仪无起例；舍《明堂》，来宾无归宿，迹其内岳与外牧，界划分明……然则明堂之传说，尚不仅方里之一法也。①

廖平此处再三申说明堂与未来两京的关系，总之，经义为俟后之作，《王会》的大朝诸侯是要说明大统之世，万邦来朝于代表孔子之道的皇都，此为"皇建其有极"的真义，非周代五年一朝京师之史事，故不能以史说经。而廖平论朝诸侯又特别强调所谓的"辨方正位"，世界各方之民依着礼乐文明之高低，列于皇都之四方，这是社会与政治秩序的规划，也是廖平在传统的天下观受冲击之下所做的回应。

上述廖平对这个中央与四方的空间建构与思维，有深厚的传统文化背景。中国人处理外部世界的关系时，倾向于一种以自我意识为中心的、又有等级层次的、有礼有序外扩的认同序列，来定义交往身份。这种秩序的认同基础，就是五服制度所包含的，由内到外

---

① 廖平：《皇帝疆域图》第四十，第99a—100b页。

的国际认同模式,[1]近来也有学者称之为"圈序认同"。[2]这种认同影响下所形成的天下体系,当被赋予政治意义时,就形成了"王化论"。以德服人的王化是由亲至疏、由近及远的往外扩散,渐进达成"协和万邦""蛮夷率服""奄有四海"的终极之境。这种"天下一家""华夷一家"的"大一统"理想所指涉的范围涵盖整个"天之下",与今日在一定的边界内实行同一管辖方式的"国家"概念是完全不同的。天下观念强调的是礼仪秩序,古籍中的周天子在君臣之间建立诸如五等爵的阶层不等之上下关系,诸侯依其爵位所行使的班次礼仪都有所不同。中国既然是天下中心、文明的渊薮,周边"四夷"和远方之国理应如百川归海般前来奉天子之正朔,接受中华文化的熏染,以收"用夏变夷"之功效,它表现的形式也是"礼",而具体政治化的制度即是"朝贡体制"或"封贡体制"。[3]因此四夷之于中央,也依其文化高低、与华夏中心关系的远近、爵位的大小,来决定各自的"等差"地位,尤其表现在朝觐天子时,班次前后、序列尊卑都有严格的规范。[4]这种"国际"之间的秩

---

[1] 美国汉学家费正清曾有过这方面的专论,见John King Fairbank, *The Chinese World Order; Traditional China's Foreign Relations*, Harvard University Press, 1968, p. 2. 又见孙隆基《中国文化的深层结构》,广西师范大学出版社,2004,第367页。

[2] 大陆学者郭树勇、陈建军,以历来中国对外交往的精神类同于费孝通在《乡土中国》里提出中国社会具有的"差序格局"概念,深具特色,故创了"圈序认同"这一词汇,说明传统外交的朝贡体制是深受文化中心意识与礼制序列的影响。见郭树勇、陈建军《论"圈序认同"对中国外交理论与实践的影响》,《世界经济与政治》2009年第12期,第47—57页。

[3] 李云泉:《朝贡制度的理论渊源与时代特征》,收入陈尚胜主编《中国传统对外关系的思想、制度与政策》,山东大学出版社,2007,第110—118页。

[4] 张启雄:《中华世界秩序原理的源起——近代中国外交纷争中的古典文化价值》,收入吴志攀、李玉主编《东亚的价值》,北京大学出版社,2010,第135页。

序,早已内化为往后中华世界对外关系根深柢固的思想。例如相传为唐代阎立本所绘的《王会图》,画中的使节都朝向作为画卷中心代表天朝的唐太宗,①由中心到边缘,亲疏远近井井有序;又如清乾隆时期绘制编纂的象征太平盛世、万邦来朝的《皇清职贡图》或是《万国来朝图》,都是表达同样的理想。②甚至晚明与民间生活密切相关的日用类书内容叙述中,也可以找到类书编写者试图透过书籍生产的方式,欲在"诸夷门"中建立朝贡秩序的意识。③

---

① 现藏于南京博物院的唐朝《王会图》即是《职贡图》,阎立本与此图的关系、所绘的内容与史实的背景,见李霖灿《阎立本职贡图》,《大陆杂志》第12卷第2期,1956,第12—18页。
② 乾隆时期的职贡图绘《万国来朝图》,描绘各国使节伫立于太和门外,各持贡物,等待觐见,而百官列队各率属望阙行礼,图中的仪式内容就颇表现出秩序感。见周妙龄《乾隆朝〈万国来朝图〉研究》,《史物论坛》2007年第4期,第69—71页。又赖毓芝指出,征诸《万国来朝图》的背景,翻遍记载乾隆时期的数据,并未见到有这么多外国使节同时来朝的纪录,且其中有些使臣所持之贡物,事实上是撷取传统职贡图的图像语汇,因此推测此图应该是一个虚构的现实,表达一种理想中的秩序。见赖毓芝《图像帝国——乾隆朝〈职贡图〉的制作与帝都呈现》,《"中研院"近代史研究所集刊》2012年第75期,第1—76页。
③ 例如晚明日用类书的"诸夷门"中,对于异域的呈现,除了有当前真实的记载以外,还融合了像《山海经》《搜神记》等神话传说的成分,以及历史上曾经出现,但晚明时已不复存在的国家如焉耆、回鹘、大秦等国。根据许晖林的研究指出,这样的"混杂"不应该只简单被理解为真实与想象的并存,他以三点理由论证这种现象是"诸夷门"中朝贡主题被凸显的特征:一、从异域到京城距离的描述,类同于正史诸夷列传的书写模式。二、日用类书中的"诸夷门"卷首插图经常使用诸夷入京进贡图。三、某些版本日用类书的"诸夷门"加入了与朝贡主题密切相关的诸夷国"土产"。许氏的文章亦指出,晚明日用类书"诸夷门"对朝贡的兴趣,牵涉到晚明职贡关系崩溃的问题。由于中央政府无法透过朝贡关系建构政治与文化秩序,因此日用类书"诸夷门"在某种意义上可说是民间通过书籍生产的方式,对于重新建构朝贡秩序所做的尝试。见许晖林《朝贡的想象——晚明日用类书"诸夷门"的异域论述》,《中国文哲研究通讯》第20卷第2期,2010,第169—184页。

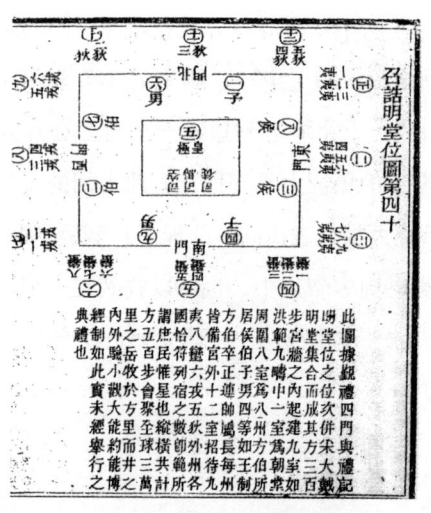

图3.2 《召诰》明堂位图

再仔细思考，为什么廖平在清末到民初这个时间点上，会如此重视古籍里诸侯朝觐天子的各种方位仪节呢？进入近代以后，中国渐衰，鸦片战争后的1842年，中国政府被迫与英国签订《中英南京条约》，首次以文字规定中国与外国对等往来。接下来的数十年中，俄、英、法、日等不断对清朝周边国家进行侵略，周边的属国也多在列强威胁、鼓动与世界民族独立思潮兴起的影响下，放弃过去与中国的藩属关系，转而建立政治独立的国家，打破了清王朝"抚有四夷"的局面。而且，传统天下观中，中国的边界是可以随着中华文化在化外之地传播而时有盈缩的，但在19世纪末期，透过一连串与列强之间划定领土范围的边界条约之签订，中国人也逐渐认识到，中国不是天下，现在是列国并立的世界。[1]最后，随着中

---

[1] 王小红：《从天下到民族国家：十九世纪末期中国世界秩序观的空间重构》，兰州大学硕士学位论文，2006，第20—21页。

法战争和中日战争爆发后,《中法条约》和《马关条约》的签订,过往朝贡国中仅存的越南与朝鲜也脱离了封贡体系,因此中国宗主国的地位可以说在甲午战争后彻底崩溃了。在此时,清朝并未能立即掌握另一套西式的国际关系、国际惯例的知识,对外交涉仍不断地遭遇挫折。光绪帝本身希望在与外人的互动上有所调适,包括在觐见礼仪中改变昔日"天朝"皇帝的姿态,以使清朝的外交在程序上更能与西方相接。但是这个过程与传统思维难免产生巨大的摩擦,茅海建对这方面有过翔实的研究。例如以往清朝皇帝接见藩属国贡使时,觐见礼的地点在西苑而不在宫中。但是光绪二十年农历十月,光绪帝改成在宫中的文华殿接见各国驻华公使,而且此后成为常例。光绪二十四年新年,各国公使觐见皇帝贺岁,光绪帝改变以往的禁令,允许各国公使不待请命即可乘舆马入紫禁城。觐见之后,对于外国公使从文华门中门走出的违礼行为也予以默认。在同一时间,德皇威廉二世之弟亨利亲王(Prince Heinrich of Prussia)来华,光绪帝不顾朝臣的极力反对,开前星门,让轿、车入东华门等,这都是对清朝礼制的极大改动。而且在觐见礼节过程中,皇帝又赐御座右侧给亨利亲王坐下、握手送之,并在其用宴时亲临慰问等等。这些在西方国家的外交礼节中是极为平常之事,但是在强调"南面为君"的中国传统觐礼上,简直是骇人听闻的"毁国"举动。百日维新期间,光绪帝还主动修改觐见礼节,也明确表示了尽可能与西方礼仪接近的倾向。① 这里不惮琐细地叙述光绪帝对觐见礼仪的变更,是要说明它在当时不只是外在仪节的更动,更大的意

---

① 茅海建:《戊戌变法期间光绪帝对外观念的调适》,收入氏著《戊戌变法史事考》,生活・读书・新知三联书店,2005,第413—428页。

涵是原本儒家"礼治"中，以中国为中心的"圈序认同"已被转变的重大象征，与传统的观念认知有巨大的落差，士人的焦虑矛盾也难以避免。

上述光绪帝这一连串的举动不断引起朝士的争议，廖平虽然没有在朝为官，且远在四川，但他不乏与中央关系亲近的师友，要得知这些事情并非难事，而且绝不可能无动于衷。接着应有让廖平更痛心的，是光绪二十七年清朝与西方签订的《辛丑条约》，列强用条约的形式将清朝的觐见礼仪强行西方化，觐见的地点为宫内的乾清宫，外国使节乘轿至乾清门前，国书须由皇帝亲手接受，宴会须皇帝亲自入席。①这段时间，与廖平开始要以《尚书》建构大统世界蓝图的时间大致吻合。由于廖平觉得华夷早已失序，中心与边缘的价值感消失了，礼治无存了。因此他要宣说孔子已借着"周公"符号，建构了一幅中国与世界关系的图景，这个图景将会在遥远的未来逐步进化实现：中国居于中心，大朝四方诸侯，而且是依着"明堂位"的、有礼有序的精神与制度；中国以外的国家，依其文化高低，立于四方，各有属于自己身份的位置。所以廖平强调的"辨方正位"，就是实践普世的礼仪秩序，而中国永远是文化最高、处于中央的"万邦归极"之处。

廖平对中国与世界关系未来式的表述方式，与当时的时代风潮也有密切关系。晚清于光绪十七年传入的美国作家贝拉米（Edward Bellamy，1850—1898）原著小说《百年一觉》，广为时人读诵，廖

---

① 《辛丑各国和约》附件十九，收入王铁崖编《中外旧约章汇编》卷一，生活·读书·新知三联书店，1957，第1023—1024页。

平也熟阅此书。①它示范了一种新的修辞语法：未来完成式叙述，直接假定未来已经发生了的事。又晚清的知识分子接受进化论观点，相信事物可以直线朝着单一自明的结果前进，从当时一些科幻小说的题目和内容可以看到此一趋向。例如梁启超1908年的《新中国未来记》，以未来完成式的叙述法，描写中国实施君主立宪已经到达光明的1962年，在上海博览会上，孔子的后人应邀讲解中国如何缔造民主，吸引了数以千计的听众，包括全球数百个地区的留学生。陆士谔（1878—1944）于1910年的《新中国》，又名《立宪四十年后之中国》，他笔下的叙事者所造访的1950年之中国，各方面都已繁荣昌盛，工业、教育高度发展，男女平权，外国租界已消失，甚至财富过剩，竟成为困扰人们的问题。吴趼人（1866—1910）于1908年的《光绪万年》，也是想象未来君主立宪后的一切美景。碧荷馆主人（杨子元，1871—1919）1908年的《新纪元》中，1999年的中国已转成一个超级强国，与西方国家展开了世纪之战，欧洲各战败国都须与中国签署和平条约，割地赔款，设立租界。这一类带有乌托邦性质的小说尚有不少，多是借着对未来的想象，来反转中国当下多难的命运，也显示出晚清学人、文人对中国实际状况的焦虑，并把心中的期盼投射到未来。②廖平虽然是个经学家，无法如同小说作者般不羁地驰骋胸臆，不过他以经学构筑出的未来景象，如"大明堂"的朝会世界诸侯，与晚清这些"回到未来"的小说，在精神上有相通之处。并且他们还有一个类似的特

---

① 廖平曾将《百年一觉》的乌托邦理想与《礼记·礼运》的大同境界做过详细的对读。见廖平《百年一觉书后》，《地球新义》，第35b—36b页。
② 王德威：《被压抑的现代性：晚清小说新论》，台北：麦田出版社，2003，第384—397页。

点，就是从"现在"到"未来"中间的那段历史，是一个不易被交代的部分，不仅小说如此，廖平在讨论将来中国与世界的关系时，也常有理想性的论述多过具体实践理论的现象；说明要如何过渡到心中那个美好的想望，常是摆在这一代知识分子面前的难题。

最后，同样是未来完成式的叙述，其内容却也反映着每个学人价值焦点的不同，例如梁启超等人切盼立宪的美景，碧荷馆主人希望中国国威、武力能凌驾西方列强之上。廖平所期待的，是中国的礼乐文明能重新受到国人的重视，以"华夏"为中心的文化能逐渐传播于世界，让全球最终向慕、归化于中华文化，未来"大明堂"的空间观之理想就是这一心态的表现。

第三节 "世运轮转"与阴阳五行宇宙观的重解

前两节讨论了廖平以孔子托"周公"朝会天下诸侯的经典符号表达中国未来将居于世界中心。但是眼前西方的兴盛确实凌驾于中国，中国的衰弱也无人可以否认，如何肯定中国在不远的未来一定能盟主世界？他的持论是世界运势轮转本为命定，今日虽为西方或欧美领衔世界，明日运势将会再运转到以中国为主体的东方。廖平的这层思考启发自先秦的五德终始说，并涉及与"五德"关系密切的阴阳五行宇宙观，在固有学理的背景下，他为之做了新的诠释，除了表现一己理想世界观的想望外，我们也可以透过廖平的新解，侧面窥探本有学术的权威在近代转变的过程。

一、五德新说与五大洲之运势流行

（一）五行与历史递嬗的五德终始说

中国古代很早就出现了"运期"或"期运"的观念，认为历史在发展的过程中，常会以某一时段为单位，出现当运的王者，让天下展现一番新气象，这也具有循环史观的意味，《孟子》之《公孙丑》《尽心》中，两度提到"五百年必有王者兴"，即是显著的例子。又汉代纬书也流行圣人受命之期的说法，例如《尚书中候》有"黄河千年一清，圣人千年出世"之语，[①]一些纬书的名称如《河图·录运法》《尚书·运期授》《春秋·佐助期》等，都可看出这种说法的影响；[②]被廖平援引以说明中国即将于世界五大洲中当运的邹衍"五德终始说"亦是这类思维下产生的理论。[③]"五德终始说"为战国的邹衍所创，主张金、木、水、火、土五行各主一德，各代表某一个朝代，五德依着土→木→金→火→水的次序递嬗转移，终而复始，这是一种相胜（克）的原理，新朝之起所据之德，

---

① 安居白山、中村璋八辑《纬书集成》上册，第420页。
② 《河图·录运法》讲黄帝与舜各自将兴之时，得河图而受天命的情形。《尚书·运期授》谈到五色天帝：白帝、黑帝、赤帝、黄帝、苍帝所治之世各自灭亡时，上天所显示的异象。五色天帝既然都有灭亡的时候，也说明每一帝的当运都有时限，依次代兴。《春秋·佐助期》的内容有汉朝灭亡的预言，也表现了受命有期限之意。以上分别见于安居白山、中村璋八辑《纬书集成》下册，第1164—1165页；上册，第385—386页；中册，第819页。
③ 先秦的"五百年必有王者兴""五德终始"等运期的观念，在汉代进一步与历数结合，发展出许多新的历数周期论，汉代学者用这些理论议论国运、施政改革，包括整个天地的命运，甚至延伸到政治之外，其后世道教"劫运"观念的雏型。宋代邵康节的元、会、运、世说，以及宋人的《丙午龟鉴》（以丙午、丁未为灾年）等，这些末世的预言对后世都有很大的影响。刘增贵先生曾于2012年3月19日在"中研院"史语所报告《历数与汉代政治》一文（未刊稿），揭示上述观念，对笔者有所启发，在此志之。

必为前朝所不胜之德。邹衍所论说的五行,是已经与阴阳观念结合起来的五种气,五德是五种气所发生的五种作用。这种概念下的五行发展到秦汉以后逐渐成为中国人的思想律,五种气被视为构成宇宙万事万物的五种元素,是中国人对宇宙系统的信仰。但是"五行"一词在战国的邹衍之前已经存在,我们在探讨廖平对五德或是五行的诠释前,有必要先厘清"五行"最初的来源与概念,而近代学者已有了一些论辩,在此略作简单的交代。

"五行"一词在经典上的根据,主要是《尚书》中,以往被视为《夏书》的《甘誓》与商周之际的《洪范》。《甘誓》中说"有扈氏威侮五行",《洪范》更明确地提到"五行"为水、火、木、金、土及五者简单的相关性质。如此说来,五行的起源似乎在夏、商之前了,加上司马迁《史记·历书》也说:"黄帝考定星历,建立五行,起消息。"既有此记载,五行遂被认定为上古所建立,一直到晚清以前的学人,没有特殊的异议。近代西力与西学东渐,影响所及,本有的学术思想与信仰亦随之丕变,梁启超是第一个正式以专题论文质疑,并探讨阴阳五行说之流变的学者。梁氏作于民国十二年的《阴阳五行说之来历》,认为商周以前古籍的"阴、阳"只是向日背日、气候寒暖的粗浅自然界现象,不含有深邃神秘的意识;至于《甘誓》的"有扈氏威侮五行",提的是威侮轻慢了五种应行之道,箕子的《洪范》之"五行"仅是五类日常物质。总之,梁启超认为春秋战国以前所谓的"阴阳""五行"并未联结,而且"其义极平淡";后世把五行融入阴阳,并成为构成万物基本元素的气化"五行",盖起于战国燕齐的方士,而邹衍、董仲舒、刘向为最主要建构、传播此类"邪说"的人物。①四年后,梁氏的弟子刘节作《洪范疏证》,接续这条疑古之路,考证《洪范》一篇作于战国之末,其中所载的五行之说,即是战国邹衍一辈人的学说,比梁启超尚承认《洪范》来自箕子,但无神秘色彩,更激进了一步。②顾颉刚认同刘节之论,以《洪范》与五行说起于战国后期,邹衍是这一系统的创始人,但他补充道,在邹衍之前也有零碎的将宇宙事物分类的五行思想,但还没有严整的系统。③整体来说,刘节、顾颉刚以古籍中凡是涉及"五行"一词者,皆指为出自邹衍之后,故《甘誓》《洪范》不可能是夏代或周初之书,必系战国时人之伪作。又《国语》《左传》虽也屡见"五行"字样,但顾氏认为这两部书实出于战国时人的撰述,又加以汉人的窜乱,不能径当作春秋时代的史料。④徐复观立于前辈学者的基础上对阴阳五行相关文献又做了深入的考查,对前人说法有继承、反驳,也有创新。徐氏以"阴阳"的原始观念与日光照射与否、气候变化寒暖很有关联,并没有后来形成万物原素的阴阳二气之意。他又将"五行"一词的内容与发展,区分为前期与后期的差异。他考证《左传》《国语》《甘誓》《洪范》的著作年代以及其中的"五行",认为这些文本均成书甚早,并非晚出伪造,其中提到的五行则仅是简单质朴的五种生活中不可缺少的实用资材;而日后汉儒所信服且影响中国久远、与阴

---

① 梁启超:《阴阳五行说之来历》,收入顾颉刚编著《古史辨》册5,香港:太平书局,1963,第343—362页。
② 刘节:《洪范疏证》,收入顾颉刚编著《古史辨》册5,第388—403页。
③ 顾颉刚:《五德终始说下的政治和历史》,收入顾颉刚编著《古史辨》册5,第404—410页。
④ 顾颉刚:《五德终始说下的政治和历史》,收入顾颉刚编著《古史辨》册5,第407页。

阳结合并成为气化的、构成万物背后五种元素的"五行",主要是源自战国的邹衍,也有可能是完成于邹衍的后学。①

综上所述,尽管诸位学者对于五行在战国以前的起源状况看法有所出入,但无论是梁启超、刘节、顾颉刚、徐复观或是后来的王梦鸥等,②都共同认为先秦时期的阴阳五行没有五行之"气"与生克的意味,这套理论是从邹衍以后才被"附会"出来。当代学者郑吉雄等人又有了后出转精的研究。郑吉雄等人并没有否定从梁启超到徐复观的看法,同样认为《洪范》的"五行"绝不能被理解为五种元素,但他们透过对先秦以来诸多经典中"行"字字义的原始与变迁之分析,并结合地下出土文献作探讨,结论指出《洪范》与同一时期《郭店楚简》中的"五行"虽然没有生克的思想,但因"行"字本身即有"行走""运行"的运动意义,也具有时间发展、交替运行的含义,故"五行"最后能衍生出"相生相胜"的循环理论,也不是凭空附会,而是其来有自的。③不过从五行发展到完整系统的"五德终始说"仍然是定型于邹衍以后,应是现代学界普遍的看法,而被廖平所援引以说明中国即将得运的"五德终始说"与五行概念,也可从邹衍的思想作为一个叙述的源头。

《史记·孟子荀卿列传》说邹衍"深观阴阳消息而作怪迂之变,终始大圣之篇十余万言"。故开始把阴阳与五行本属两不相干

---

① 徐复观:《阴阳五行及其有关的文献研究》,此文原成于1961年,后收入氏著《中国思想史论集(续编)》,台北:时报文化,1982,第42—101页。
② 王梦鸥亦提到"把阴阳五行牵合在一起,应该是始于邹衍……",见王梦鸥《邹衍遗说考》,(台湾)商务印书馆,1966,第56页。
③ 郑吉雄、杨秀芳、朱歧祥、刘承慧:《先秦经典"行"字字义的原始与变迁——兼论"五行"》,《中国文哲研究集刊》2009年第35期,第92—121页。

的系统傅合为一，应是始自邹衍或者完备于其后学，五行至此已经成为具五种性质的抽象之气，即构成宇宙万物诸现象的五种元素。"终始大圣之篇"即《汉书·艺文志》记载的"终始五十六篇"，以"终始"为著作名称，其内容当与司马迁在下文所述的邹衍学说密切相关："称引天地剖判以来，五德转移，治各有宜，而符应若兹。"五德是金、木、水、火、土的五气所发生的五种作用，这五德相互作用表现为从天地剖判以来一朝一代的五德转移，以相克方式终而复始。五德终始说类似一种命定论，五行之德以次运转，与古代具有天意赏罚的天命有些许不同，它是机械的、盲目性的法则。然而对于当时的国君而言，此种学说却是带给他们一个未来有机会得运称帝称王的新希望；而得位者亦可利用这套理论，反过来更树立自己的正当性。因此五德终始说深为秦汉时期的君主与学者相信，例如秦朝自认得水德并依此立制，[1]汉初有水德或土德的争辩，西汉末年王莽夺位的依据，都是依着五德终始的学理延伸而来。[2]

廖平本身甚为重视邹衍的学说，将其思想解释为具有当今世界的眼光，并把邹衍的学理接上孔子的统绪，故"五德终始说"亦是孔子微言的传承。但是廖平认为秦汉时期的国君或学者推论德运，

---

[1] 《史记·秦始皇本纪》说："始皇推终始五德之传，以为周得火德，秦代周德，从所不胜，方今水德之始。改年始朝贺皆自十月朔。衣服旄旌节旗皆上黑。数以六为纪。符法冠皆六寸，而舆六尺。六尺为步。乘六马。更名河曰德水，以为水德之始。刚毅戾深，事皆决于法，刻削毋仁恩和义，然后合五德之数。于是急法，久者不赦。"《史记·封禅书》也说："于是秦更命河曰德水，以冬十月为年首，色上黑，度以六为名，音上《大吕》，事统上法。"

[2] 这方面的研究已经很多，而最早期也最具代表性的专论当属顾颉刚的《五德终始说下的政治和历史》，见顾颉刚编《古史辨》册5，第430—614页。

以中国王朝纵向的递嬗模式解释五德天命转移的说法，其实都是曲解了邹衍传承自孔子的学说本意：孔子五德轮转的内容与范围是地球的五个方位。那么廖平如何转化本有的学说？运用了何种固有的学理依据？他建构这个新说的动机为何？这些都是下文要探讨的问题。

（二）全球空间运势轮转的学理背景

廖平认为先秦以来的人都错解了终始五德之运："邹衍为齐学五帝终始运，秦始用其说，自以为水德。汉魏以后，于中国一隅，强分五帝运，至今五大洲全出，乃悟五帝运为百世以后全球立法，非中国所得言。"① 又说："五帝运本谓五大洲，五帝各王其方。"② 明白地说明五德是运行于世界五大洲，而非中国本身的政权递嬗。他同时指出：

> 终始五德之运，以五德相王，本指五土之地而言：北半球水德，南半球火德，东半球木德，西半球金德，地中土德……各以其仪节服色，尊称于一方。故五行为五方之符记，并不在中国疆舆之内也。……故五行之行于五方，亦如太一之下行九宫，……天运流行，周徧宇内……，五行之义，……质言之，莫非孔经之符号。③

他将北半球、南半球、东半球、西半球、地中五个方位分别配上水

---

① 廖平：《大统春秋公羊补证》卷二，第42a页。
② 廖平：《知圣续篇》，《廖平选集》上册，第231页。
③ 廖平：《皇帝疆域图》十七，第61a—62a页。

德、火德、木德、金德、土德五种德运，金、木、水、火、土五行也可以说是经典昭示地球有五大洲或五个方位的符号。这五个方位的德运依次而王，周流运行，就如同"太一下行九宫"一般，根据郑玄的解释，太一是天上的太帝，九宫是太帝的紫宫和八个行宫；天上的太帝也和人间的帝王一样常常巡狩，循环往复于他周围的行宫和中央的紫宫。①廖平如此形容，也是强调"五行"不是只代表静止的地球五个方位而已，它们的气运是不断轮转的。因此本来五德终始说是中国自身王朝时间纵向的历史运行法则，到了廖平的诠说下，成了整个地球空间方位之间的气运流行。然而，廖平所表述出来的空间气运流行也并非凭空产生，仍然可说是植根于邹衍的另一套与五行密切相关的天道运行法则。这套法则内容是什么？廖平又如何从中转化成自己的新说呢？

五德终始说以五行相胜（克）为理论基础，但邹衍同时也有五行相生的另一套理论。《周礼·夏官·司爟》的经文有言："司爟掌行火之政令，四时变国火以救时疾。"郑玄注云：

> 郑司农说以《邹子》曰："春取榆柳之火，夏取枣杏之火，季夏取桑柘之火，秋取柞楢之火，冬取槐檀之火。"②

---

① "太一下行九宫"一词出自《易纬乾凿度》"太一取其数以行九宫"，郑玄注云："太一者，北辰之神名也。居其所曰太帝，行于八卦日辰之间曰天一，或曰太一。出入所游行于紫宫之内外，其星因以为名焉。故《星经》曰：'天一、太一，主气之神。'行，犹待也。四正四维以八卦神所居，故亦名之曰宫。天一下行，犹天子出巡狩，省方岳之事；每卒则复。太一下行八卦之宫，每四乃还于中央，中央者，北辰之所居，故因谓之九宫。"见郑玄注撰《易纬乾凿度》，台北：成文出版社，1976，第32页。
② 郑玄注，贾公彦疏《周礼注疏》，台北：艺文印书馆，1989，第458页。

春夏秋冬是四时，郑众引邹衍的学说内容里，夏的后面又加入了"季夏"成为五时，很有可能邹衍是用五行分配五时，以下的资料或可作为佐证。《论语·阳货篇》有"钻燧改火"一语，何晏《集解》云："一年之中，钻火各异木，故曰'改火'也。"①皇侃《疏》云：

改火之木随五行之色而变也。榆柳色青，春是木，木色青，故春用榆柳也。枣杏色赤，夏是火，火色赤，故夏用枣杏也。桑柘色黄，季夏是土，土色黄，故季夏用桑柘也。柞楢色白，秋是金，金色白，故秋用柞楢也。槐檀色黑，冬是水，水色黑，故冬用槐檀也。②

一年五时，春是木，夏是火，季夏是土，秋是金，冬是水，各用所属季节颜色的植物钻燧，按时间次序排列，始木、而火、土、金、水，恰好是相生，故邹衍有五行相生的学理更明显。钱穆根据《汉书·郊祀志》引如淳之说，认为邹衍的确有两条遗说存在，一是讲帝王之运更迭的，是用五行相胜的原理；另一种是讲在一年春夏秋冬不同季节，天子的施政应该依次不同，所用的是五行相生的原理。③侯外庐亦提到："邹衍于五行的序列抱有两种相反的见解，即对于自然的季节的转移，抱着相生的见解，对于历史上政权的兴废，则抱着相胜的见解。"又说邹衍五行相生的序列，"这一见解与

---

① 何晏集解，邢昺疏《论语注疏》，台北：艺文印书馆，1989，第157页。
② 皇侃：《论语义疏》，《诸子集成·新编一》，四川人民出版社，1998，第232页。
③ 钱穆：《评顾颉刚五德终始说下的政治和历史》，原载于1931年4月13日的《大公报》文学副刊，又收入顾颉刚编《古史辨》册5，第621—622页。

《吕氏春秋》的十二纪一样,……即是加季夏于四时之'中'以配五行的"。①王梦鸥也认为邹衍"一生至少写过两部书",一是大型的,五行之从天地剖判以来一朝一代的终始,是受命而帝的制度,注重其"相代胜"的一面;一是小型的,即五行之一年一周的终始,是王者一年行政的纲领,依五行相生的原理设计的,欲王者体天之时,顺"令"而行,类似"时令"或"时政"之类的思想。②因此关于五行相生的学说,邹衍本身留下的材料虽然甚少,但应可以确定他已具有这方面的思想,它与天道运行的法则密切联系在一起,此类思想发展到《吕氏春秋·十二纪》才有系统性的呈现。

《吕氏春秋·十二纪》的骨干,正是把阴阳二气,运行于春夏秋冬之中,而将五行分别与四季相配合,春是"盛德在木",夏是"盛德在火",秋是"盛德在金",冬是"盛德在水",夏、秋之间再加上中央土德。所谓"盛德"是指五行之气所发生的"最当令"之作用,例如"盛德在木"是指春季与五行中的木气最相应,此时阳气的方位是东方,因此木德又属东方;再把一切生活事物、政治行为,安排得与春季的阳气与木德相合。其他各季皆可由此类推,此即所谓与天"同气"、政令"法天"。因为五行在四时中轮流作主,发生作用,四季四方加上中央,都是阴阳五行的体现,亦即天道的体现。《吕氏春秋》对汉代学术的影响至深且巨,以天道运行方面来说,成书于景帝末年的《淮南子》中,《时则训》与《天文训》便是承继《吕氏春秋·十二纪》而稍做变更。西汉戴圣编为定本的小戴《礼记》,其中的《月令》便录入了《十二纪》的

---

① 侯外庐:《中国思想通史》卷一,人民出版社,1957,第650页。
② 王梦鸥:《邹衍遗说考》,第54—56页。

第三章　经学理想的世界文化空间蓝图　227

内容，其至《周礼》的春官、夏官、秋官、冬官等名称，可能也是由《十二纪》的观念演变而出。[①]以下将《吕氏春秋·十二纪》与《淮南子》之《时则训》《天文训》以及《礼记·月令》四时五行的部分相关内容排比列出，以期更清楚的看出彼此的相关性：

《吕氏春秋·十二纪》：

> 春……其日甲乙。其帝太皞，其神句芒。……盛德在木。
> 夏……其日丙丁。其帝炎帝，其神祝融。……盛德在火。
> 中央土，其日戊己。其帝黄帝，其神后土。
> 秋……其日庚辛。其帝少皞，其神蓐收。……盛德在金。
> 冬……其日壬癸。其帝颛顼。其神玄冥。……盛德在水。

《淮南子·时则训》：

> 春……其位东方，其日甲乙，盛德在木。
> 夏……其位南方，其日丙丁，盛德在火。
> 季夏……其位中央，其日戊己，盛德在土。
> 秋……其位西方，其日庚辛，盛德在金。
> 冬……其位北方，其日壬癸，盛德在水。

[①] 徐复观：《吕氏春秋及其对汉代学术与政治的影响》，收入氏著《两汉思想史》卷二，台北：台湾学生书局，1976，第17、22、54—56、59—63页。

《淮南子·天文训》：

> 东方木也，其帝太皞，其佐句芒，执规而治春。……其日甲乙。
>
> 南方火也，其帝炎帝，其佐朱明，执衡而治夏。……其日丙丁。
>
> 中央土也，其帝黄帝，其佐后土，执绳而制四方。……其日戊己。
>
> 西方金也，其帝少昊，其佐蓐收，执矩而治秋。……其日庚辛。
>
> 北方水也，其帝颛顼，其佐玄冥，执权而治冬。……其日壬癸。

《礼记·月令》：

> 春……其日甲乙，其帝太皞，其神句芒。……<u>盛德在木</u>。
> 夏……其日丙丁，其帝炎帝，其神祝融。……<u>盛德在火</u>。
> 中央土，其日戊己，其帝黄帝，其神后土。
> 秋……其日庚辛，其帝少皞，其神蓐收，……<u>盛德在金</u>。
> 冬……其日壬癸，其帝颛顼，其神玄冥。……<u>盛德在水</u>。

以上可以看到金、木、水、火、土五种元素与五方及四季相结合的情形。太皞（伏羲）、炎帝、黄帝、少皞、颛顼原是上古各地民族所信仰的祖先神，经过儒家知识分子之手，演变为人间古代圣王，又同时在神话的过程中，亦被神格化成司掌各季节之神，是古帝、圣人、神的混合体，当然此处征引的文本所着重的是季节之神的特性。五季之帝下，又各有同具神格的臣佐辅助，分别是句芒、祝融（《淮南子》作"朱明"）、后土、蓐收、玄冥。①在这里需稍做补充的是，四时与空间方位的相配，其实有更久远以来的历史，例如邹衍以前《管子》的《四时》《幼官》等篇，或是被现代一般学者认为成书约在战国初期，后经秦汉人修订的《山海经》都有类似的思想。②不过将五行与阴阳结合，上升为五种气化原质是完成于邹衍的学说，并初步论述天道运行的法则，发展到《吕氏春秋·十二纪》才有系统性的呈现，之后西汉《淮南子》之《时则训》《天文训》《礼记·月令》的内容一脉相承，最后大备于董仲舒的《春秋繁露》。在此要强调的是，这个与五方密切结合在一起的学理，适成为廖平援引以解释地球五个方位或五大洲空间观的本有资源。

行文至此，我们已经可以理解，廖平将五德终始说的纵向时间之历史相代法则与天道运行空间的法则，两者结合起来，转而解释成天地间有一股气运在世界五大洲之间随着时间推移，相代流行轮转，③原本《吕氏春秋·十二纪》《淮南子·时则训》《淮南子·天文训》及《礼记·月令》等的季节时序循环，各时之帝各主一季

---

① 关于五季之帝与其臣佐的详细内容、代表的意义及职司与古籍的出处，郑玄与孔颖达所注、疏的《礼记·月令》有较清楚的呈现。见郑玄注，孔颖达正义《礼记正义》，第281、306、321—322、340页。若从神话学的角度理解，可参见王孝廉《梦与真实——古代的神话》，收入邢义田主编《永恒的巨流》，台北：联经出版公司，1981，第272—282页。
② 田辉玉：《阴阳五行说与中国古代科技的结合》，《湖北师范学院学报（哲学社会科学）》第18卷第4期，1998，第11—12页。刘宗迪：《失落的天书：〈山海经〉与古代华夏世界观》，商务印书馆，2006，第66、71—72页。
③ 廖平：《皇帝疆域图》第十七，第62a页。

的观念，也就被他诠释为五大洲各以得其时运，轮流入主世界而"王"。他于光绪二十四年的《地球新义》中说："一州一代，顺序而推，乘时而帝者，各据方位，以章徽号焉。"①又于光绪二十九年的《大统春秋公羊补证》中说：

> 东方之神太昊，乘震执规司春；南方之神炎帝，乘离执衡司夏；西方之神少昊，乘兑执矩司秋；北方之神颛顼，乘坎执权司冬；中央之神黄帝，乘坤艮执绳司下土。兹五帝所司，各有时也。……五帝分司五极，为全球五大洲而言。②

以上内容接近于《淮南子·天文训》，但《天文训》并没有提到八卦中的震、离、兑、坎四卦各司一年春、夏、秋、冬四季，事实上，廖平的引文录自《汉书·魏相丙吉传》，是魏相于上奏中对《天文训》加入了《易》学的内容。③不过廖平从《汉书》征引此段文字，要表达的基本概念没变，他要说明分掌各时各方的"五帝"：太皞、炎帝、少皞、颛顼、黄帝是表征地球五个方位的符号，并随着时运依次进入世界的"中心"称王。

上文叙述了廖平把五德终始的历史运行规律结合具空间概念的天道运行法则，讲五大洲的运势流转，那么他为何如此重视五德终始说的学理？先前提过这套理论是机械的、命定的，实不能含摄人在历史行为中所应占有的地位，因此不论是否有具体的作为，"运"

---

① 廖平：《尚书大传淮南时则训五帝司五州论》，《地球新义》卷下，第40a页。
② 廖平：《大统春秋公羊补证》卷一，第3b—4a页。
③ 杨家骆主编《魏相丙吉传》，《新校本汉书并附编二种》册4，卷七四，第3139页。

是一定会转的,此种特性正好切合廖平当时的心境。盖中国积弱日久,西方的兴盛明显凌驾于中国之上,只有命定论才能加强中国必定有光明未来的论据。邹衍的学说让廖平看到一个对清末中国而言,存在一丝希望的法则,这也是他之所以会重视,并要重新诠释邹子此理论的重要原因。他发挥五德学说,以中国即将入主世界之"中"是一种"定命",说明廖平心中的焦虑与急切。对他来说,中国有礼乐固然很珍贵,却不足以说明凭借这项条件便可以盟主世界,如何过渡到心中那个美好的想望,是一个难题,或许选择用命定义证是克服面对难题而焦虑的表现。

二、全球"正朔"所在:中国将得"土德"之运

廖平在成于光绪二十八年的《知圣续篇》也明确地提到《礼记·月令》"五帝五色,东青、夏赤、中黄、西白、北黑"是表征"地球五大州(洲),以五帝分司之"。① 既然五大洲依次主宰世界,详细的情况如何,而中国位居的亚洲又有什么特殊性,廖平有更细致的表述,也是下面将要探讨的主题。《地球新义》中说:

> 五极有五帝五神,将来如法黄帝以土德王者,留京、行京皆在中央,中央为君,四方之四神为四岳。法太皞,以木德王者,留京在东极,行京在中央,东帝为君,中央神后土合南、北、西三神为岳。法少皞,以金德王者,留京在西极,行京在中央,西帝为君,中央神与东、北、南之三神为岳(廖平自

① 廖平:《知圣续篇》,《廖平选集》上册,第257页。

注：南、北仿此）。……北极以水德王者，留都在北，行京在中央。南极以火德王者，留都在南，行京在中央。①

五方的五帝五神，各以其时运进入中央为主宰称王。以木德称王者，东帝为君，"留京"在东方，"行京"入主中央；以金德称王者，西帝为君，"留京"在西方，"行京"入主中央；以水德称王者，北帝为君，"留京"在北方，"行京"入主中央；以火德称王者，南帝为君，"留京"在南方，"行京"入主中央；至于以土德称王者，中央为君，无论"留京""行京"都在中央。地球本为圆体，在具体的方位上并没有既定的东、西、南、北、中，这是廖平早已接受认识的地理学新知，也正因为地圆的概念，让他感受到价值感的流失，所以他要重塑一个文化的方位观，用五方来解释五大洲应从这种心态来理解。如此一来，他使用"留京""行京"的词汇就显得别具意味。"留京"指五大洲各自的方位，但未必是具体的地理方位，也可以表示各自所本有的文化特性；而"行京"之"行"与五行理论有关，《白虎通·五行》将五行的"行"字解为"天行气之义"，②有运动、流转或变迁的意思，所以"行京"在中央表征五大洲各以其文化特色暂时主宰、领衔世界一段时间，但不是恒常永久性的，这明显是针对当今西方称霸世界而发的。其次，廖平用五行比拟五大洲的方位，以"亚州（洲）黄种居中"，③而传统阴阳五行的方位观又以中央属黄的土德为最尊，在此有必要略述

---

① 廖平：《尚书大传淮南时则训五帝司五州论》，《地球新义》，第41a—42a页。
② 《五行》，班固等撰《白虎通》卷二上，（台湾）商务印书馆，1966，第81页。
③ 廖平：《皇帝疆域图》第十八，第64b页。

一下这个本有的思想资源，以俾能更清楚的理解廖平一家之言背后的凭依。

五行中，土与四时的搭配与地位，自《吕氏春秋》一路下来，有其发展的历程。因为五行有五，而四时只有四，还多出一行无法安顿，《吕氏春秋·十二纪》中把木配春，火配夏，金配秋，水配冬，把土放在季夏之后，不属于任何季节；也就是木火金水四行各当令一季三个月，土则完全处于空档无所主，这样土的地位自然不如其他四行重要了。《淮南子·时则训》对土的位置做了一些补救，让它正式处于季夏，在《天文训》里并说土与其他四行在一年中各主七十二日，①如此，土的地位便与其他四行平等，但还未特别地被凸显。到了董仲舒的《春秋繁露》，土的地位则大为不同，大力称扬"五行莫贵于土"，②因土居于中央的位置，使它统领其他四行：

> 土居中央，为之天润。土者，天之股肱也。其德茂美，不可名以一时之事，故五行四时者，土兼之也。金木水火，虽各职，不因土，方不立。③

东汉时的《白虎通》仍以土的地位在五行中最尊贵，而且能旺盛于四季：

---

① 《淮南子·天文训》有云："木用事，……七十二日，……火用事……七十二日，……土用事，……七十二日，……金用事……，七十二日，……水用事，……七十二日而岁终。"见刘安《淮南子》，第43页。
② 《五行对》，苏舆撰，钟哲点校《春秋繁露义证》，中华书局，1992，第316页。
③ 《五行之义》，苏舆撰，钟哲点校《春秋繁露义证》，第322页。

> 土所以王四季，何？木非土不生，火非土不荣，金非土不成，水非土不高。土扶微助衰，历成其道，故五行更王，亦须土也。王四季，居中央，不名时。①

木、火、金、水各有得令的时候，但土则能旺盛于四季，理由在于"木非土不生，火非土不荣，金非土不成，水非土不高"，这样说来，土便成为其他四行所必须的条件了。廖平是承继《春秋繁露》与《白虎通》的思想，以土德最为尊贵，再转出自己的一家之言：亚洲于地球五大洲中正是位居于中央的土德，且即将以其道主宰、称王于世界，其说法如下：

> 迄今世界开通，五大州疆舆广博，恰与五极之地吻合。……地球五州，亚州在东，为黄种，运气学说，所谓甲己化土为中央，……《山海经》中为五藏，海外、大荒皆以四起数；佛书之四大部州，合之中央，皆为五极之比例。证以今之地球，亚州黄种居中，欧为北极，澳为南极，非为西极，美为东极。②

引文提到亚洲实际位于世界的"东方"，足见廖平已经接受了近代欧洲人以中国属"亚洲"或"东亚"的世界观念，但他从这里又提出一己的新说，以东方在传统天干与五行属甲木，从干支理论来说，甲木遇上中央的己土，即化合为土，居于中央；再加上亚洲人

---

① 《五行》，班固等撰《白虎通》卷二上，第92页。
② 廖平：《皇帝疆域图》第十八，第64a—64b页。

为黄种，土德色黄，因此以中国为主体的亚洲在五大洲中最具有优势，即将入主世界的中心；而欧洲居北、澳洲居南、非洲居西、美洲居东，环绕在亚洲的四周外围。总之，廖平以五行运转的方式，将"五德终始"符号化，然后转喻成现代化的"五大洲"，进行其终极所欲论：古来之运可轮转替换，今何不然？他没有用到生克的理论，只是要强调当日以欧洲为世界主体的"西方"当然可以运转至以孔子为主的"东方"，东方将是世界的"中心"，是大统之"京"，也等同于大统之"君"。当然，以"东方"或"亚洲"主宰世界，其主体还是在中国。顺道补充说明，若依着廖平的逻辑类推，当世运转到中国以后，经过了一段时间，是否也将会再轮转到别的地方？廖平并没有多着墨，因为处在近代中国"世变之亟"的情况下，他无暇深思这个问题，只是焦急地盼望中国可以迅速从当下的谷底中崛起。而且廖平论"土德"所依凭的《白虎通》说："木非土不生，火非土不荣，金非土不成，水非土不高。土扶微助衰，历成其道，故五行更王，亦须土也"，①所以即使时运再转到其他地方，也需要中国经教的德行才能生旺于世。

再回到廖平学理基础的建构来看。他以邹衍的五德终始说为绍述孔子的思想，但邹衍毕竟不是孔子，如何将孔子与这套理论直接衔接上？他的说法是孔子之经典《尚书》的《甘誓》《洪范》中的"五行"已蕴含了整套的微言。而《周礼》有五官，《周礼·大司徒》提到"五土"，正是阐发《尚书》表征五大洲的经文"五行"之"传"，指的都是全球的五方。②图3.3、图3.4、图3.5是廖平用图

---

① 《五行》，班固等撰《白虎通》卷二上，第92页。
② 廖平：《皇帝疆域图》第十七，第61a页。

示呈现的五大洲理想文化空间。

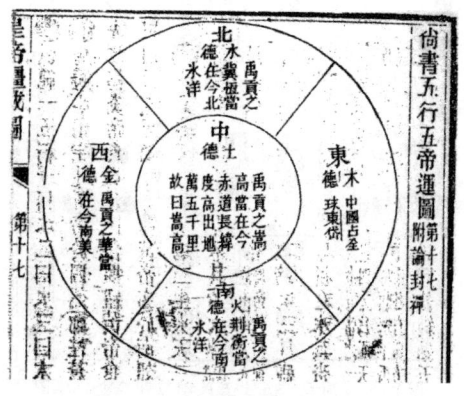

图3.3 《尚书》五行五帝运图

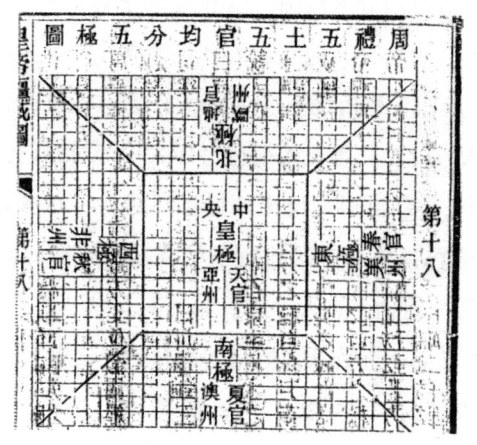

图3.4 《周礼》五土五官均分五极图

图3.3是"《尚书》五行五帝运图",这幅图接受了近代欧洲世界观念的影响,以中国原处于世界的东方,故以位于东方的木德当之。但是东方天干的甲与中央天干的己能化合为土,土德居中,最为尊贵,因此图3.4、图3.5即以亚洲居于五大洲的中央位置。图3.4

第三章 经学理想的世界文化空间蓝图 237

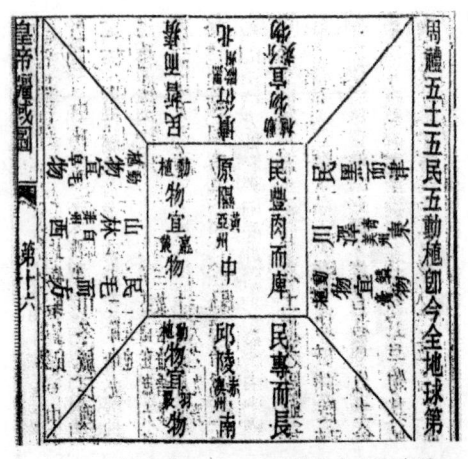

图3.5 《周礼》五土五民动植即今全地球图

的"周礼五土五官均分五极图"以五大洲分配《周礼》的五官：天官、春官、夏官、秋官、地官。天官在《周礼》中为最高部门，首长称"冢宰"，职责是协助天子处理所有政治事务，而廖平以亚洲位居中央的天官位置，足见他期待世界大一统时，以亚洲为中枢，统理其他各洲，《白虎通》说土德能生旺四季，亦被引申象征亚洲所具备的孔子教化是其他四洲所不可或缺的。在此需顺道补充说明，一般认为《周礼》有天、地、春、夏、秋、冬六官，[1]为什么廖平却说五官，这牵涉到长久以来《周礼》经学史上的一个问题。

汉代学者认为《冬官》亡佚，被补入《考工记》代替，这种说法从汉代至唐代基本上无异议，直到南宋至晚明开始有了《冬官》未亡，只是混入了其他五官之说，因而诸多学者有重新割裂排

---

[1] 《周礼·小宰》曰："以官府之六属，举邦治。一曰天官，其属六十，掌邦治。……二曰地官，其属六十，掌邦教。……三曰春官，其属六十，掌邦礼。……四曰夏官，其属六十，掌邦政。……五曰秋官，其属六十，掌邦刑。……六曰冬官，其属六十，掌邦事。"总数为三百六十，据郑玄之说，是为"象天地四时日月星辰之度数"。见郑玄注、贾公彦疏《周礼正义》，第42页。

序《周礼》，欲独立出掌工事的《冬官》一篇的做法。这种疑经改经的行为在明末受到强烈的非议，到了清朝，《冬官》未亡论就鲜少有人提及了。① 然而尽管如此，《周礼》实际有五官或六官，以及后补的《考工记》与原《冬官》之间的关系如何，仍是学者心中悬而未决的问题。廖平在经学二变时，视《周礼》为刘歆窜改《逸礼》而成，虽然不承认《周礼》的地位，但他相信其底稿《逸礼》是真实的史料。他从《周礼·太宰》有掌百工的明文，推测《逸礼》掌工事的职责归太宰，故不必别为《冬官》一篇，换句话说，《逸礼》应只有五官，没有《冬官》篇，而《考工记》则是属于《逸礼》五官范围中的内容，它不能等同于所谓的《冬官》。② 经学三变以后，廖平转而重视《周礼》，否定自己二变时以之为刘歆伪作的说法，推崇《周礼》为孔子的世界大统著作，但仍沿续之前的推论，以《周礼》仅有五官。而且此时廖平特重孔子经典符号的寓意，五官与五行、五大洲之"五"的概念正可连成一气，又从而加强他所谓《周礼》有五官非六官的论据，这也是何以图3.4的图像仅有五官的原因。图3.5是"《周礼》五土五民五动植即今全地球图"，"五土"内容来自《周礼·大司徒》，原作"五地"，叙述有天下的王者或朝廷为了以土地计算各地贡税之法，将土地分为五类：山林、川泽、丘陵、坟衍、原隰，并分辨五地不同的物产、动植物与居民外貌，③ 廖平视此为五大洲不同的地理风貌与人种的经典预

---

① 小岛毅：《〈冬官〉未亡说之流行及其意义》，连清吉译，收入杨晋龙主编《元代经学国际研讨会论文集》下册，台北："中研院"中国文哲研究所筹备处，2000，第539—551页。
② 廖平：《经话（甲编）》，《廖平选集》上册，第496—497页。
③ 郑玄注，贾公彦疏《周礼正义》，第149—151页。

示。本来《大司徒》的"五地"并没有方位,但在图3.5中可以见到廖平将五地配上五方、五色与五洲,仍以亚洲居中。

以五行比拟地球的方位与运势,廖平并非特例,晚清多位学人亦曾有过类似的说法。例如徐继畬曾以方位论西方的特色,认为欧洲位处西方,五行属性是金,独得金气,所以擅长制器之术。① 叶德辉曾说:"亚洲居地球之东南,中国适居东南之中……四时之序,先春夏;五行之位,首东南。……五色黄属土,土居中央,西人辨中人为黄种,是天地开辟之初,隐与中人以中位。"② 这些都是代表受过传统教育的学者如何以他们所认知的事物来理解世界。晚清也有一股"运会"思潮,大略是预言全球运势不可抗拒的由西方即将转向亚洲中土,最终由中国统合世界。例如刘桢麟曾说,大地之转机,百年以往,由东而趋于西,百年以来,又将由西而趋于东,"千年以后,合东西而为一焉。……吾今且谬为之语曰:亚洲不蹶,美洲不兴;欧洲不亡,地球不一。今百年之运,其在斯乎"! 又说:"方今世变已新,地力回转,推全球履变之运,将穷而返之古初;合五洲纵横之机,必萃而归之中土。"③ 这类的运会之说在当时见诸文字的很多。④ 因此廖平的思想并非平地拔起,而是具有深厚的

---

① 徐继畬:《瀛环志略》(十卷本)卷四,道光三十年刊,第8—9页。
② 叶德辉:《郋园书札》,长沙叶氏刊行本,清光绪壬寅(1902),第9—10页。
③ 刘桢麟:《地运趋于亚东论》,收入麦仲华编《皇朝经世文新编》卷一下,台北:国风出版社,1965,第156、158页。
④ 首先提出晚清有一股"运会"思潮的是王尔敏,他指出:"中国自古以来数千年间,流传着一种运会学说,以解释社会现象。……鸦片战后,中西交通频繁。反对西化者,固然很多,却也有些人士,直觉地或自释地判断,以为西力东渐是天机地气,运会使然,有不可抗拒之势,而抱有接受西方知识与调和中西学术的倾向。"见王尔敏《晚清政治思想史论》,广西师范大学出版社,2005,第60页。晚清以"运会说"讨论世局者甚众,又可参见王尔敏《中国近代思想史论》,(台湾)商务印书馆,1995,第413—426页。

时代性；从时代性再来看他的独特性，其特色就在于将五大洲分出内、外的"中央与四方"之文化空间，中国得运后的最终目的是要"用夏变夷"，让全球"同尊圣教"。①

总之，以五德终始说结合五大洲所做的诠释固然主观附会的成分很大，却不宜只看作某个学人思想中的鳞光片影而已。它反映了一个深受传统文化熏陶的知识分子在世变的冲击下，如何运用固有的学理抒解、克服一己的焦虑；并且在近代新地理图像以及扩大了的视野下，试着用文化的角度重新定位、摆置中国。再者，廖平对五德、阴阳五行这套学理的新解，在近代经学的诠释以及学术史上都有重大的意义，表现了从传统思想下的经解到古史辨派思维中间的过渡，以下即针对这方面的学术意义做较深入的分析。

三、"五行"仅表空间符记：西学影响下的阴阳五行新说

廖平将自己依着五行所建构的世界观上溯至《尚书·洪范》，特别说明《洪范》五行已具足了孔子的微言大义。然而廖平返回经文对"五行"所做的解说，已经与汉代阴阳五行思想形成后，及延续这套理论的经学注疏体系内容有很大的差异，从他对气化宇宙论的响应与新解，可以看出这一现象。

由于五行的具体内容最原始的出处是《尚书·洪范》，而汉代阴阳五行体系形成后，后世对《洪范》的解释无不受到汉儒影响，人们遂以为这套体系是上古《洪范》著作时期已具备的思想。其实若探讨经文本身，便比较容易看出它原本所具有的较为质朴意义的

---

① 廖平：《尚书大传淮南时则训五帝司五州论》，《地球新义》，第41a—41b页。

一面：

> 经文：五行，一曰水，二曰火，三曰木，四曰金，五曰土。水曰润下，火曰炎上，木曰曲直，金曰从革，土爱稼穑。①

《洪范》所列出的五行次序是水、火、木、金、土，既和"五行相胜"说的土、木、金、火、水的次序不同，也和"五行相生"说的木、火、土、金、水的次序不同，故《洪范》应还没有盛行于战国秦汉时候的相生相胜意义，显然年代较早。②唐代孔颖达《正义》引《尚书孔传》曰：

> 《书传》云：水、火者，百姓之求饮食也。金、木者，百姓之所兴作也。土者，万物之所资生也。是为人用五行即五材也。襄二十七年《左传》云：天生五材，民并用之。言五者各有材干也。③

引文可以看到《尚书孔传》的五行，其焦点在社会生活所必须的五种实用资材，与《左传》相同。《孔传》或系伪托，但至少在此处，它反映了较早期的传注还未受到董仲舒辈的影响。孔颖达《正义》又顺着经文与《尚书孔传》续做解释：

---

① 孔安国传，孔颖达正义《尚书正义》，第169页。
② 顾颉刚、刘起釪：《尚书校释译论》册3，中华书局，2005，第1154页。
③ 孔安国传，孔颖达正义《尚书正义》，第169页。

  揉曲直者（笔者案：《孔传》释木曰曲直），为器有须曲直也。可改更者（笔者案：《孔传》释金曰从革），可销铸以为器也。木可以揉令曲直，金可以从人改更，言其可为人用之意也。由此而观，水则润下，可用以灌溉。火则炎上，可用以炊爨，亦可知也。①

木、金的用途在于制作与日用相关的器物，水用以灌溉，火用以炊煮食物。《正义》对经文的"土爰稼穑"之解释不甚明了，《尚书孔传》则曰："种曰稼，敛曰穑。土可以种，可以敛。"以上正是说明五材各有其具体的功用，均不离人民日常所须。从以上的《洪范》经文本身、《尚书孔传》以及部分《尚书正义》解释经文的内容来看，《洪范》五行似乎并没有神秘、形上的意味。不过孔颖达《尚书正义》对《洪范》的解释实际是由两部分所构成。一部分是刚才上文所说过的顺着《洪范》本文及《尚书孔传》的解释，用社会生活所需的实用资材解释五行；另一部分则是接受了战国之末开始发展的气化五行说，诚如《尚书正义》中的一句话便具有代表性："谓之行者，若在天则五气流行，在地，世所行用也。"②由这句话同时观阅《尚书正义》的整个内容，孔颖达的确是在解释了地上人世所行用的"五行"时，另外还糅杂了阴阳的观念以阐释天之五气流行，并融入了董仲舒的思想，③这部分内容庞杂，在此不拟详论。总之，这里要说明的是从战国之末到两汉逐渐演变而成的阴阳五行

---

① 孔安国传，孔颖达正义《尚书正义》，第169页。
② 孔安国传，孔颖达正义《尚书正义》，第169页。
③ 孔安国传，孔颖达正义《尚书正义》，第169—170页。

说其实深刻的影响到后世解经的儒者,①此处以唐代朝廷所颁定的《五经正义》之《尚书正义》内容作为例子,可说明这种情形,而经解的内容当然也体现了它形成时,背后已有一套学术思想与信仰的体系。

五行由本是具体的民生实用五种资材演变为结合阴阳观念的五种抽象属性之"气",从梁启超、刘节以来至今日的学界,大致公认这一变化可追溯到邹衍。到了《吕氏春秋》便把融入阴阳观念的五行之气具现于四季之中,更配上与四季相应的政令与思想,欲使人们的生活、行为皆与天行之气相应,是为"与元同气"。此理论发展的结果是"宇宙"或"天"成了一种"气",宇宙万物都是气的一部分,换句话说,五行之气是万物构成的基本质素。此种特殊思维带给汉代及以后的人们重大的影响,阴阳五行学说逐渐成为中国人解释宇宙自然乃至社会人事的种种规律和秩序。例如《礼记·月令》把许多事物都与五行联系起来:五方、五色、五味、五畜、五音、五脏、五谷、五虫……等等,可见五行理论运用范围的广大,由五种原质之气相生相胜(克)的对待关系来说明政治、社会、人生、自然各方面现象的变化。②可以说直到近代西方科学传入之前,中国人无论是知识精英还是普通民众,都是以这套范畴构成认识与解释万物的基本知识,而五种物质元素(气化的五行)的

---

① 首先注意到《尚书正义》对《洪范》五行的解释可区分为两个部分的学者是徐复观。见徐复观《阴阳五行及其有文献的研究》,收入氏著《中国思想史论集(续编)》,第82—83页。
② 徐克谦:《阴阳五行学说——中国古代的宇宙解释系统》,《南京理工大学学报(社会科学版)》第12卷第4期,1999,第5—6页。

观念也被现今学者视为中国"原始科学"的思考模式。①

那么在廖平心目中蕴含孔子微言大义的《洪范》五行所要表达的是什么？与汉代以后阴阳五行的思想或宇宙观有着什么差异？事实上，他要强调的是五行仅为"五方之符记"。他说：

> 按中国五行之说，颇为泰西化学家所诟病。不知五行见于《洪范》，孔子特著为经，以为五方之符记。所谓金、木、水、火、土，犹东、西、南、北、中，春、夏、秋、冬季以之辨方正位，绝不以原质论也。②

引文提到五行长久以来被中国人误解为构成万物的五种原质（元素），颇被西方人批评，谓中国人不懂得化学知识。事实上出自经典《尚书·洪范》的五行：金、木、水、火、土所要昭示的只是东、西、南、北、中的方位观，后来儒者将五行配上春夏秋冬的四季，只是要借着季节递转的现象辅助孔子学说，彰明地球上五方空间的运势流行而已，总之，孔子论五行的本义绝对没有以五气作为万物原质的意思。可以说，廖平接收了自《吕氏春秋》以来，配上了五方位与季节、具有时序轮转意味在其中的"五行"，然后再结

---

① 例如李约瑟博士曾指出："五行说影响之大，传播范围之广，使它遍见中国古代及中古一切科学和原始科学领域。"日本学者山田庆儿也说："阴阳五行的思考在秦汉以后一直是中国人在自然哲学上的思考的基础形态。……如去掉阴阳五行说的思考，是不会有中国的传统科学的。"见潘吉星主编《李约瑟文集》，辽宁科学技术出版社，1986，第23—24页。山田庆儿：《空间·分类·范畴——科学思考的原初的基本形态》，收入冈田武彦编《日本学者论中国哲学史》，台北：骆驼出版社，1987，第90页。

② 廖平：《皇帝疆域图》第十七，第61a页。

合邹衍具有政治意味在其中的"五德终始说"，诠释成五大洲空间之中的运势流行。更详细地说，《吕氏春秋》等著作中原有的五行之"气"的本质被廖平所转化了。他对"气"其实表现了一种暧昧的态度，一方面，他汲汲地要说明中国即将得运、得势，必须主张宇宙间有一股"气"的运行之神秘性；然而另一方面，他受了西方科学知识的影响，这个"气"在他笔下已经没有了生克作用，他在论五洲运势时，也没有讲到彼此之间的生克，气运轮转充其量只是一种难以名状的抽象"运势"在变动而已。他明确否定了宇宙之间具有"五气"的实质与相互对待（生克）关系，这么一来，阴阳五行气化宇宙观中最基本的质素，已经被廖平给抽离掉了，"五行"纯粹只剩下方位的象征以及廖平自己也难以说清楚的某种"运势"在其间的流动，这是他所宣称的《洪范》五行的本义，也可说是对阴阳五行宇宙观的重构。

经学是廖平学术思想的骨干，他也与其他许多学者一样，透过后世的传统学术体系来解释经文，但比较特殊的是，他把先秦诸子、纬书、汉代思想著作有意识地联成一个有机体，溯源到孔子本身，论这些典籍皆属于孔经的辅翼。那么这里有一个矛盾的问题是：亦被廖平视为发扬孔经重要思想的《春秋繁露》却明白地阐述气化五行的理论，廖平要如何自圆其说，做重新的理解？以下这段话可作为重要代表：

> 考《繁露》：天地之气，合而为一（廖平自注：泰皇一统），分为阴阳（廖平自注：如二伯），判为四时（廖平自注：如四岳），列为五行（廖平自注：中央兼四方），……五

行者，五官也（廖平自注：即《周礼》五官）。以五官解五行，盖谓五方天道之运行也。①

阴阳五行思想在西汉形成系统的格架，因而发生更大的影响，董仲舒在其中居于重要的角色，从《春秋繁露》看，阴阳、五行有了进一步完整而密切的结合。《五行相生》说："天地之气，合而为一，分为阴阳，判为四时，列为五行。"《十指》又说："水为冬，金为秋，土为季夏，火为夏，木为春。"因此总的说来，《春秋繁露》是以四时为五行显现的结果，并认为阴阳五行乃是天地浑元之气一系列的分化，这也是《春秋繁露》气化宇宙论代表性思想的呈现。然而在廖平的重新解释下，《春秋繁露》中的"天地之气，合而为一"这句话只是全球一统的象征书写，"阴、阳"表示大一统政府设"二伯"分别治理的制度理想，"五行"是中国居中统理四方的方位观。换句话说，他并不承认董仲舒的理论具有实质"气"的内涵，"阴阳"与"气"仅是《春秋繁露》象征性的笔法。至此，五行在廖平的学理下已经完全没有阴阳之"气"的内涵在其中，不再是万物背后的原质，他在其他的著作也不只一次的阐发类似的理念。例如：

> 按孔经哲想，包举全球，莽莽幅员，□持纲要，欲执简以统烦，惟居中以御外，故经制中央四方、京师四岳之文，时露头角，即《尚书》篇中，如五典、五礼、五声、五色，皆为五

---

① 廖平：《皇帝疆域图》第十七，第61a页。

方之符记……①

又如：

《天官书》……四岳北斗行于天上，周流三垣四宫（廖平自注：《天官书》谓之五宫），为五天帝之定位。郑注所引纬说，灵威仰之五帝与《月令》五帝是也。在地为五土五极，为五人帝之所司，《大戴》颛顼以下之五帝，与《周礼》五官是也。地球未出以前，孔经五帝分方之说无所依托，乃假借天行以包全地，非以五行为五物，为化学之原质也。②

以上两段引文要说明的无非是五行仅为"辨方正位之符号"，③《尚书》中所谓的五典、五礼、五声、五色等，以往常被纳入阴阳五行知识体系中，讨论其间的生克关系，现在廖平指称"五"的数理只是要点出中央与四方的方位关系。又《史记·天官书》的天上五宫、纬书的灵威仰等五方天帝，④或是《礼记·月令》的青帝、炎帝、黄帝、白帝、黑帝，以及《大戴礼记·五帝德》举黄帝为五人帝之首，都有特别重视土德居中之意，⑤这些皆是要发扬经典"五

---

① 廖平：《皇帝疆域图》第二十，第71a页。
② 廖平：《书经弘道篇》，第47b页。
③ 廖平：《孔经哲学发微》，《廖平选集》上册，第300页。
④ 纬书的五方天帝出自《诗纬·含神雾》："五精星坐，其东苍帝坐，神名灵威仰，精为青龙。黄帝座，一星在太微宫中，含枢纽之神，其精有四象。其南赤帝座，神名曰赤熛怒，其精为朱鸟之类。其西白帝座，曰白招矩，其精为白虎之类。其北黑帝座，神名曰协光纪，其精为玄武之类。"见安居白山、中村樟八辑《纬书集成》上册，第466—467页。
⑤ 廖平：《皇帝疆域图》第二十，第71b页。

行"的含义，因为"中央四方为经制之大纲"，①故"五行为五方之符记"。

以上廖平重解《春秋繁露》或其他"五行"的相关内容，可以看出他无形中在用另一种较委婉的方式，逐渐否定传统阴阳五行宇宙观背后的知识理论体系，但坚持保留了具文化价值意识的中心与周边概念的原有空间秩序观。②此处他首先对先秦、汉代学术（例如《春秋繁露》）做新的诠释，然后反扣回来经文本身（例如《洪范·五行》），形成对经学的新解说，目的除了要建构一己的世界观外，还同时希望经学及以经学为骨干的传统学术能够不违于西学知识，使经学能成为适应当代的普世永恒大法。在这个重新释经的过程中，西学对他起着重大的影响，廖宗泽所撰的《六译先生年谱》于光绪三十四年下记载有廖平诠释五行之说，"凡以五起例者，皆为五帝分方说。……以物理学家斥五行非原质之说"。③道出了廖平重解"五行"的重要原因之一，即是西学的刺激。

在西方物理化学知识的传播及学人的吸收下，近代思想界俨然形成了一股对传统五行学说的批判。例如1903年《浙江潮》第二期刊登了《原质观念之进步》一文，指出古印度和古希腊都有以火、风、水、土为万物背后的原质之说，和中国的五行说法相似，今日

---

① 廖平：《皇帝疆域图》第二十四，第19a页。
② 葛兆光亦曾指出，中国过去的宇宙观是政治、伦理等知识的基础，它是本着天圆地方、中央与地方或中心与边缘作为秩序的预设基础。金、木、水、火、土五星对应五行、五色、五味、五声、五典、五礼等，形成一套相当有序的观念。见氏著《思想史研究课堂讲录》，生活·读书·新知三联书店，2005，第230页。
③ 廖宗泽撰，骆凤文校点《六译先生年谱》，收入四川大学古籍整理研究所编《儒藏·史部·儒林年谱》，第856页。

在化学知识的基础下,已可证明古人的原质观念是"无据空说,流于学界,为害甚巨"。①同一时期,陈榥②撰《续无鬼论(续)》,批驳五行生克之说"不伦不类",并以化学原理告诉人们,水为氢、氧二气化合而成,"非金所能生也,因分解蒸腾而失,非土所能克也"。③章太炎将五行、占卦等视为性同宗教,皆是"蔽六艺,怪妄",④亦曾说:"人之死也,则淡(氮)、养(氧)、炭、轻(氢)诸气,盐、铁、磷、钙诸质,各散而复其流定之本性,而人之性亡矣。"⑤等于接受原子(化学元素)才是物质的始基,直接否定了五行为万物原质的观念。严复曾说五行在古代"其为用,不独以言物质而已",还包括"帝王德运之相嬗,鬼神郊祀之分列,推而至于人伦之近,物色之常,音律之变,藏府之官,无一焉不以五行为分配"。接着指出这是"牵涉傅会,强物性之自然,以就吾心之臆造",与印度地、水、火、风的"四大"之说一样不符合自然科学,"同为无当"。⑥严复亦曾设难曰:"金胜木耶?以巨木槌击一粒锡,孰胜之耶?"⑦足见反对五行生克论的态度。栾调甫认为古代能将世间物质统列为五大类,复因其体用而定五类之关系,不得不谓"作者之圣也"。但后世物质发现日广,人们却忙于信古,不

---

① 《原质观念之进步》,《浙江潮》1903年第2期,第125—127页。
② 陈榥(1868—?),字乐书,浙江金华义乌人。戊戌变法失败后,受革命思潮影响,逐渐倾向革命,撰文批判专制,并否定有神论。
③ 陈榥:《续无鬼论(续)》,《浙江潮》1903年第2期,第47页。
④ 章太炎:《清儒》,《訄书》,第26页。
⑤ 章太炎:《儒术真论·附菌说》(1899),《清议报》册4,台北:成文出版社,1967,总第1910页。
⑥ 严复:《孙译〈化学导源〉序》,收入王栻主编《严复集》册2,中华书局,1986,第290页。
⑦ 出自栾调甫《梁任公五行说之商榷》,原刊于《东方杂志》第21卷第15号,1924。收入顾颉刚编《古史辨》册5,第386页。

肯观察物理，仅牢守生胜之律，五行说遂成了"几千年知识上的妖魔"。①梁启超说："我国人好以'阴阳五行'说经说理，不自宋始，盖汉以来已然；一切惑世诬民、汩灵窒智之邪说邪术，皆缘附而起。"②当时这类的批评尚有甚多。

曾经零星批判五行说的学人不少，现在仅将焦点集中到正式从传统经学及重要学术文本重新解释或梳理五行的学者来看，廖平是一个值得重视的角色，他解释经典"五行"的过程，已经大力表现了对气化的阴阳五行宇宙观知识系统之质疑，甚至否定。换句话说，廖平已经感受到支撑经学的传注及背后的一整套学术思想体系，在西学的刺激下已经逐渐失去知识上的说服力，无法再维持权威的地位。但廖平站在发扬经学、以固有学术扶助经学的立场，他没有如同后来的梁启超、刘节一般直接用学术流变的角度去批评先秦、汉代以后的学说"迷信"或不合理，而是重新解释、转化经学师法代表的董仲舒之说法，让经说能适应当代的学理，借以维护经学的永恒性。而廖平对五行的新解相较于之前两千年人们的认知，已经相对的"素朴化"，摆落了很多不符合西方科学的质素。梁启超及其之后的顾颉刚、刘起釪等古史辨派学者会用学术史的眼光重新考辨"五行"或阴阳五行学说的来历，也是源于本有学术权威的崩溃；而这种对既定权威信任的松动，早在廖平的著作中已经表现出明显的端倪，他在西学影响下的五行新说，在近代学术进程上是一个不可忽视的过渡环节。

---

① 栾调甫：《梁任公五行说之商榷》，原刊于《东方杂志》第21卷第15号，1924。收入顾颉刚编《古史辨》册5，第383—384页。
② 梁启超：《清代学术概论》，第27页。

四、与传统今文学的违异：对灾异论的转化诠释

与阴阳五行知识体系密切相关，且历来为今文经学者所重视的是灾异的理论，廖平在重新诠释阴阳五行之际，对于经典所书写的灾异也有不同于以往学者的理解，具有时代意义。

西汉今文经学师法代表的董仲舒，以先秦以来广为流行的阴阳五行学说充实"天"的属性和内容，并以此来说解《公羊春秋》。《汉书·五行志》云："董仲舒《公羊春秋》，始推阴阳，为儒者宗。"董仲舒的理论根源来自于《公羊》学。《春秋》经文所记的灾异之事甚多，但不过是言其何事为"灾"、何事为"异"而已，未曾言及造成某灾某异的理由。而董子却从《公羊传》的灾异书写，加以推衍其"天人相与"之论，遂开汉儒以灾异说经之风气；东汉何休作《春秋公羊传解诂》，其中的灾异说即是将董仲舒的理论结合谶纬加以发挥。清代今文经学承继汉代的今文经学，诸经师注经广采董仲舒、何休的思想，对灾异说颇为重视。例如庄存与的《春秋正辞》、孔广森的《公羊通义》多言五行灾异之说，今文学的张大旗帜者刘逢禄，在其《春秋公羊经何氏释例》中对何休的灾异论有更详细的演绎。不过这种情况一路到了廖平之师王闿运于光绪十二年成书的《春秋公羊传笺》时，对灾异的诠释方式已有了大幅度的转变。王闿运《公羊》学的灾异说舍弃了何休天人相与的感应思路，欲回到较为平实的理解方式。① 作为近代知名今文经学家的廖平，则进一步明确否定了阴阳五行宇宙观的知识系统，依托于

---

① 魏绯莹（魏怡昱）：《世变中的经学：王闿运〈春秋〉学思想研究》，第113—122页。

这套知识体系的灾异论也自然受到他的质疑，因此试着做不同以往的新诠释。以下专从廖平对灾异的观点切入，透过他完成于光绪二十九年的《大统春秋公羊补证》一书中解释《春秋》灾异的具体例子做分析，理解其思想重心所在。

（一）日食

《春秋》记日食三十六次，董仲舒对日食特别关注，曾对其中的三十四次做过解释。整体而言，他认为"日"为阳，日食是阴侵阳、阴灭阳。天道是人道的根据，阳为君、为贵、为尊、为上，阴为臣、为贱、为卑、为下；阴侵阳即有臣僭君、卑压尊、下犯上之意。①东汉何休对日食的理解主要也是跟随董仲舒的思路。例如《春秋》经文"昭公二十二年，十二月，癸酉，朔，日有食之"。何休《解诂》曰："是后晋人围郊，犯天子邑。"②因晋人犯天子邑，故事先有日食的天象示异。但是廖平并没有跟随这套以某一事件对应某一天象的解经方式。由以下几条经文以及廖平的阐释可以看到他对《春秋》书写"日食"的新解：

一、经文：襄公二十一年，冬，十月，庚辰，朔，日有食之。

廖平补证：……《帝典》，敬授民时，为奉天首事。③

二、经文：襄公二十三年，春，王二月，癸酉，朔，日有

---

① 董仲舒分析《春秋》灾异的文字，多见于《汉书·五行志》。又见刘国民《董仲舒对〈春秋〉"灾异"的诠释》，《衡水学院报》第12卷第6期，2010，第15页。
② 何休注，徐彦疏《春秋公羊传注疏》，台北：艺文印书馆，1989，第295页。
③ 廖平：《大统春秋公羊补证》卷八，第44a页。

第三章　经学理想的世界文化空间蓝图　253

食之。

　　廖平补证：日食以正历法。①

　　三、经文：昭公十七年，夏，六月，甲戌，朔，日有食之。

　　廖平补证：《春秋》记日食，不记月食，不必扶阳抑阴，书日食以定历法，朔定而望可知。……故不书月食，以为无关大例。②

从以上三个例子可以得知，廖平认为《春秋》书日食，不记月食，不在于扶阳抑阴，而是书日食以定历法，期能敬授民时。古代中国的政治观念中，掌握历法是王权得以确立的重要依据之一，而廖平所谓的定历法，自然指的是制定未来全球大一统之历法。他于昭公十七年夏季日食的这条经文下，又补证曰：

　　王中国用一历，虽有小差，不害其同。若皇帝居中建极，地大物博，班（笔者按：应作"颁"）历法以授民，即如中国与南美，阳阴节候全反，使以中国历行之，南美皆为反时，以秋耕，以春敛，冬至实夏至，立秋实立春。……故圣人生知，安行于数千年，早定六历之法，曰鲁，曰殷，曰夏，曰颛顼，曰黄帝，曰周……《汉志》有六历之说，东用鲁历，西用殷历，北用颛顼历，南用夏历，中用黄帝历，皇又用周历，……

---

① 廖平：《大统春秋公羊补证》卷八，第48a页。
② 廖平：《大统春秋公羊补证》卷九，第29a页。

此皆大统皇帝师说……①

廖平受西方地理知识影响，知道南北半球季节完全相反，各地气候迥异，因此牵引《汉志》的古六历之说，以此为孔子替未来世所定的、适应全球各地节候的六种历法。此说虽属附会，不过由廖平之于"日食"的解经方向来看，我们可以得出的结论是，他已经不谈从董仲舒到何休以来，以某种天象对应某一人事的天人感应。当然他强调王者制历、敬授民时的思想仍深受传统天学精神的影响，但是不以天戒之说来论日食，对今文经师而言已是重大的突破。

（二）虫生

对于害虫出现的意义，何休有时以谐音的方式进行解说，有时以虫的特性与某个人物的行为做联想，将灾异与人事互相结合。但是廖平却有不同的理解方向，以下两个例子可以见之：

一、经文：庄公十八年，秋，有蜮。

《公羊传》：何以书？记异也。

何休《解诂》：蜮之犹言惑也，其毒害伤人形体不可见，象鲁为郑瞻所惑，其毒害伤人，将以大乱而不能见也。②

廖平补证：非常有之物，地气使然。《周礼》五土、五植、五动，各有土宜所生。③

二、经文：庄公二十九年，秋，有蜚。

---

① 廖平：《大统春秋公羊补证》卷九，第29a—30a页。
② 何休注，徐彦疏《春秋公羊传注疏》，第97页。
③ 廖平：《大统春秋公羊补证》卷三，第27a页。

《公羊传》：何以书？记异也。

何休《解诂》：蜚者，臭恶之虫也。象夫人有臭恶之行。言有者，南越盛暑所生，非中国之所有。[①]

廖平补证：《周礼》，土会五土，动物各异。……蜚非鲁地所有，……今物产即关气候，泰西之物产学也。[②]

第一个例子是鲁国出现毒虫"蜮"，《公羊传》认为由于这种毒虫很特殊罕见，所以《春秋》记之。何休则以"蜮"与"惑"谐音，象征鲁国被奸人所惑，将有大乱之兆。第二个例子是鲁国出现臭虫"蜚"，《公羊传》也同样认为是特殊而被《春秋》所记。但何休以臭虫出现象征鲁国君夫人有臭恶之行为。

廖平对于《春秋》书写蜮、蜚这些特异昆虫的意义，完全没有跟随何休《解诂》的神秘感应模式，与《公羊传》的"记异"之说也有差异。他是返回《春秋》经文去阐释他所谓孔子的微言，认为孔子是隐喻地球的疆域广大，各地气候不同，因而各处亦有多样生物之意。

（三）气候反常

《春秋》中的气候反常，包括大雨震电、大雨雪、大雨雹、无冰等等，何休多认为是上位者不当的行事之应，但廖平常以全球的自然现象理解之：

一、经文：隐公九年，三月，癸酉，大雨震电。

---

① 何休注，徐彦疏《春秋公羊传注疏》，第109页。
② 廖平：《大统春秋公羊补证》卷三，第40b页。

《公羊传》：何以书？记异也。何异尔？不时也。

何休《解诂》：……大雨震电，此阳气大失其节，犹隐公久居位，不反于桓，失其宜也。①

廖平补证：赤道下，雨水最深，电气最重，此于赤道下则为常事。周年如此，无冬夏。②

二、经文：隐公九年，三月，庚辰，大雨雪。

《公羊传》：何以书？记异也。何异尔？俶甚也。

何休《解诂》：俶，始怒也。始怒甚，犹大甚也。八日之间，先示隐公以不宜久居位，而继以盛阴之气大怒，此桓将怒而弑隐公之象。③

廖平补证：黑道下积冰不消，半年昼夜，长以五十余日。大雪，黑道之常。④

第一条经文的"大雨震电"，《公羊传》解释是因为大雷雨非时而至，故《春秋》书写此种特异现象。何休认为是隐公久不归政于桓公，阳气失节有以致之。第二条经文的"大雨雪"，《公羊传》解释是因为雨雪太过严重，是特殊现象，故《春秋》记之。何休认为是桓公甚怒隐公不归政，将弑隐公，盛阴之气导致有大雨雪的现象。

对于这两个例子，廖平以前者的"大雨震电"是孔子要告诉人们赤道的气候状况；后者的"大雨雪"则是黑道（北极）的气候描述，因为此地长年积冰不消。

---

① 何休注，徐彦疏《春秋公羊传注疏》，第40页。
② 廖平：《大统春秋公羊补证》卷一，第61a页。
③ 何休注，徐彦疏《春秋公羊传注疏》，第40页。
④ 廖平：《大统春秋公羊补证》卷一，第62a页。

（四）地震土崩

《春秋》书地震土崩之事，何休多认为是地位卑下者专政、叛乱，或是夷狄势盛、压制华夏之象，但是廖平则以地质学的自然现象解释。例如：

一、经文：襄公十六年，夏，五月，甲子，地震。

何休《解诂》：是时溴梁之盟，政在臣下，其后叛臣二，弑君五，楚灭舒鸠，齐侯袭莒，乖离出奔，兵事最甚。①

廖平补证：改变地势，缘火力之鼓荡奋发。……地之震动与火山之喷吐，原无二故，其改变形势之处，亦与火山相同，或凸然高起，或凹然低陷，或分崩开裂。自古至今，如此之变甚多。即近今百年之内，在印度国恒河口外有片大地，因震动而倾陷，其附近之海中，又有一片地同时凸起出现。又澳大利亚之南，有二海岛，因震动而高。西印度群岛中，有一海口，因震动而低陷。然地之震动，自太初即有所改变，地势之力，亦非微小。故地震为记异，异者，中国所罕见，因而异之。自大一统言，则常而非异。……地震，中国以为异，西地多火山，山川陵谷出没乃常事，则不足异矣！②

二、经文：僖公十四年，秋，八月，辛卯，沙鹿崩。

《公羊传》：沙鹿者何？河上之邑也。此邑也，其言崩何？袭邑也。沙鹿崩何以书？记异也。外异不书，此何以书？为天下记异也。

---

① 何休注，徐彦疏《春秋公羊传注疏》，第254页。
② 廖平：《大统春秋公羊补证》卷八，第34a—34b页。

何休《解诂》：土地者，民之主，霸者之象也。河者阴之精，为下所袭者，此象天下异，齐桓将卒，霸道毁，夷狄动，宋襄承其业，为楚所败之应。①

廖平补证：……泰西地质学，因火山推考，地初为流质，面壳事成坚实，因火气冲发，山川改变，有陷崩城邑岛屿之事。……今地学考地，无时不变。……火气冲裂而改状，事所常有。……书此以明地体地学。《周礼》立官以掌地，愿地求地，形诸事，今外国犹存古法。②

襄公十六年夏季的地震，何休认为先是下位者专政，之后又发生弑君、各国互攻有以致之。僖公十四年的沙鹿崩塌，发生的地点不在鲁国，既然不在鲁国，为什么《春秋》要记载呢？《公羊传》的理解，是缘于事件特殊，因此"为天下记异"。何休的解释是沙鹿崩塌象征齐桓公将卒，霸道毁坏，夷狄将兴，继起的宋襄公之业也将为属夷狄的楚国所败之应。

廖平则用地质学的常识，叙述地震的成因以及世界各地发生过地震的一些情形。他说："地震为记异，异者，中国所罕见，因而异之。自大一统言，则常而非异。""西地多火山，山川陵谷出没乃常事，则不足异矣！"既然不足异，《春秋》书写的目的，也是孔子要让人们理解地球广大地域的存在以及世界各处地质现象的差异。

（五）水火疾疫之灾

《春秋》书写水、火、疾疫之灾，何休认为这些灾病产生的

---

① 何休注，徐彦疏《春秋公羊传注疏》，第137页。
② 廖平：《大统春秋公羊补证》卷四，第29b—30a页。

原因包括百姓悲哀之心与怨气积累，或是疏远先圣法度，或是在上位者淫乱所产生之邪气皆有以致之。但是廖平完全不谈这些感应之事，而转换成另一种较为平实的说法。例如：

一、经文：桓公元年，秋，大水。

《公羊传》：何以书？记灾也。

何休《解诂》：先是桓篡隐，百姓痛伤，悲哀之心既蓄积，而复专易朝宿之邑，阴逆而与怨气并之所致。①

廖平补证：有备则水不为灾。凡记灾，讥不能以新法养民，宜因所书备之。②

二、经文：襄公九年，春，宋火。

《公羊传》：曷为或言灾，或言火？大者曰灾，小者曰火。……何以书？记灾也。外灾不书，此何以书？为王者之后记灾也。

何休《解诂》：是时周乐已毁，先圣法度浸疏远不用之应。③

廖平补证：书灾，讥备灾不具，具则虽有，不为灾。凡书灾书火，皆同此义。④

三、经文：庄公二十年，夏，齐大灾。

《公羊传》：大灾者何？大瘠也。大瘠者何？疠也。何以书？记灾也。外灾不书，此何以书？及我也。

---

① 何休注，徐彦疏《春秋公羊传注疏》，第47页。
② 廖平：《大统春秋公羊补证》卷二，第3a页。
③ 何休注，徐彦疏《春秋公羊传注疏》，第245页。
④ 廖平：《大统春秋公羊补证》卷八，第18b—19a页。

> 何休《解诂》：病者，邪乱之气所生。是时，鲁任郑瞻、夫人如莒淫泆，诸姑姊妹不嫁者七人。①
>
> 廖平补证：疫疾流行传染者，多卫生之学不修也。②

第一条桓公元年的经文书写大水，《公羊传》说明因大水成灾，故《春秋》记之。何休则指出，是因为桓公篡弑隐公，百姓伤痛，接着桓公又违背礼制，悖逆的行为加上百姓的怨气，故造成大水之灾。第二条襄公九年的经文书写宋国失火，《公羊传》解释经文记载这件失火的原因，是宋国为殷商王者之后，故为王者后代记灾。何休从天人感应的角度，认为是宋国疏远先圣法度有以致之。第三条经文书写庄公二十年夏季齐国发生大灾，《公羊传》解释此处的"灾"是疾疫之灾，齐国的疾疫波及到鲁国本身，所以《春秋》记之。何休则认为这场疾疫是缘于邪乱之气所生，因为鲁国任用奸人郑瞻，再加上鲁国君夫人淫泆有以致之。

廖平完全没有跟随何休《解诂》的感应思路，他认为《春秋》记水、火之灾是讥讽上位者没有勤修内政备灾，若政治修明，则虽有水火之意外，亦不致酿成灾害。至于疾病的流行传染，也不是上位者淫乱的邪气产生，而是因为缺乏卫生学知识的缘故。

（六）特异物种

《春秋》记载了一些较为特异的物种，例如长狄、鹳鹆等。《公羊传》对于这些现象均解释为"记异"，何休有时则会继之以天人感应的思维做发挥。举例如下：

---

① 何休注，徐彦疏《春秋公羊传注疏》，第98页。
② 廖平：《大统春秋公羊补证》卷三，第27a页。

一、经文:文公十一年,冬,十月,甲午,叔孙得臣败狄于咸。

《公羊传》:狄者何?长狄也。……何以书?记异也。

廖平补证:其长逾常人,是为怪异。……海外掘地,多获异种,天演物竞劣败优胜,惟善者存。①

二、经文:昭公二十五年,春,有鹳鹆来巢。

《公羊传》:何以书?记异也。何异尔?非中国之禽也,宜穴又巢也。

何休《解诂》:非中国之禽而来居此国,国将危亡之象。鹳鹆犹权欲,宜穴又巢,此权臣欲国,自下居上之征也。其后卒为季氏所逐。②

廖平补证:《周礼》五土之动植,各有所宜。……来巢,中外一家之象。③

第一条经文记载文公十一年冬天,叔孙得臣打败了狄人于咸这个地方。《公羊传》说,此种狄人长得非常高,异于常人,因此《春秋》书写以记异。廖平则以中国之外的各地多有各样人种,身高自然不同,并引天演进化、优胜劣败说明物种的竞争情形。第二条经文书写鹳鹆来巢,《公羊传》说明这条经文是记异,因为鹳鹆这种鸟类非中国之禽,而且习性特殊,能够穴居,又能筑巢。何休《解诂》则进而发挥道,非中国之禽来居鲁国,是国将危亡之象。鹳鹆

---

① 廖平:《大统春秋公羊补证》卷五,第24a—24b页。
② 何休注,徐彦疏《春秋公羊传注疏》,第301页。
③ 廖平:《大统春秋公羊补证》卷九,第49b—50a页。

能穴居又能筑巢，如同权臣的欲望大，希冀能居上位，这也是季氏后来掌权的征兆。而廖平的解释全然不同，他以中国出现罕见的鹳鹆不足为奇，那只是全球多样的生物种类之一，至于来中国筑巢则是经典的微言，表征未来中外一家的"大一统"之征。

综之，廖平认为经典如《春秋》所书写的"灾异"，很多都是孔子预示未来全世界开通之后，各地不同的人种物种、天文地理、阴阳节候等。他说："《春秋》长狄、地震、星孛、来巢、无冰、震、雷、雪、雹不时，能周游地球一周者，多不以为怪。……中国之异为地球之常，记异所以为验小推大之基础，通其意于大同。"① 廖平在《大统春秋公羊补证》里的以下一段话，正是体现他在大约甲午战争后，将经学结合世界视野，对"灾异"说最具有总结与代表性的看法：

> 《春秋》记异之学，在中国古为阴阳五行，今泰西为格物家。……五方、五土、人种、动植各有不同于古，皆属阴阳五行……《春秋》鹳鹆来巢、西狩获麟、有蜮有蜚，五土之动物学也。非时大雨震电、雨雪、无冰、陨霜不杀草、杀菽、雨水、冰、梅李实，此五土之植物学。长狄为五方之人种学，……及梁山、沙鹿崩为地质学。……盖中国之所谓常异者，自道家与格物家言之皆为常，天下无可怪异之事。经书之异，由小推大，借人种、动物、植物、阴阳寒暑、昼夜以为皇帝疆域之起文。……因当时闭关自守，皇帝疆域未能全通，诸

---

① 廖平：《大统春秋公羊补证》卷一，第19b页。

说无可附立。中儒乃专就灾异推考占验，求幽索隐，以至为世诟病。今详大统，发明中学阴阳五行与西学格致相同之故，专求实义，不尚虚言。故于先儒灾异之说，多所刊落，间有存者，亦借师说，以明事实，说灾异意不在占验。①

廖平指出，全球五方、五土的人种与动植物各有不同，《春秋》所记载的各种以往被视为灾异的现象，例如"获麟""蜚""蜮""陨霜不杀草""地震""沙鹿崩"等，均分别属于今天动物学、植物学、人种学、地质学的范畴。孔子的经典就是要借着记载这些中国所少有的自然现象，暗示未来除了中国以外，还有一个全球的视野存在。廖平又说，由于中国从前闭关自守，人们无法见到全球各地的自然状况，因此不能理解经典的本意，便从天人感应的占验之说去诠释灾异，以至于被当今的西方人或懂科学新知者批评为不知科学。廖平欲刊落古代儒者所诠释的那一套天人感应、占验之说，并要说明古代经典中的思想与自然科学相同，都是专求实义而不尚玄虚的。

我们若将上述廖平诠释阴阳五行与灾异的思考方向与古文经学家章太炎、刘师培的著作言论合观，可以看到一个很有意思的特色。章太炎向来视今文经学家以阴阳五行、象纬占卦入儒术为"夸诬""怪妄"，②他把这种"迷信"思想的总源头追溯到董仲舒，曾分别于《检论·学变》与《訄书·争教》中激烈批判董仲舒为"神

---

① 廖平：《大统春秋公羊补证》卷九，第49b—50a页。
② 章太炎：《訄书·清儒》，第26页。章太炎：《菿汉微言》，《章氏丛书》，台北：世界书局，1958，第949页。

人大巫""蠢愚"。①刘师培在《谶纬论》一文里也批评与今文经学密切相关的谶纬思想:

> 五纬或凭以推日,或以灾祥行事,或以星象示废兴(刘氏自注:见《春秋演孔图》《诗纬》《春秋文耀钩》《春秋运鼎枢》诸书)。四始五际(刘氏自注:《齐诗》说),已失经义之真;六甲九宫(刘氏自注:《春秋合诚图》),遂启杂占之学。是则前知自诩,格物未明,易蹈疑众之诛,允属诬天之学。②

刘师培直接指斥谶纬与齐学中以灾祥行事、观星象或杂占之学有失经义之真,是荒诞的"诬天"之学,他的论点一方面是站在古文家派的立场,另一方面也是受了西方科学观念的影响。1904年,刘师培发表《讲地理的大略》一文,强调应以自然知识理解天象,并分别说明风雨、冰雪霰雹的成因,或由湿气遇热所蒸腾,或由触寒以凝成;打雷闪电与太阳热气有关;彩虹是雨后初晴时,阳光照射在雨滴上所形成的。……凡此种种,"都是地文学,共天象有关系的,从不通的人看起来,都说是象垂于天了。他哪里晓得各种天文,都是在地上发源的呢?这就真真可笑了"。③总之,刘氏要说明并无超自然力量的天垂象或灾异的真实存在。而值得注意的是,廖平虽然

---

① 章太炎:《检论·学变》,《章太炎全集》卷三,上海人民出版社,1982—1986,第444页。章太炎:《訄书·原教下》,第158页。
② 刘师培:《谶纬论》,收入刘师培《刘师培史学论著选集》,邬国义、吴修艺编校,上海古籍出版社,2006,第213页。
③ 刘师培:《讲地理的大略》,《中国白话报》1904年第16期,第11—12页。

没有明白摈斥阴阳五行灾异,但他却是用实质的全球方位以及自然科学等观念,巧妙地将阴阳灾祥等所谓"诞妄"之说(也包括董仲舒的诠释)转化成新的解释,无形之中,他的观念其实已经完全不同于传统今文经师的笃信天人感应、灾异占验,反而与章太炎、刘师培等古文经学家的想法颇有暗合之处。

无独有偶,与廖平年代相近的另一今文经学家皮锡瑞对于天人学说,也有对应于时代的看法。他在刊刻于1907年的《经学历史》中指出:

> 汉有一种天人之学而齐学尤盛。《伏传》五行,《齐诗》五际,《公羊春秋》多言灾异,皆齐学也。《易》有象数占验,《礼》有明堂阴阳,不尽齐学,而其旨略同。当时儒者以为人主至尊,无所畏惮,借天象以示儆,庶使其君有失德者犹知恐惧修省。此《春秋》以元统天、以天统君之义,亦《易》神道设教之旨。汉儒藉此以匡正其主。其时人主方崇经术,重儒臣,故遇日食、地震,必下诏罪己,或责免三公。……尚有君臣交儆遗意。……后世不明此义,谓汉儒不应言灾异,引谶纬,于是"天变不足畏"之说出矣。近西法入中国,日食、星变皆可预测,信之者以为不应附会灾祥。然则,孔子《春秋》所书日食、星变,岂无意乎?言非一端,义各有当,不得以今人之所见轻议古人也。①

---

① 皮锡瑞:《经学历史》,中华书局,2004,第68—69页。

皮锡瑞提到近代西学传入中国后，人们理解到日食、星变等皆可预测，亦有学理依据，遂非难汉代今文学者，谓其不应引阴阳、五行、谶纬等说法附会灾祥。殊不知当时儒者由于处在君权至尊的局面下，只能借着天象示警的说法，使国君能有所畏惧而戒慎修德，这种用心是良苦的，实不应以后世的知识见解厚责古人无知。皮氏的立论平允，而更重要的是他已经明白指称天人感应学说是一种"神道设教"，这个例子也为我们的廖平研究提供了一条佐证，说明了在当时今文经学家的心目中，阴阳灾异作为一种"信仰"已经逐渐走入历史。因此今古文经学观点的对立在清末渐趋泯灭、趋于合同的过程中，西学其实扮演了一个相当重要的角色，这个议题在近代经学、学术流变乃至思想转型的过程中，都值得我们再多加给予关注着墨。

小　结

廖平以《尚书》为孔子昭示未来世界"大统"（大一统）的蓝图。历史上的周公是平治周朝天下的人物，廖平在尊孔与经史有别的思路下，把"周公"视为孔子笔下的一个符号，称其制礼作乐是指向未来，欲说明孔子已经预设了中国的礼乐文明将立于天下之"中"，能致全球于太平。这个"蓝图"其实是廖平期待重建儒家礼制秩序的愿景，礼制秩序的基本精神是王道。廖平相信透过经典的实践、礼乐的感通，最终能以德服人，使"王化"由近及远，最后进至于世界大同。廖平也并非单守几部经书的学究，他一直在从新的出版品或报纸杂志汲取西学新知，同时极力将它们融入经典，包括建构一个具有东、西半球的世界图像,最终还要由文化较高、具有孔子教化的东半球统一西半球。这些都是廖平笔下的孔子托"周公"营建东、西两京,肇开"大统"的精义。从东西半球、东西文化的论述,都可以看到他吸收西学的影子。

廖平如何加强中国一定是未来世界大一统的中心呢?他以《尚书·洪范》的"五行"作为孔子论五大洲的"微言",并结合邹衍的五德终始之历史递嬗法则,《吕氏春秋》《春秋繁露》《白虎通》等先秦汉代著作中的天道运行法则,以及土德最尊居中的理论,目的要说明中国入主世界中心是一种命定,表现了他的文化空间观。这反映了一个深受传统文化熏陶的知识分子在世变的冲击下,如何运用固有的学理抒解、克服一己的焦虑,并且在近代新地理图像以及扩大了的视野下,如何用文化的角度重新定位、摆置中国。

廖平诠释文化空间的过程也牵涉到学术内部的流变。廖平已经不能完全相信古籍所述的内容为真,认为周初不可能已有完善的礼制,因此制礼作乐的不是周公,而是天生圣人孔子托"周公"所作。又例如被廖平视为上古无法如此"美备"的明堂制度,也是托之为孔子的"俟后"规划。由于进化的历史观打破了黄金古代的观念,廖平接受了这样的思潮,再结合今文经学尊孔的概念,因此强调上古朴陋,经典内容的美盛是孔子默认进化至未来的目标。这种质疑上古史事的态度,从廖平一路到顾颉刚等古史辨学者之间的学术发展,廖平扮演过渡的角色。

从近代学术上的意义来说,他解释经典"五行"的过程也大力表现了对气化的阴阳五行知识系统之质疑。换句话说,廖平已经感受到本有的学术思想体系在西学刺激下,已逐渐失去知识上的说服力，难以再维持权威的地位。但站在发扬经学、以固有学术扶助经学的立场，他没有如同后来梁启超等人的直接用学术流变角度去批评先秦、汉代以后的学说"迷信"或不合理，而是重新解释、转化经学师法代表的董仲舒之理论。他并不承认董仲舒的理论具有实质"气"的内涵，认为董子的"阴阳"与"气"仅是象征性的笔法。至此五行在廖平的诠释下已经完全没有阴阳之"气"的内涵在其中，不再是万物背后的原质，此种解释目的是要让经说能适应当代的学理，以维护经学的永恒性。梁启超之后的顾颉刚、刘起釪等古史辨派学者会用学术史的眼光重新考辨"五行"或阴阳五行学说的来历，也是源于本有学术权威的崩溃；而这种对既定权威信任的松动，早在廖平的著作中已经表现出明显的端倪，他于西学影响下的五行新说在近代学术进程上是一个不可忽视的过渡环节。

透过这个研究，也呈现了今文经学思想在近代蜕变、今古文对立渐趋泯灭过程的一个环节。例如章太炎、刘师培都曾站在古文家派的立场，大力反对今文经学以象纬占卦入儒术，批评以灾祥论人事或以星象示兴废的天人感应之今文传统。而廖平汲汲地要将灾祥"诞妄"之说赋予不同方向的新解，无形之中，他的观念与传统今文经师的笃信天意天戒早已渐行渐远，反而与古文经学家章太炎、刘师培的想法有暗合之处。这种源自西学的冲激，造成整个今古文经学史、学术史的转化过程，也是前辈学人较少深论的一个层面。

第四章
传统与西学交会下的天学新论

前一章探讨廖平建构了一个理想的世界文化空间蓝图,而传统读书人来自"天人合一"的信念,人事上的价值必定有天道上的根源,从这个角度思索,便可以理解何以廖平还要再继续架构一套属"天"的理论。廖平自光绪二十三年以后开始有地理天文方面的论著,到光绪二十八年经学四变以后又将经学区分为"人学"与"天学",人学是为六合以内的世界立法,天学是为六合以外的世界立法,这样的观点一直持续到晚年,因此天学也是其经典理想的重要呈现。

"天"与"人"是中国古代思想里两个极其重要的范畴。天指自然界、日月星辰的运行律或天道;人指人类社会、人事,或为政之道。虽然两者分属于自然观与人文社会观,但是中国传统的观念中,两者的关系是稳定联系而不是分离的,皆是讲求宇宙(天)与人生的关系。廖平的天学长久以来常被视为玄远怪诞、难以理解。笔者综观廖平的学思历程及时代背景,试图将他的天人诠释结合当时西方天文知识的输入情况,以及政治、文化秩序受冲击下的中国处境，试着从较宽阔的视野审视，期能更同情地理解廖平建构天学的本意，以及发掘出蕴含其间的终极关怀与时代意义。

第一节　日心地动说与王权为尊的天道观

一、天文新知已备于孔学体系中

近代以来西方天文学的输入，传统知识权威逐渐崩解，人生意义根源的"天"受到了撞击，对于一个接受传统教育的知识分子廖平来说，生命与信仰也随之失去了安顿，无比的焦虑感是促使廖平要重新建构一个天人关系之学说最大的动力。下文拟先讨论西方天文学的传入，以及廖平的因应之道。

（一）地圆说与日心地动说的传入

欲谈近代中国天学与西方天文学产生交会的过程，除了需先追溯到利玛窦在明末率先引介的地圆说，也要同时注意哥白尼的日心地动说传入中国的情况。明末利玛窦等耶稣会传教士来到中国后，对地圆学说做过不同程度的介绍，但当时的传播范围及士人的接受度都非常有限，其中很大的原因牵涉到中、西方知识与文化背景的差异。[①]又当利玛窦东来时，哥白尼在1543年提出的西方天文学界一大革命——日心地动说，已在欧洲问世，但来华的耶稣会传教士并未特别宣说这个知识，利玛窦所传播的仍是托勒密的地心说。造

---

① 详见祝平一《跨文化知识传播的个案研究——明末清初关于地圆说的争议，1600—1800》，《"中研院"历史语言研究所集刊》第69本第3分，1998，第589—645页。

成此种现象的原因,学界过往普遍看法是哥白尼学说与基督教会所宗主之地心说处于对立,所以教士们私而不传,选择介绍质疑日心说的第谷体系。①不过江晓原有不同的观点,他指出来华传教士在对待哥白尼学说的态度上与罗马教廷的拒斥不传并非完全一致。因为明末修订《崇祯历书》时,教士已将哥白尼理论传入中国,完成于崇祯七年的《崇祯历书》共译出哥白尼《天体运行论》里十一章的内容,并引用哥白尼二十七项观察记录中的十七项。至于耶稣会士选择第谷体系是因为当时欧洲对于日心还是地心尚在争论不休,而第谷生前以擅长观测享有盛誉,从测算的密合天度这一判据来看,第谷体系优于哥白尼体系,正是当时不少欧洲学者赞成第谷体系的原因。②

虽然《崇祯历书》曾以中文描述哥白尼学说,但并不详尽,而且撰文者罗亚谷(1593—1638)本人并不信此说,也影响了传播的动力。一直到18世纪乾隆年间法籍来华耶稣会士蒋友仁(1715—1774)的《地球图说》才加以介绍,对传播哥白尼太阳中心与地动学说扮演了重要的角色,③其中一段关键介绍文字云:

> 哥白尼置太阳于宇宙中心。太阳最近者水星,次金星,次地,次火星,次木星,次土星。太阴之本轮绕地球。土星旁有

---

① 黄时鉴、龚缨晏:《利玛窦世界地图研究》,上海古籍出版社,2004,第165页。
② 江晓原:《耶稣会士与哥白尼学说在华的传播》,《二十一世纪》2002年第73期,第90—99页。
③ 杜石然编著《中国科学技术史稿》下册,科学出版社,1982,第214页。熊月之:《西学东渐与晚清社会》,上海人民出版社,1994,第41—42页。江晓原:《欧洲天文学在清代社会中的影响》,收入黄爱平、黄兴涛主编《西学与清代文化》,中华书局,2008,第474—475页。

五小星绕之，木星旁有四小星绕之，各有本轮绕本星而行。距斯诸轮最远者为恒星天，常静不动。①

太阳为恒星，常静不动；地球与火星、水星、木星等为行星，不唯地球有公转，其余诸星亦然；诸星又有卫星绕而行之，地球之卫星则为太阴，这些都是地动说的描述。蒋友仁也提到了这一学说问世以后的时人反应，谓"哥白尼论诸曜，以太阳静、地球动为主，人初闻此论，辄惊为异说"，他也说明了为何人们会讶异于太阳静、地球与诸星皆动的天文实相，因为"人在地面，视诸曜之行，皆环绕地球，而地似常静不动，究不可以为地静，而诸曜动之据也"。②日心地动说直接冲击到中国的天动地静观，而乾嘉时期中国的士大夫学者，无论是帮蒋友仁润饰文字的钱大昕，还是为其写序的一代儒宗阮元都不能苟同此一说法。总之，由于《地球图说》的成书，知道这个学说的清代重要学者或许不是太少，但真正相信的仍然很有限，直到晚清以后情况才有所转变。

明末至清末，中国学术界尚未形成西方天文地理学得以根植的土壤，当初耶稣会士所介绍的知识，无论是托勒密体系的地心说或哥白尼的日心地动说在晚清以前均未被学者留意，因而造成传递中断的现象。直到鸦片战争后，随着西学东渐，日心地动说再次经过传播进入中国。魏源《海国图志》百卷本第九十六卷提及哥白尼学说："迨前明嘉靖二十年间，有伯霸尼亚人哥白尼者，深悉天文地

---

① 蒋友仁译《地球图说》，何国宗、钱大昕润色，阮元补图，续修四库全书据湖北图书馆藏清阮氏刻文选楼丛书本影印，上海古籍出版社，1997，第9页。又见阮元《蒋友仁》，《畴人传》册3，卷四六，商务印书馆，1935，第603页。
② 蒋友仁译《地球图说》，何国宗、钱大昕润色，阮元补图，第9页。

理，言地球与各政相类，日则居中，地与各政皆循环于日球外，川流不息，并非如昔人所云静而不动。……以后各精习天文诸人，多方推算，屡屡考验，方知地球之理，哥白尼所言不谬矣。"《海国图志》记载哥白尼学说的地方不少，并有地球沿椭圆轨道绕日运行的图，①这可能是鸦片战争后中国人对哥白尼日心地动说的首次系统介绍。随后传教士或是译介西书的学人在各通商口岸等处出版的科学读物中多有介绍哥白尼学说者，传播遂逐渐普及。②而且时代氛围改变，加之中国人视野望向世界，学者们至此才开始真正接受地圆及地动说。大约甲午战争后，哥白尼学说已经深入中国人心，在戊戌前后表现得最为明显。③

（二）廖平对哥白尼学说的接受认知

上文提到光绪二十几年是哥白尼学说广被晚清知识分子接受的时代，廖平从经学三变之后的光绪二十三年开始响应地圆及日心地动说，并探讨与之密切相关的天体、宇宙观，光绪二十八年后又将经学区分为天学与人学，这个过程中，哥白尼理论一直是被他援引以建构自己天学的学说之重要组成部分。至于廖平透过哪些东西方文本去认知哥白尼理论？东西方知识毕竟是不同的两套系统，他又

---

① 魏源：《海国图志》卷九五至九六、九九至一〇〇，岳麓书社，1998。
② 例如合信于1849年编写的《天文略论》，在广州出版，系统地介绍西方近代天文学。另外还有麦嘉缔于1850年到1853年，在宁波出版的《平安通书》；哈巴安德于1849年编，出版于宁波的《天文问答》；1859年出版于上海，由伟烈亚力与李善兰合译英国天文家侯失勒的《谈天》。王韬于1860年前所编的《西国天学源流》《西学原始考》《西学图说》，这些著作也都清晰地介绍了哥白尼的日心地动说。又见熊月之《西学东渐与晚清社会》，第152—154、171—174、193—196、271—275页。
③ 陈胜昆：《哥白尼学说在中国》，《科学月刊》第11卷7期，1980，第55—58页。郭双林：《西潮激荡下的晚清地理学》，北京大学出版社，2000，第201、204页。

如何去调适转化？这些都是后文要探索的问题。

廖平在接受西方传入的天文知识的同时，有一个强烈的意识，就是要维护与抬高孔子与经典的权威性。他一方面积极吸收新知，另一方面论述这是孔子学说早已具备，包含在一切的经传注疏，以及纬书、子书等他所谓孔经的辅翼当中。这样的特性也表现在他对当时学人逐渐接受的地球绕日之地动说的描述上：

> 西人地动天不动之说，中人诧怪，莫之或信。及观《尚书·考灵曜》所述，与夫《河图·帝览嬉》之文，皆畅论四游之本旨。而《尧典》之"光被四表"，郑氏康成以为四表即四游，取义吻合。至于各经注疏家，详四游者，历历可指，可见中人已先西人剙其厥诣，非西人能为中人创其奇闻也。[1]

古人所说的"地游"相当于地球的公转运动。《尚书·考灵曜》提到地游时说："地有四游，冬至地上北而西三万里，夏至地下行南而东复三万里，春秋分则其中矣。地恒动而不止，人不知，譬如人在大舟中，闭牖而坐，舟行不觉也。"又曰："地与星辰四游，升降于三万里之中……"[2]《河图·帝览嬉》也有四游的内容："立春，星辰西游，日则东游。春分，星辰西游之极，日东游之极，日与星辰相去三万里。立夏，星辰北游，日则南游。夏至，星辰北游之极，日南游之极，日与星辰相去三万里。""立秋，星辰东游，日

---

[1] 廖平：《四游说》，收入氏著《地球新义》卷下，第53a页。
[2] 《尚书·考灵曜》，收入安居香山、中村璋八辑《纬书集成》上册，第344—345页。

则西游。立冬，星辰南游，日则北游。秋分，星辰东游之极，日西游之极。冬至，星辰南游之极，日北游之极。相去各三万里。"① 由于纬书中有许多古代天文知识，因此廖平常征引纬书以说明其中的内容是当今西方天文地理之所本。②

除了传达经典微言的纬书以外，廖平也列举各种经学注疏内容中有关于"四游"的解说者。例如《尚书·尧典》的"光被四表"，郑玄引纬书解"四表"为四游；又郑玄注《周礼·地官·司徒》《礼记·月令》，都提到地有升降、星辰有四游，而分别为《周礼》《礼记》郑注作疏的唐代贾公彦、孔颖达又在承认郑注的前提下对四游的说法再加以疏解。③既然注疏中不乏地动说的依据，廖平还要说明经文本身就有地动的直接表述，只是前人不曾体会。例如他对《诗经·关雎》的"悠哉悠哉，辗转反侧"作了新解，曰："悠，音义近游。……悠哉悠哉，即谓游行也。……辗转反侧，即地球之绕日四游。"又曰："考西人四游，地球绕日，有辗转反侧之形，则《关雎》之辗转反侧以之训四游，尤为切合。日在中，地以四游绕之而成四时。"④以"辗转反侧"来解说地球绕日时，同时自转与公转的样态，这当然是以己意附会解经，但必须了解他最终无非是要表达，令今人"诧怪"的、西方传入的"地动天不动"之说，不论是在经文本身或者表达经典微言的纬书，以及汉唐学者解

---

① 《河图·帝览嬉》，收入安居香山、中村璋八辑《纬书集成》下册，第1114页。
② 例如廖平曾说："诸纬言天球河图，即今西人全球之所本，……欲求中国古义，以实西人之说，非纬不能平。"见廖平《诸纬经证·序》，收入高承瀛等修、吴嘉谟等纂辑《光绪井研志·艺文志》，第776—777页。引文中的"天球河图"，廖平一反传统注疏的说法，而解之为天体与地球的世界地图。
③ 廖平：《四游说》，收入氏著《地球新义》卷下，第53a—59a页。
④ 廖平：《四游说》，收入氏著《地球新义》卷下，第55a—59b页。

经的注疏中都可得见，足见西方天文知识并不足奇，那是孔子思想本已具足的。

廖平亦将经传注疏中关于日心地动的说法与哥白尼理论的内容互相排比对读，以下择要列出A、B、C三组例子，期能更清楚呈现他欲将西方天文知识纳入传统经学体系的方式：

表4.1 廖平引经传注疏与阐发哥白尼理论举例

	廖平引经文	廖平引郑玄注、孔颖达疏	廖平阐发哥白尼说
例A	《周礼·地官·司徒》：日至之景，尺有五寸，谓之地中，天地之所合也，四时之所交也，风雨之所会也，阴阳之所和也。①	郑注：景尺有五寸者，南戴日下万五千里，地与星辰，四游升降于三万里之中，是以半之得地之中也。②	侯失勒《谈天》云：地自转，故地平界之东半向下行，而西半向上行，然其行人不能觉，故反疑诸曜渐移，见地平界吐星而日星出地平焉，见地平界掩星而日星入地平焉。③

---

① 廖平：《四游说》，收入氏著《地球新义》卷下，第55b页。
② 廖平：《四游说》，收入氏著《地球新义》卷下，第55b页。
③ 廖平：《四游说》，收入氏著《地球新义》卷下，第56a页。

续表

例B	《礼记·月令》①	郑注《考灵曜》云：地盖厚三万里。春分之时，地正当中，自此地渐渐而下。至夏至之时，地下游万五千里，地之上畔与天中平，夏至之后，地渐渐向上。至秋分，地正当天之中央，自此地渐渐而上。至冬至，上游万五千里，地之下畔与天中平。至冬至后，地渐渐而下。此是地之升降于三万里之中。② 孔颖达疏云：二十八宿之外，上下东西各有万五千里，是为四游之极，谓之四表。据四表之内，并星宿内总有三十八万七千里，然则天之中央上下正半之处则一十九万三千五百里，地在其中，是地去天之数也。③	歌白尼论春、夏、秋、冬四季之轮流，亦由地运动而生。地球所循之本轮，相应于浑天之黄道，地两极之轴斜行于黄道之轴，而地赤道斜行于本轮各二十三度半，是为黄赤距纬。地循本轮，其轴恒斜，而其极恒向天之两极。设地球之与太阳应者，在赤道北二十三度半，此处见太阳于天顶，此时地旋转于本心，则见太阳于夏至圈绕地左行，北方之昼长，南方之昼短。夏至后第八日为太阳最高之时，因此时地距太阳最远故也。地循本轮与太阳应者渐近赤道，太阳正当地之赤道，此时地旋转于本心，则见太阳于赤道圈旋行，而昼夜适平。秋分后，地球与太阳应者渐距赤道向南，在赤道南二十三度半，此时地旋转于本心，则见太阳于冬至圈绕地左行。冬至后第八日，是为太阳最卑之时，因此时地距太阳最近故也。地循本轮与太阳应者渐近赤道，则见太阳于赤道圈旋行。地行本轮一周，人从地面视之，则见太阳于黄道上循行一周，而为一岁矣。④

① 廖平：《四游说》，收入氏著《地球新义》卷下，第56a页。
② 廖平：《四游说》，收入氏著《地球新义》卷下，第56b页。
③ 廖平：《四游说》，收入氏著《地球新义》卷下，第56a页。
④ 廖平：《四游说》，收入氏著《地球新义》卷下，第57a—57b页。

续 表

例 C	《礼记·月令》①	郑注《考灵曜》云：天旁行四表之中，冬南、夏北、春西、秋冬，皆薄四表而止。地亦升降于天之中，冬至而下，夏至而上，二至上下，盖极地厚也。地与星辰皆有四游升降，四游者，自立春，地与星辰西游，春分，西游之极，地虽西极，升降正中，从此渐渐而东，至春末复正。自立夏之后北游，夏至，北游之极，地则升降极下，至夏季复正。立秋之后东游，秋分，东游之极，地则升降正中，至秋季复正。立冬之后南游，冬至，南游之极，地则升降极上，至冬季复正。此是地及星辰四游之义也。② 孔颖达疏云：地有升降，星辰有四游。③	《地球图说》：水、金、地、火、木、土六曜之本轮旋绕乎太阳，太阴之本轮旋绕乎地球，而土、木二星又各有小星之本轮绕之。然太阳、地球、土、木非为各本轮之中心，而微在其一偏，其相距之数，各为两心差。歌白尼将此诸轮作不同心之圈，而刻白尔（笔者案：刻卜勒）细察游曜之固然，证此诸轮皆为椭圆。④

① 廖平：《四游说》，收入氏著《地球新义》卷下，第57b页。
② 廖平：《四游说》，收入氏著《地球新义》卷下，第57b页。
③ 廖平：《四游说》，收入氏著《地球新义》卷下，第58a—58b页。
④ 廖平：《四游说》，收入氏著《地球新义》卷下，第57b—58a页。

从以上表格中的内容可以看到廖平认识哥白尼理论的主要西学来源包括蒋友仁的《地球图说》以及《谈天》一书。《谈天》为伟烈亚力与李善兰合译，1859年出版于上海，系英国天文学家侯失勒①（1791—1871）的名著，所译为1851年的原书版。是书在上海出版之后15年，徐建寅（1845—1901）又把1871年新版的最新天文学成果补充进书中，1874年由江南制造局出版了增订版。书中对太阳系结构和行星运动有详细的叙述，是一部自成系统的学术著作。②又廖平曾读《海国图志》，③其中也有不少哥白尼学说的介绍，这些都属廖平阅读世界的一部分。

再者，廖平诠释天文学的方式，从表格的引文来看，主要从古籍特别是《尚书·考灵曜》的"地有四游"之观念发挥，并与哥白尼的学说相互牵引。"地有四游"指一年春夏秋冬四季，地各游至一处。冬至，地经北向西游到三万里处；夏至，地经南向东游三万里回到起点处。春分，地游到经北向西所经过的弧形轨道中间；秋分，地则游到经南向东所经过的弧形轨道中间。这种类似地球公转的说法应是古人观察天象后的猜测。中国古代很早就知道通过对天象的观察、星宿位置的变化来确定四季，如《尧典》和《夏小正》也都有这方面的记载。陈遵妫推测《尚书·考灵曜》提到的星辰四游，这种对地游的认识应来自于人们仰观天象的感知。而且纬

---

① 侯失勒的生平，可参见《谈天》卷首的《侯失勒约翰传》。
② 邹振环：《影响中国近代社会的一百种译作》，中国对外翻译出版公司，1996，第49—52页。
③ 廖平：《翻译名义叙》，收入氏著《地球新义》卷上，第5a—6a页。廖平：《大共图考》序，收入高承瀛等纂修，吴嘉谟等纂辑《光绪井研志·艺文志》，第824页。

书出自西汉末年,西汉生产力的发展与科技水平的提高可能也间接带动了对天象的敏感度。例如《汉书·食货志》记载当时已能制造十余丈高的大楼船,人们若乘坐其中势必无法觉知船的行进,仅能见到外面景物向后运动,古人也许就在这种情况下悟出地在移动的道理。《考灵曜》把地不断在旋转,人却无感的情形比拟人坐于舟中,舟行而人不觉,与哥白尼在《天体运行论》中的比喻几乎毫无二致。①因此先撇开廖平以己意解经的层面不谈,他所认知的中国本有地圆与地动之说并非毫无传统依据。又例如中国古代宇宙体系最为通行的虽然是周朝即已存在的天圆地方概念之"盖天说",但秦汉以后又有"浑天说""宣夜说"。《书·天文志》解释浑天说曰:"浑天如鸡子,天体圆如弹丸,地如鸡子中黄,孤居于天内",以天如鸡卵,地如卵黄,天包着地,地在天中,可说是一种类似地圆说的宇宙体系,只是它对日、月、列宿距离地之远近及彼此之间的旋转方式均无详说。又如前文提到《尚书·考灵曜》《河图·帝览嬉》等纬书中不少关于地动的说法,已经隐隐透露出地与星辰是圆转之物的概念。此外,《春秋·元命苞》有"天左旋,地右动"之语,《河图·括地象》也说"天左动起于牵牛,地右动起于毕",②

---

① 陈遵妫:《中国天文学史》册6,明文书局,1990,第1821—1822页。陈遵妫认为汉代科技的提升应可增进人们对天象的敏感度。如《汉书》指出:"是时粤欲与汉用船战逐,乃大修昆明池,列馆环之。治楼船,高十余丈,旗帜(帜)加其上,甚壮。"楼船规模之大,足见建造水平之高。参见班固撰,颜师古注,杨家骆主编《食货志》第四下,《新校本汉书并附编二种二》,第1170页。又出自西汉末的《尚书·考灵曜》说:"地有四游,……恒动而不止,人不知。譬如人在大舟中,闭牖而坐,舟行不觉也。"将楼船建造与《考灵曜》内容结合来看,可以感觉到古代科技知识与天象推测的联系。

② 《春秋·元命苞》《河图·括地象》之文分别见于安居香山、中村璋八辑《纬书集成》中册,第599页;下册,第1090页。

牵牛为牵牛星,毕是二十八宿之一。战国的《尸子》与东汉的《白虎通义·天地》都有天向左旋、地向右动的描述,①宋代张载的《正蒙·参两篇》曾讨论到地与天的问题,他承认地圆地动,但不相信天旋。②

虽然古代存在着上述这些零星的地动思想言论,但由于长期以来天圆地方、天动地静的主流思想笼罩了整个思想界,在人们心中根深柢固,导致地动说从来没有引起足够的重视。而廖平在晚清不断强调以孔子为中心的古籍早有地动、地球绕日的概念,就知识接受的历程来说,他其实是先受到西方天文学的触动,再回过头来审视寻求中国本有的非主流说法。在他极力要将两者画上等号的过程中,也显示出其已先接受并深信哥白尼理论。晚清与廖平一样持日心地动说古已有之者不少,例如邵懿辰、张德彝、唐才常、谭嗣

---

① 《尸子》中有言:"天左舒而起牵牛,地右辟而起毕昴。"见尸佼撰,汪继培辑《尸子》,台北:中国子学名著集成编印基金会,1978,第507页。《白虎通义》有言:"天道所以左旋,地道右周,……左旋右周者,犹君臣阴阳相对之义。"见班固《天地》,《白虎通义》卷下,台北:世界书局,1986,第559页。
② 张载曾说:"地在气中,虽顺天左旋,其所系辰象随之,稍迟则反移徙而右尔;间有缓速不齐者,七政之性殊也。"又说:"凡圜转之物,动必有机,既谓之机,则动非自外也。古今谓天左旋,此直至粗之论尔,不考日月出没、恒星昏晓之变。愚谓在天而运者,唯七曜而已。……太虚无体,则无以验其迁动于外也。"可知他承认地圆与地动,但以天旋之说的推理缺乏说服力。见张载撰,王夫之注、汤勤导读《参两篇》,《张子正蒙》卷一,上海古籍出版社,2000,第101—102页。

同的文集著作中都有过类似的言论,[①]可说是西学中源说的一种反映,[②]不过廖平基于尊孔尊经,把这个传统学术的根源都上溯到圣人孔子。其次,廖平视西方现有的科学知识从中国孔子以后早已有之,但是中国的天学理论有更胜于西方天文学的地方,这是廖平所以要阐发传统天学精义的重要原因,也是下文所要呈现的重点。

二、以尊王为中心秩序的天道象征

要深入讨论廖平的天学时,必须先了解中国传统的天学特色。由西方传入的"天文学"是一个纯属自然观的领域;但是传统天学的自然观总是与人文社会观密切联系在一起,古代儒家围绕天道观展开的论争,往往关怀的是人间的现况。例如明代沈榷曾攻击西洋天文历法的解说方式,是一个例子:

[①] 郭嵩焘曾在日记中记述邵懿辰与他谈论西方天文学时指出:"地本静,而天以气鼓之,即《易》所谓承天而时行也。《张子正蒙》已主此说。近日西洋畅发其说,以日为主,五星环之,地轮又环其外。"见《郭嵩焘日记》卷一,湖南人民出版社,1980—1983,第26页。张德彝在随郭嵩焘出使的日记中也据自己坐大轮船的经验写道:"按《尚书·考灵曜》云:'地常动不止,而人不知,譬如在大舟闭牖而坐,舟行而人不觉。'是华人早有先见也。当日彝在舱中,闭目静坐,……又焉知船向南渡耶?"见张德彝《随使英俄记》,岳麓书社,1986,第285页。戊戌运动期间,唐才常曾说:"西人格致之学,其理多杂见周、秦诸子,其精者不能出吾中国圣贤之道,即《朱子语类》中,如论地动、论空气、论雷电,已多与西士暗合。"见《唐才常集》,中华书局,1980,第228页。同一时间,谭嗣同也认为:"地圆之说,古有之矣。惟地球五星绕日而运,月绕地球而运,及寒暑昼夜潮汐之所以然,则自横渠张子发之。"见《谭嗣同全集》上册,第123—124页。诸人的言论,又见郭双林《西潮激荡下的晚清地理学》,北京大学出版社,2000,第209页。

[②] 清代西学源出中国说的讨论,可参全汉升《清末的西学源出中国说》,《岭南学报》第4卷第2期,1935。江晓原:《试论清代"西学中源"说》,《自然科学史研究》第7卷第2期,1988。王尔敏:《中西学源流所反映之文化心理趋向》,收入氏著《中国近代思想史论续集》,社会科学文献出版社,2005,第54—60页。王扬宗:《"西学中源"说在明清之际的由来及其演变》,《大陆杂志》第90卷第6期,1995。

> 天无二日，亦象天下之奉一君也。惟月配日，则象于后，垣宿经纬，以象百官；九野众星，以象八方民庶。今特为之说曰"日月五星，各居一天"，是举尧、舜以来中国相传纲维之最大者而欲变乱之。①

将天上的日月星辰与人间帝、后及众百官的秩序互相对应，这种天人之际的色彩是中国天学的特色。又如之前提到阮元不能接受蒋友仁的《地球图说》，主因如同他在《畴人传》中对哥白尼日心地动学说的批评："上下易位，动静倒置，则离经畔道，不可为训，固未有若是甚焉也。"②清代学者吕吴调阳于1878年写了一本《〈谈天〉正义》，持论类似阮元，坚持天文学必须"本之大易"，并且叹道："呜呼！天道之不明，圣教其将绝矣。"③很明显地，阮元、吕吴调阳最终关心的不在于天文科学知识的正确与否，而是贯串天人的圣教是否遭到了紊乱或被打破。④即使后来的严复、康有为论改革，也经常用"天道"来说明"人道"，用自然界的变化发展说明社会

---

① 沈㴶：《参远夷疏》，收入徐昌治订《圣朝破邪集》，台北：华宇出版社，1986，第8页。
② 阮元：《蒋友仁》，《畴人传》册3，卷四六，第610页。
③ 转引自郑文光、席泽宗《中国历史上的宇宙理论》，人民出版社，1975，第177页。
④ 李善兰于1859年为《谈天》作序时有言："西士言天者，曰恒星与日不动，地与五星俱绕日而行。议者曰，以天为静，以地为动，动静倒置，违经畔道，不可信也。……窃谓议者未尝精心考察，而拘牵经义、妄生议论，甚无谓也。"这段话指向阮元等人将客观的宇宙研究拘牵经义的无谓与荒谬。见侯失勒撰、伟烈亚力译，李善兰删述、徐建寅续述《谈天》李善兰序，《续修四库全书》据华东师大图书馆藏清咸丰刻同治增修本影印原书版，上海古籍出版社，1997，第1页。不过阮元等人在那个时代的言论所反映者，正是传统知识分子的天人学之最终关怀，我们需抱以同情的理解。

变革的必要性和必然性。严复在《天演论》中说"天道变化，不主故常"，"不变一言，决非天运"。①矛头直接指向董仲舒"天不变，道亦不变"的形上学观点。康有为曾在万木草堂讲述宇宙非一成不变，太阳系有其生成和演化的过程，并从中得出这样的结论："天地之大德曰生，生生之谓易。圣人只做得生生二字，天下之理只一'生'字。"②总之，把自然观中的生生、变易思想结合到人文社会观中，以说明改革的重要性，这也是天人合一概念的推衍。③而廖平视中国的天学更胜西方天文学一筹的，也正在于天学中蕴含了人间价值的源头。但究竟廖平所要强调的这个根源于天的价值是什么，是后文要探索的重点。

对中国人来说，传统"天圆地方"宇宙观的空间感支持着社会和政治的秩序，也就是说中国天学呈现的宇宙观是政治、伦理等知识的基础。但是地圆说冲击了这个框架，因为大地变为圆形的球体，仅为诸星之一，球面上没有中心和边缘，如此则中国过去根深柢固的天圆地方、中央与四方等预设的基础将不能成立，这也是何以地圆思想在明末及清末会引起震撼的重要原因。接着，哥白尼的日心地动说又动荡了天动地静、天尊地卑的本来牢不可破之价值。严复曾说："波兰

---

① 严复：《导言一》，《天演论》，《续修四库全书》据北大图书馆藏清光绪卢氏慎始基斋刻本影印原书版，上海古籍出版社，1997，第1页。
② 康有为讲述、黎祖健恭录，蒋贵麟校订《学术源流三》，《南海康先生口说》，（台湾）商务印书馆，1987，第13页。
③ 当代学者对康有为结合自然观与人文社会观的讨论，主要有房德邻《儒学的危机与嬗变：康有为与近代儒学》，台北：文津出版社，1992，第128—129页。张灏：《危机中的中国知识分子：寻求秩序与意义》，高力克等译，新星出版社，2006，第37—65页。杨贞德：《"天生人"与"天上人"——试析康有为民国时期的天论》，发表于"中研院"文哲所"礼与伦理"研究群主办，"造化与造物：现实与想望的交织"学术研讨会，2010年11月26日，会议论文，未刊稿。

人哥白尼尽破地静天动旧说,证地为日居行星之一,岁岁绕日。……喟然叹曰:伟哉科学!五洲政治之变,基于此矣。"①在传统中国知识、思想与信仰世界中,人们总是以道德的自觉性、国家政治与家族伦理的同一性以及社会秩序的有序和谐为文明价值的中心,而且总是以为在这一点上中国优于西洋,但这种自信逐渐受到了严厉的挑战,②因为以往被认定的牢不可破之价值,如今未必是真价值。站在天人关系的思维来看,人世秩序被挑战与天学秩序受冲击可说是一体的两面。例如严复从哥白尼的学说,同时带出了政治变革的问题,他认为自然界既然已不再是天尊地卑,那么政治制度当然能够顺时而变,尊者可以不再尊,卑者可以不再卑,这个想法与晚清民权思想这一重大议题有关。甲午战争后,民主、民权,以及与之密切相关的议会观念逐渐萌芽茁长,戊戌前后大兴,但也引起甚烈的争论,③这些都是廖平建立自己学说的重要背景。

廖平在甲午战争后几年要重新诠释天学,其实何尝不是深感人世秩序、意义世界的逐渐"崩解",他要从"天"的源头去诠说什么样的价值是不可撼动的。处在西方天文学传播已经普及的晚清,在知识上,他已无法像阮元等人的否认日心说或地动说,那么他如何处理这些新的天文观念与自己心中固存的宇宙观之间的关系呢?我们试着从廖平于光绪二十三年间所作的《八行星绕日说》的内容来分析:

---

① 严复:《政治讲义》自叙,《严复集》册5,第1241页。
② 葛兆光:《七世纪至十九世纪中国的知识、思想与信仰》,第589页。
③ 王尔敏:《晚清士大夫对于民主政治的认识》,收入氏著《晚清政治思想史论》,第190页。又参见汤志钧《戊戌时期的学会和报刊》,第四章,商务印书馆,1993,第143—219页。

> 按西人新著《八行星之一论》，大致先以太阳为太空之心，而八行星绕之。（廖平自注：八行星皆绕日四游，《诗》言"游"言"行"，皆法行星。）行星有六：一曰金，二曰水，三曰地，四曰火，五曰木，六曰土。月为地球之小星，周围地球，随地而绕太阳，此皆中国儒先所早知，不仅西人言之也。西人近又测得二行星，曰天王、曰海王。八行星之小星如月者共计有二十：地球有一，海王有一，火星有二，木星有四，土星有八，天王星有四。……是日为天子，八行星如八伯各占一州，向日绕行，即四正四隅，分布八方，以卫帝座也。①

引文中的"西人新著《八行星之一论》"，是指英籍传教士李提摩太所著的《八星之一总论》，刊登于光绪十八年十一月的《万国公报》。②廖平在承认日心说的同时，不忘强调各行星：金星、水星、地球、火星、木星、土星，六星绕太阳，是"儒先所早知"的。他也得知西方近来又测得天王、海王二星，共八大行星，有些又有各自的小卫星绕行，若我们把廖平所认知的八大行星绕日绘成示意图如图4.1。

他指出八星绕日，正是符合经典所昭示的秩序：以太阳比拟天子居中央，八行星如八伯，分布八方以"卫帝座"。这个根据主要来自于《礼记·王制》："天子百里以内共官，千里之内以为御。千

---

① 廖平：《八行星绕日说》，收入氏著《地球新义》，第27b—28a页。
② 李提摩太：《八星之一总论》，蔡尔康译，《万国公报》，册46，台湾华文书局影印合订本第21本，1892年11月，第13182页。

里之外,设方伯。……八州八伯。"《王制》以四海之内有九州,中央一州为天子之王畿,其余八州分属八伯,廖平以为这是贯通群经的制度,核心精神在于尊奉天子:

> 然则天子居王畿,八伯各主一州,群经之所同,非独《王制》一篇之私言也。……九州亦如田制,一夫百亩,公田居中,八家同养公田,即拱卫神京之意也。……博士之义,凡事推本于天,圣人法天而行,不敢以私意制作。……《礼》云"大报天而主日",按,天无方体,以日主之。又日为君象,《孟子》所谓"天无二日,民无二王"是也。以列宿比诸侯,所谓十二诸侯聚于王庭,此皆自古相传,日为天子,星比列辟之旧解也。①

廖平论天子与八伯的关系,亦犹如井田之制,天子如公田居中,其他八家同养公田,即"拱卫神京"之意。他推崇西汉博士的圣人法天思想,这主要来自于今文家,例如董仲舒的《春秋繁露》就曾说"圣者法天""天者,百神之大君也",② 凡事推本于天。既然要法天而行,廖平接着发挥一己的重点所在:天之道在于以"日"为尊。他引《礼记·郊特牲》的郊祭之礼"大报天而主日"一句作为论据。郑玄注云:"大犹也。天之神,日为尊。"孔颖达《疏》曰:"天之诸神,莫大于日,祭诸神之时,日居诸神之首,故云日为尊

---

① 廖平:《八行星绕日说》,收入氏著《地球新义》,第27a—27b页。
② 见《春秋繁露》之《阴阳终始》《郊语》。又《汉书·董仲舒传》的天人三策也具体表现了董子的天人思想。见班固撰,颜师古注,杨家骆主编《董仲舒传》,《新校本汉书并附编二种二》,第2500—2516页。

也。"①郊祭时，要遍祭各天神，而天神中又以日神最为尊贵。《郊特牲》的注疏仅止于说明祭天以日为主，但廖平又援引《孟子·万章》中的"天无二日，民无二王"概念，将"日"的象征与天子、君紧密的联系在一起，透过古已有之的日与君之比拟，大力发挥尊奉一君的理念。又廖平指出，绕日的行星若观察时见到有"升降迟留伏逆"的情形，就好比地上的天子诸侯之间有巡狩朝觐往来之礼一样；且八大行星又都有各自的小星围绕，这也如同《王制》所说的，每一州的方伯都有自己的属国，各有疆域。而且围绕各八大行星的小星甚多，除了常见者以外，较远或不可见者，犹如地球中的夷狄，位处荒远，来去无常，天子所不治理，即是传统所谓的"王者不治夷狄论"②之天道展现。总之，这是一个以天子为中心，八伯环列，由内到外的结构是君主、华夏、夷狄，有中央、有四方，是个尊卑有序的天上世界。近人陈德述曾批评廖平的比附，曰："行星绕日运动是自然现象，以天子为中心的行政组织是社会现象。所谓'升降迟留伏逆'是我们观察星球运动的视觉结果，与'巡狩朝觐往来'风马牛不相及。……纯粹是主观主义的附会，没有任何客观的必然联系。"③我们无法说这样的批评不对，但是站在思想史的角度，还可以更深一层地去体察廖平表述背后的所以然，因为将天道、人事相结合，正是传统的天学精神。

---

① 郑玄注，孔颖达正义《礼记正义》，第497页。
② 在何休的《春秋公羊传解诂》就有"王者不治夷狄"的观念，宋代的苏轼专门写了《王者不治夷狄论》，成为系统的理论。见苏轼《苏轼文集》卷二，中华书局，1986，第43—44页。这套思想落实在历代以来统治者对边疆地区的治术上，就是"羁縻"政策。
③ 陈德述：《著名今文经学家廖平的哲学思想》，收入氏著《儒学文化新论》，第416页。

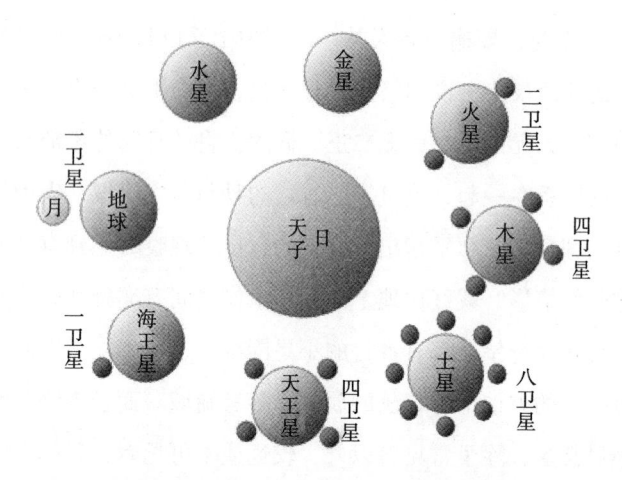

图4.1　八大行星绕日及其附属卫星示意图

再回到廖平的尊君之说上。在廖平之前，乾嘉时期的阮元以日心地动说颠倒乾坤，不足为训；严复则以为这破除了天动地静的宇宙观，正好可以顺理成章地改变阳尊阴卑、君权独尊的成说，发挥民主平等的理想。廖平于此却做了一个巧妙的转化，在接受日心说的学理下，同时又将以"日"为中心的"天道"与尊君思想做一个紧密的结合，将人君的尊贵系于最高的价值根源。他何以要如此维护君主权威？首先是如同先前所说的传统宇宙观的动摇。原本"天圆地方"的概念是结合了宇宙与伦理的秩序，天体呈圆形，地则开展为井字的方形，天地有一个象征皇权的中心，向外推衍成差序格局，便成为中国（以皇帝为中心）居中的文化心理，现在西方地理天文学知识的激荡，使得人们的主要信仰也被撼动了。例如廖平尊经书院的同学，四川富顺的宋育仁（1857—1931）在1895年的著作《采风记》中，对于西方天文学传入的冲击，有一段表达一己忧虑的颇具代表性言论：

> 其（笔者案：西学）用心尤在破中国祖先之言，为以彼教易名教之助。天为无物，地与诸星同为地球，俱由吸力相引，则天尊地卑之说为诬；肇造天地之主可信，乾坤不成，两大阴阳，无分贵贱，日月星不为三光，五星不配五行，七曜拟于不伦，上祀诬而无理，六经皆虚言，圣人为妄作。据此为本，则人身无上下，推之则家无上下，国无上下。从发源处决去天尊地卑，则一切平等，男女均有自主之权，妇不统于夫，子不制于父，族性无别，人伦无处立根，……学者以耳为心，视为无关要义，从而雷同附和，人欲塞其源，而我为操器，可不重思之乎？①

宋育仁的话透露的重要讯息是，传统的宇宙观与价值观是互相依存，无法分开的，西学对传统宇宙观的挑战也就是对传统价值观的挑战。宋育仁的忧虑，廖平也有同样的心声。与天道观受冲击难以分割的另一面，是甲午战争的刺激。

甲午战争的刺激对廖平天道理想的建构有密切关系。根据上述廖平将八大行星绕日说与《礼记·王制》互相阐发，可以感觉到他提出的天道上之政治组织结构，似乎是各大诸侯国之下，又各自有着所属的若干更小的政治实体，但是他们均尊服于最高的天子地位。这其实是经典中，特别是《春秋》的理想天下秩序。他此处特举《王制》的制度架构，是因他视《王制》为群经之制，②又廖平思路中的经学非史实，是孔子托古为今后万世所立之法，所以未来

---

① 宋育仁：《礼俗》，《采风记》卷三，清光绪刊本，第9—10页。
② 廖平：《古学考》，《廖平选集》上册，第116—117页。

世界上的国际实体间的关系将会逐渐进化为《王制》的经典秩序，这当然是体现廖平个人的想望。由于中国的天下图景和礼仪系统原本建立在中央与边缘、内与外的封贡体系模式上，但甲午战败使中国的天下体系与礼仪规范彻底瓦解，藩属国一一脱离中国，中国被迫进入条约体系下国家对国家的西方国际秩序下，仅是万国之一，再也不处于天下的中心。廖平期待能够用孔子的义理重构新的世界图像，再次寻回中国居于中心的位置，除了是民族自尊的心态外，还包括他本身对于经典中封建秩序的向往。《王制》中的各诸侯国之间或是诸侯国与从属国之间是靠着礼制的尊卑等级来维系，是"大字小、小事大"的有礼有序之伦理关系，伦理的顶端、中心是天子或皇帝。在廖平看来，这自然优于以西方为主体的"强凌弱、众暴寡"之国际现状。[1]他希望这套经学价值可以逐步将全球纳入大一统的秩序里，这是他理想的世界观，接着把这套理想投射到天上，结合哥白尼的太阳系理论，作为价值根源的建构。

也因着甲午战败，一些知识分子开始进入传统政治制度的根本进行审视，包括对议会制度的讨论与提倡，矛头已经直接指向君主政体。本来，天子不仅是一个帝国的统治者，而且是宇宙和谐的"天"之最高代理人，它的制度基础是建筑在三纲思想为中心的价值观上。但是当帝制无法应付当前的政治危机，连带地失去了道德的威信，传统秩序的思想基础也开始被质疑。[2]大约在戊戌变法前

---

[1] 廖平：《大统春秋公羊补证》卷二，第42b—43b页。
[2] 张灏对于传统宇宙观受冲击而动摇的议题有不少讨论，见于其多部著作中。参见氏著《烈士精神与批判意识》，台北：联经出版公司，1988，第15—17页；《危机中的中国知识分子：寻求秩序与意义》，第6—9、216页；《时代的探索》，第21—23页。

后，儒家的价值系统第一次受到比较全面的挑战，是以康有为为首的变法主张。康有为的改制虽以孔子之名，其实是以西方的政治为蓝图，要让西方的立宪、民主取代君权独尊的政体。康有为亦将政治理论植根于自己所发挥的一套宇宙论中。在他的思想里，"天"或宇宙由阴、阳二气交互作用而形成，是具有意志、情感和创生能力的有机体，万物皆由天所生，与天同气。①而"天者，仁也"，人均秉受天之气所生，有天赋的道德修养能力，因此每个人都为天之子，是为"天民"，所以人人皆独立而平等，并由此推导出自由、平等和民主，是与天同气的人类顺应天道之"仁"的必然结果。②从这里也可以见到，康有为对君权的看法虽与廖平有巨大差异，类同的是两者都将自己的价值上溯于天，不脱"天人合一"的思维，深具那一代受传统教育下的知识分子特色。虽然康有为冲荡了君权，但毕竟没有直接攻击儒家。最先向儒家价值系统公开发难的是谭嗣同，他在《仁学》中对传统的名教纲常提出了尖锐的批判。③约略同时，也陆续有人从平等的角度主张改变原来以三纲为主体的道德与伦理标准，激起了强烈的反驳与批判，例如苏舆所编的《翼教丛编》之言论，颇能代表反对者的心声。

廖平不认同康有为诸人的立宪主张，主要原因也在于忧惧以君为主体的三纲价值陵夷，且他所信仰的经典秩序之美好图像，也

---

① 康有为：《春秋微言大义第六上》，《春秋董氏学》，中华书局，1990，第126—144页。
② 康有为：《春秋微言大义第六上》，《春秋董氏学》，第128—130页。康有为：《孟子微》卷一，总论第一，《孟子微·中庸注·礼运注》，中华书局，1987，第7、9、13、16、23页。《中庸注》，第208页。
③ 余英时：《知识人与中国文化的价值》，台北：时报文化，2007，第109页。

让他兴起要从"天"这个根源去维护他心目中自孔子以来所独有的无可取代之价值,从"天"去寻求最高的政治伦理依据,重建以天子(皇权)为中心的天道观。但处在新旧不同的宇宙观交会碰撞之际,两者之间存在断裂,他的思想特色也表现在时代意义上。我们必须强调,廖平并不否认,而且是接受西方天文学在知识层面上的研究成果,正因如此,他才要宣称以孔经为主体的传统典籍已经具备当今的天文知识,例如哥白尼学说。不过重点在于他认为西方天文学仍然不如中国的"天学",这个论点建立在唯独中国的天学所具有的宇宙文化空间之秩序观上,这个秩序观被他视为孔子思想的精义,是始终要坚持的。他一方面要让孔子思想可以适应时代,一方面又要守住固有的秩序,故需不断地吸收、转化两边的知识与概念,从而形成一套自己独特的"天学"体系,而且随着时间,他的构思也愈加细致。

第二节　人、天秩序:六合之内与六合之外

一、《诗经》《易经》为统宗的六合之外世界

廖平在光绪二十八年(1902)时进入了经学四变的阶段,此时已进入了20世纪。20世纪的头十年与19世纪的末十年已经很不一样,翻译与传播的西书愈来愈多;廖平在这样的时代背景下努力地吸收新学,一边持续着之前对"天"的知识建构。他这个时期论经学最大的特色,是将经学统领的学术明确划分为两大领域:人学与天学;人学是孔子为六合以内的世界立法,天学是为六合以外的世

界立法。他在《四益馆经学四变记》自序中云：

> 壬寅后，因梵宗大有感悟，始知《书》尽人学，《诗》《易》则遨游六合外。因据以改正《诗》《易》旧稿，盖至此而上天下地无不通，即道、释之学，亦为经学博士之大宗矣。①

廖平曾孙廖宗泽所著的《六译先生年谱》在光绪二十八年条下亦云："成《知圣续篇》一卷。始悟天人之学。"② 而《知圣续篇》云：

> 言经学者必分六艺为二大宗：一"天学"，一"人学"。人学为《尚书》《春秋》。……天学为《诗》《易》。③

经学既然分为二派，亦各有表述的疆宇，《知圣续篇》又云：

> 分画诸经疆宇，六合之外，《诗》《易》；六合之内，谓《书》；先王之志，谓《春秋》。④

以上划分天、人的方式是以重新分配六经为中心，而且把经学分为天、人的理念从光绪二十八年之后一直持续到晚年，历经四、

---

① 廖平：《四益馆经学四变记》，《廖平选集》上册，第545页。
② 廖幼平编《廖季平年谱》，第65页。
③ 廖平：《知圣续篇》，《廖平选集》上册，第243页。
④ 廖平：《知圣续篇》，《廖平选集》上册，第233页。

五、六变。光绪三十二年（1906）为五变的始年，它是在四变的基础上再加入一些新的内容，以下稍简述两者的异同。四变之时，六合之内的人学二经是小统的《春秋》与大统的《尚书》，天学二经是《诗经》与《易经》，但未区分小大统。到了五变时，人学与天学都各加一经，并且在天学也区分小统、大统。此时，六合之内的人学三经是《礼经》（附小乐）、小统《春秋》、大统《尚书》；六合之外的天学三经是《乐经》（附大礼）、小统《诗经》、大统《易经》。

由以上四变、五变内容的概略叙述，可以得知经学五变是廖平建立人天之学的完备时期，而至于经学六变只是对《诗经》《易经》内容做更深入的发挥。附带一提的是，廖平在经学四变之后自号"四益""四译"，是取《潜夫论》所说的"圣为天口，贤为圣译"之意。①他自称推源并"翻译"了孔子经典的微言大义，是孔子的代言人，可以使千载失传的经义再译于今日。在经学五变、六变完成时，又先后改号"五译""六译"。廖平采用"翻译"这一新颖的词汇，相当耐人寻味。晚清是传统经学衰微和建构现代知识系统的关键时期，当时学者往往致力于改换旧学，并使其融入新的知识系统内，而对西方新知的引介与新学科的建立，均借由翻译一途。在这样的时代氛围下，廖平相对于翻译西书的学者，反过来自称是"翻译"孔子之经，似有一种与晚清译西书的学者互别苗头的意味。可以隐然推知他的心态就是要彰显孔学，同时还要为孔学推陈出新，认为前人并未读懂孔学真义，透过他的翻译才能彰显之，

---

① 廖平：《四益诗说》，四川成都存古书局刊，1918，第4页。

使人了解孔学并未逊色于西学，而且还有更殊胜于西方者，这也是他学术的特色，当然这个特色也表现在其天学的论述中。

再回过头来讨论廖平的天学。经学三变时，他将《诗经》《易经》设定成世界大统学说的经典，四变时将二者提升为六合外的天学，五变时，又设定《诗经》为天学小统，属"神游"，《易经》为天学大统，属"形游"。何以《诗》《易》是天学的统宗？首先从廖平论天学与《诗》的关系来看，他的《哲学思想论》中可以找到一些线索：

> 近来研究空理，有思想家、哲学家，催眠术家亦发达焉。学者或颇讶为神奇，不知此固吾国老生常谈，特少专门研究耳。《论语》以学、思分为二派，天道远，人道迩；人事为学，天道为思，"思"与"志"同，即古"诗"字也。……是《诗》全为思想学，全为梦境，思、梦全为灵魂学。①

廖平以为《诗经》所讲的是天道的思想哲理，所以"《诗》言为天道，故《诗》之言'思'，思想哲理"。②不过这样的表述仍很模糊，为了往下探索其本意，我们注意到他称《诗》为"灵魂学"，又牵涉到"催眠术"，这是清末民初新兴的两门学科、专有名词，或许以下先透过对它们的理解，可帮助我们深入解读廖平的天学思想。催眠术与灵学（廖平称灵魂学）是彼此相关的两门新兴学科，也有人认为灵学已经包含了催眠术。从19世纪五六十年代，英

---

① 廖平：《哲学思想论》，《四益馆杂著》，第71a—71b页。
② 廖平：《孔经哲学发微》，《廖平选集》上册，第307页。

国学者开始从事所谓Psychical research，是研究死后世界、灵魂、鬼神等现象的一门学问。大约19世纪70年代开始，日本学者受到英国风气的激励，也开始研究催眠术，并将Psychical research译为"灵学"。明治时代的学术氛围又影响到当时留日的中国学生，他们接受了"灵学"的译名，再将之传入中国。① 根据黄克武先生的研究，灵学的研习在清末民初学人中蔚成一股风潮。例如革命党人陶成章（1878—1912）于1902年旅居东京时曾撰写《催眠学讲义》，谈到催眠术的源起、原理、施行方法，并介绍所谓的"天眼通""灵交神游""神通魔力"等。蔡元培在1905年曾翻译日本井上圆了（1858—1919）的《妖怪学讲义》，又在1906年编辑《催眠学讲义》，也是这个潮流的一部分。不论是在清末的日本还是民初的上海，都成立过一些有关催眠术、灵学研究的团体，它们在当时都自称是最先进的"科学"。② 有了这样的背景知识，再来看廖平的陈述，当会有新的体悟。

廖平以人学完备之后，就迈入以《诗经》为统宗的思想灵魂神游之世局。廖平的经学，包括《诗经》，从一变到三变的转折过程中，早期的学术史意味浓厚，重在商榷今古、论辨真伪。而三变之后论大小统，四、五变论天学，学术史的意味转淡，论学风格更趋向与时代思潮或时事结合的发挥，他的经学也逐渐脱离了传统经传

---

① 吴光：《灵学·灵学会·〈灵学丛志〉简介》，收入《中国哲学》第10辑，第432页。黄克武：《民国初年上海的灵学研究——以"上海灵学会"为例》，《"中研院"近代史研究所集刊》2007年第55期，第101、105—106页。
② 黄克武：《民国初年上海的灵学研究——以"上海灵学会"为例》，《"中研院"近代史研究所集刊》2007年第55期，第106—107、124—130页；《惟适之安：严复与近代中国的文化转型》，台北：联经出版公司，2010，第160、163、165—168页。

注疏的框架，刊落前人成说，直接发抒他心目中"孔子"的本怀。他在成于民国二年、五变时期的《孔经哲学发微》中解释《诗经》的性质曰：

> "思"与"志"同，即古"诗"字也。（廖平自注：《纬》云："在心为志，发言为诗。"是"志""诗"本为一字……"思"从心从囟。囟为脑，即西人"脑气筋"之说，于思想尤为切合……）"诗"为思想，故《诗经》中"思"字甚多……①

从"《诗》言志"一语解说"志"与"思"同，故《诗》的内容与心思有密切关系。又以"思"字从"心"从"囟"，囟为脑，即是西方人"脑气筋"之说。"脑气筋"（或"气筋"）的词汇是早期传教士所翻译，为后来的"神经"之意。② 由于近代西方医学、解剖学、生理学知识的传入译介，晚清社会对"脑"和"心"功能分际的认识逐渐清楚，了解到"脑"才是人身的主宰，为思虑、智能、记忆与意识之府。此类的知识表达在当时的卫生及生理学、西医学

---

① 廖平：《孔经哲学发微》，《廖平选集》上册，第374页。又见廖平撰，黄镕笔述《诗纬新解》，台中：文听阁图书公司，2009，第25页。
② 黄河清：《"神经"考源》，http://www.huayuqiao.org/articles/huangheqing/hhq04.htm（检索日期：2008年6月30日）。

书籍,或各种学报杂志中均普遍存在。① 在这样的思潮环境下,廖平以《诗经》一书的性质是表达脑神经思想觉知的运作,又将之与《周礼》的掌梦官、秦代的占梦博士、② 古籍如《楚辞》所说的梦境,以及《招魂》《远游》篇章的飘渺意象,或是道家《列子》《庄子》的凌虚御空、游于物外等说法互相牵合,指称这些都是宗于孔子《诗经》的后学所做的阐发,等同于新兴的灵学、催眠术所谈的梦境、出神或灵魂出窍。他于《庄子叙意》中说:

> 《诗》为神游,……《楚辞》所谓神虽去而形留,鬼神之学不见不闻,非可言喻,魂梦则智愚所同,故经之天学每借梦境以立神游之法,《周礼》掌六梦,文与《列子》全同,《楚辞·招魂》以为掌梦职事。《庄子》云梦为鸟而戾天;梦为鱼而潜渊。《诗》所谓匪鹑匪鸢,翰飞戾天;匪鳣匪鲔,潜逃于渊,即此义也。故《诗经》全部皆为神游梦境。③

《孔经哲学发微》中说:

---

① 有关"脑"的知识从晚明到晚清的传播与研究,可参见邹振环《〈泰西人身说概〉与"脑主记忆说"》,收入氏著《晚明汉文西学经典:编译、诠释、流传与影响》,复旦大学出版社,2011,第344—354页。张仲民:《出版与文化政治:晚清的"卫生"书籍研究》,上海世纪出版集团,2009。张仲民:《身体、商业与政治——艾罗补脑汁的生意经》,见复旦大学等主办,"近代中国知识转型与知识传播(1600—1949)学术研讨会",2011年10月22—23日,会议论文集,未刊稿,第219—221页。
② 廖平曰:"考占梦立官,《始皇本纪》已有卜梦博士,'献吉梦于王'……"见氏著《孔经哲学发微》,《廖平选集》上册,第374页。
③ 廖平:《庄子叙意》,台北:艺文印书馆,据1921年刊本影印,1972,第4—5页。

读《诗》如《楚辞》与《庄》《列》之华胥化人之宫、蕉鹿、蝴蝶,同属神游……①

《哲学思想论》中说:

是《诗》全为思想学,全为梦境、思梦,全为灵魂学。……《远游》云"神虽去而形留",是《楚辞》之周游六虚,即为《诗》神游梦想之师说。②

因此《诗经》全为解说灵魂学,《楚辞》《列子》《庄子》等内容可说都是《诗经》神游说的注脚;而灵魂出离形体、以大脑神经运作游于另一个世界的所谓"神游"之境,廖平认为这就是灵(魂)学、催眠术的本质。从以上所征引的原文,可以看到这些陈述类乎虚无缥缈,致使过往的学者难以掌握其中的语境,往往以为廖平思想堕入虚玄,因此"玄远""怪诞""难以理解"的评价就不可避免。此刻我们若将视野放大到清末民初的知识传播与思潮观看,便比较容易体悟出他所汲取的时代资源以及要传达的心意所在。

廖平在接触到了关于"脑"的知识,以及灵学、催眠术这些号称"科学"的新学后,他要说明孔子至圣先知,孔学无所不包,世人引为新奇而趋之若鹜的"时尚",其实是孔子的学术中早已具备,所以他说这些新兴学科"学者或颇讶为神奇,不知此固吾国老

---

① 廖平:《孔经哲学发微》,《廖平选集》上册,第376页。
② 廖平:《哲学思想论》,《四益馆杂著》,第71b页。

生常谈,特少专门研究耳"!①又说:

> 盖世界进步,魂学愈精,碧落黄泉,上下自在。鬼神之事,未至其时,难取征信,惟梦者虽属窈寐之近事,而神通肉体之分别,可藉是以考鉴焉,此千万年婆婆世界,飞相往来之事迹,预早载述,使人信而不疑,乐而忘倦,则惟恃此梦境……《诗》为灵魂学之大成,固可由《楚词》《列》《庄》而通其理想,若修养家之出神,与催眠术之移志,则事实之萌芽矣。②

依此论说,世界愈进步,更能证明以孔子所统领的传统学术体系具有时代性。虽然民初上海灵学会发起人之一的杨璿以及严复也曾将灵学研究、催眠术与传统的道术或《易经》、《老子》、佛学联想在一起,③不过廖平思想不同于近代灵学、催眠术者,在于他宣称《诗经》《楚词》《列子》《庄子》等叙述的"神游"所看到的"梦境",是世界进化到天学时期以后的六合之外宇宙之真实景象,呈

---

① 廖平:《孔经哲学发微》,《廖平选集》上册,第374页。
② 廖平:《哲学思想论》,《四益馆杂著》,第72a页。
③ 杨璿在学习西方的精神科学、灵魂研究之后,觉得西方这一套学问不如中国固有的道术来得精妙。他说:"至我圣贤经传,仙佛典乘,其理完,其象备,其体弘,其用广,其相伟,其功普,其神化,其智圆,以视催眠等术,粪土焉耳。……吾行吾固有之道术,则方术莫能外也。"杨璿:《扶乩学说》,《灵学丛志》"著作",第1卷第1期,1918,第2页。又严复曾致信给上海灵学会的侯毅,提到英国1882年所创设的英国灵学会所研究的内容及自己的感想,其中有云:"人心大用,在存乎感通,无孤立之境。其言乃与《大易》'精气为魂,感而遂通',及《老子》'知常'、佛氏'性海'诸说悉合。"严复:《严复集》,王栻主编,第721页。以上杨璿、严复之说,又见黄克武《惟适之安:严复与近代中国的文化转型》,第172—173、192—193页。

现孔子对未来宇宙的预知,因此这也是孔学内容殊胜于西方灵学之处。《诗经》是孔子预告天学的"小统"阶段,这个时期的人类进化到能够"神游",即肉体停留于某一处,精神神通能自在遨游,飞翔往来于宇宙星际间,孔子在两千年前已经把这个千百万年后会发生的事载入以《诗经》为主的典籍中,借梦境之说以显未来之真实。接着,天学还会再进化到以《易经》叙述为主的"大统"阶段,那时就不仅仅是"神游"了,而是人的形体能游于各星系的"形游",是天学中的极致。为什么《易经》主形游呢?廖平引《易传》的"精气为物"之说,①将之解释成精气化为物质,以形体飞升往来于太虚之间:

> 人种进化至于千万年后,轻身服气,炼气归神,众生一律,同有佛慧,各具神通,入实无间,入虚如实,水不濡、火不热。……在彼时为普化,众生同等,往来无间,生于其时之人,亦同仙佛具大智慧、大神通,同为恒河沙数百千亿万之化身。……则为日用寻常,周游六漠,亦如车身往来郡国,人人能知能行,乃平常进化之极典。②

到了能形游时,人人如道家所说的辟谷飞身,也都同于仙佛一样具有大智慧、大神通。③因此被廖平视为辅助《易经》的佛、道内容,并非是修行有成后的神秘境界,而是世界、人种进化到极致的

---

① 廖平:《孔经哲学发微》,《廖平选集》上册,第370页。
② 廖平:《孔子天学上达说》,《四益馆杂著》,第56b页。
③ 廖平:《四益馆经学四变记》,《廖平选集》上册,第557页。

具体结果，苍茫宇宙星辰间的真实境况。这也表现了廖平对达尔文物种进化的信仰，而孔子学说已经展现了这一套进化的程序。

廖平的天学内容也可能曾受过晚清科幻奇谭的影响，例如鲁迅于光绪二十九年所翻译的儒勒·凡尔纳（Jules Verne，1828—1905）之《月界旅行》、荒江钓叟光绪三十一年的《月球殖民地小说》、萧然郁生光绪三十二年的《乌托邦游记》、东海觉我（徐念慈，1875—1908）的《新法螺先生谭》等小说中都有旅行月界、殖民星球或游于诸星系等对外层空间的遐想，这在19至20世纪的转折之际已成流行题材，①亦有学者称之为"地理想象"，认为源自于1895年后大量出现的报纸杂志，转化了中国既有的地理知识，从而提供源源不绝的认知想象动力。②在这样的背景下，廖平再以中土的学术资源，如道教的修炼飞升，《列》《庄》的凌虚御空、游于物外，以及佛学超越此世的意境，构造了一幅将来天界人种遨游于宇宙间的景象，也反映了他本人对进化与新知识未来发展的一种乐观及想象。例如他曾于《四益馆经学四变记》中说："周游六漠，魂梦飞身，以今日时势言之，诚为力所不至。然以今日之民，视草昧之初，不过数千万年，道德风俗，灵魂体魄，已非昔比。若再加数千年，精进改良，各科学继以昌明，所谓长寿服气，不衣不食，其进步固可按程而计也。"③即可说明这种情形。为什么廖平要建构一个"六合之外"的世界呢？在《庄子·齐物论》中有言："六合之外，圣人存而不论。"中国的思想家自古以来对于超越源头只做肯定而

---

① 王德威：《被压抑的现代性：晚清小说新论》，第五章，第329—397页。
② 潘光哲：《中国近代"转型时代"的"地理想象"》，收入王汎森等《中国近代思想史的转型时代》，第463—469页。
③ 廖平：《四益馆经学四变记》，《廖平选集》上册，第554页。

不去穷追到底的态度，与西方是大异其趣的。①廖平要建构彼岸的世界，与西方基督教的影响有关，当时传教士于四川省广传基督福音，接触西方宗教的机会大增，②廖平也注意到中西方宗教的差异性。③他要塑造孔子为至圣"先知"，那么建构一个孔子已经预知，且已为世人规划好的彼岸世界就成为势所必然。其次，西方实证性的天文学本来就是探讨六合之外的学问，当中国人生哲学基础的宇宙观遭遇到西学冲击时，要回应西方与重新诠释固有知识与生命赖以安顿的哲学问题时，传统知识分子可能就会再用本有的学术资源去解说一套六合之外的空间体系。廖平所引用的资源，除了中西方天文学、灵学等知识外，可能还吸纳了晚清科幻奇谭，并对传统的《诗》、《易》、佛道思想，做完全不同于过往学者的转化诠释。

　　以上的讨论可以得知在廖平的概念里，所谓灵魂、神祇，以及佛教中的"佛""天人"，道教的"仙"，或是道家的"至人""神人""真人""化人"，都不再是我们以往认知中的阴间鬼神或是修道有成的仙佛，而是进化到未来世界中的进步人种，可以用神识或

---

① 余英时：《天人之际》，收入氏著《人文与理性的中国》，程嫩生、罗群等译，台北：联经出版公司，2008，第17—18页。余英时：《知识人与中国文化的价值》，第18页。曾师从于廖平的四川学者李源澄（1909—1958），因时代较廖平更晚近，故能完全跳脱传统的天人思想，从历史与学脉的流变做出评议。他指出："汉代阴阳家喜以自然配合人事，而言天人感应，又以之言政，故流为灾异之学。宋学复兴，以释氏言宇宙为幻化，故喜言天。……严格论之，儒家实不求知天，其言'天人合一'者，所以使人与天不冲突，使春秋战国以来，人本之思想与古代神道思想相调合。"诚为持平之论。见李源澄《天人合一说探源》，原刊于《灵岩学报》创刊号（1946年10月），后收入于林庆彰、蒋秋华主编《李源澄著作集》册3，台北："中研院"中国文哲研究所，2008，第1049—1050页。
② 林顿：《清代外国教会在川势力简述》，《四川大学学报》1985年第4期，第87页。
③ 廖平学，黄镕笺释《世界哲理笺释》，第7a—7b页。

形体自在往来于具体的星际空间中。至此,"天"已经没有了天人相应的神秘性,而趋向于一个表征宇宙星际的自然天。但是如果说廖平意识中的"天"仅仅是一个纯粹的自然天,事实又并非这么简单。首先,最明显的例子是廖平始终宣称孔子为承受天命的素王,上天既然能够赋予使命,就不能等同于自然天,仍然是具有意志与神力之天;①而且他也从来没有放下传统把"天"作为一个超越价值的存在。之所以会有这种矛盾现象,是西学新知与传统价值观碰撞下所造成的过渡时代之思想特色。那么对廖平而言,天的超越价值是什么,以及天与人的关系如何,都是下文要讨论的重点。

二、天的运行、架构与人世秩序

廖平深受进化思想影响,认为地球的文明在万年后发展到极致时,物种就会进化到更上一层的、六合以外的天界阶段,那时的文明境界更高,地球的文明就相对成为野蛮。而即使到了天界阶段后,这条进化之路也仍未停止。②人世的进化是伯→王→帝→皇,廖平通常简称为"王伯"(小统)和"皇帝"(大统)两大时期,天界的进程亦复如此。③人世之学是天界之学的基础,天界之学是人世之学基础上进一步的推展。他参合中外天文学的思想与名相,将

---

① 孔子受天命为素王是廖平建立孔经理论的根荄,曾说:"盖天命孔子不能不作,然有德无位,不能实见施行,则以所作者存空言于六经,托之帝王,为复古反本之说。"又说:"《纬》云:孔子受命为黑统,即玄鸟、玄王。《庄子》所谓玄圣、素王之说,从《商颂》而寓之。《文王》篇'本支百世',即王鲁;'商之孙子',即素王;故屡言受命、天命,此素王根本也。"见廖平《知圣篇》,《廖平选集》上册,第176、180页。
② 廖平:《孔子天学上达说》,《四益馆杂著》,第57a页。
③ 廖平:《天人论》,《四益馆杂著》,第82a页。

整个宇宙划分成四个层次：日系世界、昴星世界、四宫列宿世界、三垣世界：

> 今以本世界为君，日系世界为伯，昴星为王，四宫列宿为帝，三垣为皇……①

本世界指地球，日系世界即太阳系（伯），合多个太阳系就成为一个"昴星世界"（王），合数个昴星世界则为一个更大的"四宫列宿世界"（帝），最后，再合多个四宫列宿世界终成为最高层次的"三垣世界"（皇）。所谓的昴星、四宫、三垣本来都是传统天文学中的名词，昴星为二十八宿之一，四宫与三垣两者，是中国古代天文学对于星空以北极为中心划分的不同方式，②不过在廖平的笔下，它们已被转化成了宇宙中大小不同层次的名称。廖平也引申哥白尼的地球绕日说，来讲解这四个层次的"天"之运转方式：

> ……地统月，合行星小星以绕日，日统行星（笔者案：太阳系）以绕昴星……③

---

① 廖平：《孔子天学上达说附"人天学内外不同说"》，《四益馆杂著》，第57b页。
② "四宫"的内容可以《史记·天官书》为代表，《天官书》中把星空分中的二十八宿分属于东、西、南、北四宫，分别称为苍龙、朱雀、咸池（白虎）、玄武，再加上中央北极附近的星群"中宫"，则星空的划分共有五个区域。"三垣"的名称始于隋代丹元子的《步天歌》，也是环绕北极的星空划分，以紫微、太微、天市三区合称三垣。今人推测三垣的划分方式可能晚于二十八宿，约在战国时代或之后，或许是因为二十八宿的分布还不足以包括广大的星空，因而再创三垣以补充之。见陈遵妫《中国天文学史》册2，第5、33页。
③ 廖平：《孔子天学上达说附"人天学说具于佛经说"》，《四益馆杂著》，第57b页。

第四章　传统与西学交会下的天学新论

又云：

> 按西人说日会世界者（笔者案：太阳系），以为八行星与小星共为九轨，轨各绕日，则日当为一恒星。……然行星绕日，日又不能无所绕，西人有日绕昴星之说，虽未能大定，然日之率行星以绕大行星，则固众人所公认无异辞者。……西宫以七宿合为一宫，……合数十星为一宿，……四方四宫以绕三垣，三垣各星又绕北极之帝星。若以人学之皇、帝、王、霸言之，北极为皇，四宫分居四方，为四帝，西宿昴星之一为王，日会所统为霸……①

地球统领月球及诸行星绕日，形成一个太阳系（伯）；太阳系的外围又运转着由无数太阳系组成的更大昴星世界（王）；昴星世界之外围运转着四宫列宿世界（帝）；四宫列宿世界之外围运转着最大的三垣世界（皇），这几个层次共同的中心点是北极。也由于这四个层次的宇宙大小互相统理隶属，如人世的秩序一般，所以说："天学统系，亦如人学之以皇统帝，以帝统王，以王统霸也。"② 由他所论的宇宙结构或运行来看，虽然掌握了一部分近代传入的西方天文学知识，例如卫星绕日，以及宇宙无垠、由多个类似太阳系的星系组成的概念等，不过所叙述的细致内容并没有确切的科学根据，只能说是自己的朦胧推想，称不上是客观的天文学研究。因为廖平对西方天文学、太阳系的知识来源，基本上得自于蒋友仁的《地球

---

① 廖平：《天人论》，《四益馆杂著》，第82b页。
② 廖平：《天人论》，《四益馆杂著》，第82b页。

图说》、晚清以来的报纸杂志如《万国公报》，或是侯失勒的《谈天》等译作，在学识上只是一种普通概念的认知。[①]与其说他重视天文知识的探索，不如说真正关心的是天的秩序与人间的关系。行文至此，也有必要补充说明晚清学人认识宇宙新学说过程中与佛学内容的关系，以及廖平的看法。

晚清由于西洋新知的冲击，人们需要有一种理解西学的知识基础。传统儒家学说以血缘亲情为思考基点的道德观念，和以维护秩序为基本内容的宇宙观念，以及以经史子集为载体的人文知识，似乎不能提供一个完整和全面理解西方思想的基础。而佛经的内容常让人觉得与西方科学有若合符节之处，故晚清学人谈佛学的一大契机，是把它当成与西学对话的本有资源之一，用佛学会通科学。纯粹从宇宙方面的知识来说，佛经中的"无量日月""三千大千世界""风轮持水轮，水轮持地轮"各种说法，在人们看来，与西方天文学所描述的浩瀚宇宙星系之组成、地球自转与大气层等等现象颇为神似。梁启超、谭嗣同、宋恕、孙宝瑄诸人在戊戌前后的著作中，都有"以佛学格西学之义"的内容，也代表那个时代的学

[①] 曾有学者赞许廖平"对于太阳系的知识已大大超出了古人"，又说："他在吸取了中外古今的天文学思想营养的基础上形成的天文学思想是相当杰出的。"见邓万耕、张奇伟《廖季平经学第四变及其哲学思想》，《社会科学研究》1986年第1期，第76页。不过这种说法值得商榷，而且廖平对西方天文学、太阳系的知识，也并未超出同时代的学人例如康有为、章太炎等人，笔者个人觉得无法以"杰出"称之。

人正逐渐跨出主流的人文意识，另外寻求知识背景支持的取向。①
廖平也注意到了佛经中的说法，以及晚清学界的接受情形。他承认
佛经内容的无量恒河沙数世界与西方所说的天文实相接近，因此指
出"近人乃就西人所测，参合佛书立论"。然而他认为这样的参合
有所不妥，因为佛书是"隋唐以前华人就梵书翻译而成，当时地球
未出，行星之为地球绕日之测验未明，……所有海、性、种、元大
千世界，各以意为之立说"，毕竟缺乏实证的基础。而且佛经以人
类所居之本大地为"南赡部州"，位于宇宙中心须弥山的南方，也
与地球绕日之说不合。②很清楚的，廖平认为佛学的宇宙观在知识
论上已经不合于哥白尼学说，不足以成为格义的资源。其次，从意
义层面来看，他认为佛经一味地讲无量世界、"恒河沙重重无限之
天河"，这样的知识陈述缺点是"大而无当""能博而不能约"，结
果造成"毫无实用"，使人在价值感上"失所凭依"，"亦失立教宗
旨"。③从这里也可以理解，廖平谈"天"，最终希望归向一个教化

---

① 梁启超：《说动》，收入氏著《饮冰室合集·文集之三》册2，第37页。谭嗣同：《谭嗣同全集（增订本）》，中华书局，1998，第464页。宋恕：《六字课斋津谈·九流百氏类第十一》，《宋恕集》上册，中华书局，1993，第85页。孙宝瑄：《忘山庐日记》，上海古籍出版社，1983，第165、182、184、395页。晚清学人以佛学作为与西方天文知识对话的资源之论述，亦可参见葛兆光的多篇文章：《西潮却自东瀛来——日本东本愿寺与中国近代佛学的因缘》《论晚清佛学之复兴》《"从无住本、立一切法"——戊戌前后知识人中的佛学兴趣及其思想意义》，均收入葛兆光《西潮又东风：晚清民初思想、宗教与学术十讲》，上海古籍出版社，2006，第58、65、84—87、111页；葛兆光：《孔教、佛教抑或耶教——一九〇〇年前后中国的心理危机与宗教兴趣》，收入王汎森等编《中国近代思想史的转型时代》，第222—228页。
② 廖平：《孔子天学上达说附"人天学说具于佛经说"》，《四益馆杂著》，第57b—58b页。
③ 廖平：《孔子天学上达说附"人天学说具于佛经说"》，《四益馆杂著》，第58a—58b页。

的价值意义上，而佛学在这方面，对他而言也有所不足。于是他仍然要回到中国本有的天象、人事对应之思想精神上，去阐发天的秩序与人世的关系。

天的秩序与人间的关系究竟如何呢？首先，宇宙四个层次中，各层次的内部结构都有一个基本的架构。以天学中疆域属"伯"的日系世界来说，那是一个以日为中心，周围绕着卫星的太阳系，整个太阳系绕着中央的北极旋转，即廖平所说的："日统八行星、小行星，则为一大世界。《论语》'譬如北辰，居其所而众星拱之'，《礼记》'前朱雀、后玄武，左青龙、右白虎，招摇在上'。"①当空间扩大到属"王"的昴星世界时，也是依着这个模式，由好几个太阳系围绕着一个中心运转，依此类推。因此无论宇宙大小如何划分，都是由一个中央与周边四方的模式所组成。他又将四个层次的天之大小与地球上伯、王、帝、皇的疆域按比例相互对应，如图4.2所示。

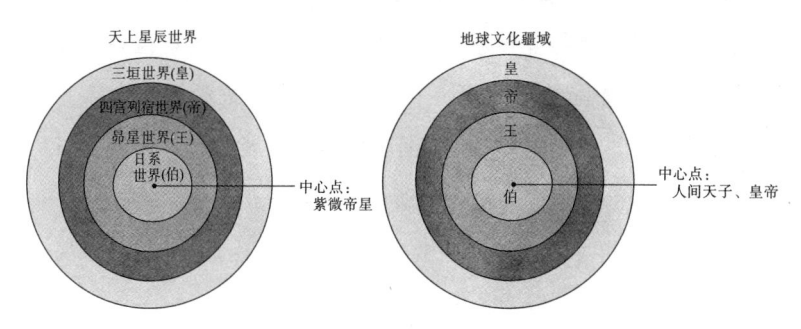

图4.2 天上星辰空间与人世文化疆域对应图

---

① 廖平：《孔子天学上达说附"人天学说具于佛经说"》，《四益馆杂著》，第58b页。

天上的空间与地上的疆域按比例互为对应，实是表征着文化由内向外推扩，以下这一段话很具有代表性：

> 人学由伯、王以推皇、帝，自内而外，……由内推外，愈加愈大。如《春秋》九州在中国之心，推及要、荒。海内四经则为王，海外四经则为帝，大荒四经则为皇。伯虽小，乃积天下中心以起例。天学……如以人事例之，则当以三垣北辰为伯推之，加四宫为王为帝，遍统诸天星辰乃为皇，此由中以推外之说也。①

人学的疆域范围由伯、王到帝、皇，自内而外，逐渐扩大，例如《春秋》中以礼乐冠带之处的九州为中心，将文化向四周推及蛮荒之地；又例如《山海经》中，海内四经、海外四经、大荒四经也是由内到外的层次观，当文化能施及最外围、最蛮荒之地时，就是到达"皇"的疆域与境界了。同样地，天学中整个三垣世界遍统诸天的星辰，也如同整个地球统一以后的"皇"之疆域与境界，它也是要由"伯"（太阳系）的范围逐步向外扩展的，而一个太阳系（伯）在整个三垣世界（皇）中所占的疆域比例，也大约如同地面上的方千里一州（伯）之于整个地球（皇）的比例。②因此仰观天上星辰与俯视地上人事，概念是一致的。

此处我们也同时注意到了廖平的天学建构随着时间有愈加细密的过程。光绪二十三年（1897）时只谈到太阳系，光绪二十八年

---

① 廖平：《孔子天学上达说附"人天学内外不同说"》，《四益馆杂著》，第57b页。
② 廖平：《孔子天学上达说附"人天学说具于佛经说"》，《四益馆杂著》，第59a页。

（1902）后从太阳系继续扩及到整个宇宙星系的组成与运行。这期间最大的差异，是之前以太阳系中心的"日"表征天子或皇帝，后期则发展成以北辰（北极星）为天的中心，与地上的天子、皇帝互相比拟、对应。这种现象摆置在他一路下来的思考方向上不无意义。中国自古以来，北极在人们心中占有神圣而特殊的地位。由于地球自转，北半球的人们观察天象时容易感觉到天体的正北方有一个基本不动的地方，其他星辰似乎都环绕着它运行，这个地方就是北极。北极的定点本来无星，最接近此处的一颗星便被当作北极的标志，称为北辰或北极星。北极因来自于独一无二的中央地位，古代宇宙论无论浑天、盖天、宣夜说皆以之作为天体运行的圆心，并被人们将之神秘、圣化，且与地上的帝王相联系，又称作太一或紫微，于是它便逐渐拥有规范天体与人间秩序的双重作用。虽然无论以"日"为尊或"北辰"为尊，对廖平而言都是为了展示尊君为核心的价值，但是葛兆光与日本学者福永光司都曾提出中国古代北极崇拜远超过太阳崇拜的说法。① 所以廖平后期的"以北辰为尊"较前期的"以日为尊"更具传统天人思想的味道，同时也可以体会到他一直要努力地回到传统的政教秩序上，积极地为天上、人间"立极"或"立心"之目的，是要确立以孔子之道为主体的中国处于世界中心之地位。② 总之，他要说明孔子已规划了的礼乐教化，将从

---

① 钱宝琮：《太一考》，收入李俨、钱宝琮《科学史全集》，辽宁教育出版社，1998，第212—214页。葛兆光：《众妙之门——北极、太一、太极与道》，收入氏著《古代中国的历史、思想与宗教》，第15—26页。葛兆光：《七世纪至十九世纪中国的知识、思想与信仰》，第452页。福永光司：《中国宗教思想史》，收入长尾雅人等编《中国宗教思想》，岩波书店，1990，第8—10页。
② 廖平：《知圣篇》，《廖平选集》上册，第202—203页。

中国这个伦常中心向外传播，未来将遍及世界成为大一统，伦常的中枢在代表孔子之道的皇帝身上，这个人间价值的根源也已经体现于天极中的北辰。

"尊北辰"的焦点既然表现在王化论上，那么人间与天上的星宿秩序是一体的。他从传统几部天文地理的代表作说明天文与地上空间的对应：

> 《天文训》《天官书》与《月令》，其余天文辨方分野，亦如地球之《地形训》《地理志》，天文证验，上下相同。除常见之星以外，其远者则亦如地球中之夷狄荒远，天子所不治，来去无常，故以目所见之四宫为四岳，以所不见者为四夷。诸星之大小尊卑，亦如地上人事之法，此孔子天人之学也。①

《淮南子·天文训》《史记·天官书》与《礼记·月令》都有一个类同的方位观。《天文训》的"天有九野"是将天分为九个区域：中央钧天、东方苍天、东北变天、北方玄天、西北幽天、西方颢天、西南方朱天、南方炎天、东南方阳天。②《天官书》将天空的星象以北极为中心，区分为中宫紫微垣、东宫苍龙七宿、南宫朱鸟七宿、西宫咸池七宿、北宫玄武七宿，共五大部分。③《月令》的一大特色是将时序纳入空间的方位中，天子有东、南、西、北、中

---

① 廖平：《孔子天学上达说附"人天学说具于佛经说"》，《四益馆杂著》，第59a—59b页。
② 刘安原著，何宁撰《淮南子集释》上册，中华书局，1998，第180—183页。
③ 泷川龟太郎：《史记会注考证》，台北：艺文印书馆，1972，第457—463页。

五太庙，前四个方位分别配上春、夏、秋、冬四季，中央太庙为明堂太庙，然后按照不同的季节祭祀各个太庙，实施当季的政令。所以《月令》是讨论理想制度背后的宇宙间架，反过来说，理想的政制是植基于宇宙秩序。①

总观以上三个文本都呈现中央与周边的空间概念。又地理方面的《淮南子·地（墬）形训》中，相对于《天文训》的"天有九野"者是地有九州：东南神州、正南次州、西南戎州、正西弇州、正中冀州、西北台州、正北泲州、东北薄州、正东阳州；②《汉书·地理志》也叙述地上的州国与天上的分野相对应。③天上星辰的空间感与地上一致，所以廖平说："就目所能见周天之星辰，就地球中辨方正位，体国经野，设官分职之法，推之于天下。"④此语出自《周礼·天官冢宰》："惟王建国，辨方正位，体国经野，设官分职，以为民极。"经由地理方位的确定来划分人际社会的职分等级，表现出政治伦理的尊卑意义。承受天命的王者"择天下之中而立国"，⑤接受四方诸侯及蛮夷戎狄的朝奉；未濡染王化者则被视为散诸四方的"化外之民"。⑥地上如此，天上亦然，所以廖平又说："除常见之星以外，其远者则亦如地球中之夷狄荒远，王者所不治，来去无常，故以目所见之四宫为四岳，以所不见者为四夷。"

---

① 张灏：《幽暗意识与民主传统》，第37—40页。
② 刘安原著，何宁撰《淮南子集释》上册，第311—313页。
③ 班固撰，颜师古注，杨家骆主编《地理志》第八下，《新校本汉书并附编二种二》，第1641—1669页。
④ 廖平：《孔子天学上达说附"人天学说具于佛经说"》，《四益馆杂著》，第58b页。
⑤ 吕不韦编《吕氏春秋》，杨坚点校，岳麓书社，1989，第148页。
⑥ 龚胜生：《试论我国"天下之中"的历史源流》，《华中师范大学学报（哲社版）》1994年第1期，第93—94页。

这涉及传统对外关系的理论与实践。在传统的天下观中，天子所统治的"天下"在理论上是没有边界的，管辖力道的强弱也随着远近、亲疏关系采用差别方式，例如"五服""九服"的职贡制度，在现实上也是反映统治力由近及远不断递减，由强渐弱而转无，由"治"到"不治"的现象。这种现象融合了华夷亲疏的等差观念，形成了天子不治荒远的夷狄，"以不治治之"的理论。廖平把这样的思想联系到天上的星辰，以遥远而目所不见者比拟为天象中的荒远夷狄。因此诸星之远近、大小尊卑，也如地球上的人事一般，互相对应。他强调如此的文化秩序也已昭示于孔子的天学里，这独有的精义最是西方天文学所缺乏之处：

> 孔作六经，以天包地，经中典制取法天文。《史·天官书》以天星分五宫，中宫天极，太乙之居。……经制法天，范围百世，故圣欲无言。西学星象则立说破碎，无所取裁。[①]

总之，具有人文秩序的经教内涵，正是中国天学相较于仅从自然物理探索星象，令人有"无所取裁"、找不到价值归属的西方天文学殊胜的地方，这也反映了廖平心中的价值观。

三、天界进化的动力：另一种礼乐文明的传播

待到现今的整个世界都濡染孔子教化的大一统之后，还要再往

---

① 廖平：《书经弘道篇》，成都存古书局刊，1918，第26a页。

上进化到孔子规划的天界阶段，离现世必须经过万年的时间，[1]那么仍处于人世阶段的当下，我们目前头上存在的这个"天"之意义是什么？又未来天界物种的时期，是什么动因能使他们的文明进化？其实廖平论"天"，可分成两个层面：第一，现在当下的人事（例如华夷观等）就与天上的星象相对应；第二，当进化到天的境界后，除了物种进化了，在文化方面也与"人"的进程一样，文化在"天"的疆域中由内向外传播。第一点在前文的天、人对应方面已经呈现出廖平现世的天人关系思想了，现在就第二点做较详细的说明。

如前所述，天界由小范围到大范围的四个阶段为：日系世界（伯）、昴星世界（王）、四宫列宿世界（帝）、三垣世界（皇），前二者是小统，人种属于神游阶段，后二者是大统，人种属于形游阶段。天界进化的内容，除了人种从"神游"到"形游"以外，还有另一种天界时期的礼乐文明将会在"天"的疆域中逐渐传播。经学五变是人、天之学建构完备的时期，从当中的内容可以看到，无论是人世之界还是天界，礼乐教化都是很重要的一环。《五变记笺述》中，人学（人世之学）三经是小统的《春秋》、大统的《尚书》，以及通用于小大统的《礼经》附小乐；天学（天界之学）三经是小统的《诗经》、大统的《易经》，以及通用于大小统的《乐经》附大礼。虽然人学、天学的礼乐内容有"《礼经》附小乐"或"《乐经》附大礼"的名目差别，不过可以说明礼乐是人世之学、天界之学都不可缺少的教化内容。以下将人、天两者的礼乐内容

---

[1] 廖平言："方今三千年内，大抵不出《春秋》治法（廖平自注：今之世局如大春秋），《尚书》王、帝、皇非再万年不能尽，孔子新经，不过略行六分之一，万年以后，乃能及其天学，又何废经偏经之可言？"见廖平《孔子天学上达说》，《四益馆杂著》，第57a页。

叙述比较，以便帮助理解礼乐在天界之学中的重要性。《五变记笺述》卷上提到人世时期的礼乐内容曰：

> 人有礼，乃为人，六艺中（黄镕笺述：射、御、书、数、礼、乐），先有小礼（黄镕笺述：如《曲礼》《少仪》《内则》《容经》《弟子职》）、小乐（黄镕笺述：十三舞《勺》、成童舞《象》……），此为《礼经》，乃修身、齐家事，为治平根本。①

人界之学的礼又称小礼，为日常的伦理、仪节规范，从修身、齐家做起，但最终是要以礼来治天下，非仅止于个人的修养；②而小乐则是陶冶性情的歌舞。廖平又指出孔子之前虽然已有社会习俗流传的礼乐，但当时的风俗仍质野，诸如同姓婚、不亲迎、丧娶等均未合乎仪节，各国土著的音乐，如郑声、秦缶、楚歌楚舞等也不雅正。孔子酌宜定法，使礼乐必合乎节度与典雅，除了以之教学陶冶学子的性情，同时欲把这套礼乐用之于郊庙、朝廷及冠、昏（婚）、燕（宴）、飨各种场合中，最终是期望礼乐可从人心的感动通于国政、化成天下，这也是文化能扩散到周边的动力。因此人世进化不能没有礼乐，进入天界阶段亦是如此。③

天界的礼乐又称大乐与大礼，大乐又称"天乐"，廖平强调属于天界之乐的《乐经》未曾亡缺，附存于《诗经》当中：

---

① 廖平学，黄镕笺述《五变记笺述》卷上，《廖平选集》上册，第558—559页。
② 廖平学，黄镕笺述《五变记笺述》卷上，《廖平选集》上册，第561页。
③ 廖平学，黄镕笺述《五变记笺述》卷上，《廖平选集》上册，第561—562页。

古有秦火经缺，《乐经》独亡之说，不知秦火不焚孔经，《乐经》实尚存也。盖宫商工尺谱记流传，人情殊尚，久必变更，孔圣虑远思深，求所以传之永禩，乃以《乐经》附属于《诗》。……《乐》存于《诗》，理精义确。①

《乐经》附于《诗》中，且未经秦火，故尚存于世。廖平引《庄子·天道篇》所云"与人和者，谓之人乐；与天和者，谓之天乐"，以"人乐"是为了治人，"功成作颂，感通鬼神"，但天乐却是无声无臭的"太音希声"：

听之不闻其声，视之不见其形，充满天地，包裹六极。……故大乐与天地同和。……是则太音希声，感而后动，冥漠相洽，变化自然。"故知天乐者，其生也天行，其死也物化"，"静而与阴同德，动而与阳同波"，"一心定而王天下。其鬼不祟，其魂不疲"，"言以虚静推于天地，通于万物，此之谓天乐"。②

天乐（大乐）的描述如此的高远玄妙，它的作用简言之就是通于万物，与天地同和。至于天界的"大礼"内容，廖平说得不是很具体，在《五变记笺述》卷下仅简单地提到"礼为别，乐为和""大礼与天地同节"，此种情形可能是天的境界离人世还太遥远，不易具体建构其中的礼乐细目，也或许是他心中的大礼、大乐特别着重

---

① 廖平学，黄镕笺述《五变记笺述》卷上，《廖平选集》上册，第607页。
② 廖平学，黄镕笺述《五变记笺述》卷上，《廖平选集》上册，第606页。

在精神,而非外在的形式仪文。例如他说:"人学为有体之礼、有声之乐、有服之丧,天学乃变有为无,亦如《列》、《庄》、释书之贵无而贱有。然所谓无,非真无,别有真耳、真目。……其言有无,亦对庸耳俗目而之耳。"①总之,实践礼乐教化,从人间世界到天上世界都是天经地义,不可或缺的进化资格。②又廖平这种文化由中心到周边、再从人到天不断传播的立论,除了借助于传统天下观的概念(包括《公羊》学与《尚书》《周礼》服制的文化观),还蕴入了西方传入的进化论,并结合宇宙诸天星系的视野,以及晚清兴起的太平大同、乌托邦理想等。

从以上的讨论来看,廖平所论的天、人两者之间并不是断裂的。因为从两个阶段来说,首先,当下人世的疆域中,文化的空间观与天文星空的方位是相对应的;其次,未来人类进展为天界的另一层次之物种后,进化的模式是以另一阶段的礼乐文明为本,天的文明疆域也由中央向四周扩大,与人世之界相同。所以人、天虽然有不同阶段与物种的区别,但两者的精神又是相合的。廖平言:

> 善言天者,必验于人;善言人者,亦必验于天,……故天人之学,重规叠矩,如表之有影,声之有响,一而二,二而一,天道远,人道迩,知人即所以知天。③

人学是天学的基础,天学是人学基础上的进一步推展,天、

---

① 廖平:《四益诗说》,第2页。
② 廖平:《礼运三篇合解》,成都存古书局排印本,民国七年,第25a页。
③ 廖平:《天人论》,《四益馆杂著》,第82a页。

人关系是协调的,不论它们是当下的人世与天象的互相对应,或是人、天前后两种进化的阶段,"天"与"人"的内在精神都可以说是"合一"的。美国学者约瑟夫·列文森(Joseph R. Levenson)在《儒教中国及其现代命运》一书中提到了廖平的人、天之学时说:"他把光明和纯洁归于天,而把黑暗和杂质留给了地。天是他的归宿所在。"①这种说法应是来自于西方基督教天人隔断的思路,②没有真正得着廖平的本意。对于中、西方的宇宙认知差异,考古学家张光直(1931—2001)曾经如此描述:"中国人对于宇宙的认知型态,是依循着'存有的连续'而进行的。由此,产生了所谓'天人合一'的宇宙观,而与西方依循着'存有的破裂'的认知型态所建构出来的'天人隔离'的宇宙观相异。"③廖平作为一个受传统教育的知识分子,他最终的理想还是要回归天人合一的境界,其天人学说与传统之间有着精神上相当的承续性,只是它的内容样貌已经不能与传统画上等号,也存在着特别是知识层面上的断裂性。

第三节　西方天文地理知识洗礼下的新分野观

前文说过,廖平将人种进化分成"人""天"两个阶段,天界的阶段也有小、大统之分,小统只能神游,大统则能辟谷飞身,形游于宇宙星际间。不过廖平论"天"不仅在未来的层次,在当下人

---

① 列文森(Joseph R. Levenson):《儒教中国及其现代命运》,郑大华、任菁译,广西师范大学出版社,2009,第263页。
② 例如西方中世纪神学家圣奥古斯丁(St. Augustine)所著的《上帝之城》(City of God),即是以"天"为光明纯洁,"地"为污浊黑暗。
③ 张光直:《从中国古史谈社会科学与现代化》,《中国时报》1986年4月1日,第8版。

世的时期,我们仰头望见的"天"、星空也扮演了重要的角色,因为人与天的秩序是不可分割的。在诠释人、天秩序时,廖平对星象分野有诸多的诠释,他为什么如此重视分野的概念?又处在西学新知的洗礼下,他如何转化传统的理论?

星象分野的本质是要建立起天、地秩序之间的映像对应系统。简单而言,分野是人们根据地上的州域来划分天区,把天上的星宿分别配属于地上的州、国,使星宿与地上的政区相互对应。如此则某一天区出现某种天象所主之吉凶,即为针对地上某一州国而兆示者;相对地,地面上的人事吉凶也会反应在天区上,这是天人感应思维的运用。《周礼·春官·保章氏》记载保章氏的职责为:"掌天星以志星辰日月之变动,以观天下之迁,辨其吉凶。以星土辨九州之地,所封封域,皆有分星,以观妖祥。"《周礼》的成书时间虽有争议,不过历来学者推测多不晚于战国,可见分野理论出现得很早。现代学者张启亮指出:"分野说最早是《尚书·禹贡》的九州分野,这种方法大约形成于西周时期。到春秋时期则发展为各国为基准的分野说,《左传》中多有这种分野说实用例证。到战国时则用二十八宿和五星相对应十二州及各国区域。分野说经过长期发展,终于形成一套复杂的体系,西汉以后有不少星家企图把各种分野协调起来。"①这段话道出了分野理论有长时期发展的历程,而且具有十分复杂的体系。

关于分野的理论与内容,当今已有多位学者做过较为深入的

---

① 张启亮主编《宇宙星象探秘》,气象出版社,1992,第43页。

研究。①李勇曾经对大量的史料进行排比分类，归纳出中国古代星象分野大体有几种模式，由于数据整理较为全面，此处对他的研究稍做介绍，以俾对古籍中分野的类型有一个大体的掌握。李勇将分野区分为五大类：第一类，十干分野、十二支分野、十二月分野。主要是分别以十干、十二支、十二月配上春秋时期的国名或地名，资料出自于《淮南子·天文训》、《汉书》之《天文志》和《五行志》、瞿昙悉达的《开元占经》等。第二类，单星分野。例如李淳风《乙巳占》中记载《洛书》有二十八宿分野，即以《禹贡》的二十八座山川各配上二十八宿的某一星宿。第三类，五星分野。这类分野方式出自《淮南子·天文训》《汉书·天文志》《尔雅·释天》《史记·天官书》和李淳风的《乙巳占》。以东方岁星（木星）、南方荧惑（火星）、西方太白（金星）、北方辰星（水星）、中央镇星（土星）将天区划分为五方，并与地上的秦、吴、楚、郑、宋等春秋之国的疆域相对应。第四类，北斗分野。依北斗七星划分天区，并与《禹贡》九州对应，《春秋纬·文耀钩》、黄鼎的《管窥辑要》卷二十一和《遁甲演义》中都有这方面的论述。

---

① 曾研究过星象分野的学者与著作，例如陈遵妫《中国天文学史》册2；江晓原：《天学真原》；冯时：《中国天文考古学》，社会科学出版社，2001；殷善培：《谶纬中的宇宙秩序》。单篇论文方面，主要有林金泉《诗纬星象分野考》，《成功大学学报》1986年第21期；李智君：《分野的虚实之辨》，《中国历史地理论丛》第20卷第1期，2005；李勇：《对中国古代恒星分野和分野式盘研究》，《自然科学史研究》第11卷第1期，1992；宋京生：《旧志"分野"考——评古代中国人的地理文化观》，《中国地方志》2003年第4期；孟乃松：《清代贵州郡县志"星野"叙述中的观念与空间表达》，《清史研究》2009年第1期；张嘉凤：《传统中国天文的成立与开展——以分野说为中心》，收入祝平一主编《中国史新论·科技与中国社会分册》，台北："中研院"、联经出版公司，2010。蔡长林也曾研究过晚清今文家崔适的分野观，见氏著《论崔适与晚清今文学》，第164—175页。另外涉及传统天文学的著作也多会提到分野，但常是概略性的介绍，此处不一一列举。

第五类，十二次及廿八宿分野。木星每十二年（实际是11.86年）运行一周天，古人便把周天分成十二等分，每一等分称为一次，共十二次，每一次分别配上廿八宿中的某些星宿，再与地上的各国相对应。史料中有很多此种分野模式的记载，包括《周礼·春官·保章氏》郑玄注，《吕氏春秋·十二纪》高诱注，《淮南子·天文训》高诱注，《史记·天官书》，《汉书·地理志》，《晋书·天文志》，《乙巳占》，《开元占经》，《管窥辑要》，庾季才撰、王安礼重修的《灵台秘苑》，王希明的《太乙金镜式经》，徐发的《天元历理全书·考古之四》，以及《六壬大全》等。①另外，李智君也曾将与分野有关的大量史料归纳成若干种形式。②从这些研究成果可以看到分野理论的繁富庞杂，廖平在建构自己的思想时，对各种史料也有自己的选择取舍或是融合不同的体系再转化发挥，以下则将焦点放在廖平分野观的探讨上。

一、星象分野与大一统的世界观

廖平以五经为孔子所作，一切的义理自然具足于经文之中，因此要讨论所谓"孔子"的分野说时，也须从五经本身作为源头出发，他的依据是《尚书·禹贡》的"九州"内容已经隐含了天象分

---

① 李勇：《对中国古代恒星分野和分野式盘研究》，《自然科学史研究》第11卷第1期，1992，第23—25页。
② 李智君将分野分成四大种形式：1.行星、星座及星空区域与地对应的分野形式。包括行星（五星）分野、北斗分野、十二次及二十八宿分野。2.气象与地对应的分野形式。如《天文气象杂占》和《乙巳占》中，以天上的不同云气与各地域互相对应。3.时间与地对应的分野形式。如《汉书·五行志》及《开元占经》中的十二月分野。4.抽象概念与地对应的分野形式。如干支分野、九宫分野。详见李智君《分野的虚实之辨》，《中国历史地理论丛》第20卷第1辑，2005，第64—65页。

野的"微言"。当然这只是廖平要将一切思想上溯于孔子的说法,事实上《禹贡》只讲地面的九州,完全没有涉及天上的星象分野。将分野溯源于《禹贡》后,廖平便致力于如前文所序列的、为数甚繁杂的古籍分野资料,他的焦点多集中于《周礼》、《左传》、纬书,特别是《春秋纬》《尚书纬》《易纬》,以及《淮南子》等书,宣称当中的分野体系都是宗于《禹贡》本有的"微言"而发挥。廖平经学三变以后视《周礼》为孔子亲作,《左传》是孔子弟子所撰,纬书是通往群经微言的"秘钥",《淮南子》与先秦的九流思想均源自孔子;他又强调传、记、子、纬都是孔经的辅翼,依此推论,这些书籍中的分野本来就是孔子思想的一部分。

廖平阐述分野,除了文字叙述之外,也常透过图像来呈现自己的心思。以下我们先参照他所绘制的"《禹贡》导山为天九野图"(图4.3),以及他的说明来分析其观点。

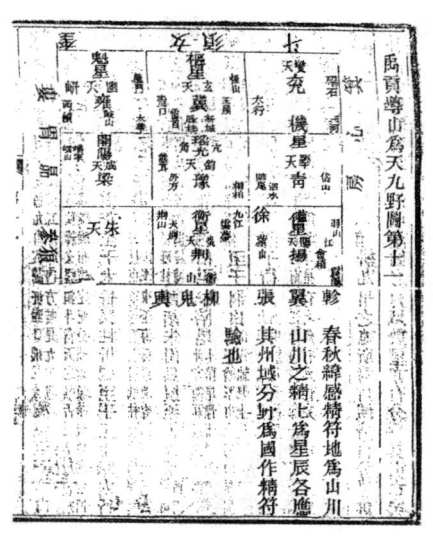

图4.3 《禹贡》导山为天九野图

从图4.3可以看到《禹贡》的九州：兖州、青州、扬州（图中印刷未明）、冀州、豫州、荆州、雍州、梁州、徐州，廖平将它们分别配上北斗七星：天枢、天璇、天玑、天权、玉衡、开阳、瑶光（摇光），这种分野方式是来自于《春秋纬·文耀钩》的北斗分野。他自叙此图曰：

《春秋纬·文耀钩》：……布度定纪，分州系象，华岐以北，龙门、积石，至三危之野，雍州，属魁星。……太行以东至碣石，王屋、砥柱，冀州，属枢星。三河、雷泽，东至海岱以北，兖州、青州，属机星。按：太行以东为兖州，王屋、砥柱为冀州，海岱则为青州。……荆山西南至岷山，北距鸟鼠，梁州，属开阳。外方、熊耳以东至泗水、陪尾，豫州，属瑶光。……大别以东，云梦、九江、衡山，荆州，为衡星。蒙山以东至羽山，南至江，会稽、震泽，徐、扬之州，属权星。①

此段文字几乎全文抄录《春秋纬·文耀钩》的内容，将《禹贡》九州分配北斗七星：雍州属魁星（天璇）、冀州属枢星，兖州、青州属机星（玑星），徐州、扬州属权星，荆州属衡星，梁州属开阳（开星），豫州属瑶光（摇星）。②除此之外，从图中亦可见到九州之上又有九天的名称：钧天、皋天、燮天、玄天、幽天、成天、朱天、炎天、阳天；再以二十八宿分配于九州之上、九天之中。以

---

① 廖平：《皇帝疆域图》第十一，第38b页。
② 只有一处不同的是，《春秋纬·文耀钩》将太行以东归属冀州，廖平则以为属兖州。见安居香山、中村璋八辑《纬书集成》中册，第664页。

二十八宿分配九天是来自于《尚书纬·考灵曜》及《淮南子·天文训》中"天有九野"的内容。《尚书纬·考灵曜》说：

> 天有九野，九千九百九十九隅，去地五亿万里。何谓九野？中央钧天，其星角、亢。东方皋天，其星房、心。东北燮天，其星斗、箕。北方玄天，其星须女。西北幽天，其星奎、娄。西方成天，其星胃、昴。西南朱天，其星参、狼。南方赤天，其星舆、鬼、柳。东南阳天，其星张、翼、轸。①

《淮南子·天文训》也有相似的内容：

> 天有九野，九千九百九十九隅。……何谓九野？中央曰钧天，其星角、亢、氐。东方曰苍天，其星房、心、尾。东北曰变天，其星箕、斗、牵牛。北方曰玄天，其星须女、虚、危、营室。西北方曰幽天，其星东壁、奎、娄。西方曰昊天，其星胃、昴、毕。西南方曰朱天，其星觜巂、参、东井。南方曰炎天，其星舆鬼、柳、七星。东南方曰阳天，其星张、翼、轸。

《尚书纬》与《淮南子》中所称的天区名称及分星略有不同，廖平做了对照比较，标示出不同之处，并认为两者概念是相同的：

> 《尚书纬·考灵曜》，天有九野，九千九百九十九隅，去

---

① 安居香山、中村璋八辑《纬书集成》上册，第352页。

地五亿万里，何谓九野？中央钧天，其星角、亢（廖平自注：《淮南》有氐），东方皋天（廖平自注：《淮南》作苍天），其心房、心（廖平自注：《淮南》有尾），东北燮天，其星斗、箕（廖平自注：《淮南》有牵牛），北方玄天，其星须女（廖平自注：《淮南》有虚、危），西天（笔者案：应作西北）幽天，其星奎、娄（廖平自注：《淮南》有东壁），西方成天，其胃、昴（廖平自注：《淮南》有毕），西南朱天，其星参、狼（廖平自注：《淮南》作觜觽、参、东井），南方炎天，其星舆、鬼、柳。东南阳天，其星张、翼、轸（廖平自注：《淮南》同）。①

尽管两者说法有一些小差异，但廖平认为不妨碍意义的相通，都是以天的九野对应地的九州。

综上所述，廖平将《禹贡》的地上九州搭配天上分野的模式，主要是征引《春秋纬·文耀钩》以北斗七星配九州的北斗分野模式，以及《尚书纬》及《淮南子》的"天有九野"之说。又隋朝萧吉的《五行大义》中有九宫分野之说，廖平亦加以引用。《五行大义》以《淮南子》中的九天对应九州，再结合上北斗七星的北斗分野模式与八卦九宫方位：

> 此九天亦属北斗九星之数，故下对九州。炎天数九，属斗第一枢星，应离宫，对扬州；变天数八，属斗第二璇星，应艮

---

① 廖平：《皇帝疆域图》第十一，第39a页。

宫，对兖州；昊天数七，属斗第三玑星，应兑宫，对梁州；幽天数六，属斗第四权星，应干宫，对雍州；钧天数五，属斗第五衡星，应中宫，对豫州；阳天数四，属斗第六开阳星，应巽宫，对徐州；苍天数三，属斗第七瑶光星，应震宫，对青州；朱天数二，属斗第八星，应坤宫，对荆州；玄天数一，属斗第九星，应坎宫，对冀州。①

引文中的九天九野与北斗配九州的分野模式在前文已经交代过，这里有必要补充的是八卦九宫分野的方位观。九宫之说源于《易·乾凿度》，其方位的图示如下：

（四）巽	（九）离	（二）坤
（三）震	（五）中	（七）兑
（八）艮	（一）坎	（六）乾

图4.4　八卦九宫方位示意图

从图示来看，它是一个以中心与外围八方（四正四维）组成的方位观，廖平认为它与《尚书纬·考灵曜》和《淮南子》之《天文训》《墬形训》的天之九野与地之九州所要表达的空间观、方位观之概念均是相同的。整体来看，廖平援引的各分野模式基本上没有超出现有的典籍记载，但是经由他解说之后，便具个人特色与时代意义，其中最重要的，是他指称地上的"九州"为整个世界，非仅止于中国一隅，这是孔子的"微言"。再回来看上述《五行大义》

---

① 萧吉：《五行大义》，钱杭点校，上海书店出版社，2001，第26页。

中的九宫分野，廖平也一一分配上当今世界五大洲的名称或地理位置：

> 《五行大义》云，此九天亦属北斗九星之数，故下对九州。炎天（廖平自注：《淮南》其星舆、鬼、柳七星）数九，属斗第一枢星，应离宫（廖平自注：《淮南》谓之次州），对扬州（廖平自注：当今澳州）；燮天（廖平自注：其星箕、斗、牵牛）数八，属斗第二璇星，应艮宫（廖平自注：《淮南》谓之薄州），对兖州（廖平自注：当今坎拿大）；昊天（廖平自注：《淮南》作颢天，其星胃、昴、毕）数七，属斗第三玑星，应兑宫（廖平自注：《淮南》谓之弇州），对梁州（廖平自注：当今尼罗河之西）；幽天（廖平自注：其星东壁、奎、娄）数六，属斗第四权星，应乾宫（廖平自注：《淮南》谓之台州），对雍州（廖平自注：当今欧州）；钧天（廖平自注：其星角、亢、氐）数五，属斗第五衡星，应中宫（廖平自注：《淮南》谓之冀州），对豫州（廖平自注：当今中国）；阳天（廖平自注：其星张、翼、轸）数四，属斗第六开阳星，应巽宫（廖平自注：《淮南》谓之神州），对徐州（廖平自注：当今南美）；苍天（廖平自注：其星房、心、尾）数三，属斗第七瑶光星，应震宫（廖平自注：《淮南》谓之阳州），对青州（廖平自注：当今北美）；朱天（廖平自注：其星觜巂、参、东井）数二，属斗第八星，应坤宫（廖平自注：《淮南》谓之戎州），对荆州（廖平自注：当今尼罗河之东）；玄天（廖平自注：其星须女、虚、危）数一，属斗第九

星,应坎宫(廖平自注:《淮南》谓之济州),对冀州(廖平自注:当今露西)。①

上述的引文内容,是廖平将《尚书纬·考灵曜》、《淮南子·天文训》的天之九野、《淮南子·墬形训》的地之九州,以及北斗分野、九宫分野、二十八宿分野,与当今的世界做一个绾合。若将这篇引文内容做成以下的表格可以更清楚地呈现:

表4.2 九野、九州、北斗分野、九宫分野、二十八宿分野与当今世界

天之九野	地之九州	当今世界	北斗分野	九宫分野	二十八宿分野
炎天	扬州(次州)	澳州	枢星	离宫,九	舆、鬼、柳
燮天	兖州(薄州)	坎拿大	璇星	艮宫,八	箕、斗、牵牛
昊天(颢天)	梁州(弇州)	尼罗河之西	玑星	兑宫,七	胃、昴、毕
幽天	雍州(台州)	欧州	权星	乾宫,六	东壁、奎、娄
钧天	豫州(冀州)	中国	衡星	中宫,五	角、亢、氐
阳天	徐州(神州)	南美	开阳星	巽宫,四	张、翼、轸
苍天	青州(阳州)	北美	瑶光星	震宫,三	房、心、尾
朱天	荆州(戎州)	尼罗河之东		坤宫,二	觜觿、参、东井
玄天	冀州(泲州)	露西		坎宫,一	须女、虚、危

---

① 廖平:《皇帝疆域图》第十一,第42a—42b页。

以上的表格显示，廖平将地上九州和天之九野、北斗分野、九宫分野、二十八宿分野结合，再配上今日的世界，当然位居世界之"中"者为中国，欲表明天、地相互映照的空间秩序感是范围整个新地理学的视野。在此概念下，廖平同时制作了一幅"大统分野图"（图4.5）。

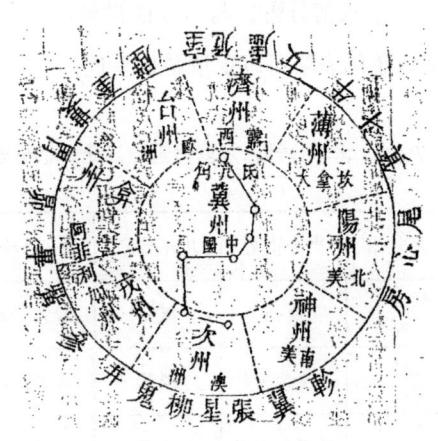

图4.5 大统分野图

"大统分野图"中的九州名称出自《淮南子·墬形训》：东南神州、正南次州、西南戎州、正西弇州、正中冀州、西北台州、正北泲州（廖平作济州）、东北薄州、正东阳州；再配上世界五大洲或国名，并上映二十八宿分星。图中，非洲横跨九州中的两州，南、北美及坎拿大（加拿大）横跨九州中的三州，露西（俄国）独占九州中的一州。另外欧洲、澳洲各占九州中的一州，中央的冀州代表中国，北斗七星位于其间，象征中国在北辰居中之处。廖平认为来自孔子星象分野之说的精神，就在于彰显世界"大统"的终极理想。

廖平虽然汲取传统星象分野的内容，但是他的新观点在于"天"所对应者，已经不是中国一隅了，而是整个地球的疆域。他用这种方式重新诠释分野说，透露了某些讯息：传统分野理论是以"天下"的九州（当今的观点仅止于中国）对应整个天空，但是在近代新世界观洗礼下的廖平已经知道中国并不等于天下，分野说有其不合理性，故将"九州"转喻为当今五大洲，中国如北辰居中统理天下（世界），故分野是孔子预示新世界观的微言，这代表的深层时代意义又是什么呢？以下将做进一步探讨。

二、时代考验下的分野新说

分野说的矛盾，宋代知识分子已有人提出疑问。例如周密在《癸辛杂识》中说："十二州之内，东西南北不过绵亘一二万里，外国动是数万里之外，不知几中国之大。"并认为若以二十八宿来分配天下，"中国仅可配斗、牛二星而已"。① 或许由于元代以后国土开拓到无远弗届，一些中国士人已可意识到中国只是天下的某一小部分，致使对分野说产生质疑。② 晚清处在中西世界交通之下，星象分野的理论自然受到更大的冲击挑战。从大量的明清地方志可以看到，分野（或星野）往往都置于卷首或显要位置，因为在近代地

---

① 周密：《癸辛杂识》，中华书局，1988，第81—82页。
② 在蒙古人席卷欧亚之后，元朝广袤的空间中人来人往，通过丝绸之路东来的外国人，比起汉唐来不知多了几倍。柳诒微曾说，蒙元时代的文化"兼盖中国、印度、大食及欧洲四种性质"。当时的人们即使没有见过世界地图，也可以或显或隐的感知到天下之广，并非只有中国一处。葛兆光也说，我们也许对那个时代的"全球化"估计太低，其实很多异域知识的传播和影响，在中国已经相当深刻和广泛。见柳诒微《中国文化史》下册，东方出版中心重印本，1996，第544页。葛兆光：《谜一样的古地图》，收入氏著《宅兹中国：重建有关"中国"的历史论述》，联经出版公司，2011，第143—145页。

理学的经纬度未出现之前,地区的空间定位往往靠着分星位置的描绘来表述。但不代表时人都坚信这套说法,例如乾隆皇帝在《御题毛晃〈禹贡指南〉诗注》就曾言"分野之说本不足信",这应是晚明清初西方传教士带来了世界新知的影响,让分野逐渐失去了知识基础。①道光之后,由于更多西方天文地理知识的输入,知识界对分野(或星野)的态度也在转变中,多数的批评或争论,常是将重点放在中国仅为大地一隅,无法含容整个天际星空的分野。例如道光时期的贵州《大定府志》中,修志者明白表达分野之说不可信:

> 分野之说,虽原于《周官》《春秋左氏传》,然其说殊不可信。周天三百六十度,包大地之外,中国为地无几,安能尽分二十八宿?况本朝幅员广远,古分野仅及其半,其余分野所不及者,又若之何?②

又同为道光年间贵州《遵义府志》的《星野》也提到传统分野理论于近代地圆说传入之后所面临的难题:"经星尽乎天度,而中国不尽地球,以地球一隅之中国配周天之经星,……虽善调解,理终

---

① 孟凡松以乾隆不信星野说是因为星野理论失去了近代知识的基础。李智君则分析分野体系的繁杂混乱与多样性,有不够严谨的一面,认为这是自古以来不为皇权拥有者所重视的原因。分别参见孟凡松《清代贵州郡县志"星野"叙述中的观念与空间表达》,《清史研究》2009年第1期,第18页;李智君:《分野的虚实之辨》,《中国历史地理论丛》第20卷第1辑,2005,第61、65、69页。不过从明清大量地方志中,特别是道光以前,可以见到"星野"往往置诸卷首的情形来看,它是否真的不为历来的统治者所重视,仍有可商榷的余地。
② 黄宅中修,邹汉勋纂《疆里记第三上》,《道光大定府志》卷一二,巴蜀书社,2006,第179页。

渺茫。"①虽然这类的批评诘难在晚清的地方志中并不全面,②但可以令人感受到一个时代在知识变迁下,思想、信仰也自然跟着产生变化。廖平的分野新说,也是建立在如此的时代氛围之下。

廖平也感受到传统知识体系的权威性正在流失,于是他要说明孔子并非不知中国仅为大地一隅,而是要借着星象分野之说,彰明未来王化将普及整个地球的"大统"之义。他说:

> 《周礼》主全球,则动言天道,……《保章氏》掌天星,以志星辰日月之变动,以观天下迁。辨其吉凶,以星土辨九州之地,所封封域,皆有分星,以观妖祥。……盖地球地象华离,难于肖象,又陵谷变迁,时有改易。且在海外,不睹不闻,无征不信。故经皆取象天道,以天有九道,万古不易,人人仰望而知。故分野诸法,皆借天以驭地,以地形难于形容,故借天象以定之。③

孔子预示全球大统,就表现在对天的分野上。因为地象本身不易形容,山陵川谷也会变迁,更重要的是当时海外世界未开通,人们视野有所局限,也不易相信有地球的存在。故孔子有取于天道,要以天的辽阔,使人人仰望而知地象的广阔亦然。这是以天象借喻

---

① 平翰等修,郑珍、莫友之纂《星野》,《道光遵义府志》卷一,巴蜀书社,2006,第36页。注140、141,又见孟凡松《清代贵州郡县志"星野"叙述中的观念与空间表达》,《清史研究》2009年第1期。
② 笔者曾检阅清代四川地区各县的方志,发现其中的星野叙述繁简不同,有寥寥数语者,似乎仅是依循惯例置入卷中;也有长篇累牍,详细引述古籍内容者,或许此种现象也体现了时人对分野看法的参差。
③ 廖平:《大统春秋公羊补证》卷一,第46a—46b页。

大地,"以九州之山,印证天之九野;天之范围不小,即地之版宇无疆。天无私覆,地无私载,成象成形,经制宏博,古说昭然,非一人之私言也"。① 又说:

> 自来解分野者,但就中国州地,分排北斗列宿。明达之士,亦知天阔地狭,不足以容纳诸星。孔经正留此明显易知之义,以待后人之推阐。……况地球既出,孔义益明。倘仍拘泥故旧,如史公目衍为怪诞,则真井蛙藩鹦,不足语江河之大量,天地之高者也。②

引文指出自古以来谈分野的学者,以为古籍内容是要以中国一处对应整个星空,因而产生了知识上的矛盾,这是没有得着孔子"宏博经制"的本意。若明达之士当能体会到天际的广阔而中国仅占一隅,无法对应整个星空,这正是孔子的伏笔,留给后人去思索推阐之处。孔子要暗示世界的广大,故借天象启发后人,现在世界已经开通,地球的存在正可以印证经义的指向当代。

不过,既然廖平已经觉知传统分野理论有其不合理性,为什么仍然如此重视分野,一定要抓住它的观念再去转化诠释?是否分野本身还有更深刻的意涵?又廖平在诠说一己的思想时,什么是他要坚持的?又摆落了什么?这都有时代意义在其中,下文拟从这几个问题出发续做深究。

---

① 廖平:《皇帝疆域图》第十一,第41a页。
② 廖平:《皇帝疆域图》第十一,第42b—43a页。

三、天象的王化秩序之坚持与占验的摆落

"分野"在廖平的新解下,成了孔子以天的辽阔暗喻地球的存在,但如果目的仅止于此,那么他之前把邹衍的大九州说上溯到孔子,并与世界牵引,已说明孔子有地球的思想了(见本书第二章),为何还要再详言天上的星象分野?最重要的原因,是分野的思想本身就有王化的意味在其中。分野的空间范围被赋予君权或王土所及的凭证,具有表征王化、确立地方空间位置与地理归属认同等方面的意义。

分野理论中,天上的空间所往下对应者,以地面"九州"为范畴,被划在九州区域内者代表华夏疆域,已经将往上对应的整个分野星空占满,一般来说,"四夷"在分野体系中没有资格占得一个空间位置。如同李淳风所谓的"星次不沾于荒服",① 历代以官修为主的正史、方志等更强化了这一观念。凡是边陲地带,由王朝任命流官或设置正式的行政机构之后,史书或方志往往将这个"地方"纳入星象分野的某一区域分星之下,代表进入了"九州"之内,象征从蛮夷到王化的转变,成为以皇权为基础的政治伦理秩序中之一分子,在王朝疆域体系内有其空间的一席之地,具地理文化归属的

---

① 关于分野理论中,周边异族在天上没有占得位置的问题,古人已有争议。例如《邵氏闻见录》卷八中,记载南北朝时由于异族已经入主中原,梁武帝曾疑惑他们是否也能"应天象"?若是可以的话,则是从星占理论上夺走了梁朝天子的正统地位。又唐代李淳风的《乙巳占》卷三也记有时人的这一疑问,是否"星次不沾于荒服"?李淳风回答:"……华夏者,道德礼乐忠信之秀气也,故圣人处焉,君子生焉。……故孔子曰:夷狄之有君,不如诸夏之亡,……以此而言,四夷宗中国之验也。"明白指出四夷在分野体系中没有资格占得一席之地,只能视为中国的附庸。见江晓原《天学真原》,第226—228页。

意义。①也因为星象分野有着浓厚的君权与王化意识在其中，故民国以后，王权崩溃，连带的皇权的源头——"天"，也失去了神圣地位，意在维系天下九州文化空间体系的分野说亦自然的走入历史。有了这些分野的文化概念之后，就可以理解为何廖平如此看重分野这个传统思想，以及要把世界五大洲纳入"天有九野"的天文空间之动机。按照分野的理论，蛮荒之地、九州之外，分野所不志，现在廖平以分野对应整个地球五大洲，指称这是孔子预示未来的"大统"境界，说明未来全球五大洲都是王化要普及的疆域，而且大统分野的"天有九野"之中心为中国，也是王化的起点处。正因为世界大一统是在遥远的未来，因此即使民国成立，君权走入历史，廖平的分野说也没有受到影响，因为他期待未来世界要统一在实施孔子之道的普世皇权之下，它的终极价值根源也在于"天"。以下从廖平对"十二次"分野的解释来看，更可以让人体会到他欲建构一个世界王化"大统"的本怀。

廖平建构的大统分野，主要引用的是传统九州配九天分野的数据，但他也提到了十二次分野，并加以应用。何谓十二次分野？当行星经过星空时暂居之处所，称为星次。木星的运行是每十二年（实际是11.86年）一周天，于是古人把黄道附近的一周天自西向东的方向分为十二等分，即十二次，木星每经过一次则为一年，而每一次都有一个名称。《周礼·春官·保章氏》的郑玄注引《堪舆》提到这十二次的名称为星纪、玄枵、娵訾、降娄、大梁、实沈、

---

① 宋京生：《旧志"分野"考——评古代中国人的地理文化观》，《中国地方志》2003年第4期，第76页；孟凡松：《清代贵州郡县志"星野"叙述中的观念与空间表达》，《清史研究》2009年第1期，第16、18页。

鹑首、鹑火、鹑尾、寿星、大火、析木。每一个次都有二十八宿中的某些星宿互相对应。《汉书·律历志》详细记载各次所对应的二十八宿方位：

星纪，初斗十二度，……中牵牛初，……终于婺女七度。
玄枵，初婺女八度，……中危初，……终于危十五度。
娵訾，初危十六度，……中营室十四度，……终于奎四度。
降娄，初奎五度，……中娄四度，……终于胃六度。
大梁，初胃七度，……中昴八度，……终于毕十一度。
实沈，初毕十二度，……中井初，……终于井十五度。
鹑首，初井十六度，……中井三十一度，……终于柳八度。
鹑火，初柳九度，……中张三度，……终于张十七度。
鹑尾，初张十八度，……中翼十五度，……终于轸十一度。
寿星，初轸十二度，……中角十度，……终于氐四度。
大火，初氐五度，……中房五度，……终于尾九度。
析木，初尾十度，……中箕七度，……终于斗十一度。①

这十二次分野又被配上地上十二个区域的州、国。本来分野的体系就十分庞杂，廖平既然主要选择了九天九野的模式来建立空间

---

① 班固撰，颜师古注，杨家骆主编《律历志》，《新校本汉书并附编二种二》，第1005—1006页。

的秩序观，应可不必再理会不同模式的十二次分野。不过廖平却将这两种不同划分方式结合，以十二次分野是"外十二州之星土"，①换句话说，地上分为内九州、外十二州的区域，天上的星辰也是内九州、外十二州的分野，它的空间方位如图4.6。

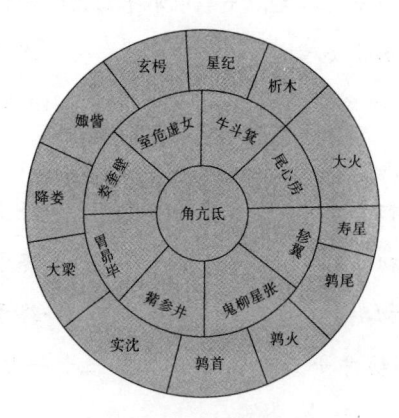

图4.6　内九州、外十二州星象分野示意图

从笔者依据廖平说法所绘的图示（图4.6），可以看到它具有一个"内九州、外十二州"的文化分野概念，可是当我们把这个图4.6的图示与之前廖平绘制的"大统分野图"（图4.5）相互对照，却会发现"大统分野图"（图4.5）只有九州，竟不见外十二州，这该怎么解释呢？在本书第二章曾分析过廖平对《禹贡》九州与《尧典》十二州的经学史争议，提出个人的一家之言：内九州、外十二州并存，是文化意义上的"内冠带，外夷狄"之意，而外十二州终将会消失，同化成九州的一部分。"大统分野图"的九州是俟后、未来要

---

① 廖平：《皇帝疆域图》第十一，第399页。

实现的理想。以往蛮荒之地、九州之外，星野所不志，而"大统分野图"（图4.5）中，全世界五大洲已经分配占满了"内九州"，"外十二州"消失不见了，代表将来全世界都已沾被在王化的礼乐冠带文明之下，再也没有远方蛮野的夷狄存在。地上的人事如此，天象的秩序亦然，这也是廖平诠释分野一个很重要的精神所在。

以上的论述时时都可以看到廖平欲继承传统天人合一、人间秩序根源于天道的理想与信仰。然而，受了时代新知的影响，廖平在讲分野时也已经与传统面貌有很大的不同，这个不同主要表现在他对"占验"的态度上。分野说本身包含了一个不可忽略的学理，就是天人之间的占验。《周礼·春官·保章氏》说"以星土辨九州之地，所封封域，皆有分星，以观妖祥"，这句话显示分野包括两方面的内容，其一为星辰与地域的对应方式，其二是依据某种特定的星土对应来占卜各地的吉凶。不过颇耐人寻味的是，廖平虽然甚为重视分野说，却完全不谈它的天人之间休咎感应、占验的思想，而且持反对的态度。[①]事实上，廖平已经否定了传统阴阳五行的宇宙观，在本章的第二节也分析过，廖平所建构的"天"，某个程度已经趋近于一个宇宙星际之间的自然天，这是受西方天文学知识的洗礼有以致之。在这种情况下，他不能接受天人感应的思维也是必然的走向。因此他一方面坚持天、人秩序的一体，但又不相信天、人之间有吉凶祸福的符应，这种矛盾就可以被理解。

另一个可供与廖平并提比较的例子是康有为。观康有为完成

[①] 廖平曾批评汉代的今文经师"喜谈灾异，蒙蔽经谊"，见廖平《经话（甲编）》，《廖平选集》上册，第442页。

于民国十五年（1926）的《诸天讲》①中有《古以占验言天之谬》一文，可以看到西学新知如何影响着这一辈学者对占验的观感，康氏言：

> 自殷巫咸言天，已主占验。……直至近世，谈天虽寡，然皆知日月食之有定，而彗孛之见，人心犹惊。古言天文者，以张衡为古今第一，崔子玉推为数术穷天地，制作侔造化。今日本大学藏平子地动仪，遗制犹有验焉。然张衡云：在野象物，在朝象官，动系于占，实司王命。四布于方，为二十八星，日月运行历行示休咎，五纬经次，用彰祸福。北周克梁，获庾季才为太史令，撰《灵台秘苑》一百二十卷，占验益备。盖诸星千万，欲名无从，不得不假人事以名之，故其积久有自来。既为人事，自有崇卑得失，而占卜自生矣。其后，君主权大，先圣不得已以天统君，故藉天象以警戒之，亦不得已之事。故历代天官五行之志，皆主占卜。今以地球大通，百国平立，君主繁多，渐改民主，或只立议长。进而知吾地蕞尔，仅为日游星之一，岂能以诸恒星应一国百官之占卜乎？可笑事也，皆不必

---

① 《诸天讲》又名《诸天书》，或又称《天游庐讲学记》，是康有为最后一部专著，完成于1926年。康有为《诸天讲·自序》中说，他在二十八岁时"因读《历象考成》而昔昔观天文焉。因得远镜见火星之火山冰海，而悟他星之有人物焉，因推诸天之无量，即亦有无量之人物、政教、风俗、礼乐、文章焉，乃作《诸天书》"。但由于感到"谈天岂有尽乎？故久而未布"，1926年，康氏在上海创办"天游学院"，在讲学中时及诸之论，门人从而"咸请刻布此书"，于是他在同年夏天整理旧稿，编辑成书，并作序付刻。然第二年春康氏即去世，至1930年由其弟子伍庄出资，唐修主持具体校刻工作，在上海初刻出版。见楼宇烈《点校说明》，收录于康有为《诸天讲》，中华书局，1990，第1页。

辨,更不引征。①

康有为试着解释他所认知的天学占验之说所形成的过程。他指出从传说中上古能够沟通天人、开创用筮占卜的巫咸②开始,占卜就是最主要的行使通天之方式。传统天文学家中,张衡的成就堪称古今第一,但如此讲求科学实证的学者,仍然不免要将天文比拟人事。也由于天文、人事的相互牵引,自古一路下来,占验之说历久不衰,例如北周太史令庾季才所撰的《灵台秘苑》也是这类思想的代表作。③天象与人事互相比附的起因,大概是天上星辰之多,不得不假借地上人事之名称以作辨别,久而久之就产生了天、人之间的吉凶对应之联想;再加上后来君主权大,先圣只好借着宣说君权来自于上天,以天象警戒国君修德,这也是不得已的事。康氏又认为,今日地球开通,君主已渐改为民主,天人感应之说已经失去了历史的依凭。很显然康有为不承认天人之间存在着占验感通,说那只是古代君主专制下的神道设教。他又进一步从近代以来天文地理知识的角度指出,地球仅为众多星球之一,况且中国又仅是地球的一部分,岂能将整个星际与中国蕞尔之地的百官人事相应?他语气

---

① 康有为:《古以占验言天之谬》,《诸天讲》,第9—10页。
② 关于巫咸的年代、传说,记载纷纭。《史记·天官书》说:"昔之传天数者,高辛之前重、黎,于唐、虞,羲、和,有夏昆吾,殷商巫咸……"《史记·封神书》载"殷太戊时有巫咸",因此司马迁以巫咸是殷商太戊(殷中宗)时期的人。《太平御览》卷七九引《归藏》曰:"昔黄帝与炎帝争于涿鹿之野,将战,筮于巫咸……"以巫咸为黄帝时人。古书中谈到巫咸的地方还很多,例如《离骚》《吕氏春秋》《庄子》《世本》等等,说法亦不尽相同,但多以其为用筮占卜的创始人。
③ 《灵台秘苑》,北周庾季才撰,据《隋书·经籍志》载,共120卷,现在见到的只有20卷,是北宋王安礼等人重修。此书为古代占星书,与唐代李淳风的《乙巳占》,瞿昙悉达的《开元占经》,以及明代的《观象玩占》性质类同。

强烈地批评道:"分野之说,其谬尤甚。吾中国仅当大地八十分之一,地为日之游星之一,日为二万万恒星之一。岂能以恒星为州郡分野?实堪骇笑。……皆大谬不足辨也。"①康有为完全放弃分野说,所表现的思想与学术,以及其中隐藏的意义,正可以与廖平做一个比较对照。

廖平也和康有为一样不承认占验、吉凶感应之说,但是对"分野"的处理态度不同。我们清楚地看到,廖平、康有为都因为受天文、地理的西学新知影响,皆体悟到传统的分野说有不尽合理之处,康有为选择直接放弃这一学说并直斥为荒谬,但廖平却仍然要保留、重视分野,将它从内部重新转化诠释为合理的一家之言,显示了两人观点的差异,笔者认为造成这种差异的关键,在于两人对"皇权"认知的价值观不同。盖传统分野说的核心精神之一,是以皇权居中,用王化逐渐将周边纳入天下九州的政治伦理秩序中,这个概念是廖平所要坚持的,而且悬为世界大一统的终极理想。而康有为理想政制的进程是要由君主到君宪,再到民主共和,最终极的想望是《大同书》中完全平等,没有阶级等差的境界。皇权在两人心中的终极存在与否,应在很大程度上影响了他们对分野态度的不同。又纯粹从学术理路上来看,康有为不相信春秋时期就有星土分野之术数,以为皆刘歆所伪造。他于《新学伪经考》中说:"歆造分野之说散布《周礼》《左氏》《国语》诸书……"②同为今文学家的崔适也是接着这条刘歆伪造说的论点做更深入的辨伪。③虽然康有

---

① 康有为:《古以占验言天之谬》,《诸天讲》,第10页。
② 康有为:《刘向经说足证伪经考第十四》,《新学伪经考》,第381—382页。
③ 崔适:《史记探源》卷五,第5页;崔适:《春秋复始》卷三五,第2—3页;卷三八。

为与崔适一味地将经典或古籍的不合理处都推给刘歆造伪的说法未必客观,①不过此处的重点在于借着廖平与康有为、崔适这些今文学者不同观点的比较,可以看到近代今文经学家彼此之间的细部思想并非一致,包括他们对"天"的看法也是呈现着多元的面相,这些看似微小的差异其实不容小觑,常反映了价值观的重大分歧。

总之,廖平的分野观深具个人与时代的特色,他信仰坚持的是分野所蕴含的王化秩序,故即使分野遭遇了西方天文地理新知的冲击,他也积极地要为分野理论赋予新义,并期待王化秩序能在未来施之全球。不过他对于传统分野说中很重要的一环:占验,却刻意地忽略、漠视,这些都体现了传统学术思想与信仰在近代的变迁轨迹。

小　结

处在传统天学在西方天文学的冲击下,廖平接受新知与坚持传统之间的表现是一个典型。西方天文学撞击到具有秩序内涵的传统天学,加上甲午战争后封贡体制瓦解的震撼,以及表现伦理的君主制度与三纲的受质疑,都使廖平甚为忧心。他继承传统的思维,要从天象寻求人间伦理政治的终极意义,坚持中国居于中心的王化论世界观,期望将世界纳入孔子的经教秩序里,并把这个信仰上溯到

---

① 钱宝琮认为康有为的刘歆伪造分野之说并不客观。他说:"康氏不信春秋时期有星土分野之术数,以为皆属刘歆所伪造。今按《汉书·五行志》所载刘歆占验说之涉分野者,与《汉书·地理志》尽合,以之解释《左氏传》,实多抵牾。《左传》《国语》之文字非刘歆所能伪造,事理之显而易见者也。"见钱宝琮《论二十八宿之来历》,收入李俨、钱宝琮《科学史全集》卷九,第365页。

传统观念中价值的根源：天。廖平所论的天、人两者之间并不是断裂的。因为从两个层面来说，首先，当下人世的疆域中，文化的空间观与天文星空的方位相对应；其次，未来人类进展为天界的别类物种后，进化的模式是以更高阶段的礼乐文明为本，天的文明疆域也由中央向四周扩大，与人世之界相同。所以人、天虽然有不同阶段与物种的区别，但两者的精神又是相合的。又例如廖平信仰坚持分野所蕴含的王化秩序，故即使分野遭遇了西方天文地理新知的冲击，他也积极地要为分野理论赋予新义，目的也无非要说明王化秩序已经体现于天道之中。

虽然对廖平而言，"天人合一"的秩序不可撼动，但为了要让孔子思想可以立足于当代，在将西学新知如天文学、进化论或其他诸如灵学、催眠术、脑气筋等各学说的引入孔学与诠释过程中，也使他在自觉或不自觉中使"天"的性质发生转化。尤其是对于占验、天人感应思维的漠视摆落，更让"天"失去了传统思维中本有的感应与神秘性，有朝着自然天发展的趋向。之所以会有这种矛盾现象，是西学新知与传统价值观交会激荡下所造成的过渡时代之思想特色。

再从廖平推尊孔子的方式与经学的变化来看，他因为忧惧经教价值的流失，尽力援引西方学术概念进入"孔经"，无非是要说明经义包罗一切学术。就一个经学家的本位立场而言，自然可以说是抬高经学与孔子的地位，相信孔经视野的宽广与完整全面性。但我们若从学术史的角度观之，这同时也蕴含着五经与传统学术已经不敷时代的需要，所以要不断吸纳、收编新知。这也说明，在知识扩张的晚清，经学与原有的注疏系统已经不能构成单独的学术权威，因此在廖平的建构过程中，何谓他心目中"孔经"的知识内容，永远是在不断新增的。如此也隐然表现了经典神圣地位的逐渐滑落，以及经学本身的义理被逐步稀释架空、转化的事实。从以往常被视为"保守"的经学家廖平身上，我们体会到世界上没有绝对缺乏反思与自我调适的文化，只是程度的深浅与自觉不自觉，或是表达的方式不同而已。实际上，传统永远在守旧、更新、创新不断的相互运作之中，发展、转型与变化，因此绝不存在永恒不变的传统。

廖平、康有为本欲尊圣，最终却造成经学解构的吊诡，[①]这个经典之论是我们已经熟悉的。但我们即使知道经学最终的命运是解体，仍然有必要措意于它中间慢慢转变，与西方相互碰撞、矛盾来回的诸多过程。因为这个过程释放出了重要的讯息，呈现了经学本身、不同的经学家个体与社会文化、知识系统扩张之间相互作用的复杂性。同时透过廖平的研究，也让我们看到了传统学术思想与信仰在近代变迁的轨迹。

---

① 王汎森：《从传统到反传统——两个思想脉络的分析》，收入氏著《中国近代思想与学术的系谱》，第111—121页。

第五章　《春秋》拨正下的世界秩序与中国
——从"二伯"的理想谈起

前面第三章、第四章论述廖平以《尚书》的内容为资料，诠释出了中国居于全球中心的文化空间蓝图，并将这样的人间秩序投射到价值根源的"天"。在这套人世与天界的理想蓝图下，廖平也继续衍绎中国与国际具体的关系模式。他以《春秋》的制度设计了理想的国际新秩序架构，而《春秋》的"二伯"正是这个秩序之制度的核心内容。

本章从析论"二伯"的经学文献源流与意义切入之际，也将探讨是什么时代课题促成廖平要重新架构一个不同于当世西方主导下《万国公法》的国际关系图景？又他以全球大一统为终极理想的世界观也牵涉中国当下、未来所应实行的政体型态，同时也反映了一己的伦理观，这些都与晚清康有为的立宪主张，以及革命派的立场产生交锋，深具时代性。最后，随着时间的推移与外在环境的变化，廖平对"二伯"的发挥开始走了完全不同的方向，透露了他世界观视野的转变与时代的交织，以及经学在近代转化过程所面临的困境，这些都是本章要探索的议题。

第一节 《春秋》的"二伯"与世界秩序

一、经典拨乱与致太平的期望

廖平于光绪二十九年完成的《大统春秋公羊补证》是发扬孔子《春秋》拨正世界的重要著作,代表着从经学三变以后面向世界的《春秋》诠释。此书以"大统"为名,指世界大一统,以孔子之道为"统",全球三万里之内同奉孔子之道为正朔,①这是廖平笔下孔经的最终理想。相对地,现在的中国称"小统"(小一统),因为中国从春秋以后接受了圣人的教化,已经拨乱完成,全奉孔子之道;现在要以拨中小学统的旧法施于全球,拨世界之乱以成大统。②他引申《史记·孟荀列传》所称邹衍"先验小物,推而大之,至于无垠"之语,这也是《大统春秋公羊补证》又名《公羊春秋经传验推补证》的由来。由于廖平以三纲五常为经教的核心、文明与夷夏的判准,视西方文明程度与中国春秋以前政教风俗类同,故以《春秋》"拨乱世,反之正"的"乱世"指谓其当日的泰西:

> 中外开辟情形,大抵相同。中国至春秋,文明略同今西国,孔子作经以明制度为大例,于春秋时制,进以新礼新制,如亲迎、三年丧、不内娶、讥世卿之类是也,今以中法推之

---

① 廖平:《大统春秋公羊补证》卷一,第3a页。
② 廖平:《大统春秋公羊补证》凡例,第2a—2b页。

全球。①

《大统春秋公羊补证》中详细列举西方与中国春秋时期的相似处，诸如国际上的争战、弑君之风、男女自择配偶缺乏礼仪、重女权不符乾坤之道、倡议院民权、没有君臣尊卑观念等等；意指应以中国为表率拨世界之乱。他比拟今天的世界如同一个"大春秋"，②中国是世界（大春秋）中的"诸夏"，现在要"用夏变夷"，③这也是立基于《公羊》之王化自近及远的理念，④充分表现了要以《春秋》面向世界的关怀。

（一）"二伯"的经典文献依据

廖平要以《春秋》面向世界来拨乱反正，又突出齐桓、晋文"二伯"在《春秋》中的地位，视为孔子特别托寓的符号：

> 齐、晋，二伯也。《春秋》上无天子，下无方伯，故以二伯主其事。二伯者，上辅天子，下统方伯，《春秋》见百二十国，虽所书事甚多，然以齐、晋为统宗。《孟子》宣王问齐桓、晋文之事可得闻乎，亦《春秋》之教也。⑤

---

① 廖平：《大统春秋公羊补证》凡例，第8b—9a页。
② 晚清时期将时局比拟为春秋、"大春秋"或战国的学者甚多，见王尔敏《十九世纪中国国际观念之演变》，收入氏著《中国近代思想史论续集》，第98—103页。不过真正深入《春秋》的人不多，欲以《春秋》一经的思想来建构理想世界观如廖平者亦少。
③ 廖平：《大统春秋公羊补证·图》，第14b页。
④ 廖平：《大统春秋公羊补证·图》，第14b页。
⑤ 廖平：《大统春秋公羊补证》卷九，第18a页。

引文指出"二伯"是《春秋》所托，其职责在上辅天子、下统方伯，《春秋》所书之国、事虽甚多，但以齐桓、晋文为统宗，这是《春秋》的核心精神所在。在此先探讨"二伯"的文献出处及概念来源，这又可先从与"二伯"观念密切的"分陕"一词说起。

"分陕"原意是指周成王即位之后，身为辅佐之臣的周公、召公代替天子行使统治，并将天下分为东、西两边。由于传统政治思想中，周、召二公的事迹被赋予崇高的道德意义，因而也使得"分陕"的概念受到学者的重视。"分陕"的概念，最早的文献内容见于《春秋公羊传·隐公五年》的传文：

> 天子三公者何？天子之相也。天子之相，则何以三？自陕而东者，周公主之；自陕而西者，召公主之，一相处乎内。

传文以"天子之相"有三位，其中周、召二公辅佐成王，出居地方分别治理"自陕而东"与"自陕而西"，另一位则处于"内"。司马迁在《史记·燕召公世家》中对此亦有所记述，《史记》的成书本有承袭自《公羊传》之处，益知最初"分陕"记载的焦点，乃在于周、召二公与分治东、西。"分陕"一词则首见于《史记·乐书》，内容明白指称周、召分治的故实，周、召"分陕"而治更是周天子"威盛中国"之前的重要统治阶段。①

东汉初年的《公羊》博士李育对"分陕"的议论，进一步扩展了这个词语的意涵，其说法见于《白虎通》：

---

① 赵立新：《西晋末年至东晋时期的分陕政治：分权化现象下的朝廷与州镇》，台北：花木兰文化出版社，2009，第10—11页。

第五章 《春秋》拨正下的世界秩序与中国　351

> 王者所以有二伯者，分职而授政，欲其亟成也。《王制》曰："八伯各以其属，属于天子之老二人，分天下以为左右，曰二伯。"《诗》云："蔽芾甘棠，勿翦勿伐，召伯所茇。"《春秋公羊传》曰："自陕已东，周公主之。自陕已西，召公主之。"不分南北何？东方被圣人化日少，西方被圣人化日久，故分东西，使圣人主其难，贤者主其易，乃俱致太平也。①

李育综合《礼记·乐记》《礼记·王制》《诗·小雅·甘棠》和《春秋公羊传·隐公五年》四种文献的内容得到的结果。李育所谓的"二伯"似指某种职官，天子以其名号对此"天子之老"二人给予"分职而授政"。李育又引《公羊传》周、召二公分主"陕东"和"陕西"，这是以"二公"等同于"二伯"，将"二伯"的职掌与周、召分主东西相应。②据李育所引的《礼记·王制》说法："八伯各以其属……曰二伯。""二伯"也如同诸侯之长，分主东、西方地域，权力在诸侯之上，以辅佐天子为目的。郑玄释《礼记·王制》的"二伯"为："老，谓上公。《周礼》曰'九命作伯'，《春秋传》(《公羊传》)曰：'自陕以东，周公主之；自陕以西，召公主之。'"③郑玄的解释与李育以"二伯"为"天子之老"的意思并无不同。郑玄并以为《王制》的"二伯"亦即《周礼·大宗伯》中"九命作伯"的"伯"，郑玄释"九命作伯"云："上公有功德者，

---

① 陈立撰，吴则虞点校《封公侯·论设牧伯》，《白虎通疏证》卷四，第136—138页。
② 同上注。
③ 郑玄注，孔颖达正义《礼记正义》，第219—220页。

加命为二伯，得征五侯九伯者。"所以郑玄视"二伯"为两位加九命之锡的"上公"，也等同于"分陕"的二公。

由上述"分陕"与"二伯"概念的发展来看，周初总领诸侯以朝王室的"二伯"，与后来征伐诸侯拱卫王室的"二伯"，显然为汉代学者所混淆、合并。[①]廖平即是在汉代学者论述与合并"分陕""二伯"的基础上，建构一己的思想理论。[②]

廖平的"二伯"理论，也因着他将经典规划世界的建构分为蓝图（以《尚书》为主）与实践（以《春秋》为主），而有不同层面的表述面貌。为了要让廖平的"二伯"概念有完整的呈现，此处先简介其《尚书》中的"二伯"思想，期望透过分析大统蓝图中的"二伯"所表达之愿景，能更了解《春秋》"二伯"的实践目的与关怀。

（二）《尚书》的"皇二伯"：致太平的愿景

《尚书》中分陕而治的周、召二公，是辅佐周成王平治天下，造成周朝盛世之前的重要人物。廖平因着这样的意象，诠释周、召二公为孔子所托的、致未来世界太平的符号。在廖平的论述下，致太平又与周公营洛邑有密切关系。《公羊传·隐公五年》的传文中只提到周公、召公分治"陕东"与"陕西"，并未提及周公经营洛邑之事，但廖平将《尚书》的周公营洛邑与分陕一事做了紧密的结合，使两件事合而为一。他谓孔子托周公营洛邑，分成"东洛"与"西洛"，分别代表地球的东、西半球之京，先开辟"东洛"，代

[①] 赵立新：《西晋末年至东晋时期的分陕政治：分权化现象下的朝廷与州镇》，第14—15、22—23页。
[②] 廖平于《大统春秋公羊补证》的隐公三年条下，原文征引《白虎通》中李育对"二伯""分陕"的说法，足见他完全认同李育的观点。

表东半球高度的礼乐文明先完成。接着，周公便把东半球托付给召公，自己再到西半球辟建具有礼乐文明的"西洛"。他在《书中候弘道编》"周公七篇"的《君奭》中注解云：

> 《公羊》："陕以东主之周，陕以西主之召。"二公本周初之二伯，孔经因之，以为小统分陕而治，大统当分洛而治。……大统，召公治东洛，周公治西洛。古说贤者为其易，圣人为其难是也。①

廖平论大统时期的分陕二公：周公、召公的职掌为召公治理东半球，周公治理西半球，这是从《公羊传》中转释出来的。《公羊传·隐公五年》的传文之意是让周公治"陕东"，使召公治"陕西"，原因是"东方被圣人化日少，西方被圣人化日久，故分东西，使圣人主其难，贤者主其易"，这段话牵涉到周初的历史地理与文化。周朝的发源地在西土，因此西土被认为长久以来有礼乐的熏陶，东土缺乏这样的因素，所以不如西土文明，故周公居东、东征、建东都洛邑都具有将王化传布于东方的意识。故《公羊传》将王化未普及的、较难治理的东土交给圣人周公治理；将久染王化的、较易治理的西土交给次于圣人的贤人召公治理，这是《公羊》传文的本意。

但是廖平论大统蕴入了地球东、西方文明的思维，他说"大统，召公治东洛，周公治西洛"，这与《公羊》传文相反过来，让

---

① 廖平：《书中候弘道编·周公七篇》，第4b页。

召公主东、周公主西。原因是周公已使东半球沾被儒家教化，易治，可放心交给贤者召公主政；西半球未染王化难治，故圣人周公前往主政，继续开拓化导。当然廖平所谓分陕的"周公""召公"已非历史上的周、召二公，也是孔子因着周初史事与人物所托的两个符号。①又因"周公""召公"为未来"皇帝"时期统括全球的"二伯"，因此廖平又名之为"皇二伯"。②使用"皇"字，也是强调全球、大一统状态下的二伯。

由于周、召"分陕"是周天子即将致太平、威盛中国之前重要的统治阶段，廖平将这个经典概念转化、扩大，放置到"地球"上，"皇二伯"的分治表征着东、西半球初统一于孔子之道下，臻于世界大同前夕的状态：

> 大统东西合并，文质彬彬之事也。……《纬》以周、召为二伯，与《诗》传同。《传》云：陕以东，周公主之；陕以西，召公主之。③

又说：

> 《论语》："文质彬彬，然后君子。"东文西质，两京相

---

① 廖平：《书中候弘道编·周公七篇》，第19b页中也曾明言："经托周公，故用代词，非真周公也。""召公"的符号亦然。
② 廖平：《书中候弘道编·周公七篇》，第6b、13b页。
③ 廖平：《诗纬经证》序，收于高承瀛等修，吴嘉谟等纂辑《光绪井研志·艺文志》，第651页。

合，统一于东洛，是为君子所。①

东方主文、西方主质，大同世界的形成过程是由具礼乐文明的东半球主导统一西半球，成为一个文质彬彬的君子世界。以上是廖平论"皇二伯"与"分陕"的意义所在。②

在廖平的表述下，出自《尚书》周、召二公的"皇二伯"与《春秋》的"二伯"，前者为理想蓝图，后者为行事指引，这两个概念是联系在一起的："周、召为二伯，如《春秋》之齐桓、晋文。"③周、召所昭示的是致太平的愿景，齐桓、晋文是如何实践的内容。历史上的周、召二公与齐、晋二伯年代不同，但在廖平经史有别的意识下，他们都不是真正的史实，而是孔子托寓的经典符号。

二、《春秋》的"二伯"与秩序关怀

由于廖平论述如何实践"用夏变夷"的经典主要在《春秋》，又其《春秋》学一个很重要的理论，就是借着齐桓、晋文"二伯"所传达的微言大义，说明经学与世界/地球的关系："借桓、文之

---

① 廖平：《书中候弘道编·周公七篇》，第23a页。
② 在此需补充说明，廖平论及"周公"建东半球之后，将到西半球建西京之际，究竟是将东半球托付于召公或是让位给成王？或者是由成王为天子，召公、周公担任成王之下的"二伯"？廖平似乎没有特别明晰的交代。在《书中候弘道编》的《洛诰》中指出，周公让成王主东洛；在同书的《君奭》《多士》等篇中，又以召公治东洛。但不论主东洛者为成王还是召公，这两者仍是不相冲突的，因为在廖平笔下，无论"成王""召公"或"周公"，都只是孔子所托的符号，重点是要以文化的角度将地球分为东、西二半部。即使在"皇二伯"之上的统治者，也未必是一个具体的人物，而是一个象征孔子之道文质彬彬的"泰皇"出而统治世界。这是廖平论大统时期"分陕"的目的所在。
③ 廖平：《大统春秋公羊补证》卷一，第40a页。

史事，推皇帝之共球。"① 盖《春秋》精神在拨乱，"二伯"是《春秋》托寓的拨乱至太平过程中的符号；经典是孔子为两千年后的现世、全球立法，故此处从"二伯"的微言与理想谈起，探讨廖平如何构述孔经的拨正世界之道。

（一）《春秋》《王制》与"二伯"

廖平以齐桓、晋文为《春秋》的"二伯"，最初的依据来自《穀梁》，② "二伯"一词在《穀梁传·隐公八年》有明文："诰誓不及五帝，盟诅不及三王，交质子不及二伯。"此处的"二伯"是齐桓公与晋文公，"二伯"身份须受命于天子，"未得王命未可以为伯"。③ 根据朱浩毅的研究指出，《春秋》三传在"霸""伯"的理解上有其差异性，也就是"行霸"与"受伯"之分。大致上，《公羊》《左传》较倾向于"强国"能被承认为"霸"，但《穀梁》特重礼制，本不承认有强国为"霸"的地位，以为天子既在，无以容"霸"，但是又不能否认史实上诸侯力政的局面，于是只有承认强国是受天子之命的"二伯"。由于"霸""伯"二字同音通假，且又因前人诠释《春秋》时，在流传过程中也早已混淆了两者，以至于三传中的"霸"或"伯"已不易为人所区分。但透过三传文本的分析比较，仍可具体的感受到《穀梁》的"二伯"与其他二传不同之处，就在于它特别具有一种礼或制度的精神。④ 廖平论"二伯"，主

---

① 廖平：《大统春秋公羊补证》提要，第1a页。
② 廖平：《起起穀梁废疾》，《廖平选集》下册，第103页。
③ 范宁：《春秋穀梁传注疏》，杨士勋疏，台北：艺文印书馆，1989，第24、52页。
④ 朱浩毅：《〈春秋〉三传对"霸/伯"的理解及其诠释问题》，《史学汇刊》2005年第20期，第17—40页。

要也是寄托了礼与制度的精神在其中。

廖平于经学一变时治《春秋》，以《穀梁》传于孔子乡国的鲁地，应最得孔子本意，这也是他当时重视《穀梁》的原因。他本着《穀梁》以礼传经的特点，进一步论证了《穀梁》所言礼制与《王制》完全吻合，孔子作《春秋》的宗旨在于"存王制"，所以《王制》是孔子为后世制作的"王法"，《春秋》制度皆本于此。①到了经学二变，廖平已转而认为《公羊》《左传》制度同属纯正今学，与《穀梁》无分高下，并且主张合通三传，以三传的制度均嫡传于孔子思想，彼此互通。所以三变以后他论《春秋》三传都以《王制》贯通，即使是在阐发《公羊》或《左传》，内容也多援引他早年对《穀梁》礼制的诠释，这对廖平来说并无矛盾，因为孔子的制度是共存于三传的。他既然以《王制》为《春秋》制，而《王制》也包含"二伯"，居于《王制》封建制中的重要位置。在《何氏公羊解诂三十论》的"诸侯四等论"中，廖平即以《王制》与《春秋》做结合，更能见出《王制》、二伯之于《春秋》的意义所在：

> 《春秋》制二伯之典，修方伯之法，详卒正之事，录微国之名。……曹、莒、邾、滕、薛、杞为卒正大者，……郑、绘、牟、介、葛为属国小者，所谓微国。蔡、陈、卫、郑同为方伯，楚、秦、吴为外州方伯，与鲁共八伯。齐、晋为二伯，曰"天子之老"。每州二百十国，统于方伯，八州八（方）伯，统于天子，二老分主东西，此《春秋》制也。鲁与蔡、

---

① 廖平：《何氏公羊解诂三十论·王制为春秋旧礼传论》，《廖平选集》下册，第135—136页。

陈、郑、卫事齐、晋，以事大之礼言，如与京师同行朝礼也。曹以下兖州之国，……统于方伯，事之如君也。①

以上的引文是廖平根据《王制》的封国制而说。《王制》曰："千里之外设方伯，五国以为属，属有长；十国以为连，连有帅；三十国以为卒，卒有正；二百一十国以为州，州有伯；……八伯各以其属。属于天子之老二人，分天下以为左右，曰二伯。"他依此将《春秋》各诸侯国按位阶分成二伯、方伯、卒正、微国四种不同的等级，鲁与蔡、陈、郑、卫等方伯之国必须尊敬行礼于齐、晋二伯之国；曹国等卒正之国统于方伯之国，须对待方伯之国如同国君；依此类推，微国亦应以礼节尊事卒正之国。廖平论《王制》制定这套大、小国的礼制是为了"明尊卑、大小之分"，②这也是他视《王制》为孔子微言极重要的原因之一。因此《春秋》以《王制》为制度，目的是要彰明各诸侯国应以礼制相互维系；又因为周天子微弱，王道不行，于是孔子将这个秩序的维系者托给了"二伯"：

齐、晋，二伯也。《春秋》上无天子，下无方伯，故以二伯主其事。二伯者，上辅天子，下统方伯，《春秋》见百二十国，虽所书事甚多，然以齐、晋为统宗。《孟子》宣王问齐桓、晋文之事可得闻乎，亦《春秋》之教也。③

---

① 廖平：《何氏公羊解诂三十论·诸侯四等论》，《廖平选集》下册，第137页。
② 廖平：《何氏公羊解诂三十论·托礼论》，《廖平选集》下册，第139页。
③ 廖平：《大统春秋公羊补证》卷九，第18a页。

二伯职责在上辅天子、下统方伯，讨伐内乱以维持封建礼制于不坠，[1]所以《王制》与"二伯"的制度在《春秋》里具有深刻的天下秩序关怀在其中。

（二）《春秋》隐托"二伯"统理今日世界

廖平主张通经致用，以经典为指向现世与未来的引导，他甲午战争后论《王制》与二伯，主要目标是针对晚清整个世界的国际关系而发，有着淋漓尽致的表述。他曾数度将《春秋》的"二伯"与方伯之国比拟为西方的各列强，例如先是以齐如英国，晋如美国，楚如德国，后来又以晋为俄国，楚为南州新国，前后并不一致，[2]但廖平的重点不在于一一对应，而是要彰显经典的现世价值性，思考如何以孔子之道统理纷争的国际现况。以下的一大段言论颇具代表性，画龙点睛地表达出他长久以来诠释"二伯"及《王制》的经世关怀：

> 今日天下纷纷，三万里中分裂，各地自相雄长，如春秋之局，所谓乱世。考现在各国等级，有帝、有王、有总统，有独立自主、有保护半权、有属国、有殖民地，……然大旨不出强凌弱、众暴寡，弱肉强食，所谓权利世界而已。……公法虽倡，为息兵平祸，有名无实，徒为强国鱼肉之助。按古今时势相同，春秋之齐、晋、秦、楚、吴侵灭诸国，横暴寇虐，大抵与今时势相同，初无所谓典礼道德。孔子欲为万世图长治久安之策，乃尊天扶王以立极，托诸强国为二伯，尊二伯以申王

---

[1] 廖平：《大统春秋公羊补证》卷二，第14b页；卷七，第32b页。
[2] 廖平：《大统春秋公羊补证》卷六，第14a、15a页。

法。……其次等之国,因其土地,立为各州牧,再次则以为卒正,再次则以为连帅、属长,迨终之以附庸。变易弱肉强食之春秋,为尊让礼乐之天下,……各小国之统属强国,不曰畏其势力,以为天子所立之二伯,例得专征,统属列国,尊二伯即所以尊天王。其会盟侵伐,不曰私利便己,以为明天子之禁戒,约诸侯有罪,二伯、方伯专征杀,得致天王典礼以讨之。诸侯之有功德者,奉天子命,得以间田褒进之。……所谓拨乱世,反之正者,……非今日之时局,不足以为世界,非大一统之天下,不足以为反之正。①

引文指出今日天下纷纷,地球上强国分立,如春秋时代的乱世。各国的体制,有帝国、王国、总统制之国;就主权方面说,有独立自主之国,有受保护国、半权之国、属国、殖民地等。但这些现况反映出的都是强凌弱、众暴寡、弱肉强食的权力世界,虽然有国际公法的提倡,但有名无实,徒为强国利用之以鱼肉弱国。古今时势相同,春秋时期的齐、晋、秦、楚、吴等,横暴侵灭诸国,同于当今的列强。孔子欲为万世图长治久安之策,乃建立一个法天的最高价值之王法,"托诸强国为二伯,尊二伯以申王法"。廖平又于《穀梁春秋经传古义疏》中说:"《春秋》尊二伯以代王治朝。二伯即所以尊天王,扶微抑强,振王道于不坠,《春秋》治功也。"②以二伯来统理诸国,尊有道,伐无道,这是要用《王制》的理想重构整个

---

① 廖平:《大统春秋公羊补证》卷二,第42b—43b页。
② 廖平:《穀梁春秋经传古义疏·桓公元年》卷三,成都鸿宝书局刊本,民国十九年,第3b页。

世界：

> 就大一统之义言之，以今之帝国为二伯，……，以王国为方伯，以保护国为卒正，以半权国为连帅，以属国为属长，再以诸小国比于百里、七十里、五十里，合天下而立二伯，则二伯为帝矣。崇天以为皇，□德配天，未能一统，以天代之。大二伯为天子，大八伯为天王，大十六牧为天牧，大三卿为天吏。再以《春秋》之会盟礼乐征伐组织之，易变势利之世界，为升平文明之世界。小事大，大字小，小大相维，各有经义□制，以道德仁义为依归，易变权诈阴谋之陋习，方伯以下各据一《春秋》以为典礼行事之楷模，二伯奉天道，燮理阴阳，损益调和于其上，而皇道平，帝功成。①

廖平很明显地希望在世界造成一个"大《王制》"的局面，世界各国依照国家土地大小、强弱，分成"大二伯""大方伯""大卒正"等，由"大二伯"担起专责，使大国保护小国，小国尊敬服事大国，形成一个"小事大，大字小"的理想国际状态。"事大""字小"的出处来自《左传》，讲的是国际交往准则："小所以事大，信也；大所以保小，仁也。背大国不信，伐小国不仁。"②小国事奉大国的道德规范是"信"，大国保护小国的道德规范是"仁"。总之，廖平希望他当前的国际，能够依据孔子《春秋》的理想，改变弱肉

---

① 廖平：《大统春秋公羊补证》卷二，第43b页。
② 《左传》哀公七年。见杜预注，孔颖达疏《左传正义》，台北：艺文印书馆，1989，第1009—1010页。

强食的局势，转为礼乐尊让的境界。

在讨论二伯的职责与功能时，可能也会令人联想到一个问题：《春秋》的齐桓、晋文之上有周天子的存在，但是廖平论"二伯"维系世界秩序时，上面有一个更高的统治者存在吗？首先回到《春秋》本身来看。《春秋》之中有周天子的存在，是没有疑问的，二伯也是要夹辅周室。但是《公羊》又说春秋"上无天子，下无方伯"，因为周天子微弱，因此以经义来说，天子几乎不存在，王法才需借由二伯来执行。故廖平说："未出皇王，先详二佐。"① "二伯"的理想，就是要在还缺乏整个世界的"王法"时，透过礼的秩序安排达到大同太平的状态，那时自然出现了一个表征孔子之道的"皇王"居于世界的中心，也就是"皇道平，帝功成"的时候了。

然而是什么样的时代课题让廖平反思要以经典重新架构一个不同于当世的国际关系图景？下节将做更详细的探讨。

第二节　对西方国际法的反思：素王礼制下的理想新世界体系

从第一节的论述可以理解到廖平抬出《春秋》"二伯"以申王法，就是要对治当前的国际乱象。他提到："公法虽倡，为息兵平祸，有名无实，徒为强国鱼肉之助"，②换句话说，西方主导下的公法不但不足以维系世界秩序，反而助长了强国的气焰，唯有《春秋》的制度与精神才能挽救这种局面。那么西方公法的特质是什

---

① 廖平:《大统春秋公羊补证》凡例，第4a页。
② 廖平:《大统春秋公羊补证》卷二，第42b页。

么?《春秋》与之相较有何不同?理想的世界体系又是什么型态?这些都是接下来所要讨论的问题。

一、以《春秋》制度重构国际新秩序

19世纪末,西方用民族国家、条约体系冲撞中国的天下观,欲用西方的标准将中国纳入全球体系中。中国天下观的图景和礼仪系统原本建立在中央与边缘、内与外的关系模式上,甲午战争后,这样的秩序彻底动摇,朝贡体系及礼仪规范陷入崩溃的境地,这不但是国家的危机,而且是一种信仰的危机。这也激起了一些知识分子为了要应对西洋文明的冲击,于是反过来要用另一套价值系统来统理全球,重构新的世界图像。① 例如康有为曾力图综合儒学及西方各种知识为现世提供普遍的真理。② 因此寻找一个放诸四海皆准的理论是时局的刺激有以致之,在廖平的观点中,他所信仰的经学也唯有必须适应、符合全人类的需求,成为普世的真理,才有继续存在下去的可能。他在成于光绪二十四年的《地球新义·提要》中说:

> 使圣经囿于禹域,则祆教广布,诚所谓以一服八者矣。……苟画疆自守,以海为限,则五大洲中仅留尼山片席,

---

① 汪晖:《现代中国思想的兴起》卷上,第二部,第726页。
② 康有为的《实理公法全书》也是这方面思想的代表。见萧公权《康有为思想研究》,汪荣祖译,第388—409页;吉泽诚一郎:《康有为的几何公理——〈实理公法全书〉与追求普遍真理之梦想》,收入黄宽重主编《基调与变奏:七至二十世纪的中国》册2,台北:政治大学历史系,2008,第325—337页。

彼反得据彼此是非之言以相距,而侵夺之祸不能免矣。①

廖平强烈地意识到,在中国的价值体系即将被西方消融、覆盖之际,如果孔子学说仅仅止于为中国制法,那么最终将丧失自己立足的依据,屈从于西方的规则。这就是甲午战争后,廖平要把整个世界纳入到经学的视野中,并致力于以经学重构新世界图像之主要原因。不过安排世界秩序为什么要用《春秋》,即是廖平所诠释出来的"大《王制》"或"素王之制"?回到当时来看,晚清类似廖平主张用《春秋》作为国际大法的学人不少,他们的论说虽未必深入,但可以令人感觉到多是针对《万国公法》做响应;或许廖平以《春秋》作为世界的制度法理,可置于此脉络来探索,期望能更深入地梳理出它的时代意义。

美国籍长老会传教士丁韪良(W. A. P. Martin,1820—1916)在同治初年选定美国外交家享利·惠顿(Henry Wheaton,1785—1848)所著的《国际法原理》(*Elements of International Law*),于1863年(同治二年)译成中文,名之为《万国公法》。1864年经由总理衙门拨银付梓刊印,1865年进呈御览,成为同文馆生徒修习的重要课目,可见颇受朝廷的重视与推广。②丁氏此书的出发点在介绍、帮助中国认识西方外交制度与惯例,提供一种国际公法教材,

---

① 廖平:《地球新义序》,收于高承瀛等修,吴嘉谟等纂辑《光绪井研志·艺文志》,第827—828页。
② 关于丁韪良翻译《万国公法》以及晚清国际法输入的相关研究已经不少,往往都会叙述到总理衙门对丁氏《万国公法》的资助过程之原委这段历史过往,故此处不再明细胪列各著作的名称。

对无论朝野人士的外交新知无疑是重要的思想资源。①最初一些著名学者如郭嵩焘、郑观应、陈炽等都对《万国公法》抱持着赞赏的态度,寄望此法可以"平息列国纷争","安于辑睦"。②然而随着清朝外交挫败的不断,并对国际局面的逐步认识,批评《公法》的言论也愈来愈多。曾纪泽曾经在光绪十八年的日记中说:"今日之天下,一弱肉强食之天下也。"又说:"《万国公法》,各国条约,……条条是道。惟强国能以责弱国,弱国不能责强国也。……弱国则势屈而理与之俱屈耳。"③说明即使有《公法》的存在,却是只有强国能援据之以要求弱国遂行己意,弱国仅能无奈地屈就于强国。对于《公法》的普遍性评价,章清曾根据上海格致书院于光绪十五、十六年间的课艺,以及科举废八股改试策论后,供士子应试"揣摩"之用的读本《中外策问大观》(刊印于1903年)两份资料做过翔实的研究,所显示的是读书人虽已对《公法》有所了解,但对其能否真正落实,却是疑虑重重。例如格致书院学生王佐才曰:"小国援公法,未必能却强邻;大国借公法,足以挟制小国。则所谓《万国公法》者,不过为大侵小、强凌弱,借手之资而已,岂有真公是公非之议论哉!"钟天纬曰:"夫《万国公法》一书,原为各国应守

---

① 不过,现今学者也不乏从多元的视域,例如用后殖民主义史学的观点来重新解读《万国公法》在19世纪的传译,视之为欧洲中心主义下的文化霸权之扩张。此一类的论点,可参见刘禾《普遍性的历史建构——〈万国公法〉与十九世纪国际法的流通》,陈燕谷译,《视界》第1辑,河北教育出版社,2000,第64—84页。
② 郭嵩焘:《郭嵩焘日记》卷三,第136、809页。郑观应:《易言·论公法》,夏东元编《郑观应集》上册,上海人民出版社,1982,第66—67页。陈炽:《公法》,《庸书》外篇卷下,慎记书庄石印,光绪二十三年,"中研院"近史所郭廷以图书馆藏。
③ 曾纪泽:《曾纪泽日记》,光绪十八年8月23日、12月20日,岳麓书社,1998。

之成规，并非各国必遵之令甲，强者借此而愈肆其强，弱者恃此而无救其弱，久矣垂为虚论矣。"《中外策问大观》所收文字亦不乏指出为国者必先能自强，否则《公法》不足恃的言论；①对《公法》持负面评价者不胜枚举最主要的原因就在于《公法》无法主持公道，不能改变大侵小、强凌弱的国际局面。

由于饱受欺凌，对《公法》缺乏信心的局面下，士人对《春秋》的注意与情感也被激起，他们认为《春秋》维系列邦之法的大义高于《公法》，更有资格成为济平之道。以《春秋》通国际法的思想在甲午战争前已经出现，更盛于甲午战争后，因为此时士人日益明显地感觉到《万国公法》虽强调邦国自主、尊重他人主权，②且列强从来欲以这套原则改变中国传统的天下秩序，纳入西方观念主导的世界体系中，但是却又不平等地对待中国。而中国士大夫在无能违背《公法》，且承认世界各国也需有一套法理来维系的同时，以儒家思想来评判《公法》，并试图建立起文化自信心，抬出一部出自中国文化又可完全符合人类公理的国际法：《春秋》，以取代《公法》，这背后的心态就可以被理解。1895年后这类言论很多，包括维新派诸子梁启超、徐仁铸、宋育仁、刘铭鼎等都曾说过

---

① 《王佐才答卷》《钟天纬答卷》，《己丑格致书院课艺》，上海图书集成印书局印，1898，第2—3页，"中研院"近史所郭廷以图书馆藏。雷瑨编辑《中外策问大观》卷四，砚耕山庄石印，1903，第21a—21b页；卷一四，第4a页。俱见章清《晚清中国认知"天下"的基调与变奏》，收入黄宽重主编《基调与变奏：七至二十世纪的中国》册3，第322—323、327—328页。
② 丁氏所译的《万国公法》第一卷第二章即明揭邦国自治、自主之权，不必听命于他国。见惠顿《万国公法》，丁韪良译，上海书店出版社，2002，第12—13页。

第五章　《春秋》拨正下的世界秩序与中国　367

孔子作《春秋》为"万国公法",甚至乃是"万世公法"。①故晚清学者主张以《春秋》作为世界的公法,与时局的刺激及对《万国公法》的反思有密切关系,在此大环境下再来省视廖平的《春秋》学主张,当更能体会他的理想所在。

廖平注意国际公法的言论不止一处,除了前文引述过的,他曾指西方公法"有名无实,徒为强国鱼肉之助"外,他在《公羊春秋补证后序》中也再次提到《春秋》的朝聘盟会如同今日各国条约会盟的"国际公法",且认为《春秋》是立纲常以为万国法,②明显将《春秋》与国际法相提并论。又成于民国二年(1913)的《孔经哲学发微》中有"虎哥"之名,③此名现今常译为胡果·格劳秀斯(Hugo Grotius,1583—1645),为17世纪的荷兰学者,西方公法学由其创生,被欧洲学者誉为国际法之父,丁韪良在《万国公法》中译其名为"虎哥"。廖平在著作中提到此译名,应是见过《公法》一书的内容。另外,廖平曾与写过《公法导原》(作于1899年)的学者胡薇元有过接触,或许亦曾受过胡氏思想的启悟也不无

---

① 梁启超:《读孟子界说》,《饮冰室合集·文集》,中华书局,1941,第17—20页。徐仁铸:《輶轩今语》,收入唐才常、李钧甫等《湘学报》册31,湘学报社,光绪二十三至二十四年,"中研院"史语所傅斯年图书馆藏。宋育仁:《采风记》卷五,清光绪间刻本,中研院史语所傅斯年图书馆藏。刘铭鼎之说,见于宝轩编《皇朝蓄艾文编》卷一三,台北:台湾学生书局,1965,第34a页,总第1241页。
② 廖平:《大统春秋公羊补证》后序,第3b—4a页。
③ 廖平:《孔经哲学发微》,《廖平选集》上册,第344页。

可能。①这些直接、间接的线索，加上大环境的背景，我们有理由说，他是要从经学中找出一个胜于《万国公法》的价值观，重新安排世界，目的诚如他所强调的，要改变"强凌弱，众暴寡"的国际现实。廖平与其他疑虑《公法》、移情《春秋》的学人相较之下，其特殊之处就在于他以《王制》作为《春秋》的制度基础，"二伯"的领导为中心，详细清晰地结构了一幅具大、小、尊、卑的"素王礼制"之世界秩序图像。这种秩序之所以被如此架构，一方面是基于对西方《万国公法》的不信任，但更深邃的原因，是处在传统天下观以及西方概念下万国并立的世界局面之间，于两者的矛盾激荡下，他要重新建立一套以中国伦理为世界道德秩序中心的新世界体系。

二、为世界"立心"：以"素王之位"居中的道德共同体

惠顿的《国际法原理》于1836年出版后轰动一时，被世界各国高度重视，意味着当时以西欧为中心的民族国家新秩序已经开始形成，当它被译为中文刊行后，目的也在于向中国的官方与精英人士介绍这个西方观念下的全球意识，从而让中国也加入以各民族国家为主体组成的世界体系。按照《万国公法》的概念图像，中国所处

---

① 胡薇元的《诗纬训纂》成于1918年，为廖平所激赏，并应胡氏之请，为之作序；见胡薇元《诗纬训纂》廖平序，清光绪至民国间刊本，"中研院"史语所傅斯年图书馆藏。我们无法确定胡氏1899年作《公法导原》时，廖平是否已经与之相识，或是见过此作，不过胡氏长年仕宦于四川，具声誉，又对汉学与今文学有所研究，若是其与廖平早有接触亦是有可能的。关于胡薇元其人及《公法导原》一书的介绍与研究，见徐兴无《儒家思想与近代国际法的"格义"——读丁韪良〈中国古世公法论略〉与胡薇元〈公法导原〉》。网络数据：http://aiwk.sysu.edu.cn/A/?C-1-65.Html（检索日期：2011年6月30日）。笔者按：《公法导原》的内文又有作"公法导源"者。

的位置和地位，是属于"万国之一"。若纯粹就地理方位来说，甲午战争后的人们对这样的知识并不陌生，中西沟通以地理学科作为先行学科起着导向作用，已是方家之论。由认识世界地理开始，打破传统中国与四夷天下秩序的信念，进而接受万国并存的世界，确实构成了西学东渐的最初环节。[1]不过耐人寻味的是，认识到天下是"万国"：以"国家对国家"的政治实体之存在，并不等于把中国也当成万国之一。依据金观涛、刘青峰的研究，从传统天下观过渡到列国并立的世界观的两端之间，出现了一种"以中国为中心的万国观"时期，时间大约在1860年后到甲午战争之前。它的特色是此时的士人多数依然承认中国在世界中的文化至上，与传统天下观的差别仅在于：万国是中国必须认知和打交道的对象，更积极有为的强调和国际接轨，但并没有改变华夏中心意识的本质。[2]廖平曾对《海国图志》等世界地理著作有过回应，探索与突出中国在万国中的定位，[3]无疑也可算是一个"以中国为中心的万国观"之具代表性的学者。

针对整个时代的大思潮来说，中国中心的万国观解体于甲午战争战败后，危机感使得朝野士大夫对儒家伦理的优越性产生怀疑，视中国不再处于"万国"或"世界"中心的至高无上地位，在这种

---

[1] 周振鹤：《一度作为先行学科的地理学——序〈晚清西方地理学在中国〉》，载邹振环《晚清西方地理学在中国》，第1—7页。
[2] 金观涛、刘青峰：《从"天下""万国"到"世界"——晚清民族主义形成的中间环节》，《二十一世纪》2006年第94期，第44页。金观涛、刘青峰：《十九世纪中日韩的天下观及甲午战争的爆发》，《思想》2006年第3期，第120—121页。章清：《晚清"天下万国"与"普遍历史"理念的浮现及其意义》，《二十一世纪》2006年第94期，第55—57页。
[3] 魏綵莹（怡昱）：《孔子、经典与诸子——廖平大统学说的世界图像之建构》，《经学研究集刊》2007年第3期，第111—138页。

情形下,西方(包括日本)的思想制度反成为被学习的对象,中国许多知识分子甚至主动承认西方为文明而自居世界的边缘。①然而有意思的是,廖平要让中国的伦理秩序成为万国中心的努力,主要时间却是在甲午战争后,也就是说,正是在人们对传统失去信心、把中国"去中心化"的大浪潮中,廖平反而更积极地要让传统的经教价值具有普世性。

对廖平来说,西方由国与国对等关系所组成的民族国家之世界并不是一个理想的秩序体系,笔者若用现代的语汇来替廖平发言,可以说西方的国际关系型态缺乏情感与人文关怀的精神;廖平有如此的感触,与其受儒家伦理型态的天下观影响也有深厚的关系。儒学把天下看作"家"的同构放大,从而使得两者都是伦理的载体。周朝以封建宗族的方式作为治理天下的纽带,与天子关系亲近,或接受王化较深的诸侯国是为华夏,再以华夏文化为中心向外扩张。秦汉以后,虽然改封建为郡县,但天下是伦理载体的本质没有改变,因为宗族是社会组织的基本单元,只要某一地区接受儒家教化,乡间的士绅就能将宗族与遥远的皇权联系起来,纳入大一统帝国的治理中,帝国疆域依此逐渐扩大,所以这个帝国也是没有边界的。"主权"一词在中国与西方的意义不同,以中国来说是指皇帝的权力,皇权之所以崇高,是因为它处于伦常等级的顶端。中国人心目中的国家(天下)是一个"道德共同体",主权是道德共同体之首行使的最高权力。而西方从中世纪开始,国家就是与立法权、契

---

① 罗志田:《学战——传教士与近代中西文化竞争》,《民族主义与近代中国思想》,第119—147页;《理想与现实——清季民初世界主义与民族主义的关联互动》,收入王汎森等《中国近代思想史的转型时代》,第271页。

约紧密相联的主权单位。近代西方"国际法"的合法性建立的基本前提是：世界各地的政治实体都是形式平等的主权单位。但是《春秋》封建制的礼仪范畴内，爵位高低不等的各诸侯国均臣属于最高地位的周天子，从而并不是近代"国际法"所预设的作为相互平等的主权单位之国家含义。①中国与西方的"国家"概念既然有根本的区别，以廖平之于时代的敏锐，对此必定是清楚的，是故他将《春秋》各诸侯国比拟对应于当代列国，我们不能简单地以为他不懂得东西方两种国际体系的差异而擅自以经典内容妄加比附，应该说他要打造更高一层次的理想。说得更清晰一些，他是要改变西方观念下，形式平等、国家对国家的主权单位互动模式，改用中国的伦理秩序为主体架构重新统合世界各国，成为《春秋》中以尊卑礼仪互相维系的、世界性的"道德共同体"。

这个具有中国伦理特色的共同体重要内容之一就是大国保护小国、小国尊事大国，这套秩序的主要维系者是"二伯"，唯有靠孔子的这种礼制才能改变纷争无公理的世界；而且如此的理想境界孔子早已预设，将会在遥远的未来实现。在此顺道补充说明，丁韪良虽然也曾将《春秋》与《万国公法》互相格义，说明中国古代已有国际法的概念，②不过出发点与廖平不同。丁韪良从《春秋》说明中国先秦已经有与国际法相通的惯例、言辞、观念，为的是更方便地把中国接引入欧洲国际法的体系中；但是廖平很清楚地知道《万国公法》与《春秋》的秩序体系是有相当差异的，他提倡《春

---

① 汪晖：《现代中国思想的兴起》卷上，第二部，第718页。
② 丁韪良：《中国古世公法》，慎记书庄石印，光绪二十三年，"中研院"近史所郭廷以图书馆藏。

秋》正是要打造完全不同于西方的国际新秩序。最后，从廖平对列强与《春秋》各国的对应比拟，也可以隐然看出他最终的期望。《春秋》的完美秩序既然是会实现在进化后的未来，那么以当今的列强对应《春秋》各诸侯国，也代表未来欧洲列强皆"同化"成为华夏诸国，都在一王大法的规范之下，不再是"蛮夷"。又《春秋》诸国之中，中国到底相当于哪一国或居于哪个位置呢？廖平在安排世界秩序的代表作《大统春秋公羊补证》一书中并没有明说。《公羊》家长久以来都有《春秋》"王鲁"的说法，因鲁国纵然不够强盛，但却为孔子乡国且为礼乐之邦，故寄托新王大法，以鲁为正朔所在；晚清学者也有将秉礼的鲁国投射于中国者。[①]不过，廖平在早年已经否定了《春秋》有"王鲁"之说，主张《春秋》只有素王之制，不曾托鲁为王，鲁国只是必须遵守素王礼制的诸侯国之一，[②]如果他将中国比鲁国，就缺乏具体条件上的意义。我们根据廖平所主张的"用夏变夷"说法，以中国为"诸夏"作为世界的中心，化导世界或万国；万国最终也将会来朝于中国这个具有孔子之道的中央"皇极"之地，那也是礼乐文明、伦常教化的中枢。[③]如此一来，廖平的心意就很明显了：世界未来会依循着进化程序成为大一统的道德共同体，不论它是如同周代的封建制或是秦汉以后的帝国型态，中国都是处在伦常等级的轴心；若是摆放到《春秋》中的位置上来，就如同礼兴乐盛后的周天子京师之位，也即是廖平所

---

① 胡薇元：《公法导原》，出版者不详，光绪二十六年，第33页。
② 廖平：《何氏公羊解诂三十论·主素王不王鲁论》，《廖平选集》下册，第140—142页。
③ 廖平：《皇帝疆域图》第四十，第94b—95b、99a—100b页。

说的"皇道平,帝功成"之后的"皇王"之位,①笔者又依据廖平的概念称之为"素王(皇)之位"。

综上所述,廖平《春秋》的理想是要改变当前世界以西方价值为主体的秩序模式,把《春秋》的封建礼制变成整个世界为范围的"大封建/大《王制》"。又廖平既然点出了未来理想的世界是一个大封建的模式,这又牵涉到他对世界大一统下理想政制的看法,因为封建制的顶端即是伦常等级的顶端——皇权,这同时也关系到当下中国所应实行的政治体制为何的问题,并直接与立宪派及革命派所主张的民权或民主、平等之近代思潮产生交锋,深具时代性,下一节即以此为讨论的重点。

第三节 理想的政治体制与伦理观

廖平所期待的未来大一统世界,是统合全球的"大封建"之政治结构,把世界纳入经典的制度内容中。这一未来性的制度理想,其实也提示了我们,廖平对未来与当下政治体制的看法,因为他服膺传统以来把王者当成处在天下或国家道德共同体伦常中心地位的思考,无论疆域从"中国"扩及"天下"或"世界",以皇权为中心的政治架构都是他所坚持的。又廖平论经典改制,对现世、未来的期待,亦表现于对《公羊》三世说的发挥,所以此处要讨论廖平对中国当下与世界未来的理想政制与伦理观,也有必要对其三世说的观点做探讨,期望透过这样的分析能彰显出廖平的主张在时代中

---

① 廖平:《大统春秋公羊补证》卷二,第43b页。

的特色。

三世说是《公羊》学中相当重要的议题，但是在《公羊》的传文里并未明言"三世"一辞，后世学者对"三世"意义的阐发，主要是根据《公羊》传文中的"异辞"（记载文辞有异）而发挥的。在隐公元年、桓公二年，以及哀公十四年的传文中均出现了"所见异辞，所闻异辞，所传闻异辞"的说法。由《春秋》经文与《公羊》传文来看，"异辞"的原因，主要是缘于经文所载之事距离孔子修《春秋》的时间远近而言的。"所见"即孔子亲身所见，记录较详细；"所闻"是孔子听闻而来，记录稍简；"所传闻"为传闻之说，是年代更久远前的事，记录更简略。到了董仲舒再加以发展，而有"三等"之说：所见一等是昭、定、哀三世，所闻一等是文、宣、成、襄四世，所传闻一等是隐、桓、庄、闵、僖五世，共三等，这是将鲁国十二公的历史分成三个阶段，并依据各阶段与孔子关系的亲疏远近、恩情厚薄来解释书法不同的问题。

东汉的何休著《春秋公羊传解诂》，继承董仲舒据情感等差记事的三等说而深化之，并赋予另一样貌。他指出孔子笔法以所传闻世是衰乱之世，所闻世是升平之世，所见世是太平之世，《春秋》中历史的发展，是由衰乱世，进而升平世，进而太平世。这种"三世递进"的理论，是与"异内外"的观念相结合的。《公羊传》中有"内其国而外诸夏，内诸夏而外夷狄"之说，有内外、夷夏之分。何休认为，在衰乱世、升平世时，内外、夷夏的差别并未消失，到了太平世则不再有分别，"天下远近大小若一"，天下是一个统一的天下，实际上就是表达了太平世即是"大一统"。①故三世说从《公羊传》、董仲舒到何休的说法，是有一个发展过程的。何休的三世递进理论最深刻的意义，是寄托了文明以本国为中心，从华夏到周边地区渐进的拨乱起治，直至王化大行的理想。何休的三世说与实际春秋的史实并不合，因为春秋时代的社会是时代愈后愈混乱，并非趋向太平的历程，但在何休及其以后的《公羊》学者眼中，这正是孔子以《春秋》拨乱起治、"文致太平"的操作。②后世的《公羊》学者在论及孔子的"微言大义"时，往往以拨乱、渐进与三世的模式作为发挥一己理想的基础，但是各人或因面对的时代不同，或因价值观念的多元，诠释的内容及偏向的重点存在很大的差异。

前文提到何休的理论中，"三世"与"内外"是联系在一起的，"内外"又是以夷夏来区分。而晚清中外交通，在学者的感知下，夷夏、内外的判分以及"华夏"文化能够传播的范围都不再有限于中国内部本身，因此近代《公羊》学者论述"三世"时开始结合上世界的视野。与廖平同时，也谈《公羊》三世且同样将世界视野纳入经学最具代表性的人物可说是康有为。

康有为以政体的变化说明三世的递嬗，这是他论孔子《春秋》改制最大的特色。在其理论下，世界各地历史的发展由古代到未来是据乱世、升平世、太平世，三世分别联系上三种不同的政治体制："据乱世尚君主，升平世尚君民共主，太平世尚民主"，③而且由君

---

① 何休：《春秋公羊传解诂》卷一，"隐公元年"条。
② 段熙仲：《〈公羊〉春秋"三世"说探源》，收入《中华文史论丛》第四辑，中华书局，1963，第67—76页。
③ 康有为：《孟子微·同民第十》，《孟子微·中庸注·礼运注》，第104页。

主专制向君主立宪、民主制度进化更是必然的过程，也是放诸四海皆准的规律。①三世进程既不可躐等，也不可守旧不前，否则违时而有祸患，②以目前来说，改变政体的方向就是立宪法、开国会。③要在当下中国建立起君主立宪制度取代君主专制政体，可说是康有为大半生政治活动的目的。康氏将政体的进步与"文明"联系在一起，这是他的一家之言。他说："盖孔子之言夷狄、中国，即今野蛮、文明之谓。野蛮团体太散，当立君主专制以聚之，……文明世人权昌明，同受治于公法之下，但有公议民主，而无君主。"④康氏在奏议和文章中多次说到西方国家正把中国视为"野蛮之国"，也警告清朝统治当局，若不迅速改弦更张，就会沦为"夷狄"和"野蛮"的可悲境地。总之，文明的发展与政体的进步均构成了康有为进化的"三世"说之重要内容。

康有为在论述刘歆伪造古文经的基础上，虽然曾受廖平经学二变以前的启发，但是在具体的政治理想上彼此却有很大的差异，这种差异也呈现于他们皆视为表征孔子改制之《春秋》三世说的不同发挥上。此刻要析论廖平现世、未来的理想政体观，也需先从其对《春秋》三世理想的终极愿景探讨起。

一、廖平的三世观与现实的政治意义

廖平的《公羊》三世说有前后期的不同发展与见解。成书于

---

① 康有为：《为政》，《论语注》卷二，台北：宏业书局，1976，第52页。
② 康有为：《中庸注》，《孟子微·中庸注·礼运注》，第223页。
③ 康有为：《请定立宪开国会折》，收入汤志钧编《康有为政论集》上册，中华书局，1981，第338页。
④ 康有为：《八佾》，《论语注》卷三，第61页。

光绪十二年的《何氏公羊解诂三十论·三世论》中有他当时对三世的看法。他认为《春秋》虽然有三世之说，但表达的只是孔子本身闻见的详略影响到书法的不同，与董仲舒所谓情感的厚薄无关。同时，他不承认来自董、何的以"隐桓庄闵僖""文宣成襄""昭定哀"各为一世的三世划分方式，也不相信《公羊》有何休所说的三世递进理论，主要原因是经、传文中没有董、何论点的依据。①这种解经特色与先前依循董、何三世说的多数清代《公羊》学者有很大的不同，表现了廖平有着欲摆脱既有经学注疏或成说，要返回经、传文本身去探求孔子本意的倾向。到了甲午战争后，他解经开始与现实世界结合，此时他受进化论影响，也转而接受了何休《公羊》学世运日趋太平的说法，不过对于三世的划分法，仍然没有跟从董、何，而是依据己意对鲁国十二公重新进行分配。光绪二十九年成书的《大统春秋公羊补证》中有言：

> ……宣公居中，上推隐、桓，如述古，下逮定、哀，如知来。……宣公居二百四十二年之中，隐、桓如三皇，庄如五帝，僖如三王，文如齐、晋二伯，此古之皇、帝、王、伯，……此孔子述古也。成如秦、汉，伯、王杂用。襄如唐、宋，尽辟中国。昭如明至今，中外交通。定、哀则数千百年后，凤鸣麟游，为皇之大一统。②

这是变形的三世说，《春秋》鲁国十二公中，闵公在位短促，

---

① 廖平：《何氏公羊解诂三十论·三世论》，《廖平选集》下册，第147—148页。
② 廖平：《大统春秋公羊补证》卷六，第34a页。

故未被列入。隐公至文公是一世；宣公位居中间，承先启后，自成一世；成公至哀公是一世。根据廖平的叙述，将其三世说绘成一表如下：①

表5.1　廖平三世说

三世分期	《春秋》十二公	世运	历史分期	二伯的有无
一世（述古）	隐公、桓公	皇太平之世	三皇	无二伯
	庄公	帝世	五帝	
	僖公	王世	三王	
	文公	伯世	齐、晋	
一世	宣公			
一世（知来）	成公	伯世	秦、汉、霸王杂用	有二伯
	襄公	王世	唐、宋、尽辟中国	
	昭公	帝世	明至今，中外交通	
	定公、哀公	皇太平之世	数千百年后	无二伯

隐公至文公是往古，世运由皇太平之世依序降至帝世、王世、伯世，表示时代愈趋混乱。宣公位于中央，成公至哀公象征世运由伯世、王世、帝世到皇太平之世，表示时代愈趋太平。述古与知来是一折扇形的立面，这是变形的三世观，然而我们不禁会有一个疑问：服膺进化的廖平，怎会矛盾地出现世运先沉沦、退化又逆转而

---

① 此表的整理略参丁亚杰《清末民初公羊学研究：皮锡瑞、廖平、康有为》，第291页。

至太平的特殊说法？环顾当时的《公羊》学界，康有为、谭嗣同的著作也曾有先退化、后进化的类似现象，这是因为上古太初时的和谐无争让《公羊》学者觉得与未来太平世境界有相似的样貌。①姑且不论廖平是否清楚地意识到这与其力主的进化互相冲突，从他所强调的重点来看，述古的目的是为了知来，所以要强调的积极性也在于未来。我们从上表所看到的《春秋》鲁国十二公世系已经不再是过往的历史记录，而为经典符号。成、襄、昭、定、哀配上从秦、汉以下不断向未来推进的历史，说明孔子《春秋》早已预见、规划了中国与世界的进程。王伯之世的终点是唐、宋，王化已尽辟中国；明代以后至今（指晚清），中外开始交通，开启了"帝"的世局，帝局的启动这个说法之于廖平是别具意义的，代表王化从中国开始将逐渐向外传播，数千百年之后，全球会大统于孔子之道下，是为"皇太平之世"。所以地球即将迈入以孔子之道为中心的新世运，恃有经典的昭示，中国遭遇外患不应再视为困境，应积极实践经典，用夏变夷，最终达到太平世的大一统境界。

由上所述，廖平的三世观并没有如同康有为一样导向中国当前政体的改变，他所讲的《春秋》改"制"，是未来要实现"以天统王，以王统二伯，以二伯统诸侯"的世界性之"大《王制》"。另外，这里要附带提及的是廖平变形三世观中一个具有意义的概念："隐、桓无伯，定、哀亦无伯。"②伯指二伯；隐、桓与定、哀对廖平而言，都是"皇太平之世"，是没有二伯的状态，代表上古纯

---

① 康有为：《春秋笔削大义微言考》，台北：宏业书局，1976，第202、240、350、517页。谭嗣同：《仁学》，收入《谭嗣同全集》，台北：华世出版社，1977，第87—88页。
② 廖平：《春秋左氏古经说疏证》，《廖平选集》下册，第427页。

朴和谐或是未来礼兴乐盛、王化大行之时，权归天子或皇帝，都不再需要二伯来维护秩序、拱卫中央。总之，既然《春秋》的教化已经"洋溢中国"，现在是"施及蛮貊"的时候了，用夏变夷在制度层面就是要坚持现有的王权体制，并以中国为世界之"诸夏""王畿""小标本"，将中国已经成功实践了的封建经制推向世界。不过这里有一个明显的问题是，廖平以《春秋》经制（或《王制》）非春秋时代之史实，乃孔子所托之经制，至于秦代以后中国所行的制度是郡县非封建，那么中国何曾实行过经制呢？廖平在《知圣篇》中有自圆其说的解释：

> 郡县一事，秦以后变易经说者也。似乎经学在可遵、不必遵之间。不知秦改郡县，正合经义，为"大一统"之先声。礼制：王畿不封建，惟八州乃封诸侯。中国于"大统"为王畿，故其地不封诸侯。……夫治经贵师其意，遗迹则在所轻。除井田、封建外，亦不能拘守旧文而行。……①

引文指出，秦代以后实行郡县制，似乎中国没有实行过经典的封建制，当然也不曾有过"二伯"的存在，殊不知郡县制正是符合经义的制度。经学礼制中，天下九州，中央的王畿不封建，唯有周边的八州乃分封诸侯，中国正好是未来全球"大一统"疆域中央的王畿，王畿里没有封建诸侯正是经制，代表将开启世界大统的先声。

或许有人会质疑，廖平没有明言中国当前的政治体制如何变

---

① 廖平：《知圣篇》，《廖平选集》上册，第188页。

革,徒托一个遥远的大统未来,意义何在?但笔者认为,廖平对未来的最终想望,其实也表达了他如何看待眼前应致力或坚持的方向。对他来说,封建核心的王/皇权体制不但是当下中国所应坚持的,而且是进化到世界大统后的理想政制,因此尊君始终都是不变的信念。他这些论点的对话与反驳对象,主要是被他视为陵夷君权的立宪派,还有主张彻底铲除君权的革命派,以及这两派均有涉及到的废经、非圣、民权、平等诸说。下文即详细探讨廖平的伦理观与理想的政治体制。

二、论立宪与革命皆背离三纲故不足取

廖平于光绪二十九年时曾语气强烈地批评道:"通经致用为立学本根,近《公羊》学愚人,害贻王国……"①提到近代的《公羊》学者愚弄人民,接着又对自己撰著的《大统春秋公羊补证》说明作书的重要动机之一:

> 孔子翻经创制,以空言垂教。自乱法者依托传义,海内因噎废食,群诟《公羊》作俑,甚至以为教乱之书。……又拨乱世,反之正,于今日实务最为深切,既以政治范围中外,伦理、教宗(笔者案:疑为"宗教")、风俗、性情,凡足以引导外人、开通中智者,亦发皇帝学补救利益百问题,先得全书纲领,庶得迎刃而解。②

---

① 廖平:《大统春秋公羊补证》凡例,第9b页。
② 廖平:《大统春秋公羊补证》凡例,第11a页。

廖平明显地将矛头指向康有为及其门人等"乱法者"依托《公羊》传义,对经学入室操戈,曲解《春秋》为立宪之说,致使海内学人群诟《公羊》为造成纷争的始作俑者,甚至视为教乱之书。他语重心长地指出,因不了解《公羊》而弃之不读是因噎废食,事实上,《公羊》发扬孔子《春秋》的拨乱反正之意,正是今日现实情况所最需要者,足以作为世界的政治、伦理、宗教风俗之引导。廖平言下之意,自己要为《公羊》正本清源,扫除人们来自康有为等的误解,而康氏等维新派最大的谬误,在于他们看待三纲伦理的观点以及与之密切相关的政体观。他说:

> 近年来学派,守旧者空疏支离,时文深入骨髓,尤难涤拔;维新者变本加厉,废经、非圣、革命、平权,三纲、尊尊尤所切齿。不知礼失求野,专指生养而言,至于纲常名教,乃我专长,血气尊亲,文伦一致,舍长学短,不知孰甚。①

廖平以当时的论学、论政者有"守旧"与"维新"两个极端。守旧指的是完全不理会西学,以及否认学习西方一切器物制造者;维新者主要是针对欲立宪的戊戌诸子,也包含了新兴的革命论者。他认为守旧者故步自封不足取,而维新者变本加厉,废弃经典、非毁圣人,主张革命、民权,一听到"三纲""尊尊"便切齿愤恨。不知纲常名教乃是中国独有而胜于外人者,若是丢弃了,也失去了立国的精神。所以廖平的政治主张是从维护三纲伦理的立场出发。

---

① 廖平:《大统春秋公羊补证》凡例,第10b页。

针对时人所提倡的议院之制,廖平从经典的内容指出,孔子学说中早有类似的内涵,并非是泰西独有的创设。他说:

> 泰西议院通达民隐之善政,考《王制》养老乞言,八十以上者有事问诸其家,盖养老乞言即议院之制,养国老于上庠,养庶老于下庠,即所谓上、下议院。《洪范》:"卿士从、庶民从。"卿士为二伯、贵官,庶民是乡里所选。他如"询于刍荛""不废乡校""周爰咨谋",议院之制,著名经传,人所共知者也。①

西方议院通达民隐的善政,在古代经典中已经具备。例如《礼记》的《文王世子》与《内则》都有"养老""乞言",郑玄注云:"养老人之贤者,因从乞善言可行者也。"②《王制》中提到虞、夏、商、周四代的养老礼将老者依据身份、位阶区分为国老与庶老,分别被奉养于不同的学宫,③虞舜时代称为"上庠"与"下庠",这些都与西方上、下议院的精神相符合。又《尚书·洪范》有言:"卿士从、庶民从",说明施政之时,人主与卿士、庶民皆同心相从,④廖平以"卿士""庶民"亦分别类同于上、下议院的议员。其他如《诗·大雅·板》的"询于刍荛",谓即使如采薪樵夫之贱者身份,主政者犹当与之谋议;《诗·小雅·皇皇者华》有"周爰咨

---

① 廖平:《大统春秋公羊补证》卷十,第34b页。
② 郑玄注,孔颖达疏《礼记正义》,台北:艺文印书馆,1989,第394页。
③ 郑玄注,孔颖达疏《礼记正义》,第265页。
④ 孔安国注,孔颖达疏《尚书正义》,第176页。

谋",指见忠信之贤者应访问之以求善道;①《左传》襄公三十一年记载的郑国子产"不废乡校",作为议政的场所,这些都具有议院广询民意、通下情的善政精神。廖平从传统中找议院精神的依据,正与康有为等人托古改制,从群经中寻求议院思想的手法相似,都是流行于晚清学界之衔接中西的方式。不过他话锋一转,认为能够达到善政如议院的精神者,经典本已具备,但是孔子之教有更胜于议院之谛者;也就是说,实行经意可以获得议院的优点,但是经典更崇高的理想,不在议院之制,这个理想就在于礼制的秩序。

西方君民共主的立宪制对廖平而言终究不如经制之文明,议院制度在他看来就如同春秋时期,周天子的权柄下落至各诸侯,如此则上下颠倒易位、以下僭上,故主张君民共主的立宪制度使君权下移,并未进于文明。《春秋》立王法、道名分,拨乱反正,重在循名责实,"以贵治贱,以贤治不肖,以大夫治民,以诸侯治大夫,以二伯治诸侯,以天王治二伯,以天治王,尽夺下权,以反归于上"。而且要使君臣上下"等威、仪物各不相同",②有尊卑、礼序才是真文明。必须补充说明的是,廖平并没有全盘否定议院的功能,但认为那仅适用于西方"草昧初开"③的情况,他说:

> 今海外政治家竞言平权、自由,中士亦艳称之。考平权之说,出于封建苛虐以后,民不聊生,迫□为此。盖海邦开辟甚晚,荒陬僻岛,酋长苛虐,通达民隐实为救时善策,国势

---

① 毛亨传,郑玄笺,孔颖达正义《诗经正义》,第319—320、633—634页。
② 廖平:《大统春秋公羊补证》卷一,第20a、32a页。
③ 廖平:《大统春秋公羊补证》卷六,第19a页。

少壮，因之富强，然此乃初离蛮野之陈迹，与经说不可同年而语。①

廖平的认知中，西方开辟较晚，近代以前受封建的苛虐，未如中国早进于王化之文明，人们不得已而必须与上争权，平权、自由之说由之产生，意在通达民隐的议院制不失为救时之善策，但非长久之道。②今人徒艳羡西方的政治思想，不知其与孔子的经义相较，高下自是不可同日而语。回顾近代中国人开始阅读卢梭、孟德斯鸠等人提倡天赋人权、主权在民、社会契约论的著作在戊戌以前，但当时这类书籍仍在零星传播之中；戊戌政变以及庚子重创后，因救亡的要求，西方民主学说便较戊戌变法时期更为人们瞩目称道，被大量译介进来，无论是立宪或革命主张者均深受影响。③前述廖平的政治观点多见于其光绪二十九年的《大统春秋公羊补证》，从中也可以看到他对时人逐渐接受西方政治思想的焦虑。事实上，廖平对西方政体并非一无所知，举具体的例子来说，他于光绪二十八年以前曾读过介绍世界上各种政治体制的《佐治刍言》，④另外，他所熟稔的《海国图志》《瀛环志略》也有不少这方面的叙述，但在他看来，这些都比不上中国经典的核心：三纲、尊卑、礼序的精神。

廖平在光绪二十九年时一再提到他对"废经"的忧心，以时局来看，虽然在光绪三十一年科举正式废止之前经学教育尚未完全失

---

① 廖平：《大统春秋公羊补证》卷六，第27a页。
② 廖平：《大统春秋公羊补证》卷六，第19a页。
③ 熊月之：《向专制主义告别》，（香港）中华书局，1990，第136—146页。熊月之：《中国近代民主思想史》，上海社会科学院出版社，2002，第342—346页。
④ 廖平：《知圣续篇》，收入李耀仙主编《廖平选集》上册，第265页。

去凭依，但是自光绪二十七年清廷明令废除八股取士后，清末教育界随着国家富强的需求，多重在实用专门之学方面，无论是官立学堂或民立学堂，经学课程已经不多，或是徒具形式。①廖平自来都是赞成废八股与主张实学的提倡，但是对经学的存续甚感忧虑，尤其政治局面上，革命派明揭铲除君权，戊戌以来的立宪诸子或许仍以尊孔为旗帜，然而他们借着孔子以言民权、君民共主的基调，在廖平看来都是与上争权、陵夷三纲，对经学入室操戈，与"废经"无异了。行文至此，我们已经可以说明廖平的政治立场与康有为的立宪观点有着植根于伦理观上的根本不同，而我们以往较少意识到这层差异。

也因着君权不可受冲击的伦理信念，廖平一并批评了革命论者的思想，对革命派刊物如《新中国》《浙江潮》中主张去君权、非革命不足以存中国之说，援引《春秋》明王法，以贵治贱、以贤治不肖的说法予以驳正之。②他尤其站在《公羊》的文化观反对革命论者的种族观：

> 又《春秋》进夷狄为中国，以吴、楚为伯牧，《公羊》并非袒中恶外，鄙夷狄不得等于人类，乃后儒之邪说。地球大通，民胞物与，日本表彰同文同种之义，亟相亲爱。诸人或已入仕途，或身列科第，祖宗世守已数百年，今小不得志，即自命为皇帝（笔者案：应作"黄帝"）子孙，……丧心病狂，设

---

① 陈美锦：《反孔废经运动之兴起（1894—1937）》，台湾大学历史所硕士论文，1991，第82—86页。
② 廖平：《大统春秋公羊补证》卷八，第64b页。

为迷局,蛊惑少年。不知《春秋》之义,今之川、湘、江苏皆为夷狄,文为东夷,禹为西夷,皇帝(笔者案:应作"黄帝")子孙,降居若水,泰伯断发文身,尧舜以前,中国皆夷狄,今则亚洲皆中国。《春秋》入中国则中国之,将来大统,亦皆为中国。①

晚清革命派的种族国族主义,是一套以汉族为主体,建构黄帝为共同的血缘先祖,刻意排除其他族群于"中国"之外的意识形态。然而《公羊》学的宗旨是摈弃一切的界限,以文化判分夷夏,主张夷狄进中国则中国之,因此廖平指出今日的"中国"也是自上古以来从夷狄的阶段不断地进化于文明而来。他以尧舜前的中国皆属夷狄,文王、大禹分别出自东夷、西夷,又引用"泰伯奔吴"的历史传说,说明今日中国的东南等地也原是"断发文身"的蛮族,接受了从周室奔吴的泰伯教化,终成为后进于文明的华夏之域。虽然以今日族群建构的学理角度观之,这是自古以来缘于政治需要有意识地塑造而成,未必是事实,②不过这让我们理解到廖平在定义何谓"中国"时,不是以特定的血缘作为认同的基准。他提到将来大统时,整个世界"亦皆为中国",足见"中国"这个符号对他而言没有固定的边界,它代表地球疆域视野中的"华夏"概念。廖平称许

---

① 廖平:《大统春秋公羊补证》卷八,第64b页。
② 王明珂:《华夏边缘:历史记忆与族群认同》,台北:允晨文化,1997,第256—284页。

日本当时政界与思想界欲团结同文同种的大亚洲主义,①虽然仔细说来大亚洲主义的最后目的是黄白人种对决,与廖平的大同关怀并不相契,但在他看来,日本能视沾染汉化的亚洲为一体,无异于发扬孔子与《春秋》天下一家的精神,胜于狭隘的种族主义。

不可否认地,廖平与康有为都是在一个扩大了的世界重新放置"中国",仍透过传统的天下主义去理解当代国际局势,最高目标乃在于"平天下"。廖平也赞赏康有为欲将孔教普及世界的豪情,并认同采用首发于康氏的孔子纪年,②奉孔子为教主,假此以为重整中国政治、文化秩序之权舆;他们同样视凝聚成为"中国"的主要质素在于一套以孔子为代表的道德与文化秩序,有别于革命派的抬出黄帝纪年且疾呼的汉族血缘共同体。然而即使如此,我们仍不能忽略在两人类似的文化视野下,因着伦理观的差异所表现的政治主张之离合事实,乃至于两人在世界范围里终极世界观具体内容的不同,例如廖平向往普世皇权架构的大统/大同有别于康有为要从立宪到民主乃至消弭一切阶级等差的大同,都可说是发端于伦理观下对民主、平等、三纲的不同认知所发展而来。

---

① 1898年1月,日本贵族院议长、东亚同文会创立人近卫笃磨催促日本与同种结成联盟,致力研究中国问题,为黄白人种大对决做准备。见Marius Jansen, "Konoe Atsumaro," in Akira Iriye,ed., *The Chinese and the Japanese: essays in political and Cultural interactions*, Princeton University Press,1980,p. 113。又戊戌年间,日本首相大隈重信发表"保支论",谓日本为报答汉化之恩,有义务招架住西方,以便让"支那"有充分的时间自强。见Marius Jensen, *Japan and China: From War to Peace,1894—1972*, Rand McNally College Publishing Company, 1970,p. 136。
② 廖平称许康有为欲行教泰西之语,见廖平《经话(甲编)》,《廖平选集》上册,第448页。又廖平之后的著作亦有采用孔子纪年者。

三、为民立君的重要与经教三纲不违背平等精神

廖平既不赞成立宪也反对革命，那么面对中国的积弊有什么解决之方？回溯自鸦片战争后，有识之士多曾提出中国上下隔阂、民情不通是失败的一大原因，到19世纪70年代，称赞议院制度可以使上下一心的声音随处可闻。①康有为把甲午战败的国耻直接归咎于君主专制所造成的民情不通，解决之道是逐步实施君主立宪。②廖平也承认当前中国的君民关系不能尽如人意，但症结点并非君主制度的问题，而是没有按照经典的教化实行。他以时人推崇西方的民权、君民平等之说高于讲究尊卑的经传之上为本末倒置，认为上位者若能体察经教的"贵民询庶""勤求民隐"，切实执行，便能上闻疾苦、下达德意，根本无需在制度上变更，与君主争权。③他还结合进化思想，说明为民立君可行之久远，且不必担心人君酷虐的问题：

> 持平权之说，每以人君酷虐为辞，不知大同之世，民智较今更甚，文明天生，圣贤以为君相，其德性道艺，远出臣民之上，鸟兽草木，咸得其所，何况同类之黎庶。夫人之圣、贤、愚、不肖，万有不齐，纵使民智极开，其中亦有优、劣、纯、

---

① 例如近代早期的魏源、洪仁玕、郭嵩焘、冯桂芬都有提到中国上下隔阂，应通君民之情或是开议院的主张，见熊月之《向专制主义告别》，第70—71页。
② 康有为：《上清帝第四书》，《七次上书汇编》，台北：宏业书局，1976，第78页。
③ 廖平：《大统春秋公羊补证》卷六，第27a—27b页。

薄之分。元首圣□,迥非聋盲所可臆度。①

引文内容以时代愈进化,至大同之世,人民智力愈高,作为人民君相者的德性道艺更远高出臣民之上,故能让万物咸得其所。这种看似"异议可怪"之论,其实是反映了晚清《公羊》家对于体质与人性、人种进化的观点。康有为、梁启超都曾受西方人所倡的"进种改良之学"(优生学)影响,②并结合上进化论,皆在著作里提到从据乱世到太平世的过程中,体质、人种会愈来愈优良,智慧也会愈高,风俗愈淳善。③平此观念与康、梁等人相类,但仍有不同者。例如梁启超曾说太平之世"天下一切众生智慧平等",④然而廖平认为,即使大同之世民智极开,人群仍会有圣、贤、愚、不肖的优劣纯薄之分,在万有不齐的现实下,阶级等差是必然的,故为民立君也是必须的。那么他凭什么认为同在进化之下,未来的君主智力道德均能高人一等?这还是要回到传统尊君的理路来看,若我们阅读唐代韩愈的《原道》一文,或许可以找到相关的联系。《原道》篇中极力宣扬君权的神圣性,将帝王与圣人视为合一,同为教化之源,这么一来君王便具有一种彷佛命定的能力与价值。⑤受西方民主思想洗礼的严复曾针对韩愈的论点作《辟韩》一文批判与驳斥,

---

① 廖平:《大统春秋公羊补证》卷六,第27a—27b页。
② 钟月岑:《科学、生物政治与社会网脉——近代中国优生学与比较研究取径之反省》,《古今论衡》2011年第22期,第67—81页。
③ 康有为:《礼运注》,台北:宏业书局,1976,第16页;《论语注》,第37、175页;《生理门》,《日本书目志》卷一,上海大同译书局石印本,清光绪间。梁启超:《读孟子界说》,《饮冰室合集·文集》册2,第19页;《〈史记·货殖列传〉今义》,《饮冰室合集·文集》册2,第45页。
④ 梁启超:《〈史记·货殖列传〉今义》,第45页。
⑤ 韩愈:《原道》,《韩昌黎集》卷一,台北:汉京文化,1983,第829页。

护卫君权的屠仁守复作《辨〈辟韩〉》以申辩之。①足见韩愈《原道》在清末曾经是论争的焦点，详细过程不拟详论，此处仅简单说明廖平特别肯定并提高君王的能力价值是其来有自，源于传统的尊君思想。总之，在面对西方传入的政体与伦理新观时，他所坚持不可变革者，不外是本有的伦理纲常。

儒家讲求贵贱、尊卑的伦理秩序，又以"君臣"的关系被列为三纲五常之首，不仅是伦常的纲领，更是绝对王权秩序下的理论依据。大约戊戌前后，民权思想形成一股沛然莫之能御的思潮，但也造成甚激烈的争议。主张民权、平等与否通常也是提倡新政者与当时比较"激进"的思想家之间主要的分野所在。当时倡导新政者以维护伦纪，批评民权思想最重要的代表作可算是苏舆所辑的《翼教丛编》与张之洞的《劝学篇》。《翼教丛编》一书系因"康党"而来，②张之洞成于光绪二十四年的《劝学篇》也是针对康有为而作。张氏以变革是必须的，然而在可变与不可变之间，自有一定的准则，可变者在于法制、器械、工艺，不可变者是伦纪、圣道、心术，即其所谓的三纲四维之"道本"。盖张之洞认为纲常名教是中国社会的伦理基础，不可与民变革，并批评民权思想与平权之说违逆了自然的伦理秩序，③将造成社会秩序混乱，《翼教丛编》的持

---

① 严复：《辟韩》，收入氏著《严几道诗文钞》卷三，台北：文海出版社，1966，第4—8页。屠仁守：《辨〈辟韩〉》，收入苏舆撰、杨菁点校《翼教丛编》，台北："中研院"中国文哲研究所，2005，第130—139页。

② 《翼教丛编》的编辑源起、思想内容，可参苏舆撰、杨菁点校《翼教丛编·导言》，第1—50页。赖温如：《晚清新旧学派思想之论争：以〈翼教丛编〉为中心的讨论》，台北：花木兰文化出版社，2008。

③ 张之洞：《内篇·明纲第三》，《劝学篇》，台北：文海出版社，1967，第12页；《外篇·变法第七》，《劝学篇》，第51页。

论亦是如此。从廖平的道器观来看,他认为军事、外交、农林、矿业等是形而下之"器",可以变革,也必须取法西方,但是三纲的礼序乃我所赖以立国的形而上之"道",必须坚守之,由此看来,廖平与张之洞的"中体西用"思想颇为接近。廖平一生与张之洞的深厚渊源,以及张之洞对廖平学行的关注,当然是我们推测他受张氏影响的原因之一;①另外,在廖平的年谱中,光绪二十四年条下记着:"三月,张之洞《劝学篇》成书。此书大意在正人心,开风气。"②这应也表达了一己的认同之心。从这个方面来说,作为《公羊》家的廖平,其现世的政治主张和伦理观似乎较接近张之洞及《翼教丛编》中的诸学人之思想,反而与同样主张《公羊》的康有为一派以民权、平等作为改革政体依据的倾向有一段距离。这是值得一提与比较的现象,因为透过廖平《公羊》学与伦理观的探讨,可以体会到《公羊》在晚清各个不同学者的诠释下可以有完全不同的样貌,表现在政治主张上,并不必然导向变政、立宪,而是呈现着多元性的面相。附带补充说明的是,我们当然也不能把廖平的学理与思想笼统的等同归属于张之洞与《翼教丛编》一派,因为诸如孔子为后世制法、诠释《公羊》泯除中外界限文化观等都是张之洞、朱一新、王先谦、叶德辉等《翼教丛编》一派学人所反对甚至厌恶者。

再者,廖平在同样卫护三纲的意识下,观其论述的方向与语汇,其实仍隐隐然可见到与《翼教丛编》诸学人有所差异之处,特

---

① 张之洞对廖平的提携之恩及对他学行之关注,可参见廖幼平编《廖季平年谱》,"同治三年、光绪元年、六年、九年、十五年、宣统元年"条,第12、13、23、28、45、69页。
② 廖幼平编《廖季平年谱》,第60页。

别在对"平等"的认知上,以下先举廖平的一些言论以探讨其三纲思想:

> 《礼经》记曰:臣以君为天,子以父为天,妻以夫为天,《白虎通义》所谓三纲之学也。泰西宗教偏主一天,中人煽其说,遂昌言废三纲,以为三纲之义有违公理,凡君、父、夫可以任意苛刻,臣、子妻皆求平等、自由以放肆其酷虐。①

西方人曾抨击中国受缚于三纲,亟劝中国尊天主,以天纲人则世法平等,人人不失自主之权;②人们受西人影响,遂认为三纲之义有违公理,昌言废三纲,事实上经典所言的"臣以君为天,子以父为天,妻以夫为天"并非指国君、父亲与丈夫可以任意的苛虐其臣下、儿子、妻子。他又说:

> 经义之说三纲,为人父止于慈,君使臣以礼,不敢失礼于臣妾;小事大、大字小,初非使君、父、夫暴虐其臣、子、妻,如俗说君父教臣子死,不敢不死者也。抑废三纲之说与释放奴隶同考,以奴隶待臣、子、妻,经传绝无其说。如《春秋》杀世子目君,甚之也;弒君称人,为君无道;父不受诛,许子复仇;夫人与公同言薨、葬,就其大端而论,实属平等,并无偏重。于伦常中横加以奴隶之名,非宋以后之误说,言西

---

① 廖平:《大统春秋公补证》卷十,第13a页。
② 谭嗣同亦曾提到"西人悯中国之愚于三纲也,亟劝中国称天而治,以天纲人,世法平等,则人人不失自主之权,可扫除三纲畸轻、畸重之弊矣"!见谭嗣同《仁学》,汤志钧、汤仁泽校注,台北:台湾学生书局,1998,第72—76页。

学者过甚之辞也。按经传以尊统卑，于平等、大同中衡量轻重，君与臣平也，父与子平也，夫与妻平也，而其中究不能无尊卑区别，乃文明以后之区别，初非奴隶苛刻之比也。……盖其平等之中，必有智、愚、贵、贱，以智统愚，以贱下贵，天理人情之自然，不惟中人如此，西人亦万不能离也。①

廖平殷切说明经义中的三纲是互相以礼对待，并没有如同俗语说的"君要臣死，臣不得不死"之压迫意识；又有人将废三纲与西方的释放奴隶互相比拟也是不正确的，因为经传绝无以上虐下的说法。他并举出四种《春秋》中的书写方式为例，说明经传中的伦常实属"平等"：

第一，国君若是杀了世子或自己同母所生之弟，《春秋》便把国君的称号写出来，以彰显国君的行为不应该。

第二，《春秋》若是写出被杀国君的名字而不写弑君者的人名，便是责君无道。

第三，《公羊传》有言，若国君无理地杀害自己的父亲，作儿子的可以报复国君杀父之仇。

第四，国君夫人过世时，《春秋》比照国君过世书"薨"，下葬时同样书"葬"，有夫妻齐平之意。

廖平从以上四例说明经典教化中，国君不能为所欲为，父子、夫妻关系也是对等的，总之三纲的精神平等，并不存在以上虐下的问题。至于在平等的精神中，不能没有尊卑的差别，因人有智、

---

① 廖平：《大统春秋公羊补证》卷十，第13a—13b页。

愚、贵、贱，以智统愚、以贱下贵，乃天理人情之自然。细究廖平所申说的经教三纲之"平等"，其实只是一种互惠的观念，它也许只表示不同社会地位的人所具有的不同道德职责，未必含有西方平等主义的含义，但廖平却将互惠的观念视同为平等。姑且不论他是否刻意要联系经典与西方的价值且没有真正理解西方"平等"的意蕴，我们仅注意到他与《翼教丛编》一派学者有着隐微的差别。《翼教丛编》提到"平等"一词时，使用的语汇常是"邪说""无父无君""灭绝伦常""悖谬""背叛圣教"等，这一类的尖锐批评触目皆是，但廖平在护卫三纲时，却也同时强调三纲具有平等的精神，说明他对"平等"的概念，相对不是那么视如冰炭与排斥，甚至是重视而认为必要的，这也是可以注意的一个现象，表现时代思潮逐渐对他的影响。

或许因为廖平视三纲伦常应有互惠的关系，也体现在他对吴虞的同情理解与对待自己晚辈的态度上。1910年11月，吴虞因不满其父的行为与田产问题发生冲突，被父亲告到官府。吴虞又散发《家庭苦趣》一文，叙述其父与前后两个续娶妇人的不堪行径，公然发表于《蜀报》第八期，并陆续于其诗注中抒发非孔非孝的言论，在辛亥年前后公开刊登，这些行为都使他不见容于成都一批以礼教自持的人物，视之为大逆不道的名教罪人。[①] 廖平对此事却有

---

① 李璜：《学钝室回忆录》，台北：传记文学杂志社，1973，第12—13页。赵清、郑城编《吴虞集》前言，四川人民出版社，1985，第4、18—20页。吴虞和其父争讼与清末民初时代思潮的关系，又见余英时《中国现代价值观念的变迁》，收入氏著《现代儒学论》，香港：八方文化，1996，第85页。王汎森：《思潮与社会条件——新文化运动中的两个例子》，收入氏著《中国近代思想与学术的系谱》，第255—270页。

大不同的态度,他对吴虞父亲的行为,以及挞伐吴虞的一群护卫名教者都很不以为然,他"主张新理",为吴虞抱不平,并怜惜地劝吴虞言论宜稍平和,以免触忌,吴虞亦铭感于心。①廖平对吴虞当然也有私人的情谊,但不能忽略了他心目中视三纲包含着互惠的观念:若父有咎,不能仅单方面责怪人子非孝,这应是他能同情理解吴虞的主要原因。又宣统三年,四川保路运动风潮中,廖平是一个急先锋,并担任《铁路月刊》的主笔,勇于与不合理的清朝当权者抗争。辛亥革命胜利后,廖平因在保路运动中的无畏表现,加上他在文化界的知名度,被四川军政府任命为枢密院院长,但随即去任。②那么进入民国之后,廖平对政治的态度如何呢?王闿运《湘绮楼日记》曾于民国五年的《丙辰七夕跋竹庵诗录》云:"廖倡新说,谈革命,遂令天下纷扰。"现代学者龙晦也据此相信廖平有倾向于革命的言论,③而事实是否如此,资料尚不够详细,无法遽下论断。不过,不断地接触新知与时代思潮,一直都不失为廖平的重要特质。下面的两个例子也可以说明廖平思想有其活泼的一面。

中国传统中,普遍强调子女应避亲长的名讳,然而光绪三十四年3月,廖平最小的女儿诞生,取名"幼平",抛开固有伦常性习俗

---

① 吴虞在1911年底的日记中记道:"季平极不以当事诸人及老魔为然,主张新理,谓诸人及老魔所为太不平也。"中国革命博物馆整理,荣孟源审校《吴虞日记》上册,"1911年11月25日"条,四川人民出版社,1984—1986,第14页。又廖平过世时,吴虞撰有《哭廖季平前辈》诗:"四十非儒恨已迟(予非儒之论,年四十始成立),公虽怜我众人嗤(袁世凯尊孔时,公与予步行少城东城根,劝予言论宜稍平和,恐触忌)。"见赵清、郑城编《吴虞集》,第378页。
② 廖宗泽编撰《六译先生年谱》,骆凤文校点,收入四川大学古籍整理研究所编《儒藏·史部·儒林年谱》,第861页。黄开国:《廖平评传》,第154页。
③ 龙晦:《廖平经学初探》,《西华大学学报(哲学社会科学版)》2004年第6期,第22页,注11。

的拘束，这是值得一提的事。其次，四川井研县人余慧在2007年的《乐山日报》发表《我眼中的廖平先生》一文，有段话提到五四运动后的廖平，颇具参考价值：

> 廖平先生是开明的长者。五四运动后，他让家里的女孩子放足，开创井研放足先例。他应孩子要求将成都的房产和一笔现金储蓄进行分配，不分男女，人人有份。这在二十年代的四川也是一个创举。他支持女儿和青年们成立"研新社"，创办私立学校，并在资金上给予支持。①

曾被刘师培目为思想风气的开通比其他省份要晚十年的四川，②尤其僻处井研的乡间，廖平在那种氛围下仍能开井研的先例，让家里的女孩放足、不区别儿女的均分财产，以行动资金支持女儿和青年们研求新学，他的同乡后辈甚至以"开明"称赞他。这些数据都提供一个侧面，让我们用更宽广的视角看待廖平对伦理的态度。

最后再回到本节的主题，我们以上讨论了廖平心目中真正经教的三纲伦常，是在互惠的对待下而不失尊卑、上下之序，他认为中国的君主制度正是可以体现与维系"礼"的精神，这是西方所不可契及之处，也是中国可以成为世界的"华夏"，以及经教可以

---

① 余慧：《我眼中的廖平先生》，刊于四川《乐山日报》，http://www.jingyan.gov.cn/scjy/lswh.nsf/6d805a40234870cd482565d4002340d2/0e48eb7ca855cb65482573a800273048?OpenDocument（检索日期：2012年3月5日）。
② 中国革命博物馆整理，荣孟源审校《吴虞日记》上册，"1912年6月19日"条，第48—49页。

成为普世价值的原因。廖平在光绪二十九年之前不断地强调要用《春秋》来拨正世界,在世界造成一个符合礼序的经制:"大《王制》"。然而这种"平天下"式的关怀与世界格局的眼光,随着时间与外在环境的变化,也使廖平世界观思想的细部内容逐渐的产生变化,表现在经学诠释上最值得注意的,是他对"二伯"的发挥走了一个完全不同的方向:从平天下的期待到仅聚焦于中国本身振兴的强调。这个过程所透露的讯息是什么?下一节即针对这个议题续做探讨。

第四节　视野的转变:从世界的"二伯"到中国的"二伯／二霸"

廖平在经学三变时虽然已说过《春秋》同时兼具有小、大统的两面性,要以中小统为立基点"验小推大",以拨正中国的方式拨正世界。但是到了光绪三十二年的经学五变之后,观其此时论《春秋》,似乎不再谈世界大统的一面,而更强调中小统的实践。以《春秋》所托的齐桓、晋文"二伯"来说,光绪二十九年以前的表征是维系整个世界的秩序,到了光绪三十二年五变后,却成了指导中国本身行"伯／霸"的经典法则。他称《春秋》的性质是"王伯／霸"之学,此时他也特别要阐发之前所不曾明白区分的"王""伯／霸"之别,那么王、伯／霸的精神意义为何,即是下文要讨论的重点。

廖平认为当今的实用之学是性质属于"王伯／霸"(王道与伯／霸功)之学的《春秋》,但重点又在于"伯／霸"的精神:

  大同之"皇帝",小康之"王伯",出于六艺,为至圣原始要终之全体。儒家以王自画,不敢言大同,而专言小康,是或一道也;乃又攻伯,或曰孔门五尺童子,羞称五伯;或曰仲尼之徒,无道桓、文之事。《论语》盛推管仲之功,《春秋》专言桓、文之事。凡一己宗旨之外,皆欲屏绝之,不唯与圣言相反对,《春秋》一经,亦皆在屏绝之内。此等偏狭私心,流为学术,吾国儒者,遂以孔子为专言王学之圣人,……于二伯之学术,亦以为圣人所羞称。……变法维新,久不能进步者,其无形之现象,实在于此。①

廖平批评儒家不敢言孔子所规划的大同理想,只敢言小康时期的学理,但是小康之学兼包"王""伯/霸"的理想,儒家又仅以王道自我设限,攻击伯/霸道。这些儒者,有的根据《荀子·王伯》所言"仲尼之门人,五尺之竖子,言羞称呼五伯/霸",有的征引《孟子·梁惠王》中"仲尼之徒无道桓、文之事者"的说法,相率鄙薄伯/霸功,无视于《论语》盛推管仲的功业,以及《春秋》特别重视齐桓、晋文二伯的事迹。他认为"全部《春秋》,大抵齐桓、晋文之事也",而齐桓、晋文"二伯"即是伯/霸功的表征。②既然《春秋》分为"王""伯/霸",何以切要者又在于"伯/霸"?两者的性质有何根本差异?廖平在讨论这个问题时,也牵涉到对前人王、伯/霸看法的讨论或响应。此处有必要对历代学术

---

① 廖平:《大同学说》,《中国学报》1913年第8期,第9页。
② 廖平学,黄镕笺述《五变记笺述》,收入李耀仙主编《廖平选集》上册,第563页。

史上的王、伯／霸思想做一个介绍，不过此一议题的研究已有不少成果，本文仅择要就与廖平思想有关的部分，主要集中在孟子、荀子、朱熹、陈亮的王、伯／霸观点，做一简单的回顾。

王、伯／霸之辨始于孟子，是学术史上的定论。《孟子·公孙丑上》指出王道与伯／霸道的分野在于"以德行仁"与"以力假仁"。"以德行仁"能使人民"中心悦而诚服"；而使用"以力假仁"的伯／霸道，虽能达到事功的目标，却不能真正得到人心。因此黜伯／霸道、行王道是孟子政治思想的中心主张之一。相较于孟子的尊王黜伯／霸，荀子则是在推尊王道的同时，也承认现实施政中的伯／霸道仍有其价值性。《荀子》之《王伯／霸》《强国》中指出隆礼尊贤的国君能够成就王道，如果无法达到"王者之政"，那么若能"重法爱民而伯／霸"，也未尝没有可取之处。但荀子也不是没有贬抑伯／霸道之意，才有"仲尼之门人，言羞称呼五伯／霸"一语，并认为五伯／霸是"小人之杰也，何足称乎大君子之门哉！"不过与孟子的"黜伯／霸崇王"相较，荀子是倾向于"崇王而不贱伯／霸"，①这是可以肯定的。

历史上最重要的王、伯／霸之辨，当属朱熹与陈亮的论辩。朱熹修养论的重要命题在于存天理、去人欲，若是为了某种目的而产生的行仁义举，就不是纯粹的仁心之发，不论最后结果如何，都不能说是"王道"，只能说是"伯／霸道"。②基于这样的观点，朱熹多次提及齐桓、晋文的作为是"假仁义以济私欲"的"伯／霸者"

---

① 洪巳轩：《荀学要义——以"三辨之学"为主轴》，《孔孟月刊》第42卷第10期，2004，第46页。
② 黎靖德编辑《朱子语类》上册，卷二五，台北：大化书局，1988，第412页。

特质。①朱熹也认为汉唐之主如刘邦、李世民虽具英雄之质美,但都是以人欲而行伯/霸道,天理不行,故不足论。朱熹的立场可说是孟子思想的继承及发展,②亦很明显是从君主的心术上来论断的。陈亮虽然也不否认天下之大本在君心,但处于南宋频遭外侮之世,他认为只谈性命而不计功利不能真正改变现实状态,故欲从政治、兵略、经济上要求改革,希望能国富民安,以成复仇之志。③相较于朱熹曾以心术论管仲相桓公"九合诸侯,不以兵车",却非"行仁"者,陈亮则以《论语·宪问》的"桓公九合诸侯,不以兵车管仲之力也,如其仁,如其仁!"及"一匡天下,民到于今受其赐。微管仲,吾其被发左衽矣"二句为"称其有仁之功用也",④以孔子赞许管仲相桓公以成就"仁之功用",因此主张"伯/霸道"是为成就"王道"的手段,就其"功用"而言,正是"王道"的体现。

在简单回顾了孟子、荀子、朱熹、陈亮的王伯/霸观之后,再回过头来看廖平对这一议题的阐发,当更能见出其特色所在。

一、"王""伯/霸"的重辨:对伯/霸功的推崇

廖平虽以《春秋》为王伯之学,但他以"王学可缓,而切要者在于伯",⑤认为当今的局势应以伯/霸功的追求为重:

---

① 朱熹:《四书或问·孟子或问》上册,中文出版社,2001,第11页。
② 关于朱熹的王霸思想,可参见田浩《功利主义儒家:陈亮对朱熹的挑战》,姜长苏译,江苏人民出版社,1997,第101—107页。
③ 陈亮:《中兴论》,《陈亮集》卷二,邓广铭点校,中华书局,第22页。
④ 陈亮:《又乙巳春书之二》,《陈亮集》卷二〇,邓广铭点校,第289页。
⑤ 廖平:《大同学说》,第10页。

> 《春秋》者，王伯之学，以仁义为主。……即揭明王伯之宗旨也。齐桓公存三亡国，仁也；伐楚责贡，义也。晋文践土盟诸侯，皆奖王室，义也；无相侵害，仁也。《孟子》："三代之得天下以仁"，王学也。葵丘申五命，伯者之义也。（黄镕注：霸者假仁，则偏于尚义。）孔孟渊源，学无异辙。乃宋儒据"仲尼之徒不道桓文"之语，（黄镕注：《荀子》亦曰"仲尼门人，五尺竖子，羞称五伯"。）遂谓孔孟皆黜伯崇王。斯言也，不但抹煞一部《春秋》，且率天下之人而祸仁义者也。何也？使学者高言王道，鄙弃伯图，矜语德化，不尚武功，坐致南宋不振，神州陆沉。……学说有差，国家受害，是不可以纠正。①

廖平首先说明，齐桓、晋文"二伯／霸"的功业是符合仁义的。齐桓公援救了被戎、狄入侵的燕、邢、卫三国，使不致于灭亡，这是仁的表现；责楚国不入贡周王室而伐之，这是义的表现。②又晋文公大会诸侯于践土，呼吁尊崇周天子，这是义的行为；约束各国勿相侵害，这是仁的体现。如此强调二伯／霸的作为具有仁、义的特质，很大的成分是为了响应宋儒的思想。廖平指出，宋儒根据孟、荀所谓的孔门不道桓文、五伯／霸之语，遂以为孔孟都黜伯／霸道、崇王道，如此一来不但抹煞了《春秋》的精神，不能理解孔子以《春秋》救乱世的苦心，而且率天下之人伤害仁、义的真实内

---

① 廖平学，黄镕笺述《五变记笺述》，《廖平选集》上册，第563页。
② 齐桓公援救三国的事迹始末，详见《左传》庄公三十年、三十一年、闵公二年、僖公元年的记载。责楚不入贡之事，详见《左传》僖公四年的记载。

涵。因为假使学者高谈王道、德行，鄙弃武力、伯／霸功，将会致使国家积弱不振。既然廖平不满宋儒的崇王贱伯／霸思想，那么对于这一思想的源头——孟子的王伯／霸之说如何看待呢？他以同情的角度理解孟子主张王道，认为孟子所处的时代，战国七雄彼此竞相攻伐，需一有德之王者出而统一，始能救民于水火。①他并未批评孟子的崇王黜伯／霸，相反地，却对持类似观点的宋儒予以反驳，最重要的原因就在于行王、行伯／霸非高下之别，重点在其"时"的问题。廖平一方面继承清代汉学反对宋学空谈心性的传统，另一方面也是将宋朝国力与近代中国的遭遇作比拟，认为在弱势的处境下，所学应"征诸实用"，这与陈亮处在南宋外侮之际，反对儒者"低头拱手以谈性命"的思想有异曲同工之妙。不过廖平的特色是他将对治乱世的"伯／霸"学系属于孔子的《春秋》，《春秋》的核心精神就是以孔子所托的二伯／霸功业昭示后学，廖平认为这是过去注解《春秋》三传的学者如何休、范宁、贾逵、杜预都不曾真正体会的，所以他要"商榷何、范，砭箴贾、杜"，②使学者了解孔子的《春秋》大义以征诸实用。廖平也注意到历代以来学术与世运的关系：

> 顾验之往古，必先有学说发明于先，而后事迹从而践之。"王伯之学"以内夏外夷为宗旨。故秦筑长城，北却匈奴。汉世继踵，辟南越，降夜郎，通西域，征大宛。国威远播，号称"天汉"。此博士明经之功也。新莽摄政，"古学"初噪。

---

① 廖平学，黄镕笺述《五变记笺述》，《廖平选集》上册，第563页。
② 廖平学，黄镕笺述《五变记笺述》，《廖平选集》上册，第564页。

无德用事,误引周公之圣,谬法井田之隆,致使天下分裂。然中兴以后,国势不弱,犹纵横于葱岭东西,兵破安息,直抵波斯海湾,可谓盛矣!厥后清谈误国,渐以不竞;唐崇佛学,儒尚骈丽;宋宗道学,党派私争;明始制艺;清代八股。皆于经学粉饰支叶,咸非其本义。由是晋有五胡之乱,其卒也南北相持;唐有藩镇之祸,其终也五季倾轧;宋多内讧,而外患乘之,蒙古崛起;明阿同姓之私,颁《朱注》为宪令,高谈性理,骛虚弃实;清承明敝,利用腐儒,安常守旧,杰出朴学,字句琐碎,经术晦暗。迄于今日,邪说横流。甚谓"孔子毕生,海外未经游历,地球未尝梦见"。将欲废孔毁经,别求宗主。此非孔经之咎,乃诸儒解经之咎也。①

廖平推崇汉朝能够向外开拓,国威远播,这是西汉博士的"明经"之功。到了王莽时代,推重古学,不能理解所谓"周公"之学,弄得天下分裂。魏晋时期清谈误国,招来五胡之祸;唐朝崇尚佛学,也影响国力,最后有藩镇之乱,五代之间互相倾轧;宋朝宗奉理学,党争内讧,外患入侵。明清实行八股,清朝又以朴学为学术基调,使得经术破碎晦暗,故于今国力衰弱,甚至出现废经的"邪说",这都是不了解孔子经典的真正意义。以上廖平推崇历史上的霸功与陈亮的推崇汉祖唐宗十分神似,不过廖平却只有盛赞汉朝,不推唐朝,事实上盛唐的武功并不亚于汉朝,何以他独钟于汉?其实廖平所钟者在于西汉的经术,认为西汉能重视施行通经致用的今

---

① 廖平学,黄镕笺述《五变记笺述》,《廖平选集》上册,第578—579页。

文经学,所以能使国力强盛。

　　对于伯／霸业、事功的重视,晚清时期,在廖平之前的魏源亦曾注意到这个问题。魏源认为后儒因为孟子的"王、伯／霸""义、利"之辨,遂以为兵食之政、实业之事为孔子门徒所羞称之事,不知古代圣人的理想皆欲以事功平治天下,否则空言心性、耻言富强的"王道"将一无用处,所以他说自古"无不富强之王道"。① 不过魏源论"王""伯／霸"与廖平仍是有所不同,廖平是将"伯／霸道""王道"分成两个阶段,伯／霸道的阶段先完成了,才能进入到王道的阶段。但魏源是将"伯／霸道"并入"王道"的价值体系之内,有伯／霸功才能成就真正的王道。魏源、廖平两人虽然对于"王""伯／霸"的诠释方式有所差异,但对"伯／霸"的重新反省思考并从而推崇之的心念是相似的,这与晚清以来外患的刺激都有密切的关联。

　　中国传统的政治思想,长期以来都以王道为追求目标,尚德而不以力治为然。近代以来,在西方列强的侵逼下,思想的一个重大转向,是对富强的追求和对"力"的推崇,魏源是此一转向的先锋。自强运动时期,洋务派求"强"的指向则十分明显。黄遵宪在著于光绪十三年的《日本国志》中比较了中国传统与西方对武力军事的不同观念,最后有了耐人寻味的看法。他虽然叹息于西方的军备对立,认同中国古圣人的深戒穷兵黩武,但却话锋一转,说:"今日之事,苟欲禁暴戢兵,保大定功,安民和众丰财,非讲武不可矣。"② 最终仍是无奈地体会到讲武的必要。戊戌之后,康有为甚

---

① 魏源:《默觚下·治篇一》,《魏源集》,台北:鼎文书局,1978,第36页。
② 黄遵宪:《日本国志》,天津人民出版社,2005,第533—534页。

至明白地说"天道无知,惟佑强者",只有兵强才能号称文明,使人敬重。①光绪三十二年,学部颁布了新式学堂的教育目标,提出"尚公""尚武""尚实""尊孔""忠君"五项教育宗旨,②明白地揭示尚武精神,是儒家传统一直以来所罕见的。这种现象还反映在当时教科书的内容上,根据沙培德(Peter Zarrow)的研究,清末民初一些历史教科书的作者对于那些国势强盛的朝代常给予很高的评价,甚至严酷的秦始皇,此时也被称许其能够保疆卫土。③廖平对霸功的重视,可以放在这样的时代背景下来理解。

尚力的局面与心态也使传统的道德观念随之转变。在中国人渐渐发现,在列强主导的国际秩序中生存竞争原则是弱肉强食的刺激下,严复介绍的达尔文进化论在知识界很快就得到了共鸣。其实严格说来,崇武尚霸并未背离原本儒家的道德理想,例如从儒家对商汤、周武王"吊民伐罪"的肯定观念言之,儒家显然并没有绝对要放弃战争、纯任道德的主张,只是使用"力"时,必须要以"德"为出发点。然而孟子的"尊王贱伯/霸"观念经后世不断的论述,特别是经过宋儒的发扬,已逐渐内化成为颠扑不破的传统文化价值。④再回到廖平的语境来看,其实他所批评的,主要也是针对宋儒以来言心言性,不重武备、不切实际地侈谈仁义。如果说廖平的崇武尚力并没有脱离儒家本有的道德理想,那么接下来要讨论的他

---

① 康有为:《上海强学会后序》,收入汤志钧编《康有为政论集》,第171页。康有为:《物质救国论》,台北:宏业书局,1976,第36页。
② 舒新城:《近代中国教育史料》,台北:文海出版社,1979,第97页。
③ 沙培德:《启蒙"新史学"——转型期中的中国历史教科书》,收入王汎森等《中国近代思想史的转型时代》,第72页。
④ 张启雄:《中华世界秩序原理的源起——近代中国外交纷争中的古典文化价值》,收入吴志攀、李玉主编《东亚的价值》,第110—111、140—142页。

如何主张以"谲而不正"的态度自处于国际社会,就是针对儒家的不足而思弥补或转变的。

二、"谲而不正"更胜于"正而不谲":伯/霸者应具备的特质

廖平对于《春秋》二伯的齐桓公与晋文公,有一个很特殊的观点。《论语·宪问》载有孔子的两句话:"晋文公谲而不正,齐桓公正而不谲。"廖平以此二句中,时代较后的晋文公置于句首,是嘉许晋文胜于齐桓之意。为何会以为孔子嘉许晋文,廖平认为从齐楚召陵之盟,以及晋楚城濮之战二事来比较,就可以看出孰优孰劣。①"城濮"与"召陵"之事为何?又什么是"谲",什么是"正"?从这两句描述语所出的《论语》,以及《春秋》特别是《左传》的齐桓、晋文史事及注解等数据中可以看到相关的论述,而廖平的观点也多针对《左传》的内容抒发己意,因此本文先呈现《左传》《论语》的说法,再进一步探讨廖平所欲强调的重点所在。廖平始终以《左传》为解经之书,致力于三传会通,而且到晚年有更加重视《左传》的倾向,视之为近代国际外交的参照,②故他对《左传》的抉意,也是其以孔经面向世界的诠释。

由于《论语》中,孔子没有具体指出齐桓、晋文的何种行为属"正"或"谲",因此后世的学者往往从记载二者事迹最详细的《左传》做探讨,去寻找孔子的本意。杜预注解《左传》,两次提到晋文公"谲而不正",第一次是在叙述城濮之战触发的前因时。战争发生的原因,是本与楚国同盟的宋国叛楚,转而与晋交好,楚

---

① 廖平学,黄镕笺释《五变记笺述》,《廖平选集》上册,第563页。
② 廖平:《大同学说》,第11—12页。

国因而围攻宋国,宋国遣使到晋国求援。晋的狐偃建议先攻击楚新得的同盟国曹、卫,如此一来,楚必救之,就可以释宋之围。[1]于是晋文公伐曹侵卫,拘执曹伯,却不依例交给京师,而径送至宋国,欲借此激怒楚国,使其与己交战。杜预称晋文公此一行径是孔子所谓的"谲而不正"。[2]杜预第二次提到晋文公"谲而不正",是在城濮之战刚结束时:

《春秋》:僖公二十八年,冬,公会晋侯、齐侯、宋公、蔡侯、郑伯、陈子、莒子、邾人、秦人于温。

天王狩于河阳。

《左传》:是会也,晋侯召王以诸侯见,且使王狩。仲尼曰,以臣召君,不可以训。故书曰,天王狩于河阳,言非其地也。

杜预注:晋侯大会诸侯,而欲尊事天子以为名义,自嫌强大不敢朝周,喻王出狩因得尽群臣之礼,皆谲而不正之事。[3]

城濮战后,《春秋》经文于僖公二十八年条下记载:冬天,晋文公大会诸侯之师于温。经文又继续写着:周天子到河阳狩猎。《左传》解释,这个盟会是晋文公召天子来温,使诸侯朝见,且请天子狩猎;并引孔子之语说,以臣召君,不可以垂训后世,所以《春秋》一改旧史的天子至温受朝,故意书写王到河阳狩猎。杜预注

---

[1] 参《左传》僖公二十六年、二十七年传文。见杜预注,孔颖达疏《左传正义》,第265—267页。
[2] 杜预注,孔颖达疏《左传正义》,第268页。
[3] 杜预注,孔颖达疏《左传正义》,第276页。

解以晋文公欲诸侯共尊事周天子,但当时周室已衰微,文公自嫌强大,若忽帅九国之师入京,恐启人有篡夺之思,权宜之计,遂召众诸侯共会于温,谕令周天子出狩,其实是来此就会受朝。杜预以此等权谋之事皆为"谲而不正"。

除了杜预以外,何晏的《论语集解》也在出自《论语·宪问》的这两句话下,引用郑玄的观点,以"谲"为"诈",认为召天子来让诸侯朝见,是使诈的方式,不值得称许,与杜预的看法类同。至于齐桓公的"正而不谲",何晏引马融的说法,认为是表现在"责包茅不入,问昭王南征不还"的"公义"之上。① 邢昺《疏》综合申述道:

> 此章论二霸之事也。谲,诈也。谓晋文公召天子而使诸侯朝之;是诈而不正也。齐桓公伐楚,实因侵蔡而遂伐楚,乃以公义责包茅之贡不入,问昭王南征不还,是正而不诈也。②

齐桓公伐楚发生在鲁僖公四年,所持的原因是楚不向周天子进贡祭祀所需的菁茅,以及周昭王巡守南方而不还的往事。邢昺《疏》则点出了桓公最初源于私人恩怨侵蔡而遂伐楚的事实,却仍然认同马融所说的"伐楚以公义",出现了一种矛盾,而且齐桓公以久远前溺于汉水的周昭王不复作为攻楚的口实,是否真的心术纯正而不使诈,实令后人费解。然而不论齐桓公是正是谲的争议为何,总之,前人均以孔子《论语》所说的"正"为善,"谲"为负面的评价,但

---

① 何晏注,邢昺疏《论语注疏》,第126页。
② 何晏注,邢昺疏《论语注疏》,第126页。

廖平的解读则完全相反。

相较于前代学者的说法，廖平将晋文公的"谲"重点放在战争进行的过程以及结果上，以此彰显霸者所需具备的特质：

> 夫文谲桓正，孔子正据城濮、召陵之事比较优劣。晋用诡谋以战胜，（黄镕注：《左氏》所载蒙马曳柴等事，皆兵家权谋用奇之术。临事好谋，孔子所与。）齐仅责贡以蒇事，（黄镕注：《春秋》曰："楚屈完来盟于师"。为齐桓讳。）圣意尊晋而抑齐，《春秋》书曰："楚师败绩"，嘉晋文也。故颠倒时代，先文后桓。宋儒主张"诚""正"，薄弃诡谲，既与圣评相反，又不识"九合""一匡"褒奖霸功之意。①

晋楚城濮之战，晋在战争过程中擅于权谋，诸如使用蒙马、曳柴等诈术，最后文公赢得一场全胜的战役，声势威吓，非华夏的楚难以敌之。反观齐、楚完成召陵之盟前的过程，是齐仅先以包茅不入贡的公义责之，接着楚为避齐锋，遣使屈完请和；齐国见到楚的国力强盛，不能用强力屈楚，只好在召陵与楚国结盟。廖平认为这两者相较之下，优劣互见，《春秋》书晋楚城濮之战曰："楚师败绩"，足见嘉许晋文公之武力声威，但反观《春秋》书齐楚召陵之盟曰："楚屈完来盟于师"，这是为齐桓公的不够强盛之屈辱而避讳。

"谲"胜于"正"的说法很特殊，尽管《韩非子·难一》曾有过"战阵之间，不厌诈伪"的说法，却从来不是儒家的主流思想，

---

① 廖平学，黄镕笺释《五变记笺述》，《廖平选集》上册，第563页。

经典更不曾主张操弄权谋式的争斗竞强。但是廖平面临的是一个两难的处境。若将廖平自身的经验设成一个坐标，那么这个坐标的此端是他本有的学术与信仰背景，那是传统以德化为核心内涵的、"正而不谲"的经典世界；然而坐标的彼端却是一个尔虞我诈、"谲而不正"的国际局面，这两端之间存在的是一个难以跨越的鸿沟。他在这两端之间寻求经典与现世的对话，找到的衔接桥梁就是《春秋》中的齐桓、晋文二伯／霸，何以选择二伯／霸，这与《春秋》对二伯／霸的书法有关。孔子的政治理想虽是主张王道的以德服人，但春秋是一个乱世，诸侯相互争战，必须以强力维系着国际秩序与国内和平。《春秋》中对于霸者的作为常使用"实与而文不与"的书法，表达了在孔子看来，现实虽然并非合理，但这种局势下，他对霸者的褒贬并不是善恶截然二分，也有肯定之处，这固不失为中庸的理解现实态度，但是也有其模糊性。廖平缘于受晚清以来的刺激，相信孔子之道必能与时推移，他因着《春秋》之中孔子对于齐桓、晋文二伯／霸态度的模糊性，极力解释为孔子对霸道的推崇，把长期以来，特别是自宋儒以下，隐然被摈于儒家传统主流之外的尚力思想用自己的方式重现到经典的真理之下，赋予新义，再加入了传统所未曾有过的质素："谲"，说成是孔子对治乱世的大法，让中国能立足于世界，这也不无重塑经典教义与儒学的意味。

从以上的论述，现在可以更清楚地比较出廖平思想的转变之处。光绪二十九年以前，经学三、四变的时候，二伯的论述重视礼在国际秩序的重要性，中国为诸夏，处在世界的中央，要以中国的经典用夏变夷。但是到了光绪三十二年的五变以后，本来是经学制度性的"二伯"转变成了具霸者形象的"二霸"，由世界性的关怀转成了对中国本身行霸的重视。再从《春秋》对世界与中国的教化方面来看，三变、四变时认为中国已经完成了《春秋》的教化，而且到达美盛的状况，《春秋》的功用只有对治西方，以中国为榜样拨正世界。但是五变后不再提《春秋》拨世界之乱，着重把重心放到中国之上，甚至不再认为中国已经完成了《春秋》的教化，反而中国还需要《春秋》的霸道来引导，期能在世界中自强。

我们可以感受到廖平的思想从胸怀整个世界的秩序安排到悄悄地转变成以中国的强盛为最重要的关注焦点，这种思想的发展是有迹可寻的。他稍早建构"大《王制》"期望取代《万国公法》时，就已经认识到国际上是一个强凌弱、众暴寡的现实，在这种体悟下，逐步走向强调振兴中国的武力，就成为一个必然的导向。其次，他的转变也很可能受了外在政局与思潮的影响。光绪三十一年日俄战争爆发，日本打败俄国，在中国士绅眼中这是立宪优于帝制的明证，于是中国士绅欲模仿日本建立君主立宪的民族国家势不可当。立宪派为了有效抵制以"排满"为重要特征的革命浪潮，强调中国各民族具有共同的利益关系、命运和责任，对无论是否认同立宪的汉族人民省思中国各民族一体化之"文化民族主义"或"国族"的历史趋势产生积极影响。光绪三十二年正是清廷预备立宪开始的第二个年头，清廷和广大士绅主张儒家文化是民族认同符号，民族国家通过立宪建立，主权为立宪国家所拥有，表明中华帝国在"文化民族主义"支配下有迅速向现代民族国家转化的倾向。[①]或

[①] 黄兴涛：《现代"中华民族"观念形成的历史考察——兼论辛亥革命与中华民族认同之关系》，收入刘凤云、刘文鹏编《清朝的国家认同："新清史"研究与争鸣》，中国人民大学出版社，2010，第277、279—281页。

许这种时代的氛围正是促成廖平在光绪三十二年后，关切焦点从"天下"转移至"中国"本身的重要契机。不过廖平还没有使用到"民族主义"这样的词汇，也还没有走到那一步，因为他最终极的目标仍然是世界一统。必须要理解的是，廖平的思想虽然有变化，但是没有断裂，并观他同时期（五变时期）的其他著作，例如从《孔经哲学发微》《世界哲理笺释》的内容来看，他从来没有放弃过以孔经化导世界、"用夏变夷"的理想。对他来说，行霸是"小康"时期的实践目标，但是引领世界进于未来的文明也是要同时并进的，①最终不止是要中国的强盛，而且要追求世界大同，所以他同时强调："以大同为精神，以小康为实用，因时制而为，此议切要，尤在化其自私自利之旧习，而以圣学大同为归宿云。"②这是传统知识分子关怀整个天下的精神。③尽管如此，我们仍必须强调，这个"平天下"的目标在光绪三十二年以后被他挪到更遥远的未来是一个事实，以中国行"伯／霸"为当务之急，当下就必须要实行从前儒者所罕言的"霸"，要让中国即刻就能立足于世界。相较于廖平思想前期，这是一个很大的转变与特色，当下的重点是本国的强盛，而非平治天下（世界），他透过经典的语言呈现出此一

---

① 详见廖平学，黄镕笺释《世界哲理笺释》。
② 廖平：《大同学说》，第13页。
③ 近代学人一方面主张切近现实、尚武敌忾的国家主义（或民族主义），一方面又摆荡于崇尚未来理想的世界主义，是一个时代的特色。见罗志田《理想与现实——清季民初世界主义与民族主义的关联互动》，收于王汎森等《中国近代思想史的转型时代》，第279—283页。廖平未曾使用"世界主义"与"国家主义"的词汇，也不能确定他在清末民初是否已经接受了这样的新概念，但是他追求地球"大统"或世界"大同"，则与"世界主义"的理想若合符契；主张中国行霸，又略带有"国家主义"的意味。廖平的思想体现了这样的时代思潮特色，但也有自己的独特性。

意向。

　　本文也触及了一个历史问题，即经学在近代中国转型过渡时期的蜕变情况。经学在近代的衰退为势之必然，已是一个公认的事实。原本儒家的真精神、儒学的生命力，体现在以经典经世的一面，包括经学对世道人心的规范，也包括其对实际政治的指导。近代以降，西学东渐，种种的原因造成经学的致用功能急遽地弱化，目前学界的相关研究，偏重于从"由经化史"的角度探询此一经学蜕变的内容。不过从本文的析论来看，由经入史并不必然就是经学嬗变过程中的唯一路线，廖平与康有为都是在经学权威遭遇时势的逼迫挑战之后，努力地要回复、强化过往经学治国、平天下的致用功能，以此重建经学的信仰，显示了欲维系经学命脉的用心。然而如此挽留经学，仍难以让经学的颓势命运得到重生，因世局的遽变已经不是传统经典的观念所能响应。廖平、康有为各自要将吸取自当代的价值观与政治主张注入孔经之中，孔经信息的增殖变得无所不能，经典的意义已经远超出了一定的范围，难以达成共识，也无法为多数的学者所接受。例如《公羊》的三世说，廖、康的诠释可以导出全然不同的政治理念。就廖平本身的解经过程来看，面对世局与一己想法的转变，他对"二伯"的理解也可以有全然不同的面貌。因此经学若要在近代脉络下重新让它成为致用之学实属窒碍难行，但从学术变迁的角度来说，廖平固守经学的困境也是经学的近代转化过程所呈现的重要特色之一。

小　结

近代中国思想史上有一个从"天下"到"世界"的进程。"世界"这个新词汇的认知既是地理的，也蕴入了来自西方政治的和文化的价值观念，它逐渐取代了过往以中国居于中心的"朝贡体系"为基本框架下的"天下"观念。然而对晚清人而言，该如何为中国在世界中寻求定位，却是一个焦虑彷徨的过程。特别是在甲午战后，中国处于被欧美欺凌歧视之列，被世界边缘化甚至不曾"进入"世界的感受也日渐深刻。以晚清《公羊》家的代表性人物康有为为例，他内心的版图中，属"文明"的"诸夏"已成了欧美，而中国则大致落于"夷狄"的一边，因此如何进入世界以成新"诸夏"的一员是迫切的渴望，对康有为而言，政体的改变正是扭转中国在世界中的位置相当重要的一个关键。然而廖平的思想所展现的，却是另一种如何为中国重新定位的典型。

美国学者约瑟夫·列文森（Joseph R. Levenson）在《儒教中国及其现代命运》中提到廖平的学术时指出，从事公共活动的儒家，例如薛福成，经常到书中去寻找"我们要做什么"这样的问题，而像廖平这样"脱离实际"的儒家则问"我们是什么"，或"我们在哪里"。因此列文森视廖平的儒学与现实分离，是一个空谈、缺乏积极性的表征。不过笔者认为，廖平要说的"我们是什么"或"我们在哪里"，正是值得我们探讨之处，因为它透露了一个传统的知识分子，于世变之际，怎么看待自身的价值，以及所要坚持的是什么，透过廖平的研究，可以更细致地思考这个问题。

廖平在诠经的过程中不断地吸纳时代新知，进化论、《万国公法》、《佐治刍言》、鲁索与孟德斯鸠的西方民主学说、革命派刊物（如《新中国》《浙江潮》）、甚至世界主义、民族主义都是他阅读世界的一部分与关注的时代议题。但是他最重视的仍然是传统文化的关怀，"三纲"伦常及以此伦常为基础的皇权体制是廖平的坚持与信仰，认为西方没有中国经典伦常为基础的礼意和礼制引导，因此公法也不能改变弱肉强食的国际现实。说得更仔细些，中国在政治制度方面本身没有什么问题，是西方缺乏经典的沾被，故心术质野造成诸多的侵略与纷争。现在改革者无论是立宪或革命派反而要去除足以作为普世价值的本有文化根荄以盲从西方，这才是他所痛心、视为本末倒置的事，他真正忧惧的是文化、三纲的陵夷。这也可说是近代《公羊》学者思想内部另一种方向的关怀，而以往较为人们所忽略者。

长久以来，我们容易有一种观念，以为晚清《公羊》学者的政治立场往往是变政的主张。廖平的确在"新学伪经""孔子改制"的层面上启发过康有为，但是孔子所改之"制"是什么，以及如何为中国与世界提出一个理想的未来，廖、康两人的观点却有很大的差异。廖、康同样托于孔子的《春秋》以作为世界性的普遍真理，但价值观上康有为可说是倾向于"变中国以从西方"，引西方民权的理念，先主张君民共主的立宪，认为唯有改变政体才不至于落入世界的边缘与"夷狄"的命运，接着要过渡到民主，终极理想是无阶级的大同。廖平可说是较接近于"变西方以就中国"，要将以三纲为精神、《王制》为架构的天子、诸侯体制普及于世，安排有礼有序的理想国际秩序，改变当今西方的国际体系，让世界成为一个具尊卑礼让的伦理共同体。也因着中国有三纲伦理为主体的经教，故能成为世界的"诸夏"，立足于中心的地位，从来不曾被边缘化。因此廖、康两人的孔子改制内容并不同调，这是植根于伦理观的差异有以致之，故本文的研究也点出了近代《公羊》学者内部思想、政治理念的多元面相。

传统经学重三纲，导向以王权为尊的价值观，因此廖平要"挽救"三纲伦常，推尊王权，对于西方不同价值系统的制度，自是不易接纳。因此廖平很少提出一套具体因应中国当前的制度，与他忧惧文化、三纲的陵夷正是他思想的一体两面。因此要以经学作为致用之学来转化近代中国的危机有其根本上的难行之处。而另一方面，康有为以西方的制度精神套入经学，又改变了传统经学本有义涵，有"变中国以从西方"之嫌，因此廖、康诠释经学的不同模式都同样可以说明经学作为治国、平天下之学在近代的历史下有其困境。

最后，透过廖平经学的研究，可以看到在世变的大环境下，经义的诠释也在不稳定的状态之中，可以有完全不同方向的解释。本文所叙述的廖平从平天下式的制度性"二伯"之世界关怀到聚焦中国之"二伯／霸"的转变，或是从传统崇尚"正"到推崇"谲"的思想转变，不无转化或改造经学原有价值观的意味，都有深刻的时代烙印在其中。时代在变动，关怀时代的经学家廖平的思想也在变动中，经学诠释也跟着随时转变，"变"的过程无非是要让孔子的教化能够适应新的时代，把新的价值观不断的揉进"孔经"之中。因此廖平的经学，思想史的意味重于学术上求真的价值，本应具有恒常性的"经义"在他的生命历程中所展现的却常是变动不定的状态。由于孔经信息的增殖变得无所不能，经典的意义已经远超出了一定的范围，难以达成共识，也无法为多数的学者所接受。因此经学若要在近代脉络下重新让它成为致用之学实属窒碍难行，但从学术变迁的角度来说，廖平固守经学的困境也是经学在近代转化过程所呈现的重要一环。

第六章　文质彬彬
——大统理想的经学实践进路

廖平的大统理想欲以孔子之道来统治世界，待到全球开通之后"同尊圣教"；在这个过程中，还要以中国的"文"与西方的"质"互济调和，最后是文质彬彬的太平极致境界。然而在说明世界可以依着孔经的普世价值逐渐臻于大统的境地时，廖平有没有一套支持自己想法的史观？中国当下该如何实践经典？又先前第五章也提到，虽然世界大统始终是廖平的终极理想，但是在世变的过程中，他也有愈来愈重视中国本身应先振兴的倾向，这个倾向对他的文质观有没有影响？廖平复杂多转折的学思历程中，在落实到未来理想的进路里，其思想与方法是否也有转变的过程？这些都是本章要探讨的论题。

第一节　以孔经文明为五大洲的进化坐标

一、进化意识下的经史区别

要讨论廖平大统理想的经学实践进路，首先应从其进化史观说起。廖平论孔子为万世垂法，有一个理论核心，就是经史有别，所谓"论孔学大要，在经、史之分"。①六经为"经"而非"史"，本是清代今文经学家的一贯理念，只是廖平将这一理念推演到极致，成了六经内容皆为"符号"，非真有其事，后来康有为的《孔子改制考》亦脱胎于此一理念。王汎森先生在《古史辨运动的兴起》一书曾对此种思想的演变有过十分详细的研究。他指出，由清中叶的《公羊》家刘逢禄到凌曙，再到陈立，中间有一条清楚的思想脉络。刘逢禄提出《春秋》中的鲁与天王、诸侯都是所谓的"薪蒸"，这是说孔子假借鲁史以发挥一己之义。凌曙于《公羊礼疏·序》中说《春秋》中所记载的事迹只在"有无"之间而已，不必把《春秋》的史事当真，这相当严重地打击了《春秋》经的信史性。承继凌曙之学的陈立，又提出"筌蹄"之说，就是《春秋》中的史事皆如《庄子·外物》中所说的"筌蹄"，只要"义"能到手，"事"是可以当作筌蹄般抛弃的。不管是"薪蒸说"或是"筌蹄说"，虽与廖平的"符号说"有紧密的关联，却还是有相当的距离，因为他们毕竟不像廖平明白地宣称经文中的史事全都是假的，

---

① 廖平：《孔经哲学发微》，《廖平选集》上册，第303页。

都是"符号"。①而笔者认为,这种"符号说",在廖平的老师王闿运的学说里已有这样的端倪,②廖平从学于王闿运,王氏的思想对他应有很大的启发。总之,可以肯定的是廖平的经史之分与符号说,是接续从刘逢禄、凌曙、陈立、王闿运等一路延续下来的今文经学路向发展的结果,③不过,相对于其前辈的今文学者,廖平的经史区别,又有内容上的深化与着重点的差异。

廖平之前的今文学家论经史之别,重点在于经典中的史事目的只是支持发挥经典之义,未必真有其事,且对象主要是《春秋》一经,他们基本上还未否定上古为黄金时代的想法。但廖平特别注意的是五经中的记载,愈上古以前的政治、社会愈完美,但史实却是相反——愈古愈是蛮荒而未开化的状况,如尧、舜、禹时代的真实情形是洪荒未开、大羹玄酒、茅屋土阶的草昧之象,与经中的鸿规巨制全然不同:

> 夫尧时禽兽逼人,舜如深山野人;又舜,东夷;文,

---

① 王汎森:《古史辨运动的兴起》,第131—160页。
② 例如王闿运在《春秋公羊传笺》中将"西狩获麟"解释为麟被获于西方,就如同孔子之道无法行于海外的西方国家。孔子本是圣人,当王天下,不幸没其位,所以著书希望后世的人能行其道,而且这样的道,孔子当初已经预见,是要普及以后的西方世界的。此外,王闿运把《春秋》中鲁哀公十三年的经文"公会晋侯及吴子于黄池"的"吴"也比为海外之国,影射西方。如此看来,王氏已有《春秋》"符号"说的端倪了。见王闿运《春秋公羊传笺》,华东师范大学图书馆藏,续修四库全书版,据清光绪三十四年刻本影印,第346—349页。
③ 丁亚杰指出,经学在清代地位崇高,在乾嘉时期是学者治学的主要范围。但从钱大昕、俞正燮、章学诚以降,不断从史学立场挑战经学,刘逢禄、皮锡瑞对此也有所回应。廖平所论,即循刘逢禄,皮锡瑞轨迹。这同样是把廖平的经史区别置于今文经学发展的脉络之下。见丁亚杰《清末民初公羊学研究:皮锡瑞、廖平、康有为》,第194页。

西夷。孟子所称，何等谫陋！他若《尸子》《韩子》《淮南子》所称尧舜，皆乔野无文，此犹可曰俭德也。《礼·明堂位》"土鼓、蒉桴、苇籥，伊耆氏之乐也"，已无八音克谐之雅。《墨子》"尧堂高三尺，土阶三等"，难容群牧群后之朝。《淮南子》：舜作室、筑墙、茨屋。《礼记》虞官五十，则与"百僚师师"不符。秦博士说古帝王地不过千里，则与五服五千不合。《礼纬》唐虞二庙，夏四庙，殷五庙，周六庙，已非"天子七庙"之制。《左传》"天子七月""诸侯五月""大夫三月""士踰月"。经制。《尸子》谓"禹之丧法，制丧三日"。况禹卑宫室，恶衣服（黄镕注：《论语》）；尧下为巢，上营窟（黄镕注：《孟子》）；不窋失官，窜之戎狄（黄镕注：《国语》）；太王居邠，被侵狄人（黄镕注：《孟子》）。草昧之象，载籍极博。以为文明者，固信经而不谙事实；以经为史者，又逐末而不识本根。谣诼烟霾，孔义不著。是当划分经史之界，而后内容外观，文野迥异，即孔经之作用亦显。①

廖平从经典、先秦诸子、纬书以及《论语》《国语》等著作中，爬梳出上古质朴的蛛丝马迹，包括疆域狭小、音乐的粗糙、宫室规模卑隘；官制、庙制、丧制等均未如经典所明白揭示的完备。相反地，廖平认为上古时期同姓婚嫁、违逆人伦等不合于经典礼制的情形，在古籍中俯拾即是：

---

① 廖平学，黄镕笺述《五变记笺述》，《廖平选集》上册，第566页。

> 请以《春秋》事实证之：如同姓不昏，礼之大者也。《论语》，昭公取于吴；《左传》，晋公子，姬出也；郑子产谓晋平公内实有四姬；《荀子》，齐桓公"姑姊妹不嫁者七人"；《汉·地理志》，齐襄公姑姊妹不嫁，令国中民家长女不嫁，名曰"巫儿"，为家主祠；他若鄫季姬自择配，徐女择婿子南。又史传所载鲁惠、卫宣、晋献、晋惠、楚成等，上烝下报，数见不鲜，全无忌惮。故人谓周公制礼，吾敢断之曰：周公无礼也！①

廖平以《春秋》中所特别重视的同姓不婚之礼为例，指出虽然经典明白以此为法度，但是从《论语》《荀子》或其他史传所记载的内容来看，这样的史实却层出不穷。此外女子自择配、国君烝报丑行等经典礼法不容之事，也是屡见不鲜的。因此廖平断言，周公并无制礼作乐之事，礼乐文明是始于孔子的拨乱反正之作，举凡《春秋》中常讥贬的世卿、丧娶、不亲迎、娶母党、丧期无定数、丧中不释官等事，正足以证明此为旧日通行之习惯，孔子作经，目的在垂法于后世。

这个地方有一个问题值得提出讨论。廖平经学二变时期（约光绪十三年到二十二年）主张"尊今抑古"，即以孔子为制作六经的圣人，但何以当时的代表作如《知圣篇》《古学考》等，虽也明确表达经史不同，却并未特别着重于上古为蛮野的状态，反而在始于光绪三十二年之后到民国七年的经学五变时期，才大力强调上古的

---

① 廖平学，黄镕笺述《五变记笺述》，《廖平选集》上册，第571页。

洪荒未开与经典的内容不符？为什么这个时候的廖平变得如此重视上古史的问题？这与晚清的进化思潮以及外国学者批评中国经典的史观有直接的关系。1895年2月，严复在《论世变之亟》中指出，近代中国所遇到的问题，并非一朝一夕而成，而是根源于中西文化价值取向的差异。其中，又以历史观的不同最为重要："尝谓中西事理，其最不同而断乎不可合者，莫大于中之人好古而忽今，西之人立今以胜古；中之人以一治一乱、一盛一衰为天行人事之自然，西之人以日进无疆，既盛不可复衰，既治不可复乱，为学术政化之极则。"①不管是退化论，还是循环论，一旦与厚今而求进的西式历史观相遇，便立即不堪一击，故欲与外人争胜，必须首先改变中国人的历史观念。此论对时人极具说服力，此后大约不到十年时间，进化已成为中国思想界中不言自明的"公理"和口头禅，成为近代中国最核心的信仰之一。②

从1895年往后推十年，正是廖平经学五变的时期，也是国内进化思潮甚为风行的时期。也同样在这个时候，外国学者对中国经典黄金古代的"退化史观"予以批评，激起廖平积极地要为孔经辩护。他于宣统元年所著的《尊孔篇·附论》中引述西方人批评传统经典的言论：

> 先文明而后蛮野，前广大而后狭小，与进化之理相左。西人据此以攻经，谓耶教由一国以推全球，孔教经说乃由三万

---

① 严复：《论世变之亟》，收于王栻主编《严复集》册1，第1页。
② 王东杰：《"反求诸己"——晚清进化观与中国传统思想取向》，收录于王汎森等《中国近代思想史的转型时代》，第315页。

里退缩以至三千，两两相形，劣败优胜，则孔教必不能自存于天壤。①

西方人以基督教由一国以推全球，中国却是由《尚书》记载的超越当今中国太多的三万里疆域，退缩到今天只有三千里，而且上古文明又退为野蛮，讥经典内容不符实际，而且与进化之理相违背。民国二年，廖平于北京孔学欢迎会的演讲中也说："日本学说，以六经退化，有违进化公理。"他又指日本学者怀疑《尚书·禹贡》的疆域广博为夸饰，而且在经典不正确的情况下，中国人却仍尊经守古，坐此"奴性"，因此学术没有进步。②廖平之后又再次提及：

> 外人推测进化公理，尚疑《尚书》夸饰（黄镕笺：日本那珂通世说）；且谓黄帝以来，疆域广博，至姬周，而内地多夷狄，楚则缺舌，吴乃文身，嗤笑中国人退化如此。比之子孙不肖，不能守成，如蚕自缚，无以解嘲。入吾室，操吾戈，中国学者何以御之哉！③

廖平指出日本明治时代的历史学者那珂通世④（1851—1908），

---

① 廖平：《尊孔篇·附论》，《四益馆杂著》，第216—219页。
② 廖平学，黄镕笺述《世界哲理笺释》，第2b页。
③ 廖平学，黄镕笺述《五变记笺述》，《廖平选集》上册，第569页。
④ 那珂通世（1851—1908），毕业于庆应义塾大学，曾任教于东京大学、早稻田大学。所著的《支那通史》，为日本最早的中国通史著作；又著《成吉思汗实录》，是日本蒙古史研究的经典，由此成为日本东洋史学研究的重要奠基者，"东洋史"概念即他最早提出。关于日本史研究，著作有《上世年纪考》。那珂通世22岁入福泽谕吉门下，福泽关于亚洲历史停滞论的观点也深深影响到那珂通世。

用进化的眼光，质疑中国经典如《尚书》的记载，上古时期疆域广大，政教修明，到了周朝春秋时期却是境域缩小，内地多夷狄，吴、楚则是缺舌纹身的南蛮之地，以经典与史实不符，甚而以此嘲讽中国后世子孙不能守成，致使文明退化如此。廖平此处未明言那珂通世的具体说法出自何处，考察那珂氏的著作，在晚清广泛流传于中国的是《支那通史》①，但此书中似乎没有这么鲜明的批判言论，②以管见推测廖平所指的，应是与那珂通世有密切关系的日本疑古学说。

那珂通世是将清代辨伪学者崔述（1740—1816）的著作介绍到日本的第一人，他于1903年校点出版了《崔东壁遗书》，给日本学界提供了引发疑古思潮重要的思想与数据资源。受那珂通世影响的嫡传学生白鸟库吉（1865—1942）主要透过《尚书》的研究，怀疑中国上古史的真实性，在1908年前后提出了"尧舜禹抹杀论"，掀起了轩然大波，接着日本的重要学者如内藤虎次郎（1866—1934）、津田左右吉（1873—1961）等皆从其风，继续疑古的研究

---

① 那珂通世的《支那通史》著成于1891年，是近代中国较早引进自日本的一种历史教科书，在当时教育界、学术界均有很大的影响。1899年，由罗振玉主持的上海东文学社重刻出版，始在中国有广泛的流传。《支那通史》虽属教科书善本，但是卷页过多，不适合小学，尤其是初小学堂的历史课本，柳诒徵（1880—1956）有感于此，于1905年将它改编成《历代史略》，以合教科之用。《历代史略》的出版，更助成了时人对《支那通史》一书的认识。
② 《支那通史》中关于上古疆域的问题，仅略为提及唐、虞之世，"中国不过三百里"，夏后、殷、周之世逐渐扩大。见那珂通世《支那通史》，岩波书店，1939，第107、141页。

与发挥。①因此廖平所谓的"日本那珂通世说",也许还包括了后来学者的立论。廖平也许透过当时的报纸杂志或译书感受到这股风潮,另外,他与日本学界也可能有直接的交流,因为廖平在世时,其学术已很受日本学者看重。例如吴虞在1922年的日记曾提到东洋史学者小岛佑马(1881—1966)就很醉心廖平的学说,②同年也记载日本汉学家、道教学者小柳司气太(1870—1940)来中国时,向吴虞询问廖平的著作,并要他的书目,③内藤虎次郎也曾注意他的学术动向。④从这些地方来看,他与日本学者接触、直接了解日本学术状况的机会不小。我们已知民初古史辨运动的疑古思想与清季今文家,特别是廖平、康有为的解经诠释有密切的关系;不过在民国十二年古史辨正式开始之前,廖平已经注意到日本的疑古思潮,并试着响应这个问题了,这是个值得注意的现象。

那么,何以西方及日本学者不承认上古尧、舜盛世的言论,会引起廖平这么大的震撼?因为历史是由蛮野进化到文明的这个

---

① 童岭:《那珂通世、林泰辅与清末民初的中国学界》,《文史知识》2009年第5期,第82—83页。又见盛邦和《上世纪初叶日本疑古史学叙论》,发表于2006年12月29日的"国学论坛"网站:http://bbs.guoxue.com/viewthread.php?tid=430691(检索日期:2009年12月15日)。

② 吴虞在1922年2月的日记中说:"廖季平学说,在日本亦非常尊重,前数年,小岛佑马(支那学同人)在《艺文》(京都帝国大学文科机关杂志)上,介绍他的学说,小岛君很醉心他的学说。"见中国革命博物馆整理,荣孟源审校《吴虞日记》下册,"1922年2月6日"条,四川人民出版社,1984—1986,第15页。

③ 中国革命博物馆整理,荣孟源审校《吴虞日记》下册,"1922年1月22日"条,第7页。

④ 列文森(Joseph R. Levenson)曾说:"1911—1912年的革命以后,廖平主持成都国学院数年之久。他越来越大的隐士名声,使得有名的日本史学家内藤虎(次)郎),在1915年讲学于京都大学时便说廖已在四川深山归隐了。"见列文森《廖平及其与儒家历史的脱节》,收入赖特(Arthur F. Wright)编《中国历史人物论集》,"中研院"中美人文社会科学合作委员会译,台北:正中书局,1973,第443页。由此可知内藤虎次郎亦关注廖平的学术动向。

学理，是廖平所认同笃信的，正因他认同历史只能是进化，不可能是退化，可是经典中明明记载着黄金美盛的上古三代制度完备、疆域广大，与进化的理论又是背道而驰的。如果不解决这个问题，将会对经典的公信力造成很大的伤害，所以他才说外国学者的这一批评"入吾室，操吾戈"，等于是打中了经典的要害。事实上，上古是否为完美的黄金时代，历代的学者如王夫之、焦循等均曾在有意无意间质疑过这个问题，①但这些零星的个人见解，并没有引起过多的注意，直到晚清进化思想传入后，上古的问题才获得较广泛的反思。廖平即是在这样的背景下重新思考古史的问题，不过作为一个"经学家"而非"史学家"的廖平，他的最终关怀不在于上古史实真相的深入探讨，而是在于这种当史实与经说产生矛盾之际，如何能为孔子与经典合理的诠释。廖平要说明的是，历史诚然是进化的，而孔子也绝不是一个退化论者，他的经典是符合进化公理的。经典中的文明，正是孔子表达进化至未来的文明，透过上古朴陋的

---

① 萧公权认为旧史家中的王夫之具进步史观。王夫之在《读通鉴论》卷一一一中以人类文明是变而益进的，古时人与禽兽无异，及圣人作，文明乃兴。若人不进反退，则今日已是鬼魅之域，显然与事实不符。见萧公权《中国政治思想史》下册，台北：联经出版公司，1989，第670页。汪荣祖也指出"船山此说不仅一反厚古薄今说，且破一盛一衰之循环论，而提出日进无疆之史观，暗与十七世纪以来西方进步思想相呼应。然船山之观点不为当时所知，自不能发达。故晚清变法家之进步观，大致得自近世西方之影响。"见汪荣祖《晚清变法思想论丛》，台北：联经出版公司，1983，第17页。清代的焦循在《孟子正义》"大人者不失其赤子之心者也"章中，对《庄子》称颂上古的和谐太平提出相反的意见。《庄子·缮性》曰："古之人在混茫之中，与一世而得淡漠焉。阴阳和静，鬼神不扰，四时得节，万物不伤，群生不夭，人虽有知，无所用之。"焦循反驳曰："岂知晦芒憔悴之初，八卦未画，四时何由而节？渔佃之利未兴，弧矢之威未作，人与鸟兽相杂，其灵于鸟兽者凡几？不知粒食，其疾病疢毒于鸟兽蠃蛖之肉者又凡几？而谓之不伤不夭，不亦妄乎！"见焦循撰《孟子正义》下册，沈文倬点校，台北：文津出版社，1988，第557页。

史实，再对照经典的文明，正可见出孔子的用心。在尊孔尊经的意识下，他否认经学为退化论，他说"经说若主退化，是乖世界公理。"①因此经典中的文明，绝对不可能是真正的古史，若是以孔经为史，则"无以为后来进化之地"。②廖平多次的提及孔经是主进化，非退化，可见他深深地认同近代中国的进化历史观，这也是他接受了这种时代思潮的明证。

进化论的思想意义在于它展示了一个美好的未来，从而为中国人提供了一条疏离于沉沦的现实，并走向未来的道路。从20世纪初年以来，以进化论的观点撰写历史可说是最时髦的口号。当时除了严复的《天演论》以外，如莱尔（Charles Lyell，1797—1875）的《地学浅释》，还有《斯宾塞尔文集》，严复翻译的《群学肄言》《社会通诠》，及19世纪末到20世纪初的一批社会学译本等，都展示了以社会进化的眼光看人事、历史、社会等面相。③廖平虽未明确说出自己读过哪些译作，但是他很关心严复的著作，严复的思想对他也有很深刻的影响；④而且从廖平的著述内容来看，特别是在甲午战后，他对当时出版的报纸杂志阅读很广泛，曾对《国闻报》《民报》《新中国》《浙江潮》《国粹学报》《万国公报》等做过回

---

① 廖平：《阙里大会大成节讲义》，《四益馆杂著》，第256页。
② 廖平学，黄镕笺述《五变记笺述》，《廖平选集》上册，第577页。
③ 王汎森：《近代中国的线性历史观——以社会进化论为中心的讨论》，《新史学》第19卷第2期，2008，第6—9页。
④ 廖平的经学会进入三变，以经典规划世界，以他晚年的回顾，自谓是读了登于《国闻报》中，严复的《拟上皇帝书》一文的影响。见廖平《四益馆经学四变记·三变记》，《廖平选集》上册，第549页。

应，①对时代思潮的脉动是敏感的，因此他接触并接受晚清十分普遍的线性进化史观，是可以做合理的推论，且答案是肯定的。

正因为上古的史实与经典的文明是如此的差异，才更能彰显出孔子的经典为后世制法的神圣性。基于这样的原因，廖平始终反对章学诚的六经皆史说。章学诚指出六经皆周官政典，②孔子与六艺的关系，他的看法是"六艺皆周公之旧典，夫子无所事作也"。③章氏叙述下的周公才是制作典章，集古圣之大成者：

> 周公成文、武之德，适当帝全王备，殷因夏监，至于无可后加之际，故得借为制作典章，而以周道集古圣之成，斯乃所谓集大成也。孔子有德无位，即无从得制作之权，不得列于一成，安有大成可集乎？非孔子之圣，逊于周公也，时会使然也。④

章学诚强调孔子有德无位，述而不作，他的贡献是传授周公的政典

---

① 廖平曾阅读过《国闻报》，见上注。响应《新中国》《浙江潮》的言论见于廖平《大统春秋公羊补证》卷八，第64页。《国粹学报》第2年第7期曾刊登廖平的文章；又廖平曾回应国粹学派之处，见廖平《墨家道家均孔学派别论》，《四益馆杂著》，第60b页。廖平也曾著《八行星绕日说》，知识来源应是得自于刊登在1892年11月的《万国公报》中，李提摩太著、蔡尔康译的《八星之一总论》。最后，廖平在光绪二十四年撰有《百年一觉书后》，也是针对1891年底至1892年初的《万国公报》中，连载美国贝拉米（Edward Bellamy）所著的小说《回头看纪略》(《百年一觉》)而发。
② 章学诚《文史通义·内篇·经解下》："六艺皆周公之政典，故立为经。"见章学诚：《文史通义》，台北：华世出版社，1980，第31页。又《校雠通义·内篇·原道一》："六艺非孔氏之书，乃周官之旧典也。"见章学诚《文史通义》，第561页。
③ 章学诚：《文史通义·内篇·原道上》，第37页。
④ 章学诚：《文史通义·内篇·原道中》，第41页。

以明其制、道。章学诚推尊周公胜于孔子，其实他是要说明经即帝王制作之典章，六经所载之"道"，必须借具体的事物来呈现，是一种"道器合一"的观念。但是廖平对这种将孔子描述成一个恪守周公旧典的形象，深表不以为然，他以春秋以前仍质朴无文的观点，认为周公并没有为周代制作一套礼制典章，他坚决地表示："人谓周公制礼，吾敢断之曰：周公无礼也！"①他指章学诚"六经皆史"之说为"市虎杯蛇，群入迷雾"，②并对同样主张六经为古史的龚自珍、章太炎予以同样强烈的批评，③因为如果六经皆为古史，就抹煞了孔子制作之意。

廖平又指出孔子制作的明证之一，即在先秦诸子对上古圣王的描述均不相同：兵家的尧、舜善战，法家的尧、舜明察，墨家的尧、舜节俭质朴，道家的尧、舜清净无为，儒家的尧、舜德望崇高，农家的尧、舜与民并耕。因此诸子皆借着寄托尧、舜以自明学说。以此推知，《尚书》中的尧、舜也不是唐、虞时之真尧、舜，只是托古垂法而已。班固的《汉书·艺文志》谓诸子皆六经之支流余裔，廖平以此申论，诸子既出孔子之后，之所以推美尧、舜，也是因为《尚书》中孔子以尧、舜托为大统的典范，故诸子亦从孔子而祖述之。而且《尚书》中的尧、舜记载不可能为史实，因为《论语》中，孔子曾言夏礼、殷礼的文献不足征，更遑论尧、舜时期。④是故廖平以孔子制作为命题，提出的依据就在于，从古籍中所寻出的种种迹象，推断经典的美盛必非上古的史实。廖平对于

---

① 廖平学，黄镕笺述《五变记笺述》，《廖平选集》上册，第571页。
② 廖平学，黄镕笺述《五变记笺述》，《廖平选集》上册，第569页。
③ 廖平：《孔经哲学发微》，《廖平选集》上册，第303页。
④ 廖平学，黄镕笺述《五变记笺述》，《廖平选集》上册，第569—570页。

经史之别与上古质朴的看法，颇类似于康有为《孔子改制考》中的"上古茫昧无稽考"等内容。廖平这方面的论述，也多晚于光绪二十三年出版的《孔子改制考》。的确，廖平在写作时，他曾明白表示看过康有为此一著作。那么，我们是否可以说是廖平受了康有为的影响呢？其实康有为的《孔子改制考》受廖平的《知圣篇》启发，已经是学界普遍认定的学术公案，而《知圣篇》中的孔子为后世制法，已可导出经典中的记载与上古圣人均为孔子所托的结论，所以也未必是康有为的观点影响了廖平。再说，康、廖两人对先秦诸子的看法也有差异。康有为先将诸子与孔子平列，以其各有道术，同于晚周奋起创教，皆托古改制，互相争教，最后儒墨并盛，称为显学，因孔子为诸子之卓，终于树立一统地位。但对廖平而言，凡子家皆出于孔门四科之学，再衍为九流，①孔子思想是先秦诸子之大原。这里不拟详细讨论廖、康之间学说的孰先孰后与异同，而更着重时代进化思潮对思想家的影响。

由于进化的历史观打破了黄金古代的观念，代之而起的是所谓"上古史的重新发现"，上古历史变得极为朴陋，愈伦理化或儒家化的古史被认为愈不真实。②廖平接受了这样的思潮，再结合上今文学尊孔的概念，因此强调上古朴陋，经典内容的美盛是孔子所托的进化至未来的目标，垂法于后世，透过孔经的进化公理，可以带领全世界迈向最文明的境界。

---

① 廖平：《知圣篇》，《廖平选集》上册，第196页；廖平：《经话（甲编）》卷二，《廖平选集》上册，第474页。关于廖平与康有为对先秦诸子看法的差异，又见陈美锦《反孔废经运动之兴起（1894—1937）》，台湾大学历史所硕士论文，1992，第43—44、53页。
② 王汎森：《近代中国的线性历史观》，《新史学》第19卷第2期，2008，第16页。

二、孔经为进化公理

上述提到廖平接受了进化论历史观的影响,但是晚清这种历史观的形成,是源于对现实的渴求,因为渴求能成为像近代西方国家那样的强国,视西方历史发展的历程是世界的"公例",全世界各地文明的历程无不与之相同,所以对比西方文明这支计算尺上的刻度,便可看出各个文明目前的阶段。晚清的历史著作中常有"公理""公例"之类的措词,往往就是归纳近代西方的经验所得到的一些原则,认为它们是放诸四海皆准的。①但是廖平在接收这些概念时,把所谓"公理"或"公例"的刻度,从西方文明,转成以中国孔子经典为坐标的进化观。廖平不断地提及经说符合"世界公理""进化公理","实行经意,则为进化"。②既然把进化的坐标,从西方文明,整个地倒转成孔子经典的文明,那么一般人所认同的西方文明,就不再是文明,西方需要接受孔经的导引,才能进入真正的文明状态。

由于近代中国面临西潮冲击,经过几十年的中西学战,愈来愈多的中国读书人从自认居于世界文化的中心,视洋人为野而不文的"夷狄",到主动承认西方为文明而自认野蛮,实际退居世界的边缘,甚至以为中国尚未"进入"世界。中国读书人真正开始意识到中国在世界的定位已由文变野,大约是在中日甲午战争之后,因此改善中国在世界的位置,或为中国在世界确立一个更好的位置,

---

① 王汎森:《近代中国的线性历史观》,《新史学》第19卷第2期,2008,第11—12页。
② 廖平:《尊孔篇·附论》与《阙里大会大成节讲义》,分别见于《四益馆杂著》,第210—216、250—256页。

成为近代士人持续探索和努力的目标。①廖平在这样的背景下，他不能接受中国被边缘化的处境，欲重新寻回中国在世界中心的地位，因此他要申论何谓野蛮，何谓文明，野蛮者为"夷"，文明者为"夏"，而中国的文明是遥遥领先于世界其他地区的。这样的论据，就在于泰西的文化程度仍犹如中国上古春秋时期，孔子未生以前的情况一般。他在完成于光绪二十七年的《知圣篇》指出：

> 中国当开辟之初，与今西国同。孔子未生以前，中国所尚之教，与海外亦无大异。天不生孔子于中国开辟之初，而必生于春秋之世者，开辟之始，狉狉獉獉，以能兴利除害、治器利生为要务，不暇及于伦常。语曰："衣食足，礼义兴。"《孟子》曰："饱食暖衣而无教，圣人有忧之。"中国必待帝王捍灾御难，人民繁庶，天乃生孔子，进以伦常之道。海外必先之以天方、耶稣、天主开其先，而后徐引之以进于孔子，此又一定之势也。海外开辟在后，以今日形势观之，大约如中国春秋时之风尚。②

廖平以天不生孔子于洪荒，是因为大地开辟初时以治器利生为要务，不暇及于伦常，必须待到自然灾难已经被抵御，人民繁庶之后，上天才降生孔子，进以伦常之道。当然这不只指中国，海外亦然，而且上天以伊斯兰教、基督教、天主教作为海外国家之先导，

---

① 罗志田：《理想与现实——清季民初世界主义与民族主义的关联互动》，收入王汎森等《中国近代思想史的转型时代》，第271—273页。
② 廖平：《知圣续篇》，《廖平选集》上册，第272页。

到今天西方进化至如同中国春秋的时期,已是孔子之道要施于其地的时候。又说:

> 今之西人,如春秋以前之中国,兵食之政方极修明,无缘二千年前已有教化。以中国言之,无论远近荒缴,土司猺獞,凡经沾被教化,惟有日深一日,从无翻然改变之事。故至于今,中国五千里皆沾圣教,并无夷狄之可言。以一经教化,则从无由夏变夷之理也。①

今天的西方人,与春秋以前的中国类同之处在于"兵食之政"非常修明,但是并未有教化。而中国在两千年前就已沾被圣教,日深一日,故国内已无夷狄之可言,且依着进化公理,不可能再由夏变夷了。廖平也表明,《春秋》所言是"俟后之书",所以不在描述中国先秦的春秋时期,而是暗示要拨正两千年后,即当今的西方社会,②目的在"用夏变夷"。廖平对夷、夏的判分,就在于三纲伦常的有无,而三纲伦常、礼教文明也就是廖平心中经典最核心的价值所在,也是廖平引之为进化坐标的刻度。

(一)论全球五大洲的进化依据

民国二年,教育部欲统一国音,召集全国读音统一会于北京,命各省及蒙、藏、华侨各举代表出席。廖平被推举为四川省代表,于民国二年2月赴北京,旅京同乡举行欢迎会于湖广会馆,请廖平讲演,所讲题目为《孔学关于世界进化退化与大同小康之宗旨》。

---

① 廖平:《知圣篇》,《廖平选集》上册,第203页。
② 廖平:《尊孔篇》,《四益馆杂著》,第76页。

此篇讲稿后由廖平门生黄镕整理并笺释,成《世界哲理笺释》一书,[①]其中揭示了当今世界进化的依据与次第。

在此书中,廖平将世界五大洲的进化程度,由高至低依序排列为亚洲、欧美洲、南美洲、非洲、澳洲,并列出"世界进化六表",可以见出廖平所持的进化依据。这六表分别为:"五大洲次第出海成陆如兄弟表""现在五洲比例表""五洲次第引进表""四弟用夏变夷与兄同冠年代表""中国孔经以前事实程度比今五洲表""中国孔卒以后经术进行比今五洲表":[②]

表6.1 世界进化六表

一:五大洲次第出海成陆如兄弟表				
亚长,二十而冠,先欧三千年出海。	欧美仲,十二岁,先南美一千年出海。	南美叔,九岁,先非一千年出海。下三洲以土著论。	非又叔,六岁,先澳一千年出海。	澳季,三岁,出海不久。
二:现在五洲比例表				
中孔教久昌明。	欧美祆教精者,思再求真理。	南美祆教盛行,以土著言。	非多神未绝,祆教初行。	澳多神教。
三:五洲次第引进表				
亚长兄之法以次相传,不能躐等。	欧美以亚教欧美,引之二十岁可以齐中国。	南美以欧教南美,引之十二岁可以齐欧美。	非以南美教非,引之九岁可以比南美。	澳以非教澳,引之六岁可以比非。以土著论,不指客民。

---

① 廖幼平编《廖季平年谱》,第73页。又见廖平学、黄镕笺释《世界哲理笺释》,第19页。
② 整理自廖平学、黄镕笺释《世界哲理笺释》,第6a—10b页。

续表

四：四弟用夏变夷与兄同冠年代表				
亚 用孔已二千余年，孔教洋溢，将浮海四布。	欧美 二千年后，如长兄加冠，全洲人民服习圣教，同文同伦，如今中土。	南美 三千年后，如长兄加冠，由祆进耶，由耶进圣。	非 四千年后，如长兄加冠，由多神以进耶教，再由耶以至经。	澳 五千年后，如长兄加冠，澳如今日中华又长出十二岁矣。
五：中国孔经以前事实程度比今五洲表				
经托君。孔前五百年。	经托伯。孔前千年如欧美。以下多火山。	经托三代。孔前约千五百年，如南美祆教。	经托五帝。孔前约二千年，如非多神，初行祆教。	经托三皇。孔前约三千年，如澳多神教。
六：中国孔卒以后经术进行比今五洲表				
澳 君。三岁。如战国先秦，仅识六艺之学。	非 《春秋》伯。六岁。如唐宋，至今全球为大战国，南美、非、澳尚不足伯者资格。	南美 《春秋》王。九岁。由今再加数千年，全球皆同用王法。	欧美 《尚书》帝。十二岁。地球四帝五帝。	亚 《尚书》皇。二十岁。全球一统，其余六十岁为天学进退。

以下对各表约略地叙述与分析。表一，"五大洲次第出海成陆如兄弟表"，视全球五洲的形成为次第出海，亚洲出海成陆的时间最早，开化领先他洲。不过廖平也指出，亚洲迄今数千年，只有中国淑陶于孔教，其他地区如蒙藏信仰佛教，西亚为伊斯兰教之区，俄罗斯、印度也尚未同被孔教。虽然如此，亚洲由于有受孔教洗礼的中国，故文化仍高于其他四洲。五洲文化犹如五兄弟，亚洲二十初冠，推之欧美文化正当幼冲之龄，非洲、澳洲则更加弱

稚。①亚洲出海成陆的时间最早,不知这一说法的根据为何,但此处的重点主要在于以孔教的有无判分文化的高低。表二,"现在五洲比例表",是以宗教性质比较文明程度。廖平指中国古代因尚在草昧,智识浅薄,亦崇奉多神教,继知多神无益,故敬天为上帝;及至孔子作六经后,序人伦等威,礼意周洽,传之二千年,文化蒸蒸日上。欧美基督教崇拜上帝,仍停留在中国孔子以前的敬天程度,况且"创世纪"的说法违反人种由猿猴进化的学说,不若孔经主进化符合实理。至于非洲、澳洲的宗教程度更远落后于欧美基督教,廖平根据介绍外国地理的书籍描绘,谓澳洲及南非、西非的土人崇拜自然、神鬼诸物,非洲的革罗人树皮蔽体,杀人而祭,野蛮自不待言。所以孔道才是最终要归往的真理。②表三,"五洲次第引进表",说明亚洲为文化上的"长兄",因为"文明进步,冠绝全球,如五伦三纲、礼俗文教,皆足为五洋之巨擘",其他各洲文明程度不同,欲臻于亚洲层次不能一蹴而就,需由亚洲引领欧美,欧美引领南美,南美引领非洲,非洲引领澳洲,以先觉引导后觉,升高自卑,不可躐等。③表四,"四弟用夏变夷与兄同冠年代表",指今日世界开通,孔教将浮海四布,而据亚洲以外四洲的程度,欧美需两千年后,南美三千年后,非、澳各四、五千年后,才会依次进于孔子圣教。表五,"中国孔经以前事实程度比今五洲表",说明孔经出现前两千年,即经典所托的文明美备的三皇五帝时期,中国事实上的文化程度如仅同今天澳洲、非洲行多神教,后来孔经出现前

---

① 廖平学,黄镕笺释《世界哲理笺释》,第6b页。
② 廖平学,黄镕笺释《世界哲理笺释》,第7a—7b页。
③ 廖平学,黄镕笺释《世界哲理笺释》,第7b—8a页。

一千五百年逐渐进步到如南美信奉袄教,到了孔经出现前一千年,中国文化类同于今天的欧美。表六,"中国孔卒以后经术进行比今五洲表",指中国于孔子卒后已浸染孔教于今两千年,其他各洲尚在起步阶段。

总之,世界的文明是逐渐进化的,孔经的主张就是符合进化的实理,文明的程度也是依据孔经教化的沾被与否来决定,孔经最重要的核心内涵就是五伦三纲、礼俗文教。廖平不断地提及五洲如兄弟,属"夏"的亚洲或中国并不是要与其他尚属于"夷"的地区隔绝,在进化的过程中,文化最高的地方如同"长兄",需主动引领文化较低之"幼弟",使"夷"进至于"夏",这与《公羊》学的拨乱观与世界主义是相结合的。最后,进化的极致就是要达到孔经文明的大同境界。

(二)大同的真义

廖平以孔子之教在今日世界开通,正是"施及蛮貊",推行海外之时,到了数千百年之后,则合全球而道一风同,[①]这是未来一统大同的境界:

> 孔子之教,创始于春秋,推行于唐宋。今当百世之运,施及蛮貊,方始推行海外。数千百年后,合全球而道一风同。"凡有血气,莫不尊亲",乃将来之事,非古所有,而世俗之说,则与此相反,皆谓古胜于今。《中庸》言"大统",有"生今反古,烖及其身",亦初蛮野、渐进文明之义,乃俗解

---

① 廖平:《知圣篇》,《廖平选集》上册,第268页。

道家亦贵古贱今。如上古之"民至老死不相往来","剖斗折衡，而民不争","圣人不死，大盗不止"诸说，不知此乃道家之反言。贵大同，贱小康，道家定说也，今乃贱今贵古，必系有为而言。盖典章文物，后人胜于前人；至于醇朴之风，则实古胜于今。……故皇帝功用，典章文物，则欲其日新月异，而性情风俗，则欲其反朴还纯，至新之中有至旧之义。①

廖平认为诸子思想皆出自孔经，为孔经之辅翼，未来大同时期即如道家的境界。他指出一般解道家者皆以为道家是贵古贱今，事实上道家既出自孔经，就与孔经一样主进化，它所谓的民不争、老死不相往来，也是未来才要实现，因为道家是"贵大同，贱小康"，所贵者在未来。进化至大统／皇帝时期，即大同之时，典章文物会愈来愈进步，但是人心性情风俗是反朴还纯的，这种进化后的纯朴又与洪荒初辟时的纯朴不同：

由小康以臻大同，……疆域最大，风俗最纯。宰我所问之五帝德。《诗》《易》所谓"不识、不知""无声、无臭"；西人所著之《百年一觉》。文明则极其文明，纯朴则极其纯朴，不用兵争，耻于自私，相忘于善，不知所谓恶，二者并行不悖。惟其未能文明，所以不能纯朴，文明为纯朴之根，文明之至，即纯朴之至。开辟之初，狂狂獉獉，乃未至文明之纯朴，非君子所贵。②

---

① 廖平：《知圣篇》，《廖平选集》上册，第268—269页。
② 廖平：《知圣篇》，《廖平选集》上册，第269页。

进化的阶段分成小康与大同，大同的纯朴才是文明的纯朴，到了那时就犹如孔子所托的"五帝德"，以及《诗》《易》不识不知、无声无臭的状态，又如西人所著《百年一觉》，都是没有兵争、耻于自私，不知恶而相忘于善的境界。

为了更深入了解廖平大同思想的内涵，此处有必要对他所举的西人所著《百年一觉》简单介绍。《百年一觉》原为美国作家贝拉米（Edward Bellamy，1850—1898）的幻想小说《回头看纪略》，今译为《回顾》。内容是讲一个年轻人于1887年在波士顿睡熟，到2000年醒来，发现世界已发生惊人的变化，生产资料已经公有，儿童都由国家教养到21岁，按照才能和爱好分配工作，而且科技进步，以机器征服自然，充满了安全和丰足。整个社会无等级，一切不平等现象都消除，犯罪闻所未闻，处处歌舞升平，没有军队，社会舆论决定一切，男女地位平等，但家庭仍是社会的基本单位。该书1888年在波士顿出版后不久，1891年12月至1892年4月，以《回头看纪略》为题，刊载在35至39册的《万国公报》上，旋即由英国传教士李提摩太再次节译，题名《百年一觉》。① 此书中译本的刊出，在晚清思想界引起了很大的反响，例如谭嗣同曾评此书"彷佛《礼运》大同之象焉"。② 康有为亦说："美国人所著《百年一觉》

---

① 邹振环：《影响中国近代社会的一百种译作》，第98—99页。
② 谭嗣同在《仁学》中说："地球之治也，以有天下而无国也。……人人能自由，是必为无国之民。无国则畛域化、战争息、猜忌绝，权谋弃，彼我亡，平等出。且虽有天下，若无天下矣。君主废，则贵贱平；公理明，则贫富均。千里万里，一家一人，视其家，逆旅也；视其人，同胞也。父无所用其慈，子无所用其孝，兄弟忘其友恭，夫妇忘其唱随。若西书《百年一觉》者，殆彷佛《礼运》大同之象焉。"见谭嗣同《谭嗣同全集（增订本）》下册，蔡尚司、方行编，第367页。

一书，是大同影子。"① 也有学者认定康有为著作《大同书》就是启发自《百年一觉》。② 廖平似乎也认同孔子的大同世界类似于《百年一觉》的境界，但它们之间的相似点为何呢？以下从廖平作于光绪二十四年的《百年一觉书后》中可以较具体的看出他的观感：

> 统之小义，……载记班班可考，而大同之说则甚略，历来经师皆以不解解之。惟道家者流，专祖此派，庄、老之书，祖述帝道，与《礼运》大同相合。近时美人所著《百年一觉》，盖将欲改之法度及将来之成效，托之睡觉，虽为彼教，而言颇合经说，盖亦窃袭经义，以为文饰彼教之故智也。③

---

① 吴熙钊、邓中好校点《南海康先生口说》，中山大学出版社，1985，第31页。以上谭嗣同、康有为的言论，又见林启彦《戊戌时期维新派的大同思想》，《思与言》第36卷第1期，1998，第46、54页。
② 房德邻认为，康有为在光绪十五、十六年之交，受廖平影响，完全转向今文经，接受《公羊》学。光绪十七至十八年他在《万国公报》上读到贝拉米（Edward Bellamy）的《回头看纪略》，受到启发，便糅和《公羊》三世说、《礼运》大同说，着手写作《大同书》。光绪二十七到二十九年他避居印度大吉岭时，才基本完成了这部著作，以后又陆续修改。见房德邻《儒学的危机与嬗变：康有为与近代儒学》，第238—240页。瑞典汉学家马悦然（N. G. D. Malmqvist）所著的《从〈大同书〉看中西乌托邦的差异》一文，载《二十一世纪》1991年第5期，认为康有为的大同论，与以《礼记·礼运》为代表的古典大同说的联系甚为薄弱。与其说康有为的这个构想来自古老的儒家经传，不如说来自外来的学说，那么是哪种外来学说呢？马悦然认为可能是来自马克思，也可能来自贝拉米。朱维铮以《大同书》中曾述及"共产""工党"的政见，也曾暗袭《回头看纪略》关于未来社会的流通和分配制度的构想，因此同意马悦然的观点。见朱维铮《从〈实理公法全书〉到〈大同书〉》，收入氏著《求索真文明：晚清学术史论》，上海古籍出版社，1996，第250页。事实上，《大同书》的思想十分庞杂，除了《百年一觉》以外，《礼记·礼运》、《公羊》三世说、墨家、老庄、《列子》、佛教、基督教、达尔文进化论、卢梭天赋人权说、西欧乌托邦社会主义等，对康有为都有一定程度的启发。见林素英《康有为〈大同书〉与〈礼运〉的思想联系》，发表于"中研院"中国文哲研究所举办，"广东学者的经学研究第二次学术研讨会"会议论文，2004年11月25日，第3页。
③ 廖平：《百年一觉书后》，收入廖平撰《地球新义》，第35b页。

廖平指出传统以来，对"大同"的解说非常简略，历来的经师甚至不做任何解释。只有道家思想如《庄子》《老子》祖述大同之义，与《礼运》大同相契合。近来美国人所著的《百年一觉》，虽是以基督教的精神贯穿其中，但它的完美制度与理想境界，颇合于孔子大同的经说，应是西方窃袭孔子的经义以文饰自己的不足。他又将《百年一觉》与《礼运》大同深入对读，指出两者的相同之处：

> 如谓教习及专门者，如律师、大夫、传教等事，俟至三十五岁时始准出而为之。故凡任事者，皆老成练达之材，此选贤与能之说也。又谓昔人犯罪之多，一由穷民饥寒始为盗，一由贪婪不堪，因而争斗。今土地、货物、银钱均归国家办理，人皆衣食充足，无穷苦不堪之状；贪婪之人，亦无所得罪。此谋闭不兴，盗窃乱贼不作之说也。又谓一切事宜虽归官办，而自以相生相爱之意待之。即有暴虐，立即换任撤去，此讲信修睦之说也。又谓前之货物，某家贱则卖某家，今卖本国何价，卖外国亦何价；从前自制货物，费工甚多，今国家所用之物，皆由制造厂以机器为之，故从前分利人多，今则生利人多，此货恶弃地，不必藏己，力恶不出身，不必为己之说也。其他若自幼至二十一，皆在学读书之日，则为少有所长之说。自二十一岁至四十五，皆作官作工之日，则为壮有所用之说。……养老之资及幼童读书之费，皆出于国，则为不独亲亲子子之说。①

---

① 廖平：《百年一觉书后》，收入廖平撰《地球新义》，第35b—36a页。

在《百年一觉》的理想中，如律师、医师、传教士等教习及专门人才等，都要到35岁以后始准许出而行使专业，目的是希望任事者皆为老成练达之材。① 廖平视此为"选贤与能"之说。《百年一觉》里，土地、货物、银钱均归国家办理，人们衣食充足，无因穷苦而犯罪之人，贪婪不堪者亦无有犯法之处，② 廖平视此为"谋闭而不兴，盗窃乱贼而不作"之说。又《百年一觉》中的一切事情虽归官方办理，但上下均以相亲相爱之意对待，若有暴虐的上位者将立即被撤换，③ 廖平以此为"讲信修睦"之说。又如货物的价格自有公定，绝无欺骗诈伪之事；物品都由制造厂制办，尽以机器为之，一人可做百人之事，因此生利之人多，④ 廖平认为这就是"货恶其弃于地也，不必藏于己；力恶其不出于身也，不必为己"之说。其他如一般人民自幼年到21岁，皆按制度在学校读书，自21岁至45岁皆作官作工之日，⑤ 这看在廖平的眼里，不啻就是"少有所长"与"壮有所用"的理想了。最后，在《百年一觉》的土地上，养老之资及幼童读书之费皆由国家支付，廖平赞此为"不独亲其亲，不独子其子"的精神。

总之，《百年一觉》不只是风俗淳厚、祥和无争，而且是美好的制度臻于理想的境界。不过，廖平不让西方专美于前，他认为这种理想是孔子早在《礼运》大同篇中就已经规划好的，是西方窃袭了孔子的经义，而且更重要的是《百年一觉》犹有不及孔子教化

---

① 贝拉米：《回头看纪略》，《万国公报》册37，1892年2月。
② 贝拉米：《回头看纪略》，《万国公报》册37，1892年3月。
③ 贝拉米：《回头看纪略》，《万国公报》册37，1892年3月。
④ 贝拉米：《回头看纪略》，《万国公报》册37，1892年3月。
⑤ 贝拉米：《回头看纪略》，《万国公报》册36，1892年1月。

之处：

> 彼盖惟就生养富庶一门追摹景象，不知饱食暖衣，圣人之忧方长，惜其仅得圣人富民司空之一端，而于司马、司徒之职少所究心，终亦徒托虚冥，难收实效。苟能用其意，再以伦理补之，斯乃完书，可征实用。①

西方仅学得外在的兴利养民之事，不能真正体会孔子圣道的精髓，就在于伦理——人伦纲常之上。《百年一觉》有此缺陷，故终将流于徒托虚冥，难收实效，因此若能以《百年一觉》的良法美意为基础，再以伦理内涵补之，乃能成为一完美无瑕之书，能征实用。从另一个侧面的数据，也可以作为廖平重视大同理想需要蕴涵伦理的佐证，这个数据是邱廷方所著的《觉觉篇》之序文，收录在《光绪井研志·艺文志》中。其实这篇文章也可能是廖平自作的。我们在出版于光绪二十六年的《光绪井研志·艺文志》中看到有一群学者的著作序文，与廖平发扬大统的思想非常类似，彷佛有一个追随廖平三变以后思想的学术社群，这些人也都是他的子侄、好友、门生。然而根据廖宗泽之《六译先生年谱》提到，这些发扬大统理想多数未完成之著作的序文，都是廖平自己写的。②既然自己写的，为何要隶属于其他人的名下？主要的原因有两个，第一是戊戌变法，廖平因为被认为是康有为思想的源头，受到牵连，《地球新

---

① 廖平：《百年一觉书后》，收入廖平撰《地球新义》，第36b页。
② 廖宗泽编撰，骆凤文校点《六译先生年谱》，收入四川大学古籍整理研究所编《儒藏·史部·儒林年谱》，第813—814页。

义》当时也被毁版，因此为了不要太引人注目引起争议，故把自己的著作分别托于多人之名。第二个原因是笔者推测，廖平受邀编纂《光绪井研志·艺文志》，当然有自由意志选择自己认为重要的文章，而廖平的大统思想是他很重视且欲发扬的理念，但是基于自谦的立场，不便呈现这么多自己的著作文章于《艺文志》中，于是改托他人之名置入其中。因此署名邱廷方的《觉觉篇·序》也很有可能是廖平自作的。此书序文说：

> 西人李提摩太著《百年一觉》，为广学会刊行本，专言百年以后大同全盛之事，可云美矣。惟专就耶稣宗旨立说，所陈大同风化，专详生养安逸，而略于伦常，放言流弊，恐不免逸居无教之讥。是编以其书为初基，久而弊生，乃以伦理性情之教，引而进之，以毕皇帝之功能，进而愈上。则西人之所谓觉者，固犹在梦中，是书亦仿其体，故入小说。①

引文指出《百年一觉》专言百年以后大同全盛之事，境界是完美的，只是专就基督教宗旨立说，仅详于生养人民之事，忽略了要有伦常的教化，是其缺憾。所以邱廷方另著一小说《觉觉篇》，以原来《百年一觉》的美善为基础，再将伦常教化注入其中，使层次提升，这也与廖平的想法相互呼应。无论《觉觉篇·序》是否为廖平所写，或者真有邱廷方著作了这部小说，至少这篇序文是廖平亲自选入的，也可代表是廖平所重视的思想。

---

① 邱廷方：《觉觉篇·序》，收于高承瀛等修，吴嘉谟等纂辑《光绪井研志·艺文志》，第952页。

在要说明廖平心目中的"大同"理想是一个深具人伦秩序的社会状态之际,我们也应同时注意到,"大统"与"大同"其实是有所区分的。"大统"的重点在于以孔子之道来"统"世界,而"大同"较纯粹的是一种境界。对廖平来说,这两者本来就是一而二,二而一的,因为到了以孔子之道来"统"世界的时候,就是"大同"世界来临了。不过这两个词汇相较,廖平重视的还是含有孔子之道在内的"大统",从光绪二十三年经学三变以来,以经典规划整个世界,所使用的多是"大统"一词。但是民国以来,廖平不论是公开演讲或是著作,常用"大同"一词为题。例如民国二年2月,在北京演讲的主题是"孔学关于世界进化退化与大同小康之宗旨",后经门人整理笺释而成《世界哲理笺释》一书;民国二年6月又发表《大同学说》于《中国学报》第8期上。正巧的是,康有为《大同书》的部分内容,也是在这一年于上海刊行的《不忍》月刊上,初次面世。《不忍》月刊于民国二年2月创刊,《大同书》甲部"入世界观众苦"、乙部"去国界合大地",首次在该刊1至7期的"瀛谈"栏连载。民国二年,廖平致信康有为,提到康有为曾赠《不忍》杂志二册,对康有为民国以后的文化关怀表达认同感动之意,①应该可以确定廖平在阅读《不忍》的当下也同时见到了其中连载的《大同书》之内容。那么廖平此时对大同的关注,是否也受了康有为的

---

① 廖平在《与康长素书》中说:"惠颁《不忍》二册,流涕痛哭,有过贾生。"见《中国学报》1913年第8期,第19页。廖平在民国成立前坚持皇权体制,与康有为的立宪思想并不同调,但是康有为在戊戌政变后流亡国外,思想有所转变,认为中国仍处于乱世,不适合变政,尤其辛亥革命后的乱象,更让他坚定民主不可一蹴而就的信念。因此民国成立后,康有为把心力释放在尊孔与文化的关怀倡导上,这么一来,反而与廖平的想法合辙。这也是廖平看了康氏的《不忍》杂志会痛哭流涕,彷佛遇到知音的主要原因。

启发呢？笔者对此持保留的态度，因为在廖平的《大同学说》与《世界哲理笺释》中，并未见到明显的响应康有为学说之处，倒是在《世界哲理笺释》中，明白批判了清末民初无政府主义的大同思想，向人们揭示何谓"大同"的真义，凸显了廖平大同思想的重要特质。他说：

> 近来学者厌故喜新，以中国为半开化，必废五伦，无家族，无政府，乃为大同，亦如海外去伦常，……而后为文明。①

清末民初的无政府主义者，较著名者如刘师培、吴稚晖、李石曾、江亢虎等等，他们无不强烈批判三纲伦理，认为中国以家族为本位的伦理观导致了个人为本位的伦理观及国家、社会伦理的不发达，如果不能改良传统家族伦理即不能实现平等制度及国民公共观念的进步，②因此废五伦、无家族、无政府、齐财产等主张，都是从这样的观念而来。但廖平以废五伦为"遂狂肆之私"，无家族为孟子说的"无父"，无政府则"民不统一如蜂蚁"，齐财产会使人民"相率而为游惰"，所以这种废弃纲常名教的大同，廖平视之为"野蛮"的大同，不是真正《礼运》的大同。③或许廖平晚期多以"大同"一词替代他之前较常用的"大统"，就是要响应同时代其他学人的大同思想，告诉人们何谓大同的真谛。

---

① 廖平学，黄镕笺释《世界哲理笺释》，第3b页。
② 曹世铉：《清末民初无政府派的文化思想》，社会科学文献出版社，2003，第77页。
③ 廖平学，黄镕笺释《世界哲理笺释》，第3b页。

廖平并没有如康有为的《大同书》一般，勾勒出具体大同之后的制度，但可以肯定的是，廖平的大同思想与康有为夷灭等级界限的《大同书》根本精神有很大的不同，即使是维新时期的设议院等主张，在廖平看来也是让国君徒拥虚名，大权旁落，不符合经典的名教。①这也可以推测，何以戊戌政变后，廖平一直没有承认自己认同维新派的政治主张，原因应非如前人所说的惧祸，仔细分析廖平的学说，可以说明症结点仍是思想上存在的差异。总之，从小康到大同之路，甚至大同的境界，三纲五常始终都是廖平要极力维护的经教价值。

第二节　文质调和的孔经实践

在之前讨论"世界进化六表"时提及，廖平以亚洲／中国为进化最文明之处，但不代表已经到了极致，而且，若以孔经的理想为目标，中国目前只得"孔学之半"，②因为孔经的内容是文质兼备，中国文盛，西方质盛，所以廖平曾说"寄语西人，毋徒矜物质文化以自豪"，又说"物质文明者，伦常反多蛮野；伦常文明者，物质亦不尽文明，不得专以物质为进化标准"。③总体说来，文仍是高于质，所以中国重文，仅得孔学理想的一半，有质无文的海外就更不

---

① 廖平认为春秋时期，国君的大权旁落于陪臣，在下位者操握政柄，上位者徒拥空名，就如同西方的议院，由在下者出令，在上者行令一般，等于把君相视同为奴隶。见廖平《大统春秋公羊补证》卷一，第31a—32b页。
② 廖平学，黄镕笺释《世界哲理笺释》，第3b页。
③ 廖平：《阙里大会大成节讲义》，《四益馆杂著》，第25a页。

如了,"仅如初小幼稚程度"而已。① 当今无论中国、西方都要向大同的目标迈进,而廖平最关心的是中国目前实践孔经理想的落实方式。这要从两个方面进行,廖平以现在中外开通,正是孔经"施及蛮貊"的时候,中国应以文化引领海外他洲以进至于文明,这是属于"文"的实践层面;另一方面,中国缺少西方的"质",正是本身最需要增进之处。

一、至圣六经兼包诸家:以儒墨为论述对象

由于中国与西方的船坚炮利与富强相较,的确不如西方而显得过于文弱,又因中国实行了孔子的儒家之道两千年,因此晚清以来知识分子对于孔子与儒家之道有诸多的反省与批评。② 廖平也承认中国有文弊,但他要说明这不是孔子的思想造成的,是后人只学习了孔子教化的一半。为了说明孔经的内涵是多元而能适应时代的需求,他将孔子和六经与儒家区别,把孔子和六经的地位层次提高到儒家之上,强调六经并非儒家的私家著作,孔子也绝不仅仅是个儒者。他说"后世误以六经为全属儒家之私书,……至圣兼包诸家"。③ 孔子地位高于儒家的说法,廖平是承继司马迁的思想发挥的,他引《史记·孔子世家赞》曰"中国言六艺者折中于夫子"一语以说明孔子地位高于儒家。这句话是司马迁撰《孔子世家》的意旨所在,司马迁尊崇孔子继承周代六艺之教的传统,为了教学的需要,对上古以来的文献数据做了系统的整理、校整与编次,形成了

---

① 廖平学,黄镕笺释《世界哲理笺释》,第3b页。
② 例如宋育仁给陈炽《庸书》作序时,就曾经提到"天下之说曰:今日之病在尚文之弊",可见中国病在尚文是当时流行的观念。
③ 廖平:《墨家道家均孔学派别论》,《四益馆杂著》,第60a页。

《诗》《书》《礼》《乐》《易》《春秋》的六艺（六经）体系，这是中国学术发展重要的转变，使原来王廷独专的知识，转变为社会普及的文化，这是一大贡献，司马迁以此作《孔子世家》，将孔子的地位提到至高，又另作《儒林列传》，使孔子有别于儒家。[①]故廖平以司马迁撰《孔子世家》使孔子高于儒家是得着司马迁的本意，但不同于司马迁的是，廖平以孔子作六经，而非继承周代六艺之教的传统。六经既然不是儒家经典，且超越儒家，他又以《汉书·艺文志》所说的先秦诸子皆为"六经之支流余裔"一语，作为孔子兼包诸家的依据，不过他的理论与《汉书·艺文志》不同的地方在于，其笔下的"六经"是出自孔子一人的著作。对廖平来说，孔子至圣，其学无所不包，所以他对当时的一些学者或报章杂志将孔子界定为宗教家或是教育家、哲学家、政治家、理想家等深表不满，认为这是以后来的学术分科名目，强名如天之至圣，这就与将孔子归类为儒家一样的谬妄。[②]廖平接着把孔子兼包诸家之说的要点放在性质分属于文、质的儒、墨之上。

廖平以孔经兼具文质，将属质的一派归给墨子为代表，便要首先说明墨子传承于孔子的理由。他以墨子用《诗》《书》《春秋》立说，与孟子、荀子一样的称引经传相同，可知墨子也是孔子的门徒。那么怎知墨子传承了孔子尚质一派的思想呢？因《淮南子》明言墨子学于儒者，因愤势浊乱，乃专言夏礼。廖平以为关键即在"夏礼"二字，因为西汉博士有"殷质周文"之说，殷属质，夏

[①] 逯耀东：《抑郁与超越：司马迁与汉武帝时代》，台北：东大图书公司，2007，第76—77页。
[②] 廖平：《墨家道家均孔学派别论》，《四益馆杂著》，第60a页。

年代又在殷前，以进化的角度判断，夏文化必会比殷质野，所以墨子所言的"夏礼"一定属质。西汉博士传经，有文质二派，则《公羊》所谓的改文从质说，必定是由墨家所承继的。相对于墨家的儒家则是主文，为从周之说。①廖平这么处理，孔子之学就有具体的文、质两派，他说"儒故不能规步孔子，墨亦不能自外生成"，②这句话是含有深意的，因为儒家不能范围孔子，所以儒家的缺点就未必牵涉孔子；墨子是传承孔子，墨家的功用，便是孔经本已具有的。

廖平接着论述孔子的质家思想有两个欲实行的层面，笔者称为"当下"与"俟后"之说，先讲孔子主要关怀的"俟后"之说。因为孔子已经预想到将来孔道将大行全球，对于世界的蛮野之地，应先以三月之丧等简质之礼循序导引之，不适合骤行三年之丧。墨子既然从学孔子尚质一派，其理念就如同《公羊》的"许夷狄者不一而足"，主张文化尚未开化时不能以美备的制度求全，所以墨家是为"行经"（执行经意）而设，墨子在战国时只行三月之丧即是此意。再以孔子作经时的"当下"情况来说，文化未进，必先质而后文，也应先行三月之丧，再徐推至三年，但是孔子之后的儒者，惧怕用墨子派的简质之后，完备的经说无法被保存，为了"存经"的考虑，自孔子卒后，立即用美盛的制度行于中国至今，所以中国未曾实行过质家。这么一来，使中国造成文弊的，就不是孔子与六经，而是主文的儒家了，但以儒墨两家而言，两者均是孔子的理

---

① 廖平：《墨家道家均孔学派别论》，《四益馆杂著》，第60b页。
② 廖平：《墨家道家均孔学派别论》，《四益馆杂著》，第60b页。

想，缺一不可。①

廖平把墨子思想纳入孔经体系中，充实了孔经具"质"的理想之一面，而他的这一处理方式，同时也在响应同时代诸子学兴起的思潮。廖平在论墨子的同时，批评了国粹学派以孔墨为敌对的看法。②国粹学派从学术平等的观念出发，夷六经于古史，并着力研究、肯定久被抹杀的诸子学价值。章太炎、刘师培等人对于墨家的评价都甚高，视墨家的道德、实用、兼爱等理念均为孔学所不足，并将诸子与西方政治观念互相牵引比附。③晚清诸子学的兴起，主受时代与西学的刺激，时人感受到传统儒学有所不足，转而向诸子寻求思想与因应时局的资粮，廖平诠释墨子以及其他诸子学，也是在这种时代的需求下所产生。但是同样在重视诸子学的前提下，国粹学派降低六经的地位，甚至夷六经于古史的学理是廖平所不能忍受的。廖平对诸子学的处理方式，迥别于国粹学派的学者，他是在尊孔尊经的旗帜下，将先秦诸子的思想都上溯到孔子，把诸子纳入孔经的系谱中，以此充实、丰富，甚至转化孔经的内容。浓重的尊孔意识，也是廖平的文章最终不能见容于国粹学派的主因。晚清国学保存会代表人物如邓实、黄节、刘师培、马叙伦等，以及与上述诸子关系密切，介在师友之间的章太炎，均为国粹派的健将。《国粹学报》1905年发行后，基于保存国粹的理念，原来不存门互之见。身为今文经学家的廖平在该报头两年中，时有文章发表，颇形活跃。1906年第7期上刊有他的三篇撰述：《公羊春秋补证》后序、

---

① 廖平：《墨家道家均孔学派别论》，《四益馆杂著》，第60a—62a页。
② 廖平：《墨家道家均孔学派别论》，《四益馆杂著》，第60b页。
③ 郑师渠：《国粹、国学、国魂：晚清国粹派文化思想研究》，台北：文津出版社，1992，第214—215页。

《公羊验推补证》凡例、《春秋孔子改制本旨之三十问题》,发挥孔子的"微言大义"之说。章太炎对此甚为反感,他于1906年8月致书《国粹学报》的主持人刘师培,针对学报刊登廖平、王闿运谈论孔子改制的文章提出批评,并指廖平附会西书与圣化孔子为"荒谬诬妄""全未读书",[①]此信刊在学报第2年(1906年)第12号上,自此之后,廖平的文章在学报上就销声匿迹了。若再仔细思量,廖平认定孔经的精神在三纲,他尊君、维护名教纲常与反对革命的旨趣,与章太炎所倡导的民权、革命之说也有鲜明的差距。[②]透过《国粹学报》对廖平的文章从包容到完全切割的这个侧面,也可以更清楚看出两者思想主张的差异性。

而廖平于光绪二十五年三变时期以后开始研治先秦诸子与经学关系的学术方法与他肯定经学价值的理念,后来得到了他的弟子蒙文通的传承。蒙文通于1911—1913年从学于五变时期的廖平,蒙氏后来在廖平探讨经学与先秦诸子关系的基础上,打破了孔子的权威,他认为并非诸子出于六经,而是经说能荟集诸子以为经术之中心,因此经学乃是集中国古代文化之大成,经学的价值便自然得到彰显。这是用另一种方式发扬经学的重要性,廖平也可说是一个让

---

① 《国粹学报》第2年第12号。见国学扶轮社编《国粹学报》册4,台北:文海出版社据国粹学报馆于上海刊行之《国粹学报》影印,1970,第3018—3019页。
② 郑师渠:《国粹、国学、国魂:晚清国粹派文化思想研究》,第21—23、317—318页。

经学以另一种方式存续的先导者、启发者。①

现在再回到文、质的问题上,既然两者都是孔子理想的一部分,所以礼失求诸野。中国文详道德,为形上之道;西方质详富强,为形下之器,两者应互相取法。这透露出的讯息是,廖平虽坚具文化上的自信,但是西方各国步步进逼,也是显而易见的,最终还是承认富强之术,中不如外,必须向西方学习。本文接着将重点放在中国应如何具体的采撷西方形下之器的论述上。

二、中国当增进"质"的层面

中国当取西方者,均是本身古已有之,现今应重新发扬者,主要包括外交、兵学、农工商贾方面的学问。也因廖平视春秋时期如今天的西方情状,所以孔子《春秋》即是针对目前的西方与中国予以引导,这在完成于光绪二十九年的《大统春秋公羊补证》有详细的发挥。

《春秋》经文"成公十七年,十一月,公至自伐郑"之下,廖平借着这种国际上的战争抒发自己的想法:

> 郑,中国枢纽,为当时战场。西之土耳其,东之东三省,强国所必争。……外交为圣人言语科,学者所当讲习。……

---

① 蒙文通:《儒学五论·题辞》,广西师范大学出版社,2007,第12—16页。蔡方鹿:《蒙文通经学片论》,收入四川大学历史文化学院编《蒙文通先生诞辰一一〇周年纪念文集》,第129—133页。刘耀:《经术与诸子——廖平、蒙文通的经史传承与民国学术》,《四川师范大学学报(社会科学版)》第39卷第5期,2012。方彦杰:《蒙文通史学探析》,政治大学历史所硕士论文,2008,第40—41页。

当此万国交涉，时事维艰，不有言语一科何能振作？圣人为万世立法，先设此科，以围范全球。区区西人之智慧，何能远及千百万世，与孔子相终始哉。①

春秋时的郑国，是中国的枢纽，为当时的战场，就如同今天的土耳其与中国的东三省，都是兵家必争之地。处在这样的局势，外交就显得非常重要。外交之学就是昔日孔门四科中的"言语"一科，是学者所当研习的。孔子圣人在两千年前设了这一科，就是为了两千年后全球的人们做准备，因此西方人的智慧是无法与孔子相比拟的。此外，他又认为外交之学在传统古籍中也不少，例如《周礼》与《春秋》，他说："《周礼》大小行人专掌外交，为言语纵横之学，即今之外务部。《春秋》余官不详，行人屡见。唐宋以后，外交之学乃绝焉不讲，所当恢复。"②《周礼》的大小行人之官专掌外交，如同今日的外务部一般；《春秋》中也屡见使官往来，可见这是古已有之的学问。唐宋以后就不见这种外交之学，这是今日应当恢复的。他又指出《左传》之中多记载使官往来各国之事，有志实务者当援古证今以求实用，③兵学亦复如此：

> 富强之学，中不如外。群雄角立，兵战时过古人。礼失求野，所当求益者。……兵学为政治之最精，大抵一统则惰，分角则勤，春秋亦为乱世，兵战所必详求。礼失求野，此当取法

---

① 廖平：《大统春秋公羊补证》卷七，第32b—33a页。
② 廖平：《大统春秋公羊补证》卷十，第17b页。
③ 廖平：《大统春秋公羊补证》卷八，第18b页。

外人。①

此段指出中国应当取法西方的兵学（军事）。外国兵学胜于中国，是因为西方国家林立，群雄较劲，因此武力发达。春秋时期的中国也是群雄相竞，讲究兵学。到了秦以后大一统，便不尚武力，今日应当抱着"礼失求野"的心态，取法外国人。他又说：

> 海外兵战，较古尤为精详。礼失求野，凡司空司马之学，皆宜参用新法。外之法中者，独在司徒一职。以《春秋》言，大抵外事当求野，内事则守旧。②

海外的兵学战术十分精详，中国当学之。以他的角度来看《春秋》，中国应学习西方的"司空""司马"之学，即效法西方的武力之强；而西方应学习中国的"司徒"之学，即是教育文化方面之学。除了兵学之外，中国当学西方的，还有"农工商贾"之学。他认为"农工商贾诸学皆当取法外人。国势强则外海自戢。凡被兵皆不善谋国，不能自强者"。③若要国势强盛，还要注意发展农工商学。中国会遭受外侮，是因为不能发展这些专门之学有以致之。

由上可知，廖平对中、西世界的认知，是西方文化远不如中国，而中国的富强之术不及西方。所谓的富强之术，不外是外交、兵学（军事）以及农工商之学。这也与他提出的中国为"文"，西

---

① 廖平：《大统春秋公羊补证》卷七，第18a页。
② 廖平：《大统春秋公羊补证》卷八，第12b页。
③ 廖平：《大统春秋公羊补证》卷七，第18b页。

方为"质",两者要相互取法,目标是与"文质彬彬"的大同世界之理念相互呼应。

第三节　从"六经"到"十二经":论廖平道器观的演变

上文讨论廖平的文质观,认为孔经本身已经具备文质彬彬的特质,但是所谓"孔经"的内容,在廖平思想的演进里,似乎不是那么的一成不变。民国二年,廖平在原先孔子"作"六经的基础上,再提出孔子"述"六艺的说法,把六经与六艺合为十二经,是为孔经的内容:"学者论孔学,首在作、述之分。今决定其案,六经为作,六艺为述。孔子翻十二经,则六艺与六经同出孔定。"[①]由于廖平长期以来都是言必称孔子"作"六经,从未有过或是承认过孔子也曾述古的说法,因此这个观点的提出,就值得特别留意;又六经与六艺的关系也关涉到廖平的文质观或道器观,因此拟就其中的意义做一个探讨。

首先从"十二经"一词谈起。廖平自光绪二十三年以后开始有十二经之说,并陆续提出自己的见解,以下先叙述廖平的看法与演变过程,并探讨提出十二经的背后所蕴藏的意义。

一、十二经的提出与内容

廖平在成书于光绪二十三年的《经话(乙编)》中,首先关注到《庄子》有十二经的说法,但是廖平当时对十二经的存在与否及

---

① 廖平:《孔经哲学发微》,《廖平选集》上册,第329—330页。

后人的解说是抱着质疑的态度:

> 读古书不可以求孤证。盖孤证或为字误,或为羼误,证以时事,并无其论,此可知也。如《庄子》有"十二经"之说,从古并无此言,必字误也。纬书,东汉之初犹无此名,而《李寻传》乃有"五经""六纬"之说,本谓纬星,乃强以为书名。使当时果有六纬与经并重,何以时人并不一及,惟李寻一语?东汉尊信谶记,无所不至,使纬名与经对文,何不以纬名谶?盖纬名之贵,乃东汉末师私尊其学,俾与经对;西汉并无此说也。①

十二经之说,首出于《庄子》,但未明言何谓十二经的内容。《后汉书·李寻传》以六纬与六经并重,认为十二经是六纬与六经的合称。廖平对这种说法不以为然,他先指出《庄子》的十二经说是孤证,李寻仅以《庄子》的说法遽认有十二经的存在,本身就难以立足;再者,李寻以六纬配经,这是东汉末的儒者过于尊信谶记的结果。东汉初尚无纬书之名,西汉时期也没有六纬与六经合为十二经的说法。

不过到了光绪二十六年,廖平著《古纬汇编补注》一书时,他有了完全不同于之前的看法,认为纬书早已存在,且表现孔子的微言:

---

① 廖平:《经话(乙编)》,《廖平选集》上册,第528页。

> 庄子云：孔子翻十二经。旧说以六经六纬当之。考何君解《公羊》，郑君注三《礼》，凡属古典通例，多断以纬，盖非纬则经不能解也。或曰：纬之名不见于《艺文志》，疑东汉儒者伪托。不知纬者，对经之文，所言多群经秘密，即微言也。班书之以微名，当即此书矣。……惟古书杂乱于东汉，窜点经典往往见于史传，并以谶记杂入其中。后人不知纬、谶之分，并于谶纬，其误久矣。①

廖平于光绪二十三年时认为东汉初年仍未有纬书之名，但光绪二十六年时他推翻了之前的说法，以自己之前因"纬"名不见于《汉书·艺文志》，遂怀疑纬书为东汉儒者伪托，不知《艺文志》中的"微"即是"纬"，所以纬书早已存在，是经师相传的微言，"纬"也是与"经"相对之意。又何休解《公羊》、郑玄注三《礼》多用纬说，非纬不能解经，因此廖平承认了纬书的存在与地位，也接受了六经加上六纬为十二经的说法。不过此处十二经中的六纬内容，廖平认为是完全没有杂入图谶的内容，因为这时他只认同纬书的价值，对于图谶，则以其虚诞无理而不承认其为圣人的微言大义。②

---

① 廖平：《古纬汇编补注》序，收于高承瀛等修，吴嘉谟等纂辑《光绪井研志·艺文志》，第775—776页。
② 廖平于光绪十二年完成的《公羊解诂再续十论·图谶论》中，对东汉何休的《解诂》以纬书说经表示肯定，但对于何休引用谶书，则予以尖锐的批评。他说何休引用的图谶，包括孔子素王改制、为汉制作、预知刘邦将代周等神话孔子的说法，是"奇怪""虚诞无理""骇人听闻"，并认为何休是处在东汉喜好图谶的学术与政治风气中，才会有这种解经言论。见廖平《公羊解诂再续十论·图谶论》，《廖平选集》下册，第166页。

到了光绪二十九年的《大统春秋公羊补证》中，他又再次重申纬书为经书相传的微言，六经与六纬合称十二经，①但不同的是他此时已推崇图谶的价值，承认为圣人的微言大义，谶与纬是合一的：

> 纬与谶不可强分优劣，……昔贤不明侯圣之旨，区分谶、纬，判为两派，今既知一原，又苦无明文可据，不复区其优劣，愿与学者共明此微言，以复十二经之旧也。②

因为承认了图谶的地位，故认为包含了图谶的六纬加上六经才是复原了《庄子》所谓十二经的旧义。从光绪二十三年到二十九年，廖平对十二经与谶纬内容看法的不同，是有浓厚的思想转变意涵在其中的。廖平以经典规划整个世界的大统时期之始年就是光绪二十三年。在这往后的好几年，他要逐渐圣化孔子的形象，因此纬书、图谶中较神秘的天人关系、世界观等对他神化孔子都是很重要的材料，这也是他逐渐重视纬书，更及于谶记的原因。在此需附带说明的是，虽然廖平以六纬六经合称的十二经可代表孔子之道，但却不能说廖平以孔子"作"十二经，因为廖平明言六纬为先师相传微言，非孔子所作。至于孔子所"作"的依然只有六经。

行文至此，笔者的主要目的并不是要深究廖平的谶纬观，而是要说明"经数"所具有的意义，由此再导入与道器／文质相关的六艺加六经为十二经的论述中。先谈经数的意义，经的数目在历史上有许多次增减，经目的名称内容，在历代也每每不同。秦汉

---

① 廖平：《大统春秋公羊补证》卷九，第31a页。
② 廖平：《大统春秋公羊补证》卷九，第31b—32a页。

时有五经、六经、七经，唐代有九经、十二经，宋代有十三经、十四经，到了清代段玉裁更有二十一经之说，①因此经数与经目在传统学术的发展中，也会随着时代、政治、教育、思想、文化等等的变迁或需要而不断变化。②廖平会提出十二经，也绝不仅仅是为了客观探索《庄子》所谓十二经的内容为何而已，必定是认为经术有所需要，但传统的六经又已不敷满足，因而在尊孔的前提下，继续扩充经典的内容，把谶纬引入孔经，也是同样的情形。有了这样的概念，再来看廖平对十二经的发挥，当更能掌握这其中所透露的讯息。

---

① 周予同曾对历朝经数的内容做过论述。关于"七经"的名称，始见于《后汉书·赵典传》注引《谢承书》，继见于《三国志·蜀书·秦宓传》，内容说明汉武帝以后就有"七经"了。七经指哪七部儒家经典呢？清全祖望《经史问答》解释说："七经者，盖六经之外，加《论语》。东汉则加《孝经》而去《乐》。"也就是说，一以《诗》《书》《礼》《乐》《易》《春秋》《论语》为七经；二以《诗》《书》《礼》《易》《春秋》《论语》《孝经》为七经。这表示汉武帝以后，《论语》《孝经》逐渐升格，与汉代"以孝治天下"的思想有关。关于"九经"的名称，始见于《旧唐书·儒学传上》。"九经"的内容，一般根据顾炎武《日知录》以及皮锡瑞《经学历史》的说法，指出唐代以科举取士，在"明经"科中，有三礼（《周礼》《仪礼》《礼记》），三传（《左传》《公羊》《穀梁》），连同《易》《诗》《书》，称为九经。所谓唐朝的"十二经"是指唐文宗开成二年（837）用楷书刻的十二经，除了上列九经外，再加上《论语》《孝经》《尔雅》，共计十二部儒家经典。关于"十三经"始称于宋，是唐朝的"十二经"到宋代时再加上《孟子》，因而有十三经之称。所谓的"十四经"即十三经加上《大戴礼记》。宋代史绳祖《学斋占毕》说："先时，尝并《大戴记》于十三经末，称十四经。"清代段玉裁个人主张的"二十一经"，是认为十三经之外，应加《大戴记》《国语》《史记》《汉书》《资治通鉴》《说文解字》《周髀算经》《九章算数》等八书，为二十一经，以为这些都是周官掌教国子的保氏书数之遗。以上详见朱维铮编《周予同经学史论著选集》，上海人民出版社，1996，第849—853页。
② 张寿安：《龚自珍论"六经"与"六艺"——学术源流与知识分化的第一步》，收入王尔敏教授八秩嵩寿荣庆学术论文集编辑委员会策划编辑《史学与史识：王尔敏教授八秩嵩寿荣庆学术论文集》，台北：广文书局，2009，第22—38页。

二、实学的重要:"孔述六艺"与"孔作六经"合为十二经

民国二年,廖平再重新提出十二经的内容为六艺加六经,非原先所认定的六经六纬,所持的理由是六纬为传六经而作,是六经的附属,故不能与六经并数。他现在要提出能与六经并数的"六艺",以作、述之分来论六经与六艺:

> 学者论孔学,首在作、述之分。今决定其案。《六经》为作,六艺为述。孔子翻十二经,则六艺与六经同出孔定。……六艺亦用古文译为雅言矣。……吾国孔子以前,与今日泰西各国为正比例,吾国所无,或为今日泰西之所有(指器械工艺)。泰西今日所无,吾国乃独有之。如六艺科目,泰西全有之,此不待孔子首创已有是事。则六艺之本为述古,加以删修序定之名可也。若六经之学,全为泰西之所无,吾国孔前何能独有?故不能不全归之孔作。①

六经为孔子所作,为形上之道;六艺为孔子所述,为形下之器,两者同出孔子手定。关于"六艺"一词,古来有两种说法,第一种为《周礼》的礼、乐、射、御、书、数;另一种为六经的别称,从上古到汉初,常有称六经为六艺者。廖平所采取的是《周礼》的用法。廖平又以"六艺"为孔子"翻译"之名,因孔子预知两千年后的中国应取法西方海外的器物之学,但没有一个与海外的器物之学

---

① 廖平:《孔经哲学发微》,《廖平选集》上册,第329—330页。

相对应的名词可以告知世界未通之前的中国人,所以用一个大家所熟悉的词以替代。举凡工械、技艺、农林、商贾各学,以及言语、文字、翻译、测量、算学等各种实业皆统于六艺的礼、乐、射、御、书、数的范围。孔子之前的中国犹如泰西,早有形下的器物之学,并非孔子首创,所以孔子对六艺是述古删修,内容其实全是当今的泰西实学。[1]这样的主张,与时局有密切的关系。道咸以后,经世风气的兴起,更出于外患内忧的实际需要,复受近代西潮冲击后形成的"学战"观念影响,晚清士人对"学"的作用特别重视,到清季最后几年朝野的一个共同倾向是强调"学要有用"。当时所谓学之"有用"是要能指导或至少支持中国面临的中外"商战"和"兵战",也就是要落实在"送穷"和"退虏"之上,尤其是后者。而近代中西国家实体竞争的实践似乎表明了既有的中学实"不能"经世保国,甚至出现了一种向慕西方物质而欲扬弃传统学术的主张。[2] 廖平也体认到实学的"有用"和必须,是中国当努力的方向,但是他不能接受以孔子教化为核心的传统学术已逊于西方,于是抬出被自己所转化解释的"六艺",将它的内容说成是一种普世皆有的学问,亦即实学不是当今泰西诸国的创发,中国远在春秋时

---

[1] 廖平:《孔经哲学发微》,《廖平选集》上册,第330页。
[2] 罗志田指出,把中国传统"送进博物院",或从"现代"里驱除"古代",是从清季到民初相当一部分趋新士人持续的愿望,其中吴稚晖可算是一个较激进的代表例子。吴稚晖身为革命党,又信仰无政府主义,便主张中国应当面向未来,以尽可能最简捷的方式接受"世界文明";凡可能妨碍当时中国这一国家和中国人这一民族之美好未来的既存经史典籍,甚至中国文字,皆可弃置。这是在巴黎办《新世纪》的中国无政府主义者共同分享的一个重要主张,而吴稚晖最乐道之。见罗志田《送进博物院——清季民初趋新士人从"现代"里驱除"古代"的倾向》,收入氏著《裂变中的传承:二十世纪前期的中国文化与学术》,中华书局,2003,第94—95页。

期，孔子未降生之前早已存在，孔子述之，昭示后世的中国要继续发扬这样的学术。

廖平对十二经的实施方式，多反映在他对民初教育部废止读经一事的态度上。民国元年1月，蔡元培任教育总长，教育部公布《普遍教育暂行办法》，规定"小学读经科一律废止"，"清学部颁行之教科书一律禁用"。4月，蔡元培发表《对教育方针之意见》，认为清代的钦定教育宗旨有忠君、尊孔，忠君与共和政体不合，尊孔与信教自由相违，反对尊孔读经。5月，教育部通电各省，重申废止读经的规定。普通教育废止读经，大学校废经科，而以经科分入文科之哲学、史学、文学三门。①对于普通学校废经一事，廖平提出一个自认为较"持平"的看法，他依据经典的学制将教育分为两个层次：

> 《书大传》曰："古之帝王必立大学、小学，十三（笔者案：应作十五）年始入小学，见小节焉，践小义焉；年二十（笔者案：应作十八）入大学，见大节焉，践大义焉。"劈分大小，以为二派，此经例也。……窃以六经六艺合为十二，此即大节大义、小节小义之所以分也。②

依据《尚书大传》的说法，廖平将教育分为"小节小义"/"小道小业"与"大节大义"/"大道大业"，本末先后，所学不同，学习次

---

① 蔡元培：《全国临时教育会议开会词》，收入高平叔编《蔡元培全集》卷二，第264页。
② 廖平：《中小学不读经私议》，《四益馆杂著》，第110a页。又见廖平：《孔经哲学发微》，《廖平选集》，上册，第330页。

第，廖平认为应以六艺为"本"，六经为"末"：

> 必先入小学以治六艺，此如海外普通科学，凡士、农、工、商必小学通，而后人格足，毕业以后，各就家学以分职业，其大较也。其有出类拔萃者，妙选资格，然后入之大学，以备仕宦之选。……凡入大学者，必先入小学，此其科级之分，严肃判决，不可蒙混者也。①

将十二经中的"六艺"列为小学必读，因为凡人皆必习六艺，然后人格健全，毕业后各就所学就业。如果有出类拔萃者，再入大学始能学习六经，以备仕宦之选。而凡入大学的人，必先入小学，这是科级区分，不可混淆。换句话说，六艺是大家都必学的，六经则不是人人都必读。又说：

> 以学堂论，六艺为普通学，必先通六艺，而后具国民资格。国中无一不通六艺之人，即为教育普及。六经则专设于法政高等大学堂。中学堂以下，千人之中得入大学治经者，不过二三人，专为平治学培养人才。所有工械、技艺、农林、商贾各学，言语、文字、算学，皆统于六艺，经、艺分途，而后中外学业优劣偏全可见。如此则中小学堂读经不读经，问题非所急，惟当发明经传小学、大学分科之区画。②

---

① 廖平：《中小学不读经私议》，《四益馆杂著》，第110b页。
② 廖平：《孔经哲学发微》，《廖平选集》上册，第330页。又见廖平《〈中庸〉君子之道章解·附十二经终始》，《四益馆杂著》，第54a页。

他指出学习六艺，普通知识才能健全，具备国民资格，若国中每个人皆通六艺，即达到教育普及的地步，至于六经则设于法政高等大学堂，能进入者，千人之中不过二三人，这少数人是要被培养为治国平天下的人才。

廖平提出的这个观点颇耐人寻味，他还是将"六经"放在"六艺"的层次之上，而且六艺与六经都是孔子的"十二经"，人人学习六艺实学并没有流失孔子的经教价值，他认为这样就平议了中小学是否读经的问题，但是他也承认了中小学是不必读经（六经）的。尤其他指出"经恉宏深，义取治人，不适用于幼童普通知识，因科举而必责之课读，此其失也"。①不但认为经学义旨过深，不适合幼童的普通知识学习，甚至还批评科举时代督责幼童读经是一种缺失，这样的说法或许也反映了时代的新教育思潮，但实在令人有点讶异是出自廖平的笔下。②对照他光绪二十九年时的言论："孔子之

---

① 廖平：《中小学不读经私议》，《四益馆杂著》，第111a页。
② 儿童不适合读经的问题，顾实、陆费逵等人在宣统年间也有相关的议论，也许廖平曾经注意过他们的说法。清末留学日本的顾实（1878—1956），曾于宣统元年发表《论小学堂读经之谬》，批评光绪三十二年颁布的《奏定学堂章程》规定小学堂读经，既不合古教育本法，更不合今教育之科学原则。他认为小学教育应是国民教育，专以养成国民人格为主；经书为治人之学，为做官之教科书，焉能施之于脑质发育未全之儿童？又说，《诗》《书》《礼》《乐》为宗法社会之轨范，奚适于今日之用？所以强调，居今日而主张小学堂读经，强今之世循古之法，乃正背科学之大原则，更背六经本有之大原则。他以小学堂关系民智之启迪，反对这个时期以教授读经为主。见顾实《论小学堂读经之谬》，《教育杂志》第1年4、5期合刊（宣统元年3月、4月）。又《教育杂志》主编陆费逵（1886—1941）也认为，清末兴学之成效不彰，肇因于《奏定学堂章程》有其缺失，建议应酌量变通，以符合新教育之原理，以促进教育之普及。见陆费逵《小学堂章程改正私议》，《教育杂志》第1年第8期（宣统元年7月）。陆氏也强调儿童不宜读经，而且教育不可局限于经书，并建议将经书做一分类，以分别纳入修身、国文、历史、法政等课程中。见陆费逵《论中央教育会》，《教育杂志》第3年第8期（宣统三年8月）。

道，兼包中西，以《春秋》为始基，故凡入学堂者，不可不先读此书，以为中学西学之根柢。"[①]光绪二十九年时尚且认为学堂学生读经为迫切之务，到民国之后却以为只有大学少数人才需读经，是否他对读经的观感与热诚有所转变？又廖平现在对六艺实学的重视，与光绪年底讲文质互救的说法相较，可以感觉到形下的器物实学，在他的心目中已经有逐渐提升的趋势。以下从廖平"十二经"的主张与实践方式，分析他对文质／道器的态度及其背后隐含的意义。

廖平的道器观，当然也表达了他如何为中国在世界重新定位的思考模式。道器兼备或文质兼备，是进化最完美的状态，用"十二经"来普及于世，就是要造成这样的境界。廖平以当前西方所具足的形而下之"六艺"不是泰西的独创，中国在春秋时代也已经具备，只是现在流失了，需抱着"礼失求诸野"的心态来寻回。但是形而上的道——至高无上的"六经"，却是中国圣人的制作，没有孔子，"文明"就无法产生。因此可以说，廖平的"文质观"或"道器观"，其实也是他的中西观，中国所优于泰西的，就是拥有孔子之道，故以文化来说，中国依然处在世界的中心，这是他一贯的态度，但是细究其"文质观"或"道器观"内容的转变，我们可以发现廖平如何定位"孔经"，以及其思想在时代中的特色与意义。

首先，从孔子"作"六经与"述"、"作"十二经来看廖平实学观的演变。廖平光绪年底前所说的"以质救文""文质彬彬"，是以孔子所作的六经已经具备了文、质的成分，而且廖平从来都是言必称孔子"作"六经，从来不曾承认孔子也有述古的时候。但是

---

① 廖平：《大统春秋公羊补证》提要，卷一，第1—2页。

民国以来，孔子所"作"的"六经"对廖平来说似乎已经不够了，所以开始提倡孔子曾"述"的"六艺"，把实学纳入孔学成为十二经，如此重视六艺的地位，足见他认为实学是重要而必须的。廖平在民国初年这个时间点有抬高实学的意向，应不是偶然的。在甲午战后，条约束缚更深，外商竞争更烈，中国忧贫，求富意念日渐急切，而求富途径必须自发展工商入手，因而士人益加的强调实学与实业。根据王尔敏的研究，晚清的"实学"与"实业"原属不同范畴，实学乃属学术领域，而实业则在于种种的生产经营活动。但在19世纪90年代，原来纳于实学的科技知识，付之行动，促之实现，遂至创生包罗一切新科技生产事业与经营之综摄总称，被命之为"实业"，与"实学"为一体之两面。实业内容大致同于往昔之工艺，今世之工业，再加以组织经营体系，也包括商业及农、林、渔、牧等在内。但另一方面，甲午战后的历史潮流也进入维新、变法、立宪、革命等波澜迭起的政治运动之中，无暇再加强扩张工商的建设。及至共和肇建，中华民国政府成立的开国要政，首在建设国家，期使达于富强之境；国人亦期望治平，上承前此20年间（1890—1911）思想的酝酿，众志所趋，自然汇流为较稳慎的实业建国思想。① 观廖平于民国初年之后所称的"孔经"中之"六艺"内容，倾向于实学的学理推阐，同时也是鼓吹促进实业的概念，因此重视实学实业，与其所处的时代思潮有密切的关系。

不能否认，将孔经从"六经"扩张成"十二经"，加入了被廖

---

① 关于晚清实学的兴起原因、内容意义及其与实业的关系，详见王尔敏《晚清实学所表现的学术转型之过渡》，《"中研院"近代史研究所集刊》2006年第52期，第24—47页；又见王尔敏《中华民国开国初期之实业建国思想》，收入氏著《中国近代思想史论续集》，第332—346页。

平所引申的"六艺"内容,的确是逐渐重视实学的表征。而提出中小学不必读经,只有少数进大学的高等人才始需读经的主张,令人觉得似乎他对提倡经典(五经或六经)的热忱降低了,而事实真相如何呢?我们要回到廖平作《中小学不读经私议》一文时的民国初年来看当时弥漫于学界对经学的态度,才能较平允地掌握廖平的意态。自从光绪三十一年,清廷下诏从第二年正式停止科举以后,经学教育已经失去了一大羽翼,虽然清廷为了维护其统治基础,仍致力于提倡读经,规定在各级学堂之章程中,①晚清朝廷对"儒教"的尊崇可说有增无减,直到民国新教育体系废经罢祀,"儒教"始可说是完全失去任何制度性的保障。②然而清末教育界因西潮以及国家富强的需求,多重视实用专门之学,许多新式实业学堂之设立如雨后春笋般四处林立,它们的教学纲目之中,往往未见列有经学,这是令人惊诧的时代巨变。③再从当时新兴的学术名词来看,先是晚清在"西学"或"倭学"等冲击下出现对"中学"的强调,到清季最后几年,进而在日本的影响下兴起一股强烈的"国学"潮

---

① 清末废科举之后,也动摇了用人行政之大本,以及寓于其中的一套长治久安之治术。清廷亦感到此一内在危机,因此以伦理道德为由,于光绪三十二年,由学部颁布"忠君、尊孔、尚公、尚武、尚实"五项教育宗旨,并于《奏定学堂章程》中,加强各级学堂之经学教育,强调传统之忠孝思想。
② 陈熙远:《孔·教·会——近代中国儒家传统的宗教化与社团化》,收入林富士主编《中国史新论·宗教史分册》,台北:"中研院"·联经出版公司,2010,第512—516、530页。
③ 王尔敏对晚清实学与近代学术转型的研究,有一个重要的心得,即是论及晚清实学,最值得注意者,是在此学术总纲之中,未见列有经学。特别是提倡实学者,例如江标、王仁俊俱是自幼出身于经学教育,经过层层科考,取得翰林出身,但他们却只谈实学,置经学而不顾,真可令人惊诧时代的巨变。见王尔敏《晚清实学所表现的学术转型之过渡》,《"中研院"近代史研究所集刊》第52期,第46页。

流,"国粹""国故"等渐成流行的名相,往往成为"中学"的象征性表述。①民国元年(1912),严复就任京师大学堂总监督,于3月29日召集中西教员讨论各科改良办法时,主张将经科、文科两者合并,改名国学科。②"国学科"的提出,与"国粹""国故"等这类词汇出现的意义类似,表征着经学的衰落已经非常明显,因为经学如果只是"国学"的一部分,便无复任何特殊地位可言。严复对经学的态度,与正式废经学的教育总长蔡元培其实相距不远,都是不欲承认经学在教育上的特殊地位,而将经学并入某种学科,成为一种教学和研究的对象。虽然不能忽略仍有一些学者在观念上还是捍卫着经学的独特与至上,③但是从辛亥鼎革以后,整个大环境下的学术氛围基本上对经学的存续相当不利。在这种情形下,廖平提出的高等人才始需读六经(五经)的主张,一方面是为了延续经学命脉而做的不得已之妥协、权宜之计,可谓用心良苦;而另一方面,也反映了廖平的思想亦逐渐地随着时代而变化,隐约地在承认、接受甚至主张除了六经(五经)之外,还有许多来自西方的重要新知

---

① 罗志田:《国家与学术:清季民初关于"国学"的思想论争》自序,生活·读书·新知三联书店,2003,第1—13页。
② 《严总监召集教员会议》,《申报》1912年4月8日。又见严复《与熊纯如书》(1912年4月19日),《严复集》册3,第605页。
③ 例如从经学专业逐渐转向史学研究的蒙文通,仍然承认经学存在的独有价值与特色,反对以西方学术之分类、衡量来划分经学,他说:"自清末改制以来,昔学校之经学一科遂分裂而入于数科,以《易》入哲学,《诗》入文学,《尚书》《春秋》《礼》入史学,原本宏伟独特之经学遂至若存若亡,殆妄以西方学术之分类衡量中国学术,而不顾经学在民族文化中之巨大力量、巨大成就。"见蒙文通《论经学遗稿三篇》,收入氏著《蒙文通文集》卷三,第150页。所以蒙氏心目中的"经学"非史学,非哲学,非文学,集古代文化之大成,为后来文化之先导,是具有法典性质的宏伟独特之学。又见王汎森《从经学向史学的过渡——廖平与蒙文通的例子》,收入氏著《近代中国的史家与史学》,第153—154页。

有待学习，这些重要新知的内容已经超过六经能告诉我们的范围。

最后，透过上述的分析，可以看到廖平从清末到民国以来对器物之学重视程度的隐微转变，而且也使我们更认识到，终身都"彻底"尊孔尊经的廖平，其实仔细分析他各个时期所尊的"孔经"，一直都没有固定的内容。所谓的"文质彬彬"，也随着时间存在着不小的内在质变，这也可视为变动时代经学、学术与思想的一个环节。

小　结

廖平要为世界重塑价值标准，他以孔子教化为中国文化的核心，以孔经的理想作为全球文明的坐标。这样的论述背景，是在接受了西方进化论的学理下所做的转化，承认世界文明是逐渐进化的，而孔经的主张就是符合进化的公理，文明的程度也是依据孔经教化的沾被与否来决定。孔经最重要的内涵就是伦常秩序，这也是中国文化冠于五洲之处。廖平虽坚具文化上的自信，但是西方各国步步进逼，使他最终仍然承认富强之术，中不如外，必须向西方学习。然而对他而言无论中、西之长处都具足于孔经本有的文质彬彬之内涵，而且这个内涵可以让世界达于大统／大同的美好境地，在这个信念的前提下，廖平最关心的是中国目前如何实践孔经理想的方式。他主张从两个方面进行，第一，因为当下中外开通，正是孔经"施及蛮貊"的时候，中国应以文化引领海外他洲进至于文明，这是属于"文"的实践层面。廖平不断地提及五洲如兄弟，属"夏"的亚洲或中国并不是要与其他尚属于"夷"的地区隔绝，在进化的过程中,要由文化较高的地方主动向文化较低之处传播,使"夷"进至于"夏";这是《公羊》学的拨乱观结合世界主义的结果。又这条从小康到大同之路,三纲五常始终都是廖平要极力维护、强调不可或缺的经教价值。第二,由于中国缺少了孔经本已具有,但现在仅存于西方的"质",这是目前最需要增进之处,因此中国要秉着"礼失求诸野"的心情学习西方的富强之术。

　　道器兼备或文质兼备,是进化最完美的状态,用孔经来普及于世就是要造成这样的境界。但是所谓"孔经"的内容为何,在廖平思想的演进里,似乎不是那么的一成不变。廖平光绪年底前所说的"以质救文""文质彬彬",是以孔子所作的六经已经具备了文、质的成分,而且廖平向来都是言必称孔子作六经,从不曾说过孔学有十二经。但是民国以后,孔子所"作"的"六经"对廖平来说似乎已经不够了,所以开始提及孔子曾"述"的"六艺",把器物实学、富强之术的概念引进孔学,占了孔学"十二经"之半,如此重视六艺的地位,足见廖平从光绪年底到民国初年,实学在他心中的地位有更加提升的趋向。他隐约地承认、接受甚至主张除了六经(五经)之外,还有许多来自西方的重要新知有待学习,这些重要新知的内容已经超过六经能告诉我们的范围。

　　透过这样的分析,不但可以看到廖平从清末到民国以来道器观的隐微转变,而且也使我们更认识到,终身都"彻底"尊孔尊经的廖平,其实他所尊的"孔经"内容,一直都不是铁板一块,而是不断的将新的理念或知识系统纳入孔经,甚至转化孔经的内涵。所谓的"文质彬彬",也随着时间存在着不小的内在质变,这也可视为变动时代经学的一个环节。

结　论

廖平于光绪二十三年（1897）的经学三变以后，直到晚年的学说，向来理解者很少。其孙廖宗泽于《六译先生行述》中云：

> 海内学者略窥先祖之学皆逮一、二变而止，三变以后冥心独造，破空而行，知者甚鲜。五变六变语益诡，理益玄，举是非之，索解人不得，虽心折者不能赞一辞，胡适之至目为方士。泽以莫测高深，未敢苟同。①

即使廖平之孙亦以其祖父之学说"破空而行"而未敢苟同。但透过本书的分析，可以说明以往常被诟病为牵强附会、愈变愈玄，难以引起学人重视的三变以后思想，其实有着深厚的时代意识。廖平汲汲要表达的主旨，是他在文化传承的使命感下，以经典去重构的理想新世界图像。

甲午战后，传统的意义世界受到严重的怀疑和挑战，在价值感

---

① 廖宗泽：《六译先生行述》，收入廖幼平编《廖季平年谱》，第88页。

失落的年代,寻求各自心中的秩序,常是那一代知识分子经世理念背后的引导。传统的三纲学说将皇权体制、中国的政治社会秩序和家庭核心伦理绾合成完整的结构,这个结构植基于固有的宇宙论、天人关系中。张灏曾在《危机中的中国知识分子:寻求秩序与意义》一书里,针对近代知识分子为人所熟悉的四个领袖性学者:康有为、谭嗣同、章炳麟、刘师培的天人学说做一分析,发现此四人的思想尽管与传统仍有千丝万缕的牵系,但是他们在重新诠释天人关系,包括批判固有伦理所植基的宇宙论时,均表现出对三纲学说的挑战。① 而同样是身处危机中的知识分子,廖平也积极想为中国的未来、经学及文化找寻解决之道,因此对廖平学说的研讨,意义是双重的:第一,对于一个在近代也具有一席之地的重要学者,我们忠实地呈现他将近半生未为人们所熟悉的学说,本身就是一种价值。第二,在热烈地为中国当下寻求秩序与意义的过程中,廖平走了一条截然不同的路,和前述几位近代领袖性学者挑战过去的伦理观相较,他展现了另一种典型的风貌,这些思想大量蕴藏于其经学三变以后(约甲午战后)的著作中。长期以来廖平的研究成果看似丰富,可惜三变以后的经学却几乎未曾有过系统的阐发。故本书聚焦于这方面的研究,希望补足近代经学、思想与学术史在转变过程中尚未明晰,但又不可忽略的一个区块。

虽然本书的重心是廖平经学三变到五变的思想,然而三变后的经学观并非凭空出现,仍是从早期的一、二变逐渐发展而成。因此在第一章中,笔者将经学一变到三变之间各变的出现因缘、转折

---

① 张灏:《危机中的中国知识分子:寻求秩序与意义》,高力克等译,新星出版社,2006,第216—217页。

过程,以及各经的今古文观做详细的考索,最终归结到三变以后的经学观与特色。在探讨的过程中,笔者发现以往被归类为"常州学派"的廖平,其实学说内部与常州今文学派之间有其离合的过程。廖平早年于尊经书院已经接触了常州今文学者的学说,但他当时对今古文对立互攻的学风未能心服,思欲走出一条较持平的道路,故有经学一变"平分今古"的产生。然而在感受到古文学授受源流不明的情况下,促使他回头认同常州学者们从清中叶以来陆续辨伪古文的诸多理论,并进一步推向极致,将古文合成一个有机的整体,刘歆是有意识造伪的始作俑者。因此经学二变以后的廖平被晚清及后世的学人视为今文经学的集大成者。

但即使是二变全面攻驳古文的过程中,廖平仍然有全然不同于常州学人的重要观点。例如他主张《逸礼》曾真实出现于孔壁中,并非刘歆所伪造,这与邵懿辰的立场相反;并且廖平还认为《逸礼》是刘歆援引来作伪《周礼》的底本,"伪《周礼》"的底本既然是真古籍,无形中就为自己三变之后接纳《周礼》埋下了伏笔。而且他视《左传》解经、属今学,未曾经过刘歆更动的观点,也与常州今文大将刘逢禄以《左传》为古学、不解经、属史学性质,且经刘歆窜乱的看法迥异。因此即使是二变极力尊今意识下的廖平,与另一位今文学的集大成者康有为相较之下,康有为其实更遵信、接近常州学派的理路。这也让我们体会到,康有为直到晚年仍称自己的今文学最先得自刘逢禄、龚自珍、魏源的启发,而不曾提到廖平,[①]应该也有学术差异的具体因素存在。因此第一章的一、二节

---

① 康有为:《重刻伪经考后序》,收入《新学伪经考》,第400—401页。

也发掘了被过去讲论清代今文学发展史的大叙事下隐没了的一些学术史视角。

第一章第三节则厘清了廖平经学三变以后对待今古文态度的问题。康有为、梁启超曾说廖平三变以后承认《周礼》，自驳尊今的立场，淆乱了今、古文的界限。康、梁说对了一部分的事实，然而这并不代表廖平此后便能同时接受今文与古文经学。首先，廖平接纳《周礼》是把它当成孔子的著作，与古文家的尊为周公之典并不同调。其次，廖平从三变以后对《诗经》的态度仍是以孔子的微言仅寄托于《三家诗》；《尚书》方面，他仍然坚定地延续今文二十八篇为备之说，只是从《尧典》中析出"皇篇"成二十九篇，基本上都是今文经学路数的发挥，而且此时也有更重视接近今文系统的纬书之倾向。所以若说三变以后已经"淆乱"或是泯除了今古文家派的意识，这样的说法失之笼统，也未必正确，只能说他自谓的"不再立今古名目"是指为学目标已经不再致力于分判今古与辨伪古学了，而是把焦点转向经学如何诠释世界的方向上。在经学焦点转向后，学术史的味道转淡了，成了以己意说经的特色，在他诠释下，孔子与经、传的关系愈来愈紧密，地位也愈崇高，尤其是主张"大一统"的齐学被他刻意的强调，引申为孔子世界大统的思想。

第二章析论廖平如何用经典与传统学识响应新世界的地理图像。由于19世纪90年代中期以后，近代地理学在知识界已经基本普及，人们也必须接受大地为圆体，无处非中，以及客观上自身所处位置的相对性。西方地理知识的擅场在于测绘技术、地图的制作，呈现的是地圆、五大洲、经纬度之世界地图，然而这与传统天下观的华夏居于寰宇之中的内涵取向有很大的差异。因两者是完全不同的价值系统，交会时自然产生不可避免的矛盾冲突。廖平在寻求如何为中国于地圆、五大洲上重新定位的使命感下，他首先对邹衍的"大九州"说做新的诠释，说明孔子有域外的眼光，并欲以《周礼》大疆域制度与《禹贡》的五服制度含摄《海国图志》等世界地理书籍的内容，透露出他欲将西方地理新知，从传统学识的立场予以吸纳，并转化成以经学价值为本位的思考模式。他重构的合于"经旨"之图像，最基本的理念是整个地球或世界具有内、外的文化层次感，这是其所谓的"大禹贡""大五服"及"大九州"三个相通概念所传达的最核心精神。

如果说第二章的主旨是阐述经学如何含摄整个地球、与海外世界打成一片，并预示未来世界即将合一的愿景，那么第三章"经学理想的世界文化空间蓝图"便是接续讨论中国文化在世界大一统里扮演何种角色。廖平以《尚书》为孔子昭示未来世界"大统"（大一统）的蓝图，这又与《尚书》中的灵魂人物：周公密不可分。历史上的周公是平治周朝天下的人物，廖平在尊孔与经史有别的思路下，把"周公"视为孔子笔下寄托的一个符号，营建地球东、西两京，肇开"大统"。在这个论述过程中，他一直在从新的出版品或报纸杂志汲取西学新知并融入经典，包括建构一个具有东、西半球的世界图像，最终还要由文化较高、具有孔子教化的东半球统一西半球。

"周公"在地球上肇开大统后所营建的"皇都"便是"明堂"，是世界万邦来朝之处。廖平论朝会世界诸侯又特别强调所谓的"辨方正位"，四夷使节依其爵位、文化高低、与华夏的亲疏远近，班次序列，都有严格的规范。他如此重视朝会诸侯的礼序，原因是甲午战后清王朝"抚有四夷"的局面被打破，藩属国一一脱离中国；尤其光绪皇帝为了与外人互动上有所调适，也变更觐见礼仪，改变了昔日"天朝"皇帝的姿态，以便于在外交程序上更能与西方相接近。这些都使廖平觉得华夷已经失序，礼制无存了，因此他要宣说孔子已借着"周公"这个符号，预示了一幅中国与世界关系的图景，且将会在遥远的未来实现，而中国永远是处于"万邦归极"之处。最后，如何肯定中国必定能够盟主天下，廖平则重新诠释邹衍的五德终始论，强调即使今日西方强盛，但世运轮转，中国入居世界之中是必然的，这是一个传统知识分子如何运用固有学理克服心理焦虑的表现。

第四章讨论廖平的天学。传统读书人来自"天人合一"的信念，人事的价值必定有天道上的根源，这便可理解何以廖平在提出大统秩序的学说之际，还要架构一套属"天"的理论。中国"天学"呈现的宇宙观是政治、伦理等知识的基础，但是清末哥白尼的日心地动说冲击了天动地静、天尊地卑的本来牢不可破之价值。廖平在甲午战后几年要重新诠释天学，亦是深感人世秩序、意义世界逐渐的"崩解"，他要从"天"的源头去诠说何种价值具有永恒性与不可撼动。他指出八大行星绕日正是符合经典昭示的秩序：以太阳比拟天子居中央，八行星如八伯，分布八方以"卫帝座"。透过日与君的比拟，大力发挥尊奉一君的理念。八大行星又都有各自的小星围绕，这也如同《王制》所说的，每一州的方伯都有自己的属国，各有疆域。而且围绕各八大行星的小星甚多，较远或不可见者，犹如地球中的夷狄，位处荒远，天子所不治理，即是传统所谓的"王者不治夷狄论"之天道展现。总之，这是一个以天子为中心、八伯环列,由内到外的结构是君主、华夏、夷狄的尊卑有序之天上世界。

廖平的天学建构随着时间有其益加详细与转变的过程。光绪二十三年时只谈到太阳系,光绪二十八年后从太阳系继续扩及到整个宇宙星系的组成与运行。这期间最大的差异,是之前以太阳系中心的"日"表征天子或皇帝,后期发展成以北辰为天的中心。虽然无论以"日"为尊或"北辰"为尊都是为了展示尊君为核心的价值,但中国古代北极崇拜远超过太阳崇拜,[①]所以廖平后期的"以北辰为尊"较前期的"以日为尊"更具传统天人思想的味道。足见他不断的要为天上、人间"立极"或"立心"之目的,是要努力的回到传统的政教秩序上;他对蕴含王化秩序的分野理论之重视与积极赋予新义,动机亦是如此,无非是要说明王化秩序已经体现于天道之中。

第五章讨论《春秋》拨正下的世界秩序与中国。在弱肉强食的近代国际中,艰困的时代课题让廖平反思要以经典重新架构不同于当世西方主导下《万国公法》的国际关系图景;他以《春秋》的制度设计了一套具体的国际新秩序模式,《春秋》的"二伯"正是这个秩序模式下的核心制度内容。廖平的思想所展现的,是另一种如何为中国在世界重新定位的典型。又他以全球大一统为终极理想的世界观,也牵涉到中国当下、未来所应实行的政体型态,同时也反映了一己的伦理观,这些都与晚清康有为主导的立宪,以及革命论者的主张有所歧异,并产生交锋,深具时代性。最后,随着时间

[①] 葛兆光:《七世纪至十九世纪中国的知识、思想与信仰》,第452页。福永光司:《中国宗教思想史》,收入长尾雅人等编《中国宗教思想》,第8—10页。

与外在环境的变化，廖平对"二伯"的发挥开始走了完全不同的方向，透露了他世界观视野的转变与时局的联系。

第五章有许多的重点在说明廖平阐发《春秋》的意义。晚清质疑《公法》、寄情《春秋》的学人不少，但廖平可说是唯一一个曾经清晰结构一套以中国伦理为中心的新秩序模式，而且雄心壮志地希望将它推向全球的学者。他期待在世界重塑一个"大封建"的局面，各国家彼此之间以《春秋》诸侯国的礼序相互对待，成为大国保护小国、小国尊事大国的君子大同世界。这是对西方国际体系及其带来的弊病所做的回应。但是封贡体制这种看似国际往来的完美关系，它在实际施行上却很困难，即使中国历史上的兴盛朝代也不易彻底落实这套体制。廖平也很清楚封贡体系必须深植于固有的三纲伦理之上，然而西方国家间的交往与互信基础是"契约"，从日常人伦到国与国之间的对待讲求的是"平等"；在认知大不相同的情况下，如何让西方接受中国传统的观念呢？因此廖平的主张仍然止于理想的层面。但尽管施行有其困难，廖平企图重构经典的新世界仍带给今日的我们新的省思。盖近代西方列强用船炮、条约体系冲撞中国的天下秩序，欲用西方的标准将世界各地纳入其国际体系中，却又不愿对等地履行《万国公法》所强调的尊重他人主权之原则。因为西方民族国家以追求各自富强利益为中心的本质，致使《公法》不但不足以维系国际秩序，反而延续了强凌弱、众暴寡的现实，从近代迄今日，我们认定的西方"文明"为主体的国际社会仍然难以改变"强权即公理"的政治现实。廖平用自己的语言，以经典诠释的方式，让我们体会到其实不同的国家制度、国际体系原生于各自不同的国族与文化背景，因文化的差异而创造出的国际秩序原理也各有其运作方式,[①]各有其价值,本不必有截然二分法的高下之分。如此可以让我们看待整个世界历史的发展与当代国与国间的事物时有更宽阔的襟怀与视野。

最后,第五章也重视将廖平的改制思想与康有为做比较,结果让我们看到了晚清《公羊》学者内部主张的多元性。这可以从他们如何为当下的中国定位说起。近代中国思想史上有一个从"天下"到"世界"的进程。"世界"这个新词汇的认知既是地理的,也蕴入了来自西方政治的和文化的价值观念,它逐渐取代了过往以中国居于中心为基本框架下的"天下"观念。然而对晚清人而言,该如何为中国在世界中寻求定位,却是焦虑彷徨的过程。特别是甲午战后中国处于被欧美欺凌歧视之列,被世界边缘化甚至不曾"进入"世界的感受也日渐深刻。以晚清《公羊》家的代表性人物康有为为例,他内心的版图中,属"文明"的"诸夏"已成了欧美,中国则大致落于"夷狄"的一边,因此如何让中国进入世界以成新"诸夏"的一员是迫切的渴望。对康氏而言,政体的改变正是扭转中国在世界中的位置相当重要的关键。然而廖平的思想所展现的,却是另一种如何为中国重新定位的典型,有别于康有为。长久以来我们常有一种观念,以为晚清《公羊》学者的政治立场往往是变政的主张。廖平的确在"新学伪经""孔子改制"的层面上启发过康有为,但是孔子所改之"制"是什么,以及如何为中国与世界提出一个理想的未来,廖、康两人的观点却有很大的差异。廖、康同样

[①] 关于东、西方国际秩序原理的不同,参见张启雄《东西国际秩序原理的差异——"宗藩体系"对"殖民体系"》,《"中研院"近代史研究所集刊》2013年第79期。

托于孔子的《春秋》以作为世界性的普遍真理,但价值观上康有为可说是倾向于"变中国以从西方",引西方民权的理念,先主张君民共主的立宪,认为唯有改变政体才不致于落入世界的边缘与"夷狄"的命运,接着要过渡到民主,终极理想是无阶级的大同。相对的,廖平可说是较接近于"变西方以就中国",要将以三纲为精神、《王制》为架构的天子、诸侯体制普及于世,让世界成为具传统文化特色的、有礼序的伦理共同体。也因着中国有三纲伦理为主体的经教,故能成为世界的"诸夏",本来就立足于中心地位,从来不曾被边缘化。因此廖、康两人的孔子改制内容并不同调,这是植基于伦理观的差异有以致之,故本书的研究也点出了近代《公羊》学者内部思想、政治理念的多元面相。

在说明世界必可依照孔经的普世价值线性臻于大统的境地时,廖平也有一套支持自己想法的史观,以及中国当下该如何实践经典的方式,这就是第六章《文质彬彬——大统理想的经学实践进路》所谈的重点。首先是进化史观对廖平的影响。晚清进化史观的形成,是源于视西方历史发展的历程是世界的"公例",对比西方文明这支计算尺上的刻度,便可看出各个文明目前的阶段。但是廖平在接收这些概念时,把进化的坐标,从西方文明整个的倒转成孔子经典的文明,那么世界便需要接受孔经才能进入真正的文明状态。

然而怎么达成那个理想的未来,虽然第六章也分析了他提到应该对外化导亚洲以外的各大洲,以及中国内部要致力于实学的努力,但这仍然不足以撑起他所构筑的美丽新世界之有力实践途径。因此廖平的学说确实有空疏之弊,这与其所处的身份职位也有关联。与晚清一些其他讲求通经致用的经学家相较,他不同于魏源长期作为封疆大吏的幕僚有参与实务的经历，对攸关国际民生之政策如盐法、水利等都能提出具体的兴利除弊之说，并与其经学著作如《诗古微》中力倡三统说的救弊更迭之理相呼应。廖平也不同于实际投入政治维新的康有为，能致力于具象提出一整套行政体制、经济、教育、工业的改革与实践的措施。相对地，廖平的志趣是授业与传道，靠着写作与讲学尽力谋求让经典的意义可以于现世有再生的机会。

　　以上是从廖平世界观的角度所做的总结，接着我们再回顾本书所呈现的廖平学术在近代的特色与定位。他为了要让"孔子走入世界"，使孔经能适应新时代，于是对经学为主体的传统学术进行重释，在这个过程中，也表现了廖平在近代过渡时期的学术特色。首先，从近代学术上的意义来说，廖平可说是第一个正式从传统文本重新解释、梳理五行理论的学者。他解释"五行"的过程已经大力表现了对气化的阴阳五行宇宙观知识系统之质疑甚至否定。廖平已经感受到支撑经学的传注及以经学为主体的本有学术思想体系在西学的刺激下已经逐渐失去知识上的说服力。但是站在发扬经学、以固有学术扶助经学的立场，他没有如同后来的梁启超、刘节一般的直接用学术流变的角度去批评先秦、汉代特别是董仲舒以后的学说"迷信"或不合理，而是重新解释、转化经学师法代表的董仲舒之说法，让经说能适应当代的学理，借以维护经学的永恒性。而他对五行的新解相较于之前两千年人们的认知，已经摆落了很多不符合西方科学的质素。梁启超及之后的顾颉刚、刘起釪等古史辨派学者会用学术史的眼光重新考辨阴阳五行学说的来历，也是源于本有学术权威的崩溃，而这种对既定权威信任的松动早在廖平的著作中已经表现出明显的端倪，他在西学影响下的五行新说在近代学术转变过程中是不可忽视的过渡环节。

又传统阴阳五行宇宙观的天人关系被西学否定之际，廖平继承本有的思维，要从天象寻求人间伦理政治的终极意义，于是建构了自己的一套天学系统。虽然在他的主观意识上，"天"仍然是超越的价值根源，"天人合一"的秩序不可撼动。但是为了要让孔子思想可以立足于当代，在将新知识如西方天文学、进化论，或其他诸如灵学、催眠术等近代思潮的引入天学与诠释的过程里，也使"天"的性质发生转化。尤其受了西学影响，使他对原本今文学家所重视的天人感应、灾异、占验说完全的否定，更让他所诠释的"天"渐渐失去了本有的神秘性与神圣性，有朝着自然天发展的趋势，天与人的关系逐渐的疏离也就是必然的走向。

透过本书也可以发现，从廖平一路到顾颉刚全面疑古的历程中，廖平对经学的思考也同样具有过渡的意义。廖平主要受了西方进化论以及日本疑古思潮的影响，不能相信上古有完备的文明与制度，这种想法表现在群经中，尤其大量地反映在他对《尚书》的解释上。他以《尚书》为"俟后"的大统蓝图，除了要把孔子塑造成为万世制法的圣者以外，背后还有一个学术上的信念，就是上古质朴未进文明，不可能有广大的疆域与完备的制度。因此诸如禹治九州之水、周公制礼作乐的美备、明堂的盛大仪制等等，都被解释成孔子预示未来的状况。在古史辨时期，对《尚书》内容的考辨占了很大的成分，所讨论的许多问题，在廖平的著作中已经注意到了，说明他已经能用历史的思考看到经典与上古的不同，只是仍脱不去孔子的神圣性，这也是他的学术特色之一。

处在知识扩张与价值观念转变的晚清,廖平对经典内容的诠释还呈现了极大的不稳定性,甚至出现价值观的重塑。在经数与知识内容方面,廖平因为忧惧经教的流失,尽力援引西学新知进入孔经,"孔经"可以无限填充,而且经数也可以改变,例如为了强调实学的重要,便把孔经从"六经"扩大到"十二经"。就一个经学家的本位立场而言,自然可以说是相信孔经视野的宽广与全面性;但是若从学术史的角度观之,这也说明经学与原有的注疏系统在近代已经不能构成单独的学术权威,因此廖平的"孔经"知识内容永远不断在新增,最终撑破了经学的极限。在经典的诠释方面,例如廖平对"二伯"的解释可以随着世局与自己观点的转变而做完全不同的诠说;又儒家不曾重视、甚至贬抑的"谲而不正"也被解释成经学推崇发扬的概念。这些都说明变动的时代,本应具有恒常性质的经学价值观亦处在变动不稳定当中,这也是经学发展到近代的困境。廖平本欲尊圣,最终却造成经学解构的吊诡,这是我们已经知悉的。①但是即使知道经学最终的命运是解体,仍然有必要措意于它中间慢慢转变,与西学相互碰撞、矛盾来回的诸多过程。因为这个过程释放出了重要的讯息,呈现了经学本身、经学家不同的个体与社会思潮的交会,以及与知识系统扩张之间相互作用的复杂性。实际上,传统永远在守旧、更新、创新不断的运作之中发展与变化,因此绝不存在永恒不变的传统。廖平摆荡在原有的信念与西学新知之间,他的学术代表一种转型过渡时期的特殊性,体现了西潮荡击下的传统学术、思想与信仰变迁的轨迹。

---

① 王汎森:《从传统到反传统——两个思想脉络的分析》,收入氏著《中国近代思想与学术的系谱》,第111—121页。

最后，一个学术人物之于后辈的传承也是值得被彰显的，廖平经学三变后的学术亦曾启导后进，让经学在往后的年代有机会用不同的形式来延续生命力。民国以后经学发展的道路，大家最熟悉的一种是转向了史学研究。虽然经学逐渐落入边缘、史学走向中心，是从清中叶以来多种原因逐渐造成的，但就近代来说，早期的康有为影响不容小觑；相当推崇康有为的崔适接续今古文的辨伪，而跟随康有为、崔适学术理论继续发展的顾颉刚、钱玄同等人，则是完全走入了史学的领域。①真正有志透过学术以凸显经学文化价值的，蒙文通可算是首数的一位，而廖平对经学价值的终身肯定护卫与治学方法，这两方面都影响了蒙文通。蒙文通于1911—1913年从学于五变时期的廖平，他除了接续廖平经学一变的思想发展，有了"古史多元论"的提出；又廖平在光绪二十五年（1899）三变时期以后开始研治诸子学与经学的关系，也启发了蒙文通。在本书第六章曾提到廖平把所有先秦诸子学均当成经学的注脚，以此提高经学地位并充实孔经的内容，这一说法为蒙文通的研究创造了条件。蒙氏在廖平探讨经学与先秦诸子关系的基础上，打破了孔子的权威，他认为并非诸子出于六经，而是经说能荟集诸子以为经术之中心，因此经学乃是集中国古代文化之大成，经学的价值便自然得到彰显。②蒙文通的研究让经学以另一种价值形式延续生命力，廖平的

---

① 或许有人会说，民国以后的康有为不也主张尊孔读经吗？其实康有为的学术影响主要是早期的辨伪今古文，就其个人生命的学思历程来说，康氏稍晚期以后的著作，如《物质救国论》《大同书》《诸天讲》等，可说几乎没有经学的语言了。
② 刘耀：《经术与诸子——廖平、蒙文通的经史传承与民国学术》，《四川师范大学学报（社会科学版）》第39卷第5期，2012。

影响扮演了重要的角色。

廖平一生大多数的时间都在四川，他不同于康有为、梁启超以及晚清的出使大臣，有游历国外的经验，也不同于严复或后来的留学生，有直接置身于欧洲英美学习的域外视野。他的生命历程，一边是自幼年开始接受的传统学术背景，另一边是完全不同的新世界、西方的新思维，两端的价值观是难以跨越的落差，他热切地要在两者之间寻求对话，让经学能面向世界。廖平自谓一生研治经学历经六变，其实是他颇为自豪之语，认为自己不断的汲取新知，求新求变，与梁启超"不惜以今日之我向昨日之我挑战"的经典之句意思是相同的。廖平的多变显示他愿积极拥抱新知（特别是西学）以求用世的精神，但始终坚持中国文化本位、不抛弃传统的人文关怀则是他的不变。观看这个人物的学思经历、所处的身份环境与整个近代历史进程及风潮的交互作用，他的变与不变都交织着深刻的时代性，颇有值得我们同情的理解之处。处在今日，或许"廖平"这个研究对象是旧的，但我们的视角可以是全新的。

参考文献

一、廖平著作

《六译馆丛书》，"中研院"傅斯年图书馆藏。

《大学中庸演义》，民国五年成都存古书局刊本。

《大统春秋公羊补证》，光绪三十二年则柯轩再版。

《公羊解诂三十论》，光绪二十三年刊本。

《左传古义凡例》，光绪十二年刊。

《本经学四变记》，光绪三十二年成都存古书局刊本。

《经学五、六变记》，民国七年成都存古书局刊本。

《春秋图表》，光绪二十七年刊本。

《易说》，民国七年成都存古书局刊本。

《诗说》，民国七年成都存古书局刊本。

《群经凡例》，光绪二十三年尊经书局刊本。

《尚书弘道篇》，民国七年成都存古书局刊本。

《尚书中候弘道篇》，民国七年成都存古书局刊本。

《今古学考》，光绪十二年尊经书局刊本。

《古学考》，光绪二十三年尊经书局刊本。

《知圣篇》，光绪二十七年尊经书局刊本。

《经学初程》，光绪二十三年尊经书局刊本。

《王制订》，光绪二十三年尊经书局刊本。

《经话甲、乙篇》，光绪二十三年尊经书局刊本。

《起起穀梁废疾》，光绪十一年刻本。

《释范》，光绪十一年刻本。

《易经古本》，民国四年成都存古书局刊本。

《坊记新解》，民国三年成都存古书局刊本。

《孝经凡例》，民国三年成都存古书局刊本。

《分撰两戴记章句》，民国四年成都存古书局刊本。

《家学树坊》，民国三年成

都存古书局刊本。

《礼说》，民国七年成都存古书局刊本。

《四益馆杂著》，民国四年成都存古书局印行。

《王制集说》，民国三年成都存古书局刊本。

《群经大义》，民国六年成都存古书局刊本。

《周礼订本注》，民国六年成都存古书局刊本。

《六译馆杂著》，民国四年成都存古书局刊本。

《六译馆文钞》，民国九年成都存古书局刊本。

《春秋三传折衷》，民国六年成都存古书局刊本。

《春秋左氏古经说》，光绪三十四年四川成都中学堂刊本。

《书经大统凡例》，民国五年成都存古书局刊本。

《尚书今文新义》，民国七年成都存古书局刊本。

《皇帝疆域图》，民国四年成都存古书局刊本。

《世界哲理笺释》，民国十年存古书局刊本。

《四译馆外编》，民国十年存古书局刊本。

《庄子叙意》，台北：艺文印书馆据民国十年刊本影印，1972年。

《地球新义》，1935年孟冬开雕版藏。

《大同学说》，《中国学报》1913年第8期。

《与康长素书》，《中国学报》1913年第8期。

《廖平选集》（上）（下），成都：巴蜀书社，1998年。

二、经籍与史料

丁韪良：《中国古世公法》，光绪二十三年，慎记书庄石印。

于宝轩编，《皇朝蓄艾文编》，台北：台湾学生书局，1965年。

王充著，张宗祥校注，郑绍昌标点：《论衡校注》，上海：上海古籍出版社，2010年。

王仁俊：《格致古微》，光绪二十二年，吴县刊本。

王代功述：《清王湘绮先生闿运年谱》，台北：台湾商务印书馆，1978年。

王先谦编：《皇清经解续编》，台北：艺文印书馆，1965年。

王栻主编：《严复集》，北京：中华书局，1986年。

王聘珍：《大戴礼记解诂》，台北：文史哲出版社，1986年。

王锡祺编：《小方壶斋舆地丛钞》，上海：上海著易堂排印本，1877—1897年。

王韬：《弢园文录外编》，北京：中华书局，1959年。

毛亨注，郑玄笺，孔颖达正义：《诗经正义》，台北：艺文印书馆，1989年。

孔安国传，孔颖达正义：《尚书正义》，台北：艺文印书馆，1989年。

中国革命博物馆整理，荣孟源审校：《吴虞日记》，成都：四川人民出版社，1984—1986年。

司马迁原著，泷川龟太郎著：《史记会注考证》，台北：艺文印书馆，1972年。

皮锡瑞：《师伏堂日记》，收于《湖南历史资料》，长沙：湖南人民出版社，1958年。

皮锡瑞：《经学通论》，北京：中华书局，1998年。

皮锡瑞：《经学历史》，台北：艺文印书馆，1996年。

平翰等修，郑珍、莫友之纂：《道光遵义府志》，成都：巴蜀书社，2006。

朱彝尊：《经义考》，台北：中华书局，1960年。

江藩：《国朝汉学师承记》，台北：华正书局，1982年。

伍肇龄辑：《尊经书院二集》，清光绪十七年，尊经书局刊本。

吕不韦编，杨坚点校：《吕氏春秋》，长沙：岳麓书社，1989年。

阮元：《畴人传》，上海：商务印书馆，1935年。

何休注、徐彦疏：《春秋公羊传注疏》，十三经注疏本，艺文印书馆，1985年。

沈钦韩：《汉书疏证》，光绪二十六年季孟冬，浙江官书局刊，收入《续修四库全书》，上海：上海古籍出版社，1995—2002年。

阮元编：《皇清经解》，台北：艺文印书馆，1962年。

志刚：《初使泰西记》，长

沙：湖南人民出版社，1981年。

宋育仁：《采风记》，清光绪刊本。

周密：《癸辛杂识》，北京：中华书局，1988年。

邵懿辰：《礼经通论》，《皇清经解续编》，台北：汉京文化事业有限公司，1980年。

侯失勒撰，伟烈亚力译，李善兰删述，徐建寅续述：《谈天》，上海：上海古籍出版社，1997年。

胡薇元：《公法导原》，出版地不详，光绪二十六年。

胡薇元：《诗纬训纂》，出版地不详，清光绪至民国间刊本。

胡钧：《张文襄公年谱》，北京：天华印书馆校印本，1939年。

范晔撰，杨家骆主编：《新校本后汉书并附编十三种》，台北：鼎文书局，1987年。

班固撰，颜师古注，杨家骆主编：《新校本汉书并附编二种二》，台北：鼎文书局，1986年。

徐继畬：《瀛环志略》，出版地不详，道光三十年刊。

唐才常：《唐才常集》，北京：中华书局，1980年。

桓宽撰：王利器校注：《盐铁论校注》，北京：中华书局，1992年。

袁宏点校：《逸周书》，济南：齐鲁书社，2000年。

高承瀛等修，吴嘉谟等纂辑：《光绪井研志》，台北：台湾学生书局，1971年。

陈亮著，邓广铭点校：《陈亮集》，北京：中华书局，1987年。

麦仲华编：《皇朝经世文新编》，台北：国风出版社，1965年。

张之洞：《书目答问》、《輶轩语》，收录于《张之洞全集》册12，石家庄：河北人民出版社，1998年。

张之洞：《四川省城尊经书院纪》，收入《丛书集成续编》，社会科学类册62，台北：新文丰出版公司，1989年。

张德彝：《随使英俄记》，长沙：岳麓书社，1986年。

崔述：《唐虞考信录》，上海：商务印书馆，1937年。

康有为著，姜义华、吴根梁编校：《康有为全集》，上海：上海古籍出版社，1987年。

参考文献　493

康有为:《新学伪经考》,香港:三联书店,1998年。

惠顿著,丁韪良译:《万国公法》,上海:上海书店出版社,2002年。

章太炎:《訄书》,1986年。

章太炎:《国故论衡》,台北:广文书局,1975年。

章太炎:《国学概论》,基隆:法严出版社,2000年。

崔适:《史记探源》,北京:中华书局,1986年。

崔适:《春秋复始》,北京:北京大学,1918年铅印本。

曾纪泽:《曾纪泽日记》,长沙:岳麓书社,1998年。

黄宅中修,邹汉勋纂:《道光大定府志》,成都:巴蜀书社,2006。

黎靖德编:《朱子语类》,台北:正中书局,出版年不详。

廖幼平编:《廖季平年谱》,成都:巴蜀书社,1985年。

廖宗泽编撰,骆凤文校点:《六译先生年谱》,收入四川大学古籍整理研究所编:《儒藏·史部·儒林年谱》,成都:四川大学出版社,2005—2009年。

郑玄注,贾公彦疏:《周礼注疏》,台北:艺文印书馆,1989年。

郑玄注,孔颖达疏:《礼记注疏》,台北:艺文印书馆,1989年。

郑玄注撰:《易纬干凿度》,台北:成文出版社,1976年。

刘安原著,何宁撰:《淮南子集释》,北京:中华书局,1998年。

刘逢禄:《春秋公羊经何氏释例》,据北京图书馆分馆藏,清嘉庆养一斋刻本影印原书版。

刘逢禄:《左氏春秋考证》,台北:复兴书局影印《皇清经解》本,1974年。

刘师培:《刘申叔先生遗书》,台北:大新书局,1965年。

蒋友仁译,何国宗、钱大昕润色,阮元补图:《地球图说》,上海:上海古籍出版社,1997年。

薛福成:《出使英法义比四国日记》,长沙:岳麓书社,1985年。

魏源:《魏源集》,台北:鼎文书局,1978年。

魏源:《海国图志》,长沙:岳麓书社,1998年。

萧吉著:钱杭点校:《五行大义》,上海:上海书店出版社,

2001年。

谭嗣同撰，蔡尚司、方行编：《谭嗣同全集》，北京：中华书局，1981年。

苏舆：《春秋繁露义证》，北京：中华书局，1996年。

苏舆编，杨菁点校；蒋秋华、蔡长林校订：《翼教丛编》，台北："中研院"中国文哲研究所，2005年。

严复：《严复合集编年》（一），台北：财团法人辜公亮文教基金会，1998年。

龚自珍：《龚自珍全集》，北京：中华书局，1959年。

三、报纸杂志

《中国白话报》，上海：中国白话报社，1903年（"中研院"全国报刊索引数据库）。

《浙江潮》，台北：中国国民党党史史料编纂委员会，1968年。

《清议报》，台北：成文出版社，1967年。

《教育杂志》，台北：台湾商务印书馆，一九七五年。

中国学报社编辑：《中国学报》，北京：中国学报社，1912年。

林乐知主编：《万国公报》，台北：华文书局，1968年。

国学扶轮社编：《国粹学报》，台北：文海出版社，1970年。

四、专书

丁亚杰：《清末民初公羊学研究：皮锡瑞、廖平、康有为》，台北：万卷楼图书公司，2002年。

丁亚杰：《晚清经学论集》，台北：文津出版社，2008年。

尹德新主编：《历代教育笔记数据·清代部分》，北京：中国劳动出版社，1993年。

支伟成：《清代朴学大师列传》，长沙：岳麓书社，1998年。

王汎森：《古史辨运动的兴起》，台北：允晨文化，1987年。

王汎森：《中国近代思想与学术的系谱》，台北：联经出版公司，2003年。

王汎森等著：《中国近代思想史的转型时代》，台北：联经出版公司，2007年。

王汎森：《近代中国的史家与史学》，香港：香港三联书店，2008年。

王林：《西学与变法：〈万国公报〉研究》，济南：齐鲁书社，2004年。

王葆玹：《今古文经学新论》，北京：中国社会科学出版社，1997年。

王葆玹：《西汉经学源流》，台北：东大图书公司，1994年。

王德威：《被压抑的现代性：晚清小说新论》，台北：麦田出版社，2003年。

王家俭：《清史研究论薮》，台北：文史哲出版社，1994年。

王国维：《观堂集林》，台北：河洛图书出版社，1975年。

王尔敏：《中国近代思想史论》，台北：台湾商务印书馆，1995年。

王尔敏：《中国近代思想史论续集》，北京：社会科学文献出版社，2005年。

王尔敏：《晚清政治思想史论》，桂林：广西师范大学出版社，2005年。

王健文：《奉天承运：古代中国的"国家"概念及其正当性基础》，台北：东大图书公司，1995年。

王梦鸥：《邹衍遗说考》，台北：台湾商务印书馆，1966年。

田汉云：《中国近代经学史》，西安：三秦出版社，1996年。

甘怀真：《东亚历史上的天下与中国概念》，台北：台湾大学出版中心，2007年。

朱维铮：《中国经学史十讲》，上海：复旦大学出版社，2002年。

朱维铮：《求索真文明：晚清学术史论》，上海：上海古籍出版社，1996年。

朱维铮：《周予同经学史论著选集》，上海：上海人民出版社，1996年。

列文森（Joseph R. Levenson）著，郑大华、任菁译：《儒教中国及其现代命运》，桂林：广西师范大学出版社，2009年。

艾尔曼著，赵刚译：《经学、政治和宗族：中华帝国晚期常州今文学派研究》，南京：江苏人民出版社，1998年。

安居香山、中村璋八辑：《纬书集成》，石家庄：河北人民出版社，1994年。

江晓原：《天学真原》，台北：洪叶文化事业有限公司，1993年。

那珂通世：《支那通史》，东京都：岩波书店，1939年。

余英时：《中国思想传统的现代诠释》，台北：联经出版公司，1995年。

余英时著，程嫩生、罗群等译：《人文与理性的中国》，台北：联经出版公司，2008年。

余英时：《知识人与中国文化的价值》，台北：时报文化出版公司，2007年。

余定国著，姜道章译：《中国地图学史》，北京：北京大学出版社，2006年。

余英时：《人文与民主》，台北：时报文化出版公司，2010年。

吴雁南等主编：《中国近代社会思潮（1840—1949）》，卷1，长沙：湖南教育出版社，1998年。

李泽厚：《中国近代思想史论》，台北：三民书局股份有限公司，2002年。

李耀仙：《廖平与近代经学》，成都：四川人民出版社，1987年。

李扬帆：《走出晚清：涉外人物及中国的世界观念之研究》，北京：北京大学出版社，2005年。

李新霖：《春秋公羊传要义》，台北：文津出版社，1989年。

李俨、钱宝琮：《科学史全集》，沈阳：辽宁教育出版社，1998年。

汪荣祖：《中国大同思想资料》，北京：中华书局，1959年。

汪晖：《现代中国思想的兴起》，北京：生活·读书·新知三联书店，2008年。

吕理政：《天、人、社会：试论中国传统的宇宙认知》，台北："中研院"民族研究所，1990年。

沈玉成、刘宁：《春秋左传学史稿》，南京：江苏古籍出版社，1992年。

吴志攀、李玉主编：《东亚的价值》，北京：北京大学出版社，2010年。

房德邻：《儒学的危机与嬗变：康有为与近代儒学》，台北：文津出版社，1992年。

林庆彰：《清初的群经辨伪学》，台北：文津出版社，1990年。

林庆彰主编：《国际汉学论丛》第1辑，台北：乐学书局，1999年。

林庆彰主编：《经学研究论丛》，第1辑，台北：圣环图书公司，1994年。

林庆彰主编：《经学研究论丛》第8辑，台北：台湾学生书局，2000年。

林庆彰、蒋秋华主持，陈赞华编辑：《晚清四川经学家研究论文》（初稿），台北："中研院"中国文哲研究所，2006年。

林庆彰、蒋秋华主持，简逸光编辑：《晚清四川经学家著作知见录》（初稿），台北："中研院"中国文哲研究所，2006年。

林庆彰、蒋秋华主持，洪楷萱编辑：《晚清四川经学家著作提要》（初稿），台北："中研院"中国文哲研究所，2006年。

林庆彰、蒋秋华主持，倪玮均编辑：《晚清四川经学家传记数据》（初稿），台北："中研院"中国文哲研究所，2006年。

林庆彰、蒋秋华主编：《李源澄著作集》，台北："中研院"中国文哲研究所，2008年。

金德建：《司马迁所见书考》，上海：上海人民出版社，1963年。

金观涛、刘青峰：《观念史研究》，香港：香港中文大学，2008年。

胡楚生：《清代学术史研究续编》，台北：台湾学生书局，1994年。

洪健荣：《西学与儒学的交融：晚明士绅熊人霖〈地纬〉中的世界地理书写》，台北：花木兰文化出版社，2010年。

茅家琦：《中国历史上的分与合学术研讨会论文集》，台北：联经出版公司，1995年。

海野一隆著，王妙发译：《地图的文化史》，香港：中华书局，2002年。

孙春在：《清末的公羊想思》，台北：台湾商务印书馆，

1985年。

孙广德：《先秦两汉阴阳五行说的政治思想》，台北：嘉新水泥公司，1969年。

孙喆：《康雍乾时期舆图绘制与疆域形成研究》，北京：中国人民大学出版社，2003年。

孙隆基：《中国文化的深层结构》，桂林：广西师范大学出版社，2004年。

徐复观：《中国经学史的基础》，台北：台湾学生书局，1996年。

殷善培：《谶纬中的宇宙秩序》，台北：花木兰文化出版社，2008年。

殷善培：《谶纬思想研究》，台北：花木兰文化出版社，2008年。

唐晏：《两汉三国学案》，北京：中华书局，1986年。

郭伟川编：《周公摄政称王与周初史事论集》，北京：北京国家图书馆出版社，1998年。

郭双林：《西潮激荡下的晚清地理学》，北京：北京大学出版社，2000年。

耿素丽、胡月平选编：《三礼研究》，北京：国家图书馆出版社，2009年。

张一兵：《明堂制度研究》，北京：中华书局，2005年。

张仲民：《出版与文化政治：晚清的"卫生"书籍研究》，上海：上海世纪出版集团，2009年。

张枬、王忍之编：《辛亥革命前十年间时论选集》，香港：三联书店，1962年。

张岱年：《国学今论》，沈阳：辽宁教育出版社，1992年。

张勇主编：《中国思想史参考数据集·晚清至民国卷》（上），北京：清华大学出版社，2005年。

张寿安：《以礼代理：凌廷堪与清中叶儒学思想之转变》，台北："中研院"近代史研究所，1994年。

张灏著，崔志海、葛夫平译：《梁启超与中国思想的过渡（1890—1907）》，南京：江苏人民出版社，1993年。

张灏：《时代的探索》，台北：联经出版公司，2004年。

张灏：《危机中的中国知识分子：寻求秩序与意义》，北京：新星出版社，2006年。

梁启超：《中国近三百年学术史（与《清代学术概论》合刊）》，台北：里仁书局，1995年。

梁启超：《清代学术概论》，台北：台湾商务印书馆，1994年。

陈文豪：《廖平经学思想研究》，台北：文津出版社，1995年。

陈其泰：《清代公羊学》，北京：东方出版社，1997年。

陈尚胜主编：《中国传统对外关系的思想、制度与政策》，济南：山东大学出版社，2007年。

陈学恂主编：《中国近代教育大事记》，上海：上海教育出版社，1980年。

陈遵妫：《中国天文学史》，台北：明文书局，1998年。

陆宝千：《清代思想史》，台北：广文书局，1983年。

黄彰健：《经今古文学问题新论》，台北："中研院"历史语言研究所，1992年。

黄克武：《一个被放弃的选择：梁启超调适思想之研究》，台北："中研院"近代史研究所，1994年。

黄克武：《惟适之安：严复与近代中国的文化转型》，台北：联经出版公司，2010年。

黄宽重主编：《基调与变奏：七至二十世纪的中国》，台北：政治大学历史系，2008年。

黄时鉴、龚缨晏：《利玛窦世界地图研究》，上海：上海古籍出版社，2004年。

黄翠芬：《章太炎春秋左传学研究》，台北：文津出版社，2006年。

黄开国：《廖平评传》，南昌：百花洲文艺出版社，1993年。

黄爱平、黄兴涛主编：《西学与清代文化》，北京：中华书局，2008年。

黄复山：《汉代《尚书》谶纬学述》，台北：花木兰文化出版社，2007年。

舒新城编：《中国近代教育史资料》，北京：人民教育出版社，1961年。

傅乐诗等著：《近代中国思想人物论保守主义》，台北：时报文化出版公司，1982年。

彭林主编：《清代学术讲论》，桂林：广西师范大学出版社，2005年。

彭明辉：《晚清的经世史学》，台北：麦田出版社，2002年。

汤志均等著：《西汉经学与政治》，上海：上海古籍出版社，1994年。

汤志钧：《近代经学与政治》，北京：中华书局，1989年。

贺广如：《魏默深思想探究：以传统经典的诠说为讨论中心》，台北：台湾大学出版中心，1999年。

渡边信一郎：《中国古代的王权与天下秩序》，北京：中华书局，2008年。

葛兆光：《七世纪至十九世纪中国的知识、思想与信仰》，上海：复旦大学出版社，2000。

葛兆光：《思想史研究课堂讲录》，北京：生活·读书·新知三联书店，2005年。

葛兆光：《西潮又东风：晚清民初思想、宗教与学术十讲》，上海：上海古籍出版社，2006年。

葛兆光：《宅兹中国：重建有关"中国"的历史论述》，台北：联经出版公司，2011年。

杨向奎：《清儒学案新编》，济南：齐鲁书社，1994年。

杨念群：《儒学地域化的近代型态：三大知识群体互动的比较研究》，北京：生活·读书·新知三联书店，1997年。

杨朝明：《周公事迹研究》，郑州市：中州古籍出版社，2002年。

路新生：《中国近三百年疑古思潮研究》，上海：上海人民出版社，2001年。

路新生：《经学的蜕变与史学的"转轨"》，上海：上海古籍出版社，2006年。

邹振环：《晚清西方地理学在中国以1815至1911年西方地理学译著的传播和影响为中心》，上海：上海古籍出版社，2000年。

邹振环：《影响中国近代社会的一百种译作》，北京：中国对外翻译出版公司，1996年。

熊月之：《西学东渐与晚清社会》，上海：上海人民出版社，1994年。

熊月之：《向专制主义告别》，香港：中华书局，1990年。

熊月之：《中国近代民主思想史》，上海：上海社会科学院出版社，2002年。

蒙文通：《经史抉原》，成都：巴蜀书社，1995年。

蒙文通著，蒙默编：《川大史学·蒙文通卷》，成都：四川大学出版社，2006年。

蒙默编：《蒙文通学记》（增补本），北京：生活·读书·新知三联书店，2006年。

赵伯雄：《春秋学史》，济南：山东教育出版社，2004年。

赵沛：《廖平春秋学研究》，成都：巴蜀书社，2008年。

赵立新：《西晋末年至东晋时期的分陕政治：分权化现象下的朝廷与州镇》，台北：花木兰文化出版社，2009年。

潘吉星主编：《李约瑟文集》，沈阳：辽宁科学技术出版社，1986年。

刘宗迪：《失落的天书：〈山海经〉与古代华夏世界观》，北京：商务印书馆，2006年。

刘起釪：《尚书学史》，北京：中华书局，1989年。

刘起釪：《尚书校释译论》，北京：中华书局，2005年。

刘凤云、刘文鹏编：《清朝的国家认同："新清史"研究与争鸣》，北京：中国人民大学出版社，2010年。

蒋庆：《公羊学引论》，辽宁：辽宁教育出版社，1995年。

蔡长林：《崔适与晚清今文学》，台北：圣环图书股份有限公司，2002年。

蔡乐芬主编：《中国思想史参考数据集·晚清至民国卷》（下），北京：清华大学出版社，2005年。

郑大华、邹小站主编：《思想家与近代中国思想》，北京：社会科学文献出版社，2005年。

郑大华、黄兴涛、邹小站主编：《戊戌变法与晚清思想文化转型》，北京：社会科学文献出版社，2010年。

郑师渠：《国粹、国学、国魂：晚清国粹派文化思想研究》，台北：文津出版社，1992年。

郑师渠：《思潮与学派：中国近代思想文化研究》，北京：北京师范大学出版社，2005年。

邓星盈等著：《吴虞思想研究》，成都：四川教育出版社，1996年。

赖温如：《晚清新旧学派思想之论争：以〈翼教丛编〉为中心的讨论》，台北：花木兰文化出版社，2008年。

萧公权著、汪荣祖译：《康有为思想研究》，台北：联经出版公司，1988年。

萧功秦：《儒家文化的困境：中国近代士大夫与西方挑战》，成都：四川人民出版社，1986年。

钱穆：《中国近三百年学术史》，台北：台湾商务印书馆，1966年。

钱穆：《两汉经学今古文平议》，台北：东大图书公司，1989年。

钱穆：《学钥》，台北：联经出版公司，1994年。

卢建荣主编：《性别、政治与集体心态》，台北：麦田出版社，2001年。

薛化元：《晚清"中体西用"思想论（1861—1900）》，台北：稻乡出版社，2001年。

钟叔河：《走向世界：近代中国知识分子考察西方的历史》，北京：中华书局，2000年。

钟彩钧、杨晋龙主编：《明清文学中之主体意识与社会》（学术思想篇），台北："中研院"中国文哲研究所，2004年。

颜健富：《从"身体"到"世界"：晚清新小说的新概念地图》，台北：台湾大学出版中心，2014年。

罗志田：《权势转移：近代中国的思想、社会与学术》，武汉：湖北人民出版社，1999年。

罗志田：《裂变中的传承：二〇世纪前期的中国文化与学术》，北京：中华书局，2003年。

罗志田：《民族主义与近代中国思想》，台北：东大图书公司，1998年。

罗志田：《变动时代的文化履迹》，香港：三联书店，2009年。

罗检秋：《近代诸子学与文化思潮》，北京：中国社会科学出版社，1998年。

顾颉刚：《顾颉刚读书笔记》，台北：联经出版公司，1990年。

顾颉刚：《尚书研究讲义》，台中：文听阁出版社，2008。

顾潮编：《顾颉刚学记》，北京：生活·读书·新知三联书店，2002年。

龚书铎：《社会变革与文化趋向：中国近代文化研究》，北京：北京师范大学出版社，2005年。

五、学位论文

王璧寰：《汉代天文学与阴阳五行说之关系》，台北：政治大学中文所硕士论文，1980年。

方彦杰：《蒙文通史学探析》，台北：政治大学历史所硕士论文，2008年。

王小红：《从天下到民族国家：十九世纪末期中国世界秩序观的空间重构》，兰州：兰州大学硕士学位论文，2006年。

江干益：《前汉五经齐鲁学之形成及其影响研究》，台北：台湾师范大学国文所博士论文，1990年。

林登昱：《〈尚书〉学在古史辨思潮中的新发展》，嘉义：中正大学中文所博士论文，1999年。

林丽容：《民初读经问题初探（1912—1937）》，台北：台湾师范大学历史所硕士论文，1986年。

崔泰勋：《论康有为思想发展与廖平的关系》，台北：台湾大学中文所硕士论文，2001年。

张远东：《廖平〈诗经〉研究述评》，重庆：西南大学高校教师硕士学位论文，2008年。

陈美锦：《反孔废经运动之兴起（1894—1937）》，台北：台湾大学历史所硕士论文，1991年。

蔡长林：《常州庄氏学术新论》，台北：台湾大学中文所博士论文，2000年。

六、期刊论文

丁邦清：《近代地理学思潮与中国传统哲学观念嬗变》，《学术月刊》，1995年第8期。

王维诚：《老子化胡说考证》，《国学季刊》1934年第4卷第2号。

王尔敏：《晚清实学所表现的学术转型之过渡》，《"中研院"近代史研究所集刊》2006年。

王尔敏：《总理衙门译印〈万国公法〉以吸取西方外交经验》，《台湾师大历史学报》2007年第37期。

全汉升：《清末的西学源出中国说》，《岭南学报》1935年第4卷第2期。

江干益：《汉代诗经学齐诗翼氏学述评》，《兴大中文学报》1994年第7期。

朱浩毅：《〈春秋〉三传对"霸／伯"的理解及其诠释问题》，《史学汇刊》2005年第20期。

村田雄二郎：《康有为与孔子纪年》，收入王守常主编：《学人》第2辑，南京：江苏文艺出版社，1992年。

李久昌：《周公"天下之中"建都理论研究》，《史学月刊》2007年第9期。

李纪祥：《身在何处——明季以来东、西半球图的入华与二元世界观之成形》，收入《基调与变奏：七至二十世纪的中国》，册2，台北：政治大学历史系，2008年。

李霖灿：《阎立本职贡图》，《大陆杂志》1956年第12卷第2期。

李智君：《分野的虚实之辨》，《中国历史地理论丛》2005年第20卷第1辑。

李勇：《对中国古代恒星分野和分野式盘研究》，《自然科学史研究》1992年第11卷第1期。

李新霖：《清代经今文学述》，《台湾师范大学国文研究所集刊》1978年6月第22号。

伯希和：《四天子说》，收入氏著，冯承钧译：《西域南海史地考证译丛（三编）》，兰州：兰州古籍书店，1990年。

孟凡松：《清代贵州郡县志"星野"叙述中的观念与空间表达》，《清史研究》2009年第1期。

林金泉：《诗纬星象分野考》，《成功大学学报（人文·社会篇）》1986年第21期。

汪晖：《从〈海国图志〉到春秋国际公法》，收入《思想史上的个人、社会与国家国际学术研讨会会议论文集》，上册，香港：香港中文大学中国文化研究所，2003年。

周妙龄：《乾隆朝〈万国来朝图〉研究》，《史物论坛》2007年第4期。

金观涛、刘青峰：《从"天下"、"万国"到"世界"——晚清民族主义形成的中间环节》，《二十一世纪》2006年第94期。

金观涛、刘青峰：《十九世纪中日韩的天下观及甲午战争的爆发》，《思想》2006年第3期。

茅海建：《戊戌变法期间光绪帝对外观念的调适》，收入氏著，《戊戌变法史事考》，北京：生活·读书·新知三联书店，2005年。

祝平一：《跨文化知识传播的个案研究——明末清初关于地圆说的争议，1600—1800》，《"中研院"历史语言研究所集刊》1998年第69本第3分。

郜积意：《汉代今、古学的礼制之分——以廖平〈今古学考〉为讨论中心》，《"中研院"历史语言研究所集刊》2006年第77卷第1期。

马悦然（N. G. D. Malmqvist）：《从〈大同书〉看中西乌托邦的差异》，《二十一世纪》1991年第5期。

徐公持：《论诗纬》，《求是学刊》2003年第30卷第3期。

梅家玲：《发现少年，想象中国——梁启超〈少年中国说〉的现代性、启蒙论与国族想象》，《汉学研究》2001年第19卷第1期。

张启雄：《中华世界秩序原理的源起——近代中国外交纷争中的古典文化价值》，收入吴志攀、李玉主编：《东亚的价值》，北京：北京大学出版社，2010年。

张启雄：《东西国际秩序原理的差异——"宗藩体系"对"殖民体系"》，《"中研院"近代史研究所集刊》2013年第79期。

张寿安：《打破道统·重建学统——清代学术思想史的一个新观察》，《"中研院"近代史研究所集刊》2006年第52期。

张寿安：《龚自珍论"六经"与"六艺"——学术源流与知识分化的第一步》，收入《史学与史识：王尔敏教授八秩嵩寿荣庆学术论文集》，台北：广文书局，2009年。

张寿安：《龚自珍论乾嘉学术——"说经"、"专门"与"通儒之学"：钩沉一条传统学术分化的线索》，收入《中国学术思想论丛：何佑森先生纪念论文集》，台北：大安出版社，2009年。

曹建国：《〈诗〉纬论〈诗〉》，《中国文化研究所学报》2004年第44期。

章清：《晚清"天下万国"与"普遍历史"理念的浮现及其意义》，《二十一世纪》2006年第94期。

陈熙远：《孔·教·会——近代中国儒家传统的宗教化与社团化》，收入林富士主编：《中国史新论·宗教史分册》，台北："中研院"·联经出版公司，2010年。

郭树勇、陈建军：《论"圈序认同"对中国外交理论与实践的影响》，《世界经济与政治》2009年第12期。

许晖林：《朝贡的想象——晚明日用类书"诸夷门"的异域论述》，《中国文哲研究通讯》2010年第20卷第2期。

贺昌群：《汉以后中国人对于世界地理知识之演进》，《禹贡》1934年第5卷第3、4合期。

黄铭崇：《明堂与中国上古之宇宙观》，《城市与设计学报》1998年第4期。

黄克武：《民国初年上海的灵学研究——以"上海灵学会"为例》，《"中研院"近代史研究所集刊》2007年第55期。

童岭：《那珂通世、林泰辅与清末民初的中国学界》，《文史知识》2009年第5期。

葛兆光：《天下、中国与四夷——古代中国世界地图中的思想史》，《学术集林》，卷16，上海：上海远东出版社，1999年。

葛兆光：《山海经、职贡图和旅行记中的异域记忆》，收录于钟彩钧、杨晋龙主编：《明清文学中之主体意识与社会》（学术思想篇），"中研院"中国文哲研究所，2004年12月。

杨贞德：《"天生人"与"天上人"——试析康有为民国时期的天论》，发表于"中研院"文哲所"礼与伦理"研究群主办的"造化与造物：现实与想望的交织"学术研讨会会议论文，2010年11月26日。

杨胜荣：《明末至晚清世界地图在中国的传播和影响》，《思想战线》2002年第28卷第2期。

杨义腾：《试论齐诗"四始"说》，《育达学报》2008年。

邹振环：《〈泰西人身说概〉与"脑主记忆说"》，收入邹振环：《晚明汉文西学经典：编译、诠释、流传与影响》，上海：复旦大学出版社，2011年。

蔡长林：《论常州学派研究之新方向》，《中国文哲研究集刊》2002年第21期。

刘禾著，陈燕谷译：《普遍性的历史建构——〈万国公法〉与十九世纪国际法的流通》，收入《视界》第1辑，石家庄：河北教育出版社，2000年。

齐青峰、金观涛：《十九世纪中日韩的天下观及甲午战争的爆发》，《思想》2006年第3期。

刘毓庆：《由人学到天学的〈诗〉学诠释——〈诗纬〉诗学研究》，《文学评论》2005年第6期。

刘巍：《〈教学通义〉与康有为的早期经学路向及其转向——兼及康氏与廖平的学术纠葛》，《历史研究》2005年第4期。

刘芝庆：《论康有为与廖平二人学术思想的关系——从〈广艺舟双楫〉谈起》，《中国历史学会史学集刊》2009年第41期。

郑吉雄、杨秀芳、朱歧祥、刘承慧：《先秦经典"行"字字义的原始与变迁——兼论"五行"》，《中国文哲研究集刊》2009年第35期。

糜文开：《齐诗学的五际六情》，《大陆杂志》1965年第30卷第12期。

邝平樟：《礼记王制及周官职方所言封国说之比较》，《禹贡》，1934年。

罗志田：《夷夏之辨与"怀柔远人"的字义》，《二十一世纪》1998年第49期。

罗志田：《天下与世界——清末士人关于人类社会认知的转变》，《中国社会科学》2007年第5期。

钟月岑：《科学、生物政治与社会网脉——近代中国优生学与比较研究取径之反省》，《古今论衡》2011年第22期。

七、网络文章

余慧：《我眼中的廖平先生》，刊于2007年的四川《乐山日报》，http://www.jingyan.gov.cn/scjy/lswh.nsf/6d805a40234870cd482

565d4002340d2/0e48eb7ca855cb65482573a800273048?OpenDocument（检索日期：2012年3月5日）。

徐兴无：《儒家思想与近代国际法的"格义"——读丁韪良〈中国古世公法论略〉与胡薇元〈公法导源〉》，http://aiwk.sysu.edu.cn/A/?C-1-65.Html（检索日期：2011年6月30日）。

盛邦和：《上世纪初叶日本疑古史学叙论》，发表于2006年12月29日"国学论坛"网站，http://bbs.guoxue.com/viewthread.php?tid=430691（检索日期：2009年12月15日）。

致　谢

距离出版已近，回首多年来受到的帮助，我知道，如果我略过了这篇致谢，内心将仿佛著作尚未完成般的若有所失。

这是我博士论文改写的专书，因此要特别感谢我当时的两位指导教授：朱鸿老师与李纪祥老师。首先特别感谢朱鸿老师。一路以来，朱老师堪称是学生最坚强的心灵的依靠，常不厌其烦地听我诉说所遇到的疑惑，给予支持慰藉，并多次找机会介绍我认识相关领域的海内外学者，拓宽我的视野；时时帮我解决困难、挡风遮雨，老师的恩情让我铭感于心！我也要深为感谢李纪祥老师，本书的研究方向与题目、内容及新观点的提出，多得自李老师的用心引导与启发。同时我也谢谢李老师当时所领导的"人文书会"团队诸学友们，多年间共同切磋，不但带领我进入《春秋》《尚书》经学的门径，尤其对我的研究写作无私的帮助，那时情景，在此志之，愿不没师友曾经教谕的苦心。

感谢蒋秋华老师。我在博士候选人及博士后研究期间曾在文哲所学习，受到蒋老师多年的照顾，深刻感受到老师对学生的关怀无微不至。长年来老师多次引介我参与海内外各种学术活动，时常提供多方面的重要数据，帮我阅读改正文章，关注我的研究方向与各方面的状况，无时无刻不记挂着学生。对于蒋老师，我真的只能说

"大恩难言谢"！

感谢黄克武老师。多年来最喜欢上黄老师的课，老师精心设计的课程每学期都是不同的内容，丰富又扎实，每上完一门都觉得满满的喜悦，收获颇丰。我就读博士班后的近现代思想知识，甚多得力于黄老师的奠基。尤其让人感动的是老师对学生的提携，仔细引领阅读写作的要领、数据的寻找，循循善诱，严谨之间又充满耐心。能有机会与黄老师学习，真的是难得的幸运。

感谢王汎森老师。老师学识渊博，深入浅出，无论是课堂上还是私下谈论，总是机趣横生又饶富启发意义。写论文时常常去找王老师请教，最感佩于心的是老师的器度襟怀与对学生的爱护，无论如何忙碌都愿意热诚地挪出宝贵时间与我做很多的讨论，指点我未曾注意过的廖平研究面向、新的研究法等等，让我当时的论文与口试能够更顺利地完成。

感谢张寿安老师。在学期间曾在近史所做过博士候选人培育一年，寿安老师担任我的辅导老师。有时我把自己的单篇文章给她看，或是观点方面的请教，老师常是一语中的，让我获益良多。记忆犹深的是每次到她的研究室，老师话匣子一开，谈起清代学人与学术时的飞扬神采，对学问的兴致之深令人感动。如今我仍然很怀念那段可以随时亲近她的日子。

感谢吕妙芬老师。与吕老师的缘分开始于参加她主持的"近世儒学工作坊"。吕老师安详平易又温馨，时而默默体察学生的状况需要而给予具体助力，对我研究的建议或是未来的指引，总是中肯实际又很受用。同时也要谢谢吕老师主持的工作坊读书会之学友们，对我毕业前的论文或是毕业后的专书文稿修改，都提出过很具建设性的意见。

感谢我的硕士论文指导教授李朝津老师。老师与我们相处怡然和乐，而对学生用心极深。即使我硕士毕业后这么多年，老师的关照依旧，时时大力给予各方面的支持帮助。很珍惜每次与老师的见面，能毫无拘束地畅所欲言，与他分享读书及生活内容，对我来说是很开心的时光。感谢文哲所的林庆彰老师、杨晋龙老师、蔡长林老师，我在经学组学习的那段日子给了我丰富的知识飨宴。感谢陈恒嵩老师、刘季伦老师、陈熙远老师、张启雄老师对我真诚的鼓励与帮助，有老师们的肯定，增加了我不少的自信。

感谢杨贞德老师、林月惠老师、杨济襄老师、杨芳燕老师，她们都曾在文章发表会时为我提供宝贵的意见。贞德老师日后在其他机缘还不只一次地介绍研究近代思想的同学与我认识，备感亲切；月惠老师每次相见总是慈祥地垂询、关怀我的近况；济襄老师、芳燕老师也都给过我温暖的鼓励。感谢带给我温暖贴心的刘德美老师、陈惠龄老师，以及时常关心我生活的张季琳老师。

不能忘记的还有已故丁亚杰老师。在我刚研究廖平之初，丁老师热诚地提供给我一大套珍贵的一手数据。犹记得当时我带着一个朋友当助手，前往丁老师的研究室搬书，共有两大行李箱之多，临去时我想着，待文章完成之际，必要再亲自拜访致谢。不意丁老师遽归道山，伤感遗憾在所难免，仅以区区致敬并表达未及说出的感恩之意。

也谢谢联经出版公司，以及匿名审查的学者委员给予的宝贵意见。

最要感谢的是父母家人长期的照顾呵护，以及弟弟楷哲对我的诸多帮助。

  简短的谢辞能表达的情感很有限,未尽的话语就留存心底了。此刻,耳际仿佛响起了著名词人庄奴创作的歌《春风满小城》:

  小城多可爱,温情似花开。
  悠悠春风映桃李,雨露尽关怀。
  根要往下生,花要向上开。
  ……
  外面的世界虽美丽,小城更可爱。

  我觉得自己一直住在一个小城,满有春风的小城!

写于二〇一八年十一月八日

壹卷
YE BOOK

洞见人和时代

官方微博：@壹卷YeBook
官方豆瓣：壹卷YeBook
微信公众号：壹卷YeBook
媒体联系：yebook2019@163.com

壹卷工作室
微信公众号